社會及行為科學研究法

主編　瞿海源・畢恆達・劉長萱・楊國樞

總論與量化研究法

王文中
學歷：美國加州大學柏克萊分校計量方法與評鑑博士
現職：香港教育學院心理研究學系講座教授

吳重禮
學歷：美國紐奧良大學政治學博士
現職：中央研究院政治學研究所研究員

杜素豪
學歷：美國密西根州立大學社會學博士
現職：中央研究院調查研究專題中心副研究員

林文瑛
學歷：日本慶應大學教育心理學博士
現職：佛光大學心理學系教授兼教學資源中心主任

邱銘哲
學歷：國立清華大學社會學研究所中國研究學程碩士
現職：新境界文教基金會安全與戰略研究中心研究員

張苙雲
學歷：美國約翰霍布金斯大學社會學博士
現職：中央研究院社會學研究所研究員退休

畢恆達
學歷：美國紐約市立大學環境心理學博士
現職：國立臺灣大學建築與城鄉研究所教授

陳春敏
學歷：國立中正大學心理學博士
現職：國立臺灣師範大學華語文教學系暨研究所博士後研究員離職

陳振宇
學歷：美國紐約州立大學石溪分校心理學博士
現職：國立成功大學心理學系教授

章英華
學歷：美國普林斯頓大學社會學博士
現職：中央研究院社會學研究所研究員暨人文社會科學研究中心合聘研究員

黃　紀
學歷：美國印第安那大學政治學博士
現職：國立政治大學政治學系講座教授兼選舉研究中心合聘研究員、中央研究院政治學研究所合聘研究員

楊國樞
學歷：美國伊利諾大學心理學博士
現職：中央研究院院士

劉長萱
學歷：美國匹茲堡大學統計與心理計量博士
現職：中央研究院統計科學研究所研究員

鄭夙芬
學歷：國立政治大學邊政研究所碩士
現職：國立政治大學選舉研究中心研究員

謝雨生
學歷：美國賓州州立大學鄉村社會學博士
現職：國立臺灣大學生物資源暨農學院生物產業傳播暨發展學系特聘教授

瞿海源
學歷：美國印第安那大學社會學博士
現職：中央研究院社會學研究所研究員、國立臺灣大學社會學系教授退休

蘇國賢
學歷：美國哥倫比亞大學社會學博士
現職：國立臺灣大學社會學系教授

瞿海源・畢恆達・劉長萱・楊國樞　主編

社會及行為科學研究法
總論與量化研究法

東華書局

國家圖書館出版品預行編目資料

社會及行為科學研究法：總論與量化研究法／瞿海源等主編．-- 1版．-- 臺北市：臺灣東華，2015.05

496 面；17x23 公分

ISBN 978-957-483-812-7（平裝）

1. 社會科學 2. 行為科學 3. 量性研究 4. 研究方法

501.2   104006997

社會及行為科學研究法：總論與量化研究法

主　　編	瞿海源、畢恆達、劉長萱、楊國樞
發 行 人	謝振環
出 版 者	臺灣東華書局股份有限公司
地　　址	臺北市重慶南路一段一四七號三樓
電　　話	(02) 2311-4027
傳　　真	(02) 2311-6615
劃撥帳號	00064813
網　　址	www.tunghua.com.tw
讀者服務	service@tunghua.com.tw

2028 27 26 25 24　BH　10 9 8 7 6 5

ISBN　　978-957-483-812-7

版權所有　・　翻印必究

序　言

　　《社會及行為科學研究法》這套書原來是由楊國樞、文崇一、吳聰賢和李亦園四位教授編輯，於 1978 年一月出版，三十多年來，一直廣為使用，印行了三十刷以上，影響實在非常深遠。近二、三十年來社會科學研究方法創新不斷，社會科學研究使用的方法也起了很大的變化。原書的主編楊國樞教授和出版這部書的東華書局，希望出版一個全新的第二版。於是在 2008 年邀約了瞿海源、畢恆達、劉長萱、洪永泰參與規劃出版事宜。

　　臺灣社會科學，特別是社會學和政治學，在 1980 年之後，尤其是在 1990 年之後發展快速，到 2000 年大體發展成熟。在本書第一版出版時，正值 1980 年之前，當時臺灣的社會學和政治學幾乎還在發展初期，如陳義彥 (2010) 指稱：「…這一時期的調查研究方法，如抽樣方法採非隨機抽樣方式，統計分析方法也只採次數分配、卡方檢定，都僅是粗淺的分析，且也不盡正確，所以嚴格說起來，談不上是高度科學化的研究。」於是本書第一版許多研究方法還是由心理學者和教育學者撰寫，佔了作者之六成左右。在發展成熟之後，臺灣社會學者和政治學者在研究方法上學有專精的很多，第二版就有六成的章節是由社會和政治學者擔綱寫成。所以全書內容是以社會科學的研究和分析方法為主，不過心理和教育學者撰寫的也還是有百分之十七，因此書名依舊延續第一版，包括社會和行為科學。

　　在規劃出版本版新書初期，先經過編輯小組兩個多月的商議，初步草擬了一份主題綱目，列出各章主題。最後彙整成一份問卷，邀請在各大學教社會科學研究方法的教授近二十位評估，就初步提議納入的主題逐項評分，在「最優先」、「優先」和「非必要」三個選項中勾選，同時也推薦各章的撰稿者。結果有王業立、林繼文、李明璁、蘇國賢、關秉寅、吳嘉苓、藍佩嘉、吳重禮、黃紀、楊國樞、畢恆達、劉長萱、翁儷禎、黃昱華、黃囇莉等十五位教授回覆。最後，以最優先給 2 分，優先給 1 分，非必要為 0 分來統計。調查結果，在研究方法方面，依序選出抽樣問卷調查、民族誌、紮根理論與個案延伸法、訪談法、歷史研究法、敘事分析、實驗法、焦點團體法、網絡分析、個案研究、論述分析、地理資訊系統與個體發展研究法等十三個主題。在資料分析方面則依序選出測量理論、試題作答理論、因素

分析、內容分析與文字計數方法、事件分析、類別資料分析、多層次分析、迴歸分析和結構方程模式、調查資料庫之運用等十個主題。在論文寫作和研究倫理方面選出研究文獻評閱與研究、研究倫理兩個主題。最後再經編輯小組商議，在研究方法方面追加個體發展研究法和建制民族誌，在資料分析方面另外再加缺失值處理、長期追蹤資料分析、多向度標示法、職業測量和質性研究分析電腦軟體。最後，編輯群就全書主題衡量，決定增加綜合分析、質量並用法兩章。一方面強調針對既有研究從事深度的綜合分析，以獲致更完整而豐富的研究成果，另一方面則提倡質量並用法，希望能消解一點量化與質性研究之間的嚴重爭議。

　　1980年代，尤其是在1990年代以後，獲有博士學位的社會科學學者人數激增，這些社會科學博士在從事研究時，就採用了很多不同的方法。在其博士教育養成過程中，大部分都研習了1980年代以來美歐學界發展出來的新方法，甚至博士論文研究就採用新的方法，到後續的學術研究中大多也就繼續採用這些新方法。即使在國內攻讀博士，教授也多會教授各種新舊方法，其中就有採用新的研究方法來做研究的。大體而論，在量化研究方面，比較多更精緻、更高階的統計分析。這個發展趨勢由本書新舊兩版的差異看得很清楚，在1978年版量化資料分析只有因素分析和因徑分析兩章，在新版裡就有因素分析、結構方程模式、複迴歸分析、類別資料分析、多層次分析、多向度標示法分析、長期追蹤資料分析以及缺失值處理，增加了六章之多。雖然其中兩章，即因素分析和因徑分析在兩版中都有，但內容也大不相同，新版有更新的分析方法，因徑分析也由結構方程模式取代。

　　在1980年之後，臺灣社會科學界從事大規模的全國性抽樣調查，1983年政大成立選舉研究中心，臺大成立政治體系與變遷研究室，長期進行選舉與政治的研究調查，中央研究院自1984年在國科會長期資助下開始進行臺灣社會變遷基本調查，1997年啟動臺灣家庭動態調查，2000年開始進行臺灣教育長期追蹤調查和青少年追蹤研究，幾個大學選舉研究中心在2001年合作進行臺灣選舉與民主化調查研究。這些調查研究都是全國性的抽樣調查，而且也都是長期持續進行。臺灣社會科學界自1980年代中期開始這麼多全國性大規模社會抽樣調查，顯示調查研究在臺灣已經很成熟，也顯示量化研究是臺灣社會科學的主力。大約在2000年之後，社會學和政治學者在既有的大規模全國性調查研究的基礎上，又開展了幾項與其他國家同步進行的調查研究。由於這些大規模的調查逐年累積了大量資料，中央研究院調查研究中心於1994年著手建立學術研究調查資料庫，除了匯集上述各種全國

性大樣本調查資料外，也全面蒐集各種調查資料，包括政府的調查和個別學者的規模較小的調查，建立資料庫，提供學術研究使用，在中研院、國科會和其他政府部門贊助下，到目前為止這個資料庫已匯集了 1001 個調查資料檔。

　　質性研究方法在過去三十年崛起，國內學者在 1980 年初引入紮根理論，隨後又陸續引入個案延伸法、歷史研究法、訪談法、敘事分析、論述分析、個案研究法等等，再加上經典的人類學田野調查法。與本書舊版只有兩章相比，增加了六章。社會科學研究加重使用質性研究方法，不只是顯示方法本身的差異，更是在方法論和認識論上的重大歧異。也因此形成了量化與質性研究典範性的爭議，甚至在國內形成研究方法和方法論上的代理人戰爭。質性研究和量化研究幾乎水火不容，或至少互不相容，相互不了解。也因此，本書在第一章社會科學研究方法歷史中也深入探究質性和量化研究方法爭議的問題，在最後特地約請黃紀教授撰寫質量並用法 (mixed method) 一章，希望調和量化與質性研究對立乃至敵對的狀況。

　　在編輯上，本書特別強調社會科學研究的基本精神和倫理，列入「研究設計」、「研究倫理」和「文獻評閱」三章，是為總論的一部分，置於第一冊最前面。研究倫理在許多研究方法教科書中都排在最後，或聊備一格，我們把它排在最前面，就在於揭示研究倫理是極關重要的研究基本。撰寫研究論文，作者都必須做文獻探討，但有不少研究生和少數學者只是做做形式，我們特地列入一章文獻評閱，說明進行文獻探討的實質意義和應有的做法。

　　在全書各章書稿完成之後，編輯小組試圖重新編排，最後，提出編輯成上下兩冊和三冊兩個方案，經徵詢全體作者，絕大多數贊成分為三冊，因分冊邏輯清楚，第一冊為總論與量化研究法，第二冊為質性研究法，第三冊是資料分析。編輯小組和一些作者擔心把量化和質性研究方法分為兩冊，可能會突出了量化與質性研究之爭。我們最後還是這樣分三冊來出版，當然不是要製造量化質性對立，我們反倒是希望讀者在深入研習各種質性與量化研究方法之後，能夠對各種研究方法更寬容、更具同理心。我們也衷心建議授課的教授，在研究方法的課程裡，一定要兼顧量化和質性研究方法，至少要讓學生有運用各種方法的基本能力，也要讓學生能欣賞運用各種不同研究方法所獲致的學術研究成果。

　　在本書第一版於 1978 年出版時，社會科學研究方法的書非常的少，當時匯集了學者撰寫社會科學、心理學和教育研究的基本方法，大體上很完備，也因此這部書發行三十多年來仍然是研究方法課程和修習研究方法的重要參考書籍。如今社會

科學逐漸成熟，有關研究方法的書籍，不論翻譯或編著都為數甚多。我們編輯出版《社會及行為科學研究法》這部書的第二版，除了上述在內容上全面調整外，更強調盡可能匯聚各種不同的研究方法，同時在各章編寫過程中特別加重方法背後的觀念，及方法的應用時機，並以臺灣本土的例子說明，藉以區隔此書與坊間其它方法學書籍的差異。

本書凝聚了臺灣社會科學領域一群活躍及具有獨特風格的學者共同完成。每位學者在各自的專章中，除了傳達專業知識外，也透露各自的學術理念。讀者在閱讀此書時，可順便領略社會科學者們所代表當前臺灣的學術文化，這一部分應是這個修訂版和原版最大的差異。

在 2012 年出版後，本書在 2013 年在北京出版簡體字版，都是以三冊一套發行，但各冊也還是單獨發售。在銷售一段時間後，我們發現各冊銷售狀況不一樣，三冊實際上等於各自單獨發行，於是我們決定再進行改版，就讓三冊更各自獨立。於是從 2013 年底，就請全體作者再仔細校對並做小幅度的修改，歷經年餘，終告完成改版，再度發行。

瞿海源、畢恆達、劉長萱、楊國樞於 2015 年 3 月

目　次

第 1 章　社會科學研究方法的發展　　瞿海源　　1
一、前　言　　1
二、西方社會科學研究方法的變遷　　4
三、臺灣社會科學與研究方法的發展　　16
四、社會及行為科學研究法 2015 年版的特徵　　26
五、總　結　　31
參考書目　　33
延伸閱讀　　35

第 2 章　研究倫理　　畢恆達　　37
一、前　言　　37
二、研究倫理規範的發展簡史　　39
三、重要研究倫理議題　　42
四、總　結　　59
參考書目　　61
延伸閱讀　　64

第 3 章　研究設計　　謝雨生　　65
一、前　言　　65
二、研究設計的目的　　66
三、影響研究設計的考慮因素　　67
四、研究設計的共通內容　　78
五、量化研究的研究設計特殊內容　　79
六、質性研究的特殊研究設計內容　　89
七、質量並用研究的研究設計內容　　96
八、總　結　　101

參考書目	104
延伸閱讀	105

第 4 章　研究文獻評閱與研究　　邱銘哲、吳重禮　　**107**

一、前　言	107
二、研究文獻評閱的重要性與目的	109
三、質性與量化研究的文獻評閱	113
四、如何進行文獻評閱	116
五、總　結	131
參考書目	133
延伸閱讀	134

第 5 章　實驗研究法　　陳春敏、陳振宇　　**137**

一、前　言	137
二、科學的意義	138
三、實驗設計的基本概念	139
四、單因子實驗設計	153
五、多因子實驗設計	159
六、實驗研究法與非實驗研究法的抉擇與爭議	166
七、總　結	169
參考書目	170
延伸閱讀	171

第 6 章　個體發展的研究方法　　林文瑛　　**173**

一、前　言	173
二、個體發展的測量	175
三、發展研究的倫理議題	199
參考書目	203
延伸閱讀	207

第 7 章　抽樣調查研究法　　　杜素豪、瞿海源、張苙雲　　**209**

一、前　言　　209
二、抽樣過程中的誤差來源　　210
三、抽樣調查資料的推估與加權　　212
四、成功訪談：接觸機會與訪員能力　　219
五、影響調查訪談回答品質的因素　　223
六、如何控制訪員訪談的品質——訪員訓練的必要性　　230
七、調查研究倫理　　234
八、總　結　　237
參考書目　　240
延伸閱讀　　244

第 8 章　調查資料庫之運用　　　章英華　　**247**

一、前　言　　247
二、調查資料庫的發展與概況　　248
三、資料使用的方式　　262
四、資料使用的注意事項　　271
五、總　結　　277
參考書目　　278
延伸閱讀　　280

第 9 章　焦點團體研究法　　　鄭夙芬　　**281**

一、前　言　　281
二、規劃焦點團體　　288
三、焦點團體的研究設計　　289
四、招募焦點團體參與者　　297
五、召開及主持焦點團體　　301
六、分析焦點團體資料　　306
七、總　結　　310
參考書目　　311

延伸閱讀 312

第 10 章　古典測量理論　　　劉長萱　　315

一、前　言 315
二、真分數理論 320
三、內部一致性係數 327
四、其他相關理論 334
五、總　結 341
參考書目 342
延伸閱讀 346

第 11 章　試題反應理論　　　王文中　　347

一、前　言 347
二、Rasch 模式與其延伸 349
三、多參數模式 359
四、參數估計 363
五、原始總分與 θ 的關係 367
六、模式與資料適配度 370
七、試題反應理論對於測驗實務的影響 371
八、實例分析 380
九、總　結 384
參考書目 385
延伸閱讀 387

第 12 章　社會網絡分析　　　蘇國賢　　389

一、前　言 389
二、網絡資料的蒐集 395
三、社會網絡的測量與模型 408
四、總　結 429
參考書目 430
延伸閱讀 437

第 13 章　質量並用法　　　　　黃　紀　　　　**439**

一、前　言　　　　　　　　　　　　　　　　　439
二、研究取向之間的幾個抵換關係　　　　　　　443
三、質量並用法的發展　　　　　　　　　　　　445
四、質量並用法的研究設計　　　　　　　　　　447
五、質量並用法的抽樣　　　　　　　　　　　　451
六、質量並用法的應用　　　　　　　　　　　　453
七、總　結　　　　　　　　　　　　　　　　　458
參考書目　　　　　　　　　　　　　　　　　　459
延伸閱讀　　　　　　　　　　　　　　　　　　463

索　引　　　　　　　　　　　　　　　　　　**465**

人名索引　　　　　　　　　　　　　　　　　**471**

1

社會科學研究方法的發展

一、前　言

　　Alan Bryman (2008) 在〈典範戰爭的終結？〉一文中，解析社會研究量化與質性研究方法之爭後，在結論中稱：「有些社會科學家對於社會研究方法論在主要爭論中無法獲得解決而感到不安，但也有其他的學者認為相互競爭的典範性立場的存在是可慶幸的，也提供了從不同的透鏡 (lenses) 檢視社會世界的機會」。

　　在研究方法上，確實繼續存在著量化與質性研究方法之爭，在國內如此，在國際社會學界也是這樣。若推究這種方法之爭的根由，早在現代社會科學創建之際，其實就已有跡可循，有些社會學者主張社會學是一種科學，應該引用科學的方法進行研究，應該追隨自然科學乃至數理科學，但相對地也另外有一些社會學者認為社會學不是科學，不應模仿自然科學，應該有自己的研究方法。再拉開來看，科學和人文看起來本來就是兩個不同的領域，甚至是不同的文化，有不同的認識論、不同的本體論，更有不同的方法論。然而，由於科學在現代人類社會佔盡優勢，即使人文學界表面上看起來是不同於科學，但近百年人文研究，尤其是近二、三十年看似頗有突破的最新研究趨勢，在本質上仍然是深受科學影響的。余英時 (2003) 就指稱：「如果把後現代看作西方的最新思潮，那麼我們便可以毫不遲疑地斷言：西方人文研

究一直到目前為止,仍然未能完全擺脫掉奉科學知識為典範的基本心態。」他認為這是因為「第一,人文研究在西方文化、社會、政治、經濟生活中逐漸退居次要的地位,代之而興的則是自然科學,特別從基本科學研究中衍生出來的科技。第二,過去一個世紀中,西方的人文研究大體上都奉科學知識為典範,進行了各式各樣的仿效」如果從這個角度來看社會科學量化與質性之爭,就直教人啞然失笑!

余英時先生談的是人文學,社會科學的情況看起來有些不同,但是稍加推究,其實也相差不多。只是在社會科學中,尤其是社會學,不是社會科學與自然科學之爭,甚至在社會科學內部就有嚴重的對立。在現代社會學創始之時,涂爾幹代表的實證論、馬克思代表的批判論以及韋伯代表的解釋論,就在本體論、認識論和方法論上有顯著的差異乃至對立 (Gordon, 1991)。根據 Neuman (2003) 和 Lincoln 與 Guba (2003) 的比較表列,我們可以綜合整理出幾個主要典範在本體論、認識論和方法論各方面的重要差異。Neuman 列出實證論、詮釋論和批判論、女性主義和後現代主義五者之間的差異,Lincoln 與 Guba 則列表比較了實證論、後實證論、批判論、建構論和參與論五種取向之間的差異。我們以兩者都有的實證論、詮釋論和批判論來加以綜合討論。

三大研究取向在本體論、認識論和方法論方面相異之處在表 1-1 中已簡要列出,不再贅述及引申,倒是在研究方法上,可以看到同一個方法出現在兩個或三個取向中。在這裡要特別加以說明。看起來是同一種方法,或是方法名稱相同,但實際上是非常不一樣的。例如,在三種取向中都有民族誌,名稱相同,但真正的做法和理念完全不同。在實證論之下,民族誌是在記錄客觀的事實,但在詮釋論就更重視其意義,尤其是在地的意義,在批判論、民族誌則側重權力操弄的揭露。相同地,訪談的目的、策略和資料分析在三個取向中也大不相同。此外,歷史研究、內容分析、論述分析也都各自相異。

表 1-1　實證論、詮釋論和批判論在本體論、認識論和方法論上的特點

	實證論	詮釋論	批判論
研究目的[a]	解釋；預測與控制	了解；重新建構	批判和改造；恢復公平與解放
社會現實的本質[b]	事先存在著穩定模式與秩序	人際互動創造流動的社會情境	結構性衝突
認識論[a]	雙元論／客觀主義；「發現」是真的	互動的／主觀主義；「發現」受價值左右	互動的／主觀主義；「發現」是被創造的
解釋[b]	合乎邏輯與法則有關，並且建立在事實的基礎上	獲得被研究者的共鳴及認同	為人們提供改變世界所需的工具
證據[b]	基於明確的觀察，其他人可以重複獲得	鑲嵌在流動的社會互動之中	由能夠揭示幻覺的理論提供
價值地位[b]	科學是價值中立的，除了選擇主題之外，價值在科學研究中是沒有地位的	價值是社會生活整體的一部分，沒有一種群體的價值是錯誤的，有的只是差異	所有的科學必須從某個價值立場出發，有些立場是對的，有些是錯的
方法論[a]	實驗的／操弄的；驗證假設，主要是量化研究法	詮釋的／辯證的	對話的／辯證的
研究方法[c]	實驗法、抽樣調查、民族誌、訪談、觀察、個案研究、內容分析、社會網絡分析、歷史研究	民族誌、訪談、觀察、言說分析、論述分析、文本內容分析、歷史研究	民族誌、敘事分析、文本內容分析、論述分析、政治經濟分析、歷史研究

資料來源：a: Lincoln & Guba (2003); b: Neuman (2003); c: 本章作者。

參考方塊 1-1

　　獨惜古代學者於純粹客觀的方法，發現頗少；所以他們雖未嘗不盡力於觀察、記錄的工作，而總不能把此等無量數的材料，化為有條理、有系統的知識，就不能產生科學。……但是各種方法論，在自然科學上，都早經論定；就是有點出入，也不很多；在社會科學上，因為對象較為變動，科學的成立也較晚，所以研究方法，也還多爭論；這裡邊最新成立的社會學，爭論尤多。

—— 蔡元培（1924：1）

二、西方社會科學研究方法的變遷

　　Alastalo 在主編《社會研究方法指南論集》(2008) 時，特地寫了一章社會研究方法的歷史，又請 Bryman 寫典範戰爭來分析量化和質性研究之爭。Alastalo 將西方社會研究方法的發展分成五個階段。在第一次世界大戰之前，社會改革家和學者開始從事調查，但不是抽樣調查。第二階段在兩次大戰期間，社會研究者運用現代統計學開始從事抽樣調查及分析。第三階段是 1940-1960 年代末，抽樣調查方法成了主流，甚至全面主導社會科學研究方法，這是由於運用了成熟的現代統計從事抽樣和統計分析，同時問卷設計技術也有長足進步。到了第四個階段，即 1970-1980 年代末，開始有學者批判量化研究，發展出質性研究法。量化和質性的研究所用的是很不一樣的方法。這兩類研究方法在本體論和知識論上都完全不同，有些學者甚至認為是兩種方法的典範之爭。1990 年代之後，有學者發展了質量並用法 (mixed research method) 嘗試將兩類研究整合起來，看似有希望結束研究方法典範戰爭，但在實際上量化和質性研究的分裂是無可避免的。Alastalo 似以量化研究作為西方社會研究法的主軸來探究，但仔細推究起來，質性研究方法自十九世紀現代社會科學肇始就一直是主要研究方法之一，不只是人類學者幾乎獨尊參與觀察與訪談的質性研究，與社會學量化研究分庭抗禮，更重要的是古典社會學就孕育著重大的質性研究取向。只是到了 1970 年代，尤其是在二十世紀末葉，質性研究方法特別興盛起來，以致釀成量化及質性研究之爭，乃至所謂的典範戰爭，是因為質性研究方法有了更新、更多元的發展，甚至可以說如雨後春筍萌發的新的質性研究方法也顛覆了傳統的質性研究方法。

　　Denzin 與 Lincoln (2005) 在《質性研究方法指南論集》中也整理了質性研究的歷史，將之分為八個時期 (moments，但在文中又改稱 periods)。第一個時期是為「傳統時期」，自 1900 年到第二次世界大戰，基本上是實證取

向，研究在於獲取翔實可靠而客觀的解釋。第二個時期是「現代主義時期」(modernist)，是從二戰後到 1970 年代，質性研究努力達到量化研究水準，講求資料蒐集和分析的嚴謹與標準化，建構紮根理論就是一個很好的例子。第三個時期是社會學科學研究範疇界線模糊時期 (blurred genres)，1970-1986 年，社會科學和人文學研究更為接近，借重符號學和詮釋學，社會科學的界線變得模糊了。各種新舊的典範蓬勃發展。第四個時期是「再現危機時期」(crisis of representations)，約在 1986-1990 年。有愈來愈多的學者強調實證科學所標榜的客觀性，乃至所謂的信度和效度是有問題的。他們開始著手新的質性的研究方法和再現。接著是「後現代實驗民族誌時期」(1990-1995)，主要是在探索新的民族誌寫作，嘗試用各種不同方式來寫「他者」(the "other")。第六個時期是「後實驗民族誌探索期」(postexperimental inquiry) (1995-2000)，Denzin 指稱這是令人非常興奮的時期，因為 AltaMira 出版社出版另類民族誌 (ethnographic alternatives) 系列叢書，標榜社會科學和人文學界線模糊的民族誌寫作，包括文學、詩歌、自傳、批判、影視、演藝種種形式。第七個時期是「方法競逐時期」(the methodologically contested present) (2000-2004)，質性探究 (Qualitative Inquiry) 和質性研究 (Qualitative Research) 兩個質性研究學術期刊出版最新佳作，是一個衝突、緊張和縮減的時期，2005 年以後到 2008 年，布希政權的科學政策倡導新科學主義的研究準則，學界稱為 Bush Science，即聯邦資助研究的機構強調研究必須採用「嚴謹的有系統的客觀研究方法取得可信而有效度的知識」(Ryan & Hood, 2004，轉引自 Denzin & Lincoln, 2005)，質性研究在這個時期受到嚴重擠壓 (表 1-2)。

　　Denzin 對質性研究方法在二十世紀末再興起和發展的「歷史」做了整理和分析，但多是談論美國研究的情形，似以地方的和局部的現象擴大質性研究的重要性。到後來以五年為一期，分期愈來愈細，顯示質性研究一直在變動，花樣愈變愈多，研究方法變幻多端。在第四期「再現危機時期」之後，又有三重危機，即再現、合法性 (legitimation) 和實踐 (praxis) 危機，即質性研究者不再能直接掌握住 lived 經驗，沒有判準來評估質性研究，也就

表 1-2　Alastalo、Denzin 與 Lincoln 研究方法發展分期對照表

年代	Alastalo (2008)	Denzin 與 Lincoln (2005)
-1920	社會調查興起	傳統時期
1920-1940	個案研究與統計方法	
1940-1970	調查方法的興起	現代主義時期
1970-1986	量化及質性研究典範之爭	界線模糊時期
1986-1990		再現危機時期
1990-1995	無可避免的分裂？	後現代實驗民族誌時期
1995-2000		後實驗民族誌探索期
2000-2005		方法競逐時期
2005-2008		受新科學主義政策擠壓

無法影響世界。這三個危機實際上也就是批判、解釋、語言、女性主義和修辭「轉向」(turn) 有關，在「讀了」質性研究的歷史 (reading history) 後，Denzin 指出，研究者在以前從來就沒有這麼多的典範、探問的策略和分析的方法，以致造成質性研究者選擇的困境 (embarrassment of choices)。

(一) 經驗研究和現代統計興起

在十九世紀末葉，英國有一些社會改革者主張溫和而逐漸地改革社會，他們認為必須先要了解相關的社會問題，而了解問題就必須蒐集和問題有關的實際資料。他們開始採用一種很徹底而廣泛的調查方法。Charles Booth 為了了解貧窮問題，就在倫敦進行實地調查。這個調查分成三大部分，即貧窮、工業和宗教影響。調查問卷範圍很廣。最後出版十七冊《倫敦居民的生活與勞動》(*Life and Labour of the People in London*)。Booth 希望這個詳盡的調查報告可以影響政府的政策以改善勞工的生活，解決貧窮的問題，進而避免社會主義的革命。大體上，他的調查確實影響到有關法案的訂定。他本人由於從事調查統計的成就，在 1882 年獲英國皇家統計學會頒贈金質獎章，同年也當選統計學會的會長。不過，這個調查報告其實還採用了其他的方法，包括訪問報導人以及實地的觀察，Booth 本人甚至還與工人同住來了解

參考方塊 1-2：Charles Booth 十九世紀末的社會調查

282 *SURVEY AND CONCLUSIONS.*

we possess of the average total number in each family makes it further possible to calculate the income available per head.

In the following table we give the results based on this calculation :—

Table showing the estimated average weekly earnings of the whole family in selected occupations, and the share of the income available per person.

Occupation of the head of the family.	Wages of the head. Normal weekly rate.	Wages of the head. Estimated average for the year.*	Estimated supplementary earnings.	Estimated earnings (whole family).*	Average size of family.	Earnings available per week per unit.
Barge-builders	40/6	35/-	9/6	44/6	4·84	9/2
Gilders	39/-	25/-	8/9	33/9	4·67	7/0½
Tram-drivers	38/6	36/-	6/10	42/10	4·41	9/8½
Engineers (time)	38/-	36/-	7/6	43/6	4·62	9/3
Zinc workers	38/-	36/-	7/7	43/7	4·68	9/3¾
Compositors (time)	38/-	34/-	7/7	41/7	4·52	9/2½
Carpenters and joiners	38/-†	32/8	7/11	40/7	4·64	8/11
Masons	38/-†	31/6	8/4	39/10	4·82	8/3
Upholsterers	36/-	32/-	8/9	40/9	4·67	8/8¾
French polishers (regular)	35/-	32/-	8/9	40/9	4·67	8/8¾
French polishers (casual)	35/-	20/-	8/9	28/9	4·67	6/1¾
Book-binders (cloth forwarders)	34/-	25/-	8/11	33/11	4·41	7/9
Leather workers (shed men)	33/-	27/-	8/10	35/10	4·73	7/7
Brewers (stage men)	32/-	31/6	7/6	39/-	4·60	8/5½
Tram conductors	31/6	29/-	6/10	35/10	4·41	8/10½
Police constables	31/-	31/-	5/4	36/4	4·58	7/11¼
Signalmen (railway)	25/-	25/-	7/4	32/4	4·59	7/0½
Millers (flour)	25/-	24/-	7/10	31/10	4·62	6/10½
Brewers (cellarmen)	24/6	23/6	7/6	31/-	4·60	6/8½
Shunters (railway)	21/-	21/-	7/4	28/4	4·59	6/2

These figures must be regarded merely as a statement of probabilities. It is, indeed, sufficiently certain that the aggregate income of the *average* family will approximate to the amounts mentioned, but it is only in this way that the

* Including overtime.　　† Raised to 40/- in 1896.

S 32　9. XI. 93.

(Information for Mr. Charles Booth to be used for statistical purposes only.)

Trade

Rates of Wages (in various branches of the work)?

Regularity, &c.:

(1) Busy and slack seasons and their causes?

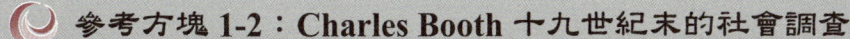

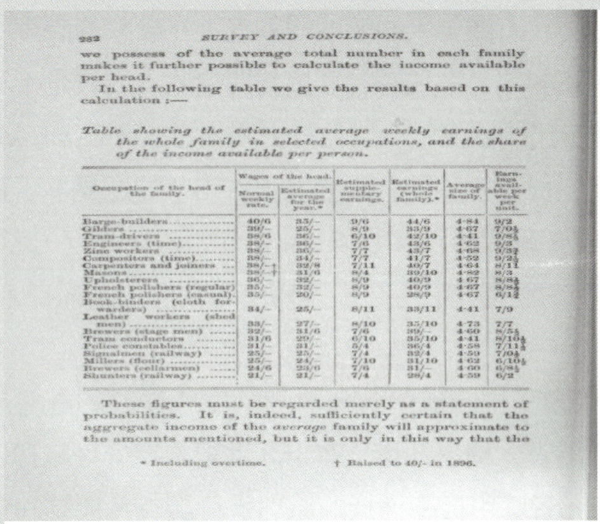

真實的狀況。在網上看這些報告書 (http://booth.lse.ac.uk/)，可以發現內容極為豐富，統計表倒沒有想像中那麼多，甚至可以說是少的，常常十幾二十頁才有一個表 (見參考方塊 1-2)，有許多章節都是質性的分析報告，甚至這個報告最有名的是根據調查資料繪製彩色的都市社區貧富區域的地圖，如參考方塊 1-2 右 (似可和當前的 GIS 相媲美)。於是有論者認為《倫敦居民的生活與勞動》這部書可視為英國社會學的奠基巨著，主要是這個調查研究同時在量化——統計方法和質性——民族誌方法上有卓越的貢獻。這項開創性的調查研究也影響到後來的芝加哥學派有關都市及貧窮的社會學研究。

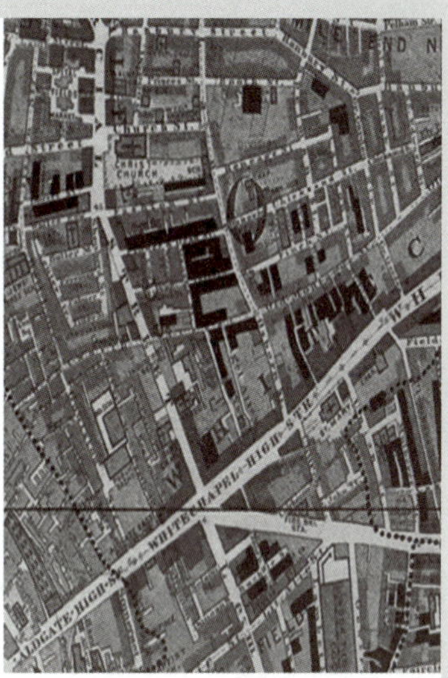

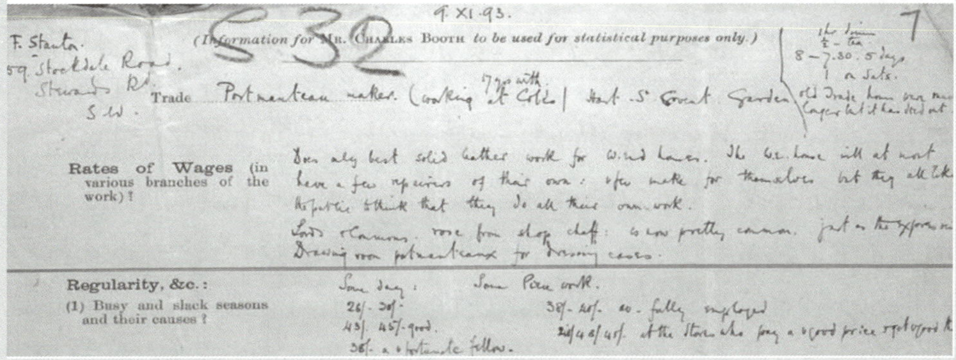

另一個值得注意的是韋伯 (Max Weber) 也曾從事三次農民和勞工生活狀況的社會調查，他使用問卷調查和觀察法蒐集有關農民和工人的工作歷史和態度的資料。後來韋伯又做過兩次有關工人的態度的調查，在後來的調查中使用了比較現代的統計方法。在初期，韋伯認為直接訪問低收入農民是不可能的，因為他們沒有能力說明自己的狀況，所以他都去問報導人。Lazarsfeld 甚至指出「所有的歐洲國家已經從事經驗社會研究近兩百年」的意見。事實上，現在被認為是美國式的社會研究方法，實際上是源自於五十至一百年前的歐洲。這些技術在美國精煉並大量應用之後再輸出到歐洲 (Lazarsfeld, 1962)。

第一次世界大戰之前在英國和德國或是其他歐洲國家所從事的社會調查，基本上都不是現代的抽樣調查，機率抽樣是在十九世紀末二十世紀初才發展成熟，在 1915 年才有研究者應用機率抽樣的原理進行調查。於是在策略上，這些調查多是區域性的普查，就是訪問在研究區域內的所有相關對象。在資料分析上，當時也都只做計數、分類然後計算百分比，偶爾做交叉表分析，這些都是統計最基本的。雖然當時在統計學已經發展出計算相關乃至迴歸係數的技術，但社會研究者還沒能引進使用。這些調查研究在概念上和理論上也很模糊。只是為了研究貧窮問題，就去蒐集各式各樣的資料，年齡、性別、教育程度、家庭收入、居住狀況等所有可能相關的資料都蒐集，既無理論，概念建構也不清楚。不過，在網上閱讀 Booth 的調查報告，倒也覺得當時他們做的分析已相當細膩，例如，他已經將是否在倫敦出生當作影響工資的變項。

(二) 個案研究與統計方法的緊張關係 (1920-1940)

兩次世界大戰之間有很重要的發展，個案研究和統計方法逐漸發展成形，但兩者間有些緊張關係。個案研究源自醫療、歷史學、人類學和社會工作。醫生看病要做個案記錄，心跳、血壓、各種症狀、所開藥方等，每次就醫就做記錄，累積久了就成病歷資料。人類學多半是做個案研究，去研究一

個村、島、地區、民族的各種狀況,都是屬個案研究。歷史學也常做個案研究,把一個歷史的某個事件獨立出來做深入研究。社會學就借這種個案研究方法從事研究,最早的是芝加哥學派從事大量個案研究。芝加哥學派在1930-1940年代是社會學發展的重鎮,重要的經典代表著作是Thomas與Znaniecki的《在歐洲和美國的波蘭農民》,是就波蘭的農民或移民的研究所寫的巨著,深入了解波蘭的家庭、宗教、人際關係及各種價值和行為。這時已不像早期只是蒐集資料,而是整合了理論和資料,將社會學帶進經驗世界。

社會學不再只是想像中的一種哲學式的思考,而是實地去做調查、蒐集資料。芝加哥大學社會學者做這一類的研究非常多。他們針對許多個人的、社區的、團體的,進行深入的調查和研究。芝加哥學派對整個現代社會學的發展來說有相當關鍵的作用或貢獻。它也開創了量化的研究,早先有人認為芝加哥大學基本上就是做個案研究,如都市中的貧民研究,認為在紐約的哥倫比亞大學Lazarsfeld領導的,做了很多量化的研究。實際上可以發現芝加哥大學在個案研究以外,也用統計分析的方法來尋求通則性模式。

芝加哥學派也創始了現代都市社會學。因為研究都市社會的需要,必須蒐集大量都市有關的資料。例如,芝加哥大學最有名的同心圓理論,指一個都市像是一個同心圓擴張出去,窮人住在都市中心,有錢人住在都市外圍郊區,每個區域都有它的社會特徵,經濟和社會活動都有不同的性質。後來又發展出扇形理論。問題是這樣的都市生態的研究,必須把地圖畫出來,要精確地畫出來,才可以看出這個圓是正圓還是橢圓的,所以必須蒐集都市地區這個點的多樣資料。這些資料多半是量化的資料,即便是質的資料也要把它量化。所以在這種情況之下,根據都市不同區域的各種質的資料,把它量化以後繪製地圖來做研究。這也是促成後來做一些量化研究或統計研究的基礎。在這一方面,芝加哥學派的研究顯然受到前述英國Booth等人根據調查資料繪製倫敦區位地圖的影響。

除了芝加哥學派因為都市社會學的研究,或者是在個案研究後尋求一般

模式或通則性模式之外，芝加哥以外的學校或者一些團體及政府，也因為實際上工作或業務上的需要，大量發展統計方法與測量。譬如說在兩次世界大戰之間就有社會調查、民意調查、市場調查都對於抽樣統計有高度的需求。尤其是民意調查，要測得精準必須要有好的抽樣架構，要問好的問題。精確的市場調查也很重要，需要根據市場調查去部署或規劃商業。此外，現代政府必須解決許多不同的社會問題，或是要制定政策，都必須了解實際狀況。政府因此也從事各種調查。這種調查研究的大量需求，現代抽樣調查研究就突飛猛進。當然，現代統計學發展成熟以及不斷地創新發展是極為關鍵的因子，統計學提供了抽樣調查及資料分析重要的科學方法。此外，調查研究者也必須要做好問卷題目的設計，也就是要精研如何問問題。在這個時期，問問題的技術也有了很大的進步。

(三) 抽樣調查方法興起 (1940-1960)

抽樣調查研究在 1940 年代之後逐漸成熟，成了社會學研究的主要研究方法。根據 Converse (1987) 探究美國社會學、政治學、經濟學、社會心理以及民意的重要學術期刊在 1939-1940 年到 1964-1965 年四個時期刊出論文運用抽樣調查研究的情形，結果發現社會學在 1939-1940 一年間的論文有 18% 利用問卷調查法蒐集的資料來分析，十年後只增加到 24%，但是再過十年到 1959-1960 年，就有高達 43% 的論文是根據抽樣調查研究寫成，顯然在這十年間調查研究方法在美國社會學研究上逐漸成為主流。到了 1964-1965 年，超過一半的論文，即 55% 都運用了抽樣調查資料。在經濟學方面，也從 10% 增加到 33%，政治學增加得不多，但也由 3% 增加至 16%。只是社會心理減少了，應是實驗增加的關係。至於民意研究方面增幅比社會學還大，Converse 特別指出原來民意研究期刊刊載的有許多有關公關、廣告、宣傳等和調查無關的論文，而民意調查結果的論文也多被當作研究紀要而非正式論文。但無論如何，民意研究到了 1960 年代愈來愈依靠抽樣調查資料。

抽樣問卷調查方法之所以成為社會學主流的研究方法，主要在於實證社

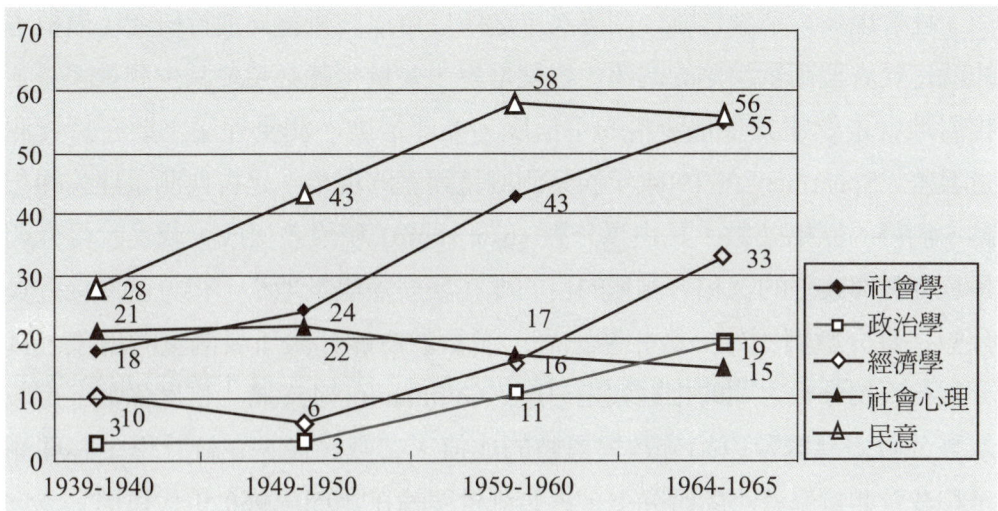

圖 1-1 美國社會科學重要期刊論文運用調查資料之比例 (1939-1965)
轉引自 Converse, 1987:403，原統計資料來自 Stanley Presser, 1984。

會學理論與研究在二戰之後成為社會學的主流，而抽樣調查必須具備的理論與技術，包括態度測量、測量理論、抽樣理論、問卷設計、訪談技術乃至統計分析都已發展成熟，結合起這些理論與技術乃成就了科學的社會調查研究方法。

行為和態度是問卷調查中最主要的兩種項目，態度是人們心中的一種心理傾向是無法直接觀察或是直接問出來的，需要有一些題目來探測。在 1930、1940 年代學者發展出幾種重要的態度測量方法，其中例如 Thurstone、Likert 與 Guttman 態度量表的設計，以及 Osgood 的語意分析 (semantic differential)。最先這些測量態度的技術多是心理學研究者在使用，後來因社會調查測定態度的需要，在 1950 年代起就廣泛地為社會研究者所採行，其中李克特態度量表 (Likert-type attitude scale) 現在還在使用，而且很流行。Rensis Likert 本人也正是現代社會抽樣調查的先驅，他先是在美國農業部推動調查研究，後來則成為密西根大學調查研究中心的創始者之一。1966 年 Oppenheim 出版問卷設計與態度測量專書即完整地敘介了態度在社會調查中的測量方法。

社會現象，不論是哪一個層次，之所以可以被量化來進行研究，最根本的就是要處理測量誤差的問題。也就是說，要量化就必須要減少測量誤差，相對地就是要建立量化資料的可信度，亦即信度。測量理論主要在探究測量誤差。Spearman 在 1904 年觀察到測量誤差的現象，是古典測量理論的起點。測得的原始分數，是由真分數 (true score) 和誤差組成，或是說得分即是真分數與誤差的總和。測量的目的即在讓誤差儘量地小，得分就愈接近真分數。真分數與原始分數相關愈高，測量就愈能代表所要測量的現象。真分數和原始分數之間的相關就是信度。Guttman (1945) 將「信度係數」定義為真分數變異數及原始分數變異數的比值。二戰之後，在統計學、心理測量和教育測量學者不斷研究下，古典測量理論在 1950-1960 年代建構完成，Lord 在 1952 年出版測驗分數理論，Guilford (1954) 出版《心理計量方法》(*Psychometric Methods*)，在 1968 年他和 Novick 出版心理測驗的統計理論專書 (1968)，這些著作都成為測量理論的經典 (劉長萱，2012，本書)。直到現在，古典測量理論仍舊是絕大部分量化社會科學研究的基礎。

問卷設計也是抽樣調查研究方法重要的基礎，到了 1960 年代，在抽樣理論及其在社會調查上的運用 [Kish 在 1965 年出版《調查抽樣》(*Survey Sampling*) 專書]、問卷設計原理和技術上都發展成熟 (Hyman 在 1955 年出版《調查設計和分析：原理、個案和程序》專書)，為數眾多的學者對抽樣調查方法從事深入的研究，逐漸完成標準化的問卷調查的程序和技術，對於設計精確的問卷題目、題目的問法與措辭、變項的量度、回答習慣及反應模式、量表的信度與效度，乃至於敏感問題的問法和題目次序都研究出有效的辦法和規範 (Kahn & Cannell, 1957; Babbie, 1973; Schuman, 1981)。

量化研究或是抽樣調查研究，除了要有測量理論作為基礎外，也必須從事統計分析。現代統計學的發展以及社會學者的引進社會研究甚至也參與統計本身的研究和發展，是 1950 年代以後社會學發展的重要動力。雖然 Booth 早在十九世紀就進行大規模的調查，甚至還擔任皇家統計學會會長，但當時並未應用比較進階的統計分析方法。到 1920 年代，在美國已經有《社會統

計》(*Social Statistics*) 書籍出版 (Dittmer, 1926; Elmer, 1926)，1950、60 年代已有許多社會統計學的教科書，如 Blalock 的《社會統計》在 1960 年出版，此後一直是重要的教科書。在 1969 年美國社會學會方法論委員會 (這個方法論委員會是 Lazarsfeld 在 1960 年初擔任美國社會學會會長時成立的) 開始出版《社會學方法論》(*Sociological Methodology*) 年刊，刊載許多社會學者研發的各種高階統計分析方法的重要論著。高階統計方法不斷的發展是量化研究持續精進的重要根基。雖然在 1970 年代之後量化－質性研究方法發生嚴重爭議，量化研究備受攻擊，然而至今仍屹立不搖，重要活力來源之一就是社會統計本身日新月異的發展。

(四) 1970-1980 年代研究方法典範戰爭

在 1970-1980 年代有愈來愈多的社會學者反對量化研究，主張從事質性研究。主張質性研究者和量化研究者水火不容，產生嚴重衝突，甚至演變成所謂的典範戰爭。爭議的源頭最早在於社會科學是不是科學。有些人認為社會科學不像自然科學可以做實驗，不能稱為科學，而較接近人文學。相對地，有人主張社會科學，應追隨自然科學的方法從事研究。這是最早的爭執的源頭。

抽樣問卷調查在最鼎盛時期就開始遭到一些批判。反對最力者之一是象徵互動論的主要奠基者 Herbert Blumer (1956)。他認為所有人類的行動是在互動的情況下產生的，互動是產生人類有意義的行為的基礎。變項分析完全無法探究互動中自我形成的過程。Blumer 在 1956 年擔任美國社會學會會長發表〈社會學分析與「變項」〉，四年後 Lazarsfeld 也以會長身份發表〈經驗社會研究的社會學〉，兩相對照，顯示量化－質性之爭，甚至相關的方法論、認識論之爭於 1950 年代就已開始 (Converse, 1987)。

C. Wright Mills (1959) 更嚴厲地批判乃至否定實證，尤其是量化研究。在《社會學的想像力》一書中，他批判抽象經驗主義者「研究所選取的問題以及問題形成的方式都嚴格受制於『唯一的科學方法』」。「社會科學家總

是把自然科學的哲學當成綱領和聖典」是極為錯誤的。他嚴厲指責「抽象經驗論矯枉過正的謹慎與嚴格，卻無疑完全漠視了我們時代中重大的社會問題與人類議題」，終至淪於「形式與空洞的機巧」。

人類學者 Geertz 認為傳統的功能論的、實證的、行為的和整體的研究取向被多元的、解釋性的、開放性的觀點所取代，比較接近人文學。社會科學和人文學的界線愈來愈模糊。Geertz 在理論與方法上對社會學的影響，對現代質性研究的崛起有關鍵性的作用 (Denzin & Lincoln, 2005)。

1960 年代美國學生運動風潮中，年輕社會學者體認到經濟社會既有的權力關係的不公正性，資本主義體系對第三世界的剝削，他們不能接受結構功能論保守既有秩序的論點，於是轉向接上古典社會學，尤其是馬克思理論的傳統，致力於研究基本的、鉅視的社會變遷過程 (林國明，本書)。

語言學研究也在 1960 年代產生了語言的轉向 (turn)，對人文及社會科學產生革命性影響。「語言並不僅僅是描述事實的符號工具而已，它結合非語言的面向以形成論述，從而建構意義和社會實相。意義並不內含於字詞本身，也不單單來自說者或聽者。意義的形成是一個動態的過程，它牽涉語言、論述和脈絡的交互建構作用」(周平，2012，本書)。

在語言和敘事轉向的趨勢下，建構論、後實證論、現象學、常民方法論、批判理論、新馬克思理論、符號學、結構主義、女性主義以及種種種族／民族論等理論風起雲湧。就研究策略而言，從紮根理論到個案研究，到歷史、傳記、民族誌、行動以及臨床研究不一而足，但都在利用質性訪談、觀察、視覺、個人經驗、文獻記錄進行研究。

(五) 分裂與多元：1990 年以來

在量化和質性研究對立的情況下，研究方法從 1980-1990 年代開始有多元化發展的現象。雖然後來有質量並用法的推展，但量化－質性方法的對立並沒有得到紓解，頂多是彼此攻擊，尤其是質性對量化研究的抨擊有緩和的趨勢。

量化研究雖受到嚴厲的批評，但它究竟是主流的研究方法，仍有許多學者持續用此方法。且因問卷設計技術的持續改良、多變量統計分析和量化研究方法本身的長足進步、電腦尤其是個人電腦運用之便利、統計電腦軟體十分完備並極易施行，量化研究在當前社會科學中仍然極為重要。

另外一個重要的發展是調查資料庫的建立。由於要完成一定規模樣本的調查研究是費錢、耗時又費力的事，個人負擔不起所需經費，需要相關單位經費的補助。然而許多個人做調查，所費不貲，每個人做的調查所用的題目，別人可能也無法用，也有些缺陷。許多國家都有很大的資料庫，如美國的 ICPSR (Inter-university Consortium for Political and Social Research) 就有世界各地的調查資料。英國、德國皆有全國性的資料庫。臺灣在中央研究院建立了資料庫，至目前為止包含一千個調查的資料。

在質性研究方法方面，如 Denzin 與 Lincoln 指出，近十幾二十年來有極為快速的發展。不只是像 Denzin 等人指出有「後現代實驗民族誌時期」(1990-1995)、「後實驗民族誌探索期」(1995-2000)、另類民族誌時期 (2000-2005)，乃至自 2005 年以後是無以名的時期，各期都有日新月異乃至看起來是標新立異的研究方法。這樣快速發展出來多樣的質性研究方法，一方面顯現多元化，但在另一方面確實也是質性研究法至今頗有幾分尷尬，甚至可以說陷入了危機。學者任意選擇或發展質性研究法，造成社會科學研究的零碎化，研究方法選擇上的困境，也形成學術溝通的障礙 (Denzin & Lincoln, 2005)。

近十幾年發展出來的質量並用研究法 (mixed methods research) 或稱質量並用法，在同一研究中同時採用質性和量化的資料，對於質性和量化資料有很好的系統性整合，希望能解決質性和量化研究之間的爭議和衝突。然而，後來發現這個希望實現的機會不是很大。質量並用研究法基本上是以實證論為核心，本質上是實證論，即使在研究中採用質性資料，還是以實證論為基礎。質性研究多半不是以實證論為基礎，而是以詮釋學或現象學為基礎。因此，質量並用研究法實際上並不能終結社會科學研究方法典範戰爭 (Bryman, 2008)。

> **參考方塊 1-3：以資料為基礎的理論不容易被駁倒**
>
> 以資料為基礎的理論通常不會被更多資料完全駁倒或被其他理論取代。因為它和資料很緊密地連在一起，儘管會有不可避免的修改和重新修訂，它仍然會繼續成立。最值得注意的例子就是韋伯的官僚結構論和涂爾幹的自殺論。這些理論已經持續成為社會學的重要理論數十年，激發了許多研究，也不斷地讓學生和教授們嘗試更聰明的方法去測試和修訂。相對地，根據不紮實的假定為基礎的邏輯演繹理論，諸如有名的「社會系統」或「社會行動」論會讓它們的追隨者在研究中迷失 (Glaser & Strauss, 1967:4)。

三、臺灣社會科學與研究方法的發展

為探究臺灣社會科學研究方法的變化，我們選取《中國／臺灣社會學刊》、《政治學報》、《國立臺灣大學理學院心理學系研究報告／中華心理學刊》三個學刊來做內容分析，探究臺灣社會學、政治學和心理學研究在研究方法和統計分析技術上有什麼變化。實際上，我們也對《臺灣社會學》、《臺灣政治學刊》、《臺大政治科學論叢》三個期刊做了內容分析，但在最後我們還是決定選取這三個學刊來做研究分析研究方法的變遷，主要是因為這三個學術期刊都發行了四十年以上，拿來做分析比較能顯現社會科學研究方法的變遷趨勢。同時這三個期刊都是學會刊行的，不是機關出版的學術刊物。拿這三個期刊發表的所有論文作為研究分析對象，也有一些缺陷和不足。主要是期刊論文無法代表所有的學術論文，有許多學術論著是以專書或是專書論文方式出版，所運用的研究方法有可能不同於期刊論文，或許專書會比較多質性的研究。儘管如此，期刊論文有一定程度的代表性，還是有重大的參考價值。

(一) 社會學研究方法的演變

　　1950-1980 年代臺灣社會學就研究方法的發展而言是草創期，粗糙不成熟。在 1960 年代社會學者多從事小規模的社區調查研究，也還不是進行比較嚴謹的抽樣調查研究。到 1970 年代開始有一些抽樣調查研究，在其他研究方法的運用上也很少有。1980 年代在研究方法的發展上屬奠基期，是以量化研究為主，社會學者也多從事實證研究。但在同一時間已有學者對實證研究提出批判。到了 1990 年代，全國性的抽樣社會調查持續進行，同時有愈來愈多的學者致力於質性研究和歷史研究。在 2000 年代，質性研究和量化研究有分庭抗禮之勢。又有幾個全國性的長期抽樣調查，而從事質性研究的社會學者也大量增加。

　　在社會學刊物方面，我們選取《中國／臺灣社會學刊》，這是中國／臺灣社會學會的學術期刊，是在臺灣發行最久的社會學期刊。在 1971-1994 年刊名為《中國學刊》，1995 年隨中國社會學社改名為臺灣社會學社，也改名為《臺灣社會學刊》。前後至 2009 年一共發行 48 期，出版 284 篇論文。發行將近四十年，以十年為期，正好可分為四期。將 284 篇論文的研究方法和統計分析分別歸類後發現，利用問卷調查和其他量化資料撰成論文的在 1971-1980 年佔所有論文的 37%（不是最多的），到 1980 年代就突然增加到 65%，在 1990 年代維持相同的高比例（64%），進入二十一世紀第一個十年，略微下降到 57%。再就統計分析方法的變遷來看，在各個時期，有少數量化研究論文只使用敘述性統計。在 1970 年代，量化研究論文有 73% 使用了單元統計分析，接著在後面三十年，大幅下降，到 2000 年代就只有 7% 的論文使用單元統計分析。相對地，多元的統計分析在 1980 年代之後快速上升，到 2000 年就接近八成了。量化研究在 1980 年代成為臺灣社會學研究的主流，而研究使用統計方法多為複雜的高階的多元分析，顯示臺灣社會學研究的主流仍然在量化的實證研究。不過，另一份重要的社會學期刊《臺灣社會學》(中央研究院社會學研究所和國立臺灣大學社會學系聯合出版)，在 2001-2009 年之間出版的論文，雖然量化研究論文仍然是最多的，佔了

46%，但足足比《臺灣社會學刊》同一個時期的 57%，少了十一個百分點。《臺灣社會學刊》量化論文在二十一世紀的第一個十年有下降的趨勢，而《臺灣社會學》的量化研究論文更少了一些。量化研究雖然依舊是主流，但兩個主要的社會學期刊顯現了量化研究在數量上有明顯的下降趨勢。《臺灣社會學》量化研究論文所佔的比例已低於五成，同時僅比質性研究論文多了五個百分點而已。

《臺灣社會學》在 2001 年才開始發行，顯示了最新的狀況。在質性研究方面，佔了 41%，和量化研究在數量上已相當接近。就發行四十年的《臺灣社會學刊》在質性研究論文發表上的趨勢而論，以訪談、觀察及分析文獻資料為研究方法的論文數量在 2000 年以前都維持在 12% 左右，2000 年以後則突然增加到 37%。在兩個主要的社會學期刊近十年的論文，將近四成是質性研究。雖然仍然比量化研究的論文數量少，但已與量化研究大幅縮小了彼此的差距。一方面顯示量化和質性研究逐漸平衡發展的趨向，另一方面也顯現了量化與質性研究競逐的現象，也可能是質性與量化研究方法代理人戰爭在國內發生了。

另一個值得注意的變遷趨勢是，未引用或分析資料撰成論文發表的數量在 1980 年之後大幅下降。在 1970 年代，有 51%，即一半以上的社會學論文多沒有具體的資料分析，有些是引介西方社會學理論或概念。到 1980 年就大幅下降到 26%，幾乎少掉了一半，主要是量化研究論文增加了 26%。可以說臺灣社會學在 1980 年快速興起，第一批獲得美國博士學位返國投入社會學研究的幾乎都從事量化研究。到 1990 年代，單純的論說下降到 20%，到 2000 年以後，則只剩下兩個百分點(圖 1-2、圖 1-3)。

不論是量化研究或是質性研究的大幅增加，都顯示了社會學研究者在研究方法及資料分析上的精進。張苙雲教授在國科會服務期間，促成中央研究院社會學研究所和歐美研究所規劃了社會學研究方法工作坊，增進國內學者在研究方法上更為精進。這個與「研究方法和社會學議題相關的研習課程，主要是邀請國際知名的學者教授來臺進行為期一週的演講，針對其所屬主題

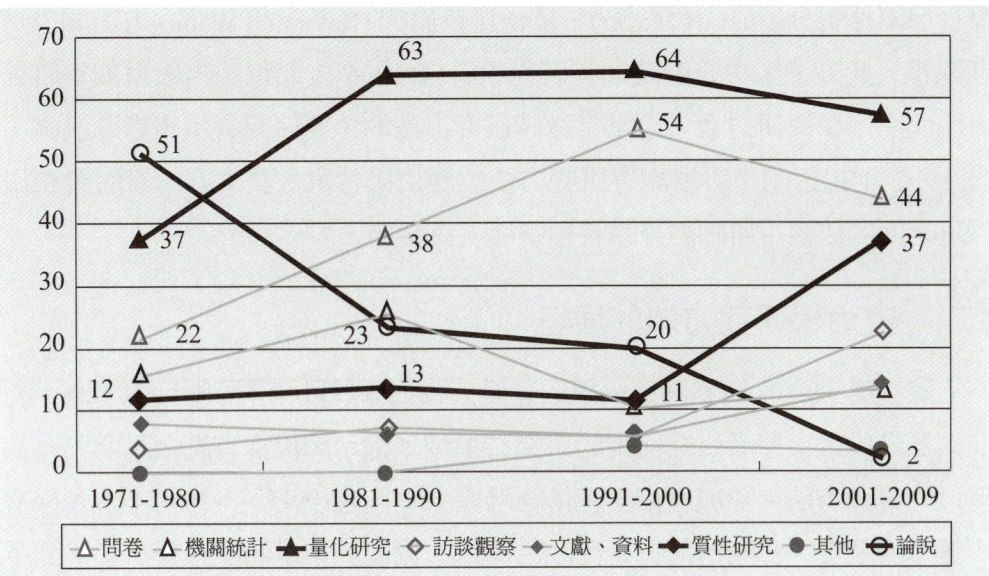

圖 1-2 社會學刊論文使用研究方法的演變

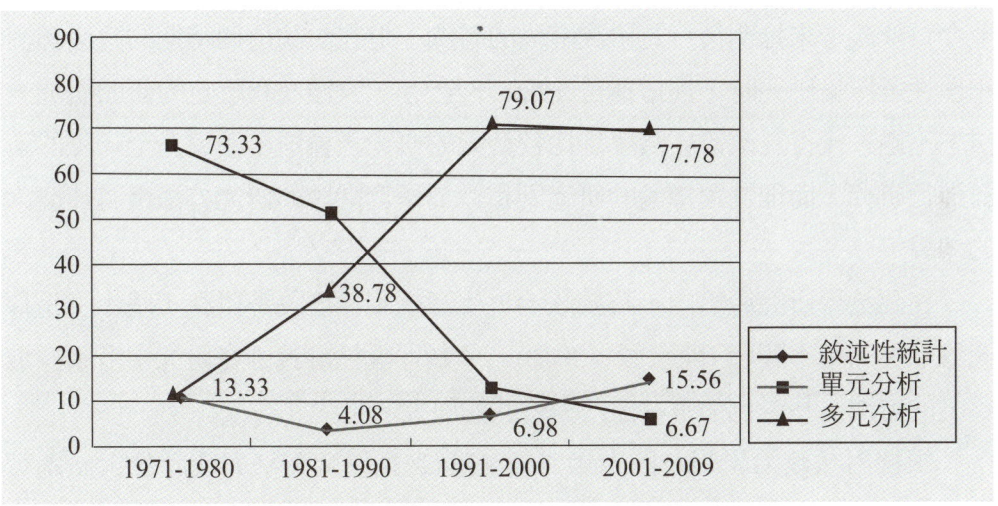

圖 1-3 社會學刊論文使用統計方法的演變

領域上研究方法之專長與國內學者共同研習」。在 2004-2008 年間，計邀請了六位美國在研究方法上有重大成就的學者就研究設計、因果推論 (謝宇)、質性比較研究 (Charles Ragin)、社會變遷趨勢的衡鑑 (Glenn Firebaugh)、生命

歷程與事件史分析 (Karl Mayer)、量化比較研究 (Raymond Wong) 方面開設短期課程。此外，中央研究院調查研究中心自 1995 年起每兩年舉辦調查研究方法與應用學術研討會，也常常邀請研究方法的重要研究者發表專題演講，自 1997 年起每兩年舉辦調查研究方法與應用研習班。該中心的研討會和研習班全面開放給中研院內外學者和研究人員參加。

(二) 政治學研究方法的演變

陳義彥 (2010) 將臺灣政治學的發展分為三個階段，在分階段說明時，對前兩個階段政治學者研究使用的研究方法做了提示，但沒有直接說明第三個階段的研究方法。陳義彥指出在傳統階段 (二十世紀初至 1970 年代) 多採取「哲學、歷史、法制的途徑研究政治問題，偏向於文獻的靜態分析」。到了行為研究階段 (1980 年至今)，政治學者「企圖採用科學方法從事政治行為的調查研究，以建立或驗證經驗性的政治理論」。在後行為研究階段 (1980 年至今) (陳義彥未指明後行為研究階段的時間，但在討論這個時期的政治經濟和理性選擇論研究時，都指稱是 1980 年至今)，大體沒有特定的新的研究方法。不過，後行為政治經濟學是比較鉅視的研究，會運用國家乃至國際的資料進行研究，而理性選擇論的研究則和行為研究階段的研究方法沒有什麼大的差異。

在政治學研究範疇內，關於政治哲學等規範性理論等研究，基本上是探究應然性的基本問題 (陳義彥，2010)，多為理論性論說，在研究中多不採取實證的方法，甚至也都不做任何經驗性的研究。

根據對《政治學報》四十年 361 篇論文就研究方法與統計分析法進行內容分析 (圖 1-4)，發現以引用文獻進行論說的政治學論文一直是最多的，在 1970 年代高達 66%，在《政治學報》發表的政治學論文都引用了一些文獻，但大多沒有就文獻資料進行什麼分析，到 1980 年代，有一半的論文仍然屬於這種性質，再過十年就下降到 35%，到二十一世紀第一個十年，再下降到 31%，不過仍然是最多的。這類論文數量大幅下降的狀況正顯示臺灣政

第 1 章　社會科學研究方法的發展

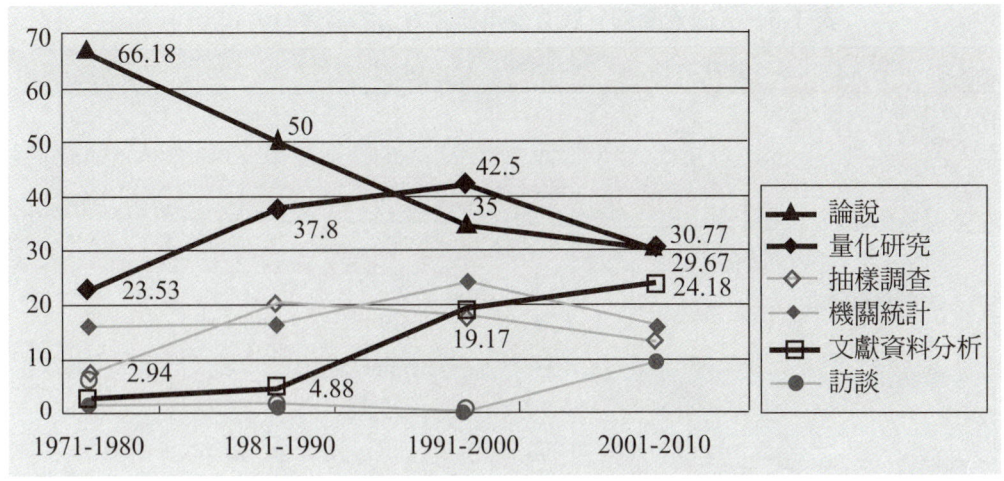

圖 1-4　《政治學報》論文使用研究方法的演變

治學研究開始採用更多不同的研究方法蒐集資料、分析資料。其中利用各種文獻資料進行分析研究的，有明顯的增加趨勢，大約從 1970 年代的 3%，逐步增加到 2000 年代的 24%。在論文中，引用國內外機關統計的研究，在 1970-1990 年代之間增加了 8%，但在 1990-2000 年代卻又降了 8%。在採用抽樣問卷調查方面，在 1970-1980 年代快速增加了 14%，隨後十年減少了 3%，到最近十年卻又少了 5%。如果將問卷調查和機關統計合在一起，視為量化研究，則 1970 年代量化研究佔總論文數的 23%，到 1980 年代大幅增加到 37%，到 1990 年代更增加到 42%，但增加速率已較前十年要小許多。到了近十年，量化研究又有大幅下降的跡象，降到 29%，僅比 1970 年代多了 6%。假如我們不以量化與質性研究做區分，而將是否進行資料分析來評量，也就是將量化研究加上有著資料進行分析者合起來，就會發現進行實質資料分析的論文和未進行實質資料分析的論文在數量上呈相互消長的趨勢，大體上是後者大幅下降，而前者呈大幅上升趨勢。在 1970 年代兩者之比是 66：26，到 2000 年代則成為 31：53。

在統計分析方法上，四十年來《政治學報》的論文也有明顯的變遷 (表 1-3)，在論文中運用敘述性統計者雖呈下降趨勢，從 69% 下降到 59%，但仍

表 1-3　《政治學報》論文使用研究方法的演變 (1971-2010)

研究方法	1971-1980	1981-1990	1991-2000	2001-2010	合計
1. 調查	5 7.35	17 20.73	22 18.33	12 13.19	56 15.51
2. 機關統計	11 16.18	14 17.07	29 24.17	15 16.48	69 19.11
3. 文獻資料分析	2 2.94	4 4.88	23 19.17	22 24.18	51 14.13
4. 論說	45 66.18	41 50.00	42 35.00	28 30.77	156 43.21
5. 訪談	1 1.47	2 2.44	0 0	9 9.89	12 3.32
6. 評論	0 0	1 1.22	0 0	2 2.2	3 0.83
7. 個案	0 0	0 0	1 0.83	1 1.1	2 0.55
8. 內容分析	0 0	1 1.22	2 1.67	1 1.1	4 1.11
9. 其他	4 5.88	2 2.44	1 0.83	1 1.1	8 2.22
合計	68 100	82 100	120 100	91 100	361 100

然是多數 (圖 1-5)。這是政治學論文的重要特色。在研究國內政治時，引用選舉統計資料；在研究兩岸關係或國際關係時，則引用經濟成長、國際貿易和其他與互動有關的統計。在引用這些機關統計時，多半研究者並不從事推論性統計的分析，多直接利用敘述性統計進行分析。政治學研究運用單元統計，即至多探究兩個變項之間的關係，從 1970 年代將近兩成到 2000 年代完全消失。比較有意義的是，多元統計在前三十年有明顯增加，而在近十年則快速增加到 41%。在量化研究中，利用機關統計做敘述性統計分析和利用問卷調查資料進行多元分析大約呈 59 和 41 的對比。在政治學研究上，利用國內外乃至國際機構有關政治經濟狀況的統計資料，進行分析和論述，往往只

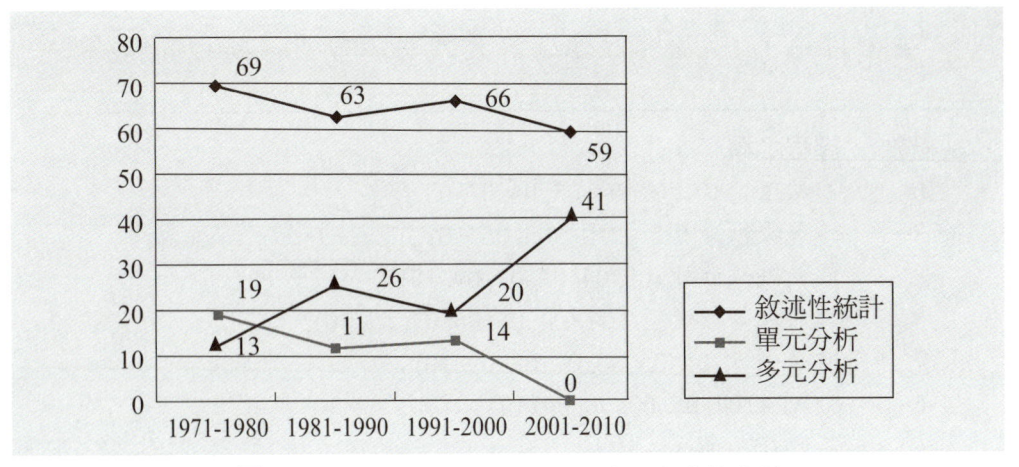

圖 1-5 《政治學報》論文使用統計方法的演變

需敘述性統計而無需推論性統計，相對地，利用問卷調查資料來研究政治行為則需盡可能利用新的、有更大威力的、複雜的多元統計分析技術才能獲致結果。

由於政治學研究在近十多年來，從事量化研究亟需利用多元統計分析等更先進、更嚴謹的統計技術，中央研究院政治學研究所自 2001 年起舉辦「政治學計量方法研習營」，強調「透過專題研討的方式，促進對政治學計量方法有興趣的研究者之間的交流，並藉由相關課程的開設，培養學員從事相關學術工作的能力與興趣」。

(三) 心理學研究方法的演變

心理學強調自己是一個接近自然科學的研究領域，因此一直追隨自然科學的路。在草創時期臺灣心理研究採實驗方法者較少，1960 年後大幅增加且維持相當多數的狀況，所以心理學一直以實驗方法為主要的研究方法 (圖 1-6)。不過，在 1970 年之後雖然仍是心理學研究最主要的研究法，但也已有明顯的下降趨勢，自 1960 年代的 64% 足足下降了十個百分點。隨後有減有增，到 2000 年代，臺灣心理學研究論文中有 52% 採用實驗法進行研究。心理學在臺灣一開始發展，就使用心理測驗進行研究調查，在 1950 年代依據

參考方塊 1-4：歷年政治學計量方法研習營課程 (2001-2010)

課程數	課程名稱
10	賽局理論 (01, 02, 04, 05, 06, 07, 08, 09)
8	跨層次推論 (01, 02, 04, 05, 06, 10)
8	最大概似估計 (02, 04, 07, 08, 09, 10)
8	類別依變數模型分析 (04, 05, 06, 07, 09, 10)
7	迴歸分析 (04, 05, 06, 07, 08, 09, 10)
6	STATA (04, 05, 07, 08, 09, 10)
6	其他 (07, 08, 09, 10)
5	政治學計量方法 (01, 02, 10)
4	空間理論 (04, 07, 08)
4	事件史 (05, 08, 09)
4	時間序列分析 (06, 09, 10)
3	抽樣方法 (01, 02, 04)
2	形式理論 (04, 05)
2	社會選擇理論 (02, 04)
2	理論模型之經驗意涵 (04, 07)
2	集體行動 (05, 06)

*括弧內是開課年代。

心理測驗資料撰寫論文的佔了總論文數的一半以上，約有 56%。可是在下一個十年，就大幅下降到 18%，一番起伏之後，最後來到 2000 年代，只剩 8% 的論文使用心理測驗。心理學研究使用問卷調查法在 1950 年代有 22%，但隨後升升降降，有時甚至就是沒有。直到 2000 年代，又有 18% 的研究是依賴問卷調查。

臺灣心理學研究在過去五十年在研究方法上雖有變化，基本上以實驗方法為主，但在 1970-2000 年代有明顯的減少趨勢。相對於此，就是其他研究方法的引進和使用。在統計方法上來說，心理學用描述性統計愈來愈少，單

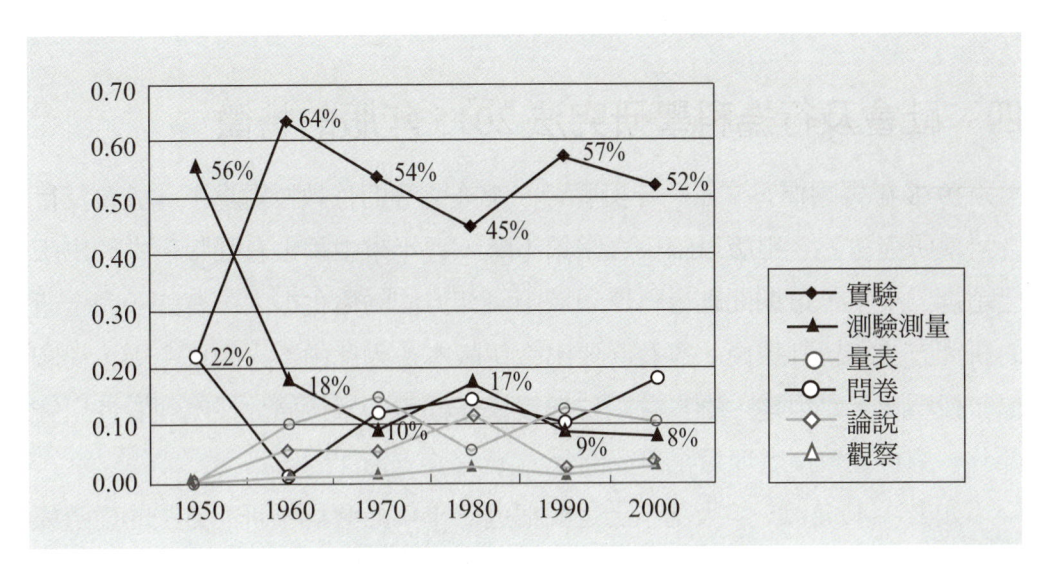

圖 1-6　心理學刊論文使用研究方法的演變

元統計維持穩定大約不變的樣子，更重要的是多元統計的方法則是增加的趨勢 (圖 1-7)。心理學即使可以用實驗控制得到比較科學性的結果，後期也大量使用多元統計分析的方法，這是很重要的發展趨勢。

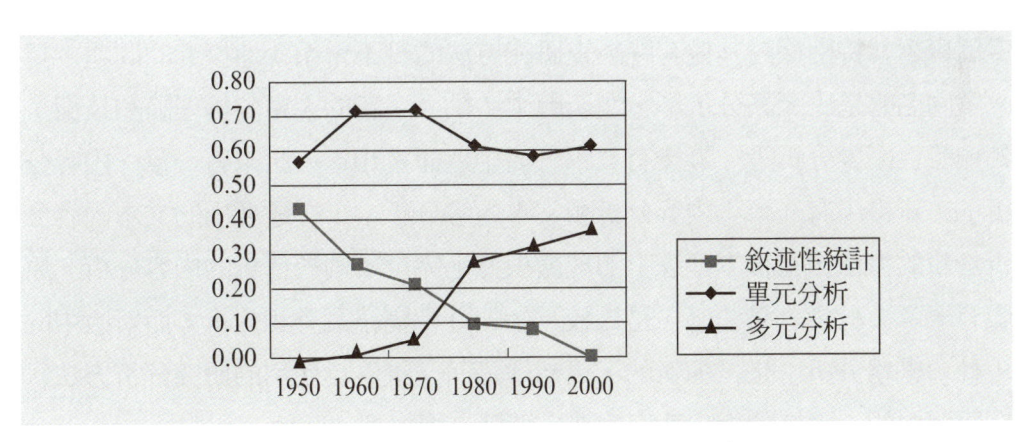

圖 1-7　心理學刊論文使用統計方法的演變

四、社會及行為科學研究法 2015 年版的特徵

　　1978 年楊國樞、文崇一、吳聰賢、李亦園等四位教授編寫了《社會及行為科學研究法》，出版以來一直常銷不墜，近年來中國也有翻版。由於出版已超過三十年，這期間社會科學領域中研究方法的變化很大，有許多完全新的研究方法和統計技術，實有必要出版新版本。因此由本人領軍主編，楊國樞教授壓陣，畢恆達、劉長萱兩位教授擔任編輯。畢恆達教授處理質性研究部分，劉長萱教授處理量化研究部分。

　　如表 1-4，2015 年版基本上是要把近三十年社會科學研究方法的變遷盡可能充分地納入。大體上，和 1978 年版在主題上僅有極少的重複，即使重複，內容也大不相同。全書只有兩章主題相同，基本概念相近，即實驗法和測量理論兩章，即使這兩章也都全是新作。有兩章主題是一樣的，但內容則大不相同，即有關「抽樣」和「因素分析」兩章。原來的樣本調查研究，側重調查方法的引介，在新版中「抽樣問卷調查」則側重施行調查的幾個重要問題的探討。市面上已有許多有關抽樣調查的專門書籍，尤其是課本，本書這個專章就特別探討其他有關調查研究方法的書不曾系統地探究的問題。另一章同名的是「因素分析」。在新版中，納入了新的因素分析理論和技術，如驗證性因素分析等。最後有三章，名相近而實相遠。原來有一章「內容分析」，新書中有一章「內容分析和文本內容分析」，主題多出的文本內容分析是新的方法，在根本理念上和理論根據上完全不同於傳統的內容分析。原版有一章「社會計量法」，是比較原始的社會網絡調查和分析，而新版中的「社會網絡分析」是一種新的、更為嚴謹而又被廣泛使用的研究分析方法。在原版中的「因徑分析」就直接被「結構方程模型」取代。

　　本版一共有 35 章，除了上述六章主題和 1978 年版相近或有關以外，還有 29 章是全新的，而 1978 年版 28 章中有 22 章在本版中完全被捨棄，主要顯示了近三十年社會科學研究方法上巨大的變遷。不過，1978 年版也有幾章

第 1 章 社會科學研究方法的發展

表 1-4 本書 1978 年版與 2015 年版主題對照表

1978 年版	2015 年版	1978 年版	2015 年版
科學研究的基本概念		社會計量法	社會網絡分析
	社會科學研究方法的發展		跨學科的歷史研究法
	研究倫理		歷史研究法
	研究文獻評閱與研究		敘事分析
研究的性質與類別	研究設計		論述分析
自然觀察研究		測量的基礎	古典測量理論
事後回溯研究		信度與效度	
文化比較研究		量度化方法	
		測驗的編製	
	人類學田野工作	態度量表的建立	
	建制民族誌	測驗量表法	
	質性個案研究法	投射技術	
	訪談法	語義分析法	
	焦點團體研究法	Q 技術	
	個案研究		試題反應理論
實驗研究法	實驗研究法		質量並用法
實驗設計的基本原則		資料的分析與解釋	
實驗觀察研究			缺失值處理
實地實驗研究		內容分析	內容及文本內容分析
儀器記錄法		因素分析	因素分析
	個體發展的研究方法		多向度標示法
	整合分析		迴歸分析
樣本調查研究	抽樣調查研究法		類別依變項的迴歸模型
機率與取樣			多層次分析
問卷設計		因徑分析	結構方程模型
			固定樣本追蹤資料分析
調查訪問法			地理資訊系統應用
			職業測量方法
	調查資料庫之運用		質性分析軟體

灰色網底標示 1978 年版、2012 年版相同或很類似主題的專章。

是很經典的，也還是目前從事研究需要用到的。以下就兩版之間相異之處，再做進一步說明。

首先，在研究方法的基本理念方面，1978 年版有兩章，即「科學研究的基本概念」與「研究的性質與類別」。在本版中有四章，即「社會科學研究方法的發展」、「研究設計」、「研究倫理」、「研究文獻評閱與研究」。在經歷了研究方法量化、質性典範之爭，又有許多不認同社會科學為自然科學的理論與方法，本版不再將社會研究定位為「科學」，至少不是自然或數理那樣的科學，於是導論只講研究方法的演變，而不講科學研究的概念。不過在「實驗研究法」一章就科學研究基本概念做了一些討論。這也只是限於認同於科學章節的內容。其次，本版有專章特別講社會科學研究設計，更具體介紹如何設計社會科學研究。本版也特別強調研究倫理，這是 1978 年版所沒有的。本版不但有「研究倫理」一章，而且把這一章放在第二章。社會科學研究的對象是「人」，是與人有關的社會現象，研究者必須尊重人，就必須要有合理而嚴格的研究倫理規範。在以往，有關研究方法的專書或教科書多半不會闢專章討論研究倫理，即使有，也是放在書的最後。

「研究文獻評閱與研究」是從事研究的關鍵。西方科學能夠持續發展就是因為它有累積性，不是研究者各說各話，在研究之前研究者必須很熟悉該研究主題的所有研究，檢討分析過去研究的優缺點，為對學術研究有新的貢獻，形成自己未來研究的想法，再從事研究。臺灣和中國的學者最常犯的毛病是指稱自己做的研究，外國沒有，只有自己國家社會才有。其實社會科學發展這麼久，哪個現象國外沒有研究過？臺灣或中國社會的現象真的那麼特殊到國外都不曾出現過嗎？研究者必須將和自己的研究主題相關的論述做深入的了解和評論，形成自己研究的基礎。不可以每次都做初探研究，好像前人從沒做過類似研究，應該盡力找到相關研究文獻。好的研究其文獻評閱一定要做得很好，站在過去研究的基礎上，才能做好後續的研究。

1978 年版有關心理和教育研究方法比較多，即實驗法、測驗法佔了很大的篇幅。有關實驗研究的相關內容較多，計有「實驗研究法」、「實驗設

計的基本原則」、「實驗觀察研究」、「實地實驗研究」和「儀器記錄法」等五章。在本版，我們覺得對大部分的社會科學研究者而言，大多不會從事實驗研究，所以不需要那麼多章。但是社會科學研究方法重要基礎之一是實驗法，特別是許多實證的社會科學研究法在基本理念和設計上都是建基於實驗法，例如量化研究常以統計方法來「控制」變項乃是源自實驗的概念。於是本版仍然保留「實驗研究法」一章。同時，實驗結果往往繁多而獨立，彼此不相關聯，需要有方法來加以綜合乃至統合，也就是需進行整合分析 (meta-analysis)。在本版就新列入一章「整合分析」。即使在心理學研究上，也不能完全採用實驗法。有許多心理現象，特別是人類心理發展，如兒童身心發展，是不能用實驗法去研究的，個體發展通常就需運用觀察和測驗的方法來進行。在本版中就納入「個體發展的研究方法」專章。

　　心理和教育研究除了實驗法之外，要以測驗法來測量個體行為和心理，在 1978 年版有「測驗的編製」、「測驗量表法」和「投射技術」。在本版，我們提出「試題反應理論」來取代。

　　抽樣調查至今仍然是社會科學的重要研究方法，在 1978 年版有六章與抽樣調查直接有關，即「樣本調查研究」、「機率與取樣」、「問卷設計」、「調查訪問法」、「態度量表的建立」、「信度與效度」，這些調查研究基本的方法雖然近三十年來多少有些改進，但變化並不很大，同時已有不少新的中文專著可供參考，在本版就不再重複。同時把重點轉移到抽樣調查方法重要問題的討論、長期縱貫性調查和調查資料庫的運用上。在抽樣調查中，研究者經常碰到訪問成功率偏低、訪談品質乃至抽樣有偏誤的情形，本書「抽樣調查研究法」一章就側重探究這些問題，並提出解決的方案。其次，為掌握社會的變遷情勢，社會科學研究者也愈來愈需要以多次的縱貫性調查甚至嚴謹的固定樣本調查 (panel study) 來蒐集資料分析變遷。這也是因為有關這類調查的研究方法和統計分析技術在近三十年有很大進展的緣故。本書特別有一專章「固定樣本追蹤資料分析」來有系統地加以論析。最後，抽樣調查研究，尤其是全國性的抽樣調查，都需要花龐大經費和精力來進

行，並不是單一研究者，甚至少數研究者合作可以完成的。國內自 1980 年代中期開始，逐漸有幾個全國性的社會或政治調查在持續進行。這些調查由於多由國科會或其他政府機構資助完成，臺灣社會變遷基本調查率先將調查資料提供公共使用，使得許多研究者不用花大經費和精力親自蒐集資料，就有資料可做研究。中央研究院調查研究中心更匯集國內學界與政府各種調查建立資料庫，提供學者使用。運用調查資料庫進行研究已經是很重要的趨勢，於是本版特列入專章來討論調查資料庫。

在 1960、1970 年代，心理和教育研究使用一些測量的方法蒐集資料，例如「投射技術」、「語義分析法」、「Q 技術」，這些方法到現在已經很少有研究者使用，方法本身也多沒有新的發展，在本版中就捨棄這三章。

至此，我們多在說明何以捨棄舊版多數篇章，以下就要來說明加了哪些篇章。2010 年版最大的特色，尤其是和 1978 年版很不同的在於增加了許多新的質性研究方法。這顯然反映了臺灣社會科學研究者深受西方質性研究方法興起與蓬勃發展的影響。如果說 1978 年版「自然觀察研究」、「事後回溯研究」、「文化比較研究」三種方法代表著 Denzin 所指稱的傳統和現代主義的質性研究方法，那麼本版所列九章質性研究方法就是 1990 年代以來發展出來的新的質性研究法了。這九章可分為兩群，即質性研究和歷史研究。質性研究法包括「質性個案研究法」、「訪談法」、「論述分析」、「內容及文本內容分析」、「建制民族誌」、「個案研究」；歷史研究包括「歷史研究法」、「敘事分析」和「跨學科的歷史研究法」三章。這些質性研究方法在基本精神上大多顯示了非實證以及語言轉向和敘事轉向的特徵。

最後，也正如 Alastalo 與 Bryman 指出的，量化研究在質性研究大力抨擊下仍然是社會科學研究的主要方法，這主要在於調查學理和技術的持續發展，以及統計分析技術的創新與精進。因此本版就納入了幾種重要的資料分析的篇章，主要包括多變量或多元統計分析法，如「因素分析」、「多向度標示法」、「迴歸分析」、「類別依變項的迴歸模型」、「多層次分析」、「地理資訊系統應用」乃至「社會網絡分析」。實際上，社會網絡分析不只

> **參考方塊 1-5**
>
> 　　社會學的重要貢獻之一就在於它提供信息的能力，這些信息包容了社會普遍關心的內容，有關種族平等、強姦、貧困、無家可歸、代際流動的統計，我選擇這些問題是因為它們的答案提供有關社會的有用信息，即使它們有時候並不一定為某種理論服務 (Stanley Lieberson，轉引自謝宇譯文，2006：38)。

是資料分析，同時也是資料蒐集和建構的方法。

　　在本書原先規劃篇章已進行撰稿乃至即將完成初稿之際，我們仍然為量化和質性研究水火不容的狀況感到不安，覺得應該在本書中列入「質量並用法」(mixed method) 一章來做一點整合的努力。本書作者群一致推薦黃紀教授來寫這一章，獲黃教授首肯本書終於有了這一章。

五、總　結

　　術業有專攻，現代學術分化愈來愈細，學科之間很難讀得懂不同行的論文，不要說分子生物學者看不懂政治哲學，甚至連人類學者也看不懂社會學論著。根據經驗，社會學有三種論文很難懂或不容易讀懂，即使是同行的學者也看不懂。一種是所謂的理論性論文，一種是運用複雜的統計分析的論文，一種是質性研究寫得很抽象的論文。有些理論性論文寫得很抽象，又沒有資料佐證，甚至有些作者故弄玄虛，把文章寫得讓人很難讀懂。其次，運用複雜的統計分析技術，對沒有修過統計學，甚至來不及學會新的、複雜的統計分析者，看著統計分析結果表，甚至於分析的文字，幾乎完全不能了解論文的意思。質性研究，即使是就所得之實際資料分析，仍然可以寫得很抽象，讓人摸不著頭緒。

　　有些作者的文字本身寫得讓人不容易懂，尤其是在文中堆砌一些抽象的專有名詞，通篇或許多部分就是很難懂。不少所謂理論性的文章大多有這種

特性。這種情形大體和研究方法無關，上述的另外兩種情況都和研究方法有關。量化的研究有愈來愈採用複雜的統計分析方法，主要是這些新的複雜統計分析確實有助於解析出純淨的效果，或更有解釋力。但是由於涉及更深的數學，有著更為複雜的運算程序，沒有修習過這些統計分析課程，或自行研修的，就幾乎完全無法解讀這類的統計分析結果。也許我們可以說，就像一般人讀不懂物理論文，讀不懂數學論文一樣，這本來就該如此，這是一個專業學術領域必然的現象。但問題是這樣的社會科學論文，有許多社會科學者也看不懂，甚至研究同一個現象的學者也看不懂。如此則似乎社會科學的研究就會造成疏離，愈來愈孤立。筆者一直認為即使統計分析很高深，但統計分析的結果應該不難懂，我們可以讓即使未修習統計的讀者也有能力解讀統計分析的結果。其實，社會科學者運用統計分析來從事研究，統計分析大都丟給電腦用套裝軟體去跑，如大家耳熟能詳的 SPSS，現在愈來愈流行的 STATA，不論多複雜的計算，也只是彈指之間的事。於是，可以發展一套簡易的教學方法：講清楚基本設定，說明白統計分析結果的意義，讓人能解讀統計分析的結果。如此這般，就吾道不孤矣，量化研究結果就可讓更多人了解。

有些質性研究的論文也很不好讀。原因可能有幾個：第一，如 Denzin 與 Lincoln 指出，質性研究方法愈來愈多，質性研究者採用方法各異，而且使用各種方法的學者人數不多，連質性研究者之間都不一定能了解彼此的論述，一般讀者就更難讀懂。第二，有些質性研究論文都把資料和論述融合在一起，讀者無法辨識資料，也就很難知道「事實」是什麼，甚至質性研究者認定的事實又有自己的判準，讀者就更不容易了解作者的論述了。第三，有些質性研究試圖建構理論，或研究者喜歡用抽象的文字，甚至引用或發明一些抽象的用語，讀起來就非常困難。最後還有一種狀況，就是作者大量直接抄錄訪談記錄，也就是「研究」者只是選出一些訪談記錄，加以分類，再補一點說明把記錄串聯起來。讀這些大量的未經分析的訪談記錄會愈來愈混淆，甚至昏掉。

針對質性論文難以理解的狀況，可能要從兩方面去努力。一方面在社會科學研究方法的課程中，就必須引介各種質性研究方法，讓讀者都能了解各種質性研究方法。另一方面，質性研究者也有責任把論文寫清楚、講明白，不要故弄玄虛，更應充分掌握自己所使用研究方法的精神及嚴謹的分析策略。

　　就社會科學而論，由於研究方法不同，造成很多爭議，甚至推進一步來說，各種研究方法有不同的本體論、知識論乃至方法論，不同研究方法之間也多缺乏溝通，彼此大多不了解，於是就造成很大的隔閡乃至溝通的阻斷。於是，在社會科學研究法的課程中，必須要學生學通所有的研究方法，學者之間更應該溝通無阻。希望所有社會科學家都能看得懂使用不同研究方法撰成的論文。

參考書目

余英時 (2003.01.19)〈兩種文化的百年思索〉。《中國時報》。
陳義彥 (編) (2010)《政治學》(第四版)。臺北：五南。
蔡元培 (1924)〈蔡序〉(許德珩譯)。《社會學方法論》，頁 1-3。
謝宇 (2006)《社會學方法與定量研究》。北京：社會科學文獻出版社。
瞿海源 (2008)〈最後的一些疑問〉。《人文與社會科學簡訊》，10(3)，3。
Alastalo, Marja (2008). The history of social research methods. In Pertti Alasuutari, Leonard Bickman, & Julia Brannen (Eds.), *The sage handbook of social research methods* (pp. 26-41). London: Sage Publication.
Babbie, Earl R. (1979/1983/1986/1989/1992/1995/1998/2009). *The practice of social research* (2nd, 3rd, 4th, 5th, 6th, 7th, 8th, 12th eds.). Belmont, Calif.: Wadsworth.
Babbie, Earl R. (1973). *Survey research method*. Belmont, Calif.: Wadsworth.
Bailey, Kenneth D. (1978/1982/1987/1994). *Methods of social research* (1-5th eds.). New York: Free Press.
Blalock, Hubert M. (1960). *Social statistics*. New York: McGraw-Hill.
Blumer, Herbert (1956). Sociological analysis and the 'variable'. American *Sociological Review, 21*, 683-690.

Booth, Charles. http://booth.lse.ac.uk.

Bryman, Alan (2008). The end of the paradigm wars? In Pertti Alasuutari, Leonard Bickman, & Julia Brannen (Eds.), *The sage handbook of social research methods* (pp. 13-25). London: Sage Publication.

Bulmer, Martin (1985). *Essays on the history of British sociological research*. Cambridge University Press.

Cicourel, Aaron V. (1964). *Method and measurement in sociology*. New York: Free Press.

Converse, Jean (1987). *Survey research in the United States: Roots and emergence*, 1890-1960. Berkeley: University of California Press.

Denzin, Norman K. (1970). *The research act: A theoretical introduction to sociological methods*. Chicago: Aldine Publishing.

Denzin, Norman K., & Lincoln, Yvonnas S. (Eds.) (2003). *The landscape of qualitative research, theories and issues*. London: Sage Publications.

Denzin, Norman K., & Lincoln, Yvonnas S. (Eds.) (2005). *The sage handbook of qualitative research* (3rd ed.). London: Sage Publication.

Dittmer, Clarence G. (1926). *Introduction to social statistics*. Chicago & New York: A. W. Shaw Co.

Durkheim, Émile (1895/1924)《社會學方法論》(*Les règles de la méthode sociologique*) (許德珩譯) 臺二版一刷 (1999)。臺北：臺灣商務印書館。

Elmer, Manuel C. (1926). *Social statistics: Statistical methods applied to sociology*. Los Angeles: Jesse Ray Miller.

Fishbein, Martin (1967). *Readings in attitude theory and measurement*. New York: Wiley.

Giddens, Anthony (1976). *New rules of sociological method: A positive critique of interpretative sociologies*. New York: Basic Books.

Glaser, Barney G., & Strauss, Anselm L. (1967). *The discovery of grounded theory: Strategies for qualitative research*. New York: Aldine Publishing.

Gordon, Scott (1991). *The history and philosophy of social science*. London: Routledge.

Guilford, Joy Paul (1954). *Psychometric methods*. New York: McGraw-Hill.

Guttman, Louis (1945). A basis for analyzing test-retest reliability. *Psychometrika, 10*, 255-282.

Hyman, Herbert Hiram (1955). *Survey design and analysis: Principles, cases, and procedures*. Glencoe, IL: Free Press.

Kahn, Robert L., & Cannell, Charles F. (1957). *The dynamics of interviewing*. New York: Wiley.

Kish, Leslie (1965). *Survey sampling*. New York: John Wiley & Sons.

Lazarsfeld, Paul (1962). The sociology of empirical social research. *American Sociological Review, 27*, 757-767.

Lincoln, Yvonna S., & Guba, Egon G. (2003). Paradigmaticcontroversies, contradictions, and emerging confluences. In Norman K. Denzin & Yvonnas S. Lincoln (Eds.), *The landscape of qualitative research, theories and issues* (pp. 253-291). London: Sage Publication.

Mills, C. Wright (1959/1996)《社會學的想像》(*The sociological imagination*) (張君玫、劉鈐佑譯)。臺北：巨流。

Neuman, William Lawrence (2003/2007)《社會研究方法——定性和定量的取向》(*Social research methods—Qualitative and quantitative approaches*) (5th ed.) (郝大海譯)。北京：中國人民大學出版社。

Oppenheim, Abraham N. (1966). *Questionnaire design and attitude measurement*. New York: Basic Books.

Payne, Stanley Le Baron (1951). *The art of asking questions*. Princeton, N. J.: Princeton University Press.

Schuman, Howard (1981). *Questions and answers in attitude surveys: Experiments on question form, wording, and context*. New York: Academic Press.

Sudman, Seymour, & Bradburn, Norman M. (1983). *Asking questions*. San Francisco: Jossey-Bass.

Thomas, William I., & Znaniecki, Florian (1984). *The Polish peasant in Europe and America*. Urbana: University of Illinois Press.

Weber, Max (1949). *The methodology of the social sciences*. trans., & ed., Edward A. Shils & A. Finch Glencoe, Illinois: The Free Press.

延伸閱讀

1. Durkheim, Émile (1895/1924)《社會學方法論》(*Les règles de la méthode sociologique*) (許德珩譯) 臺二版一刷。臺北：臺灣商務印書館。

    這是社會學研究方法的經典之作，是實證社會學研究的基石。社會學實證研究在二十世紀中葉之後遭到嚴厲批判，就更應好好研讀這本現代社會學奠基者涂爾幹有關方法論的小本巨著。

2. Giddens, Anthony (1976). *New rules of sociological method: A positive critique of interpretative sociologies*. New York: Basic Books.
   相對於涂爾幹將近八十年前的「舊」規，Giddens 的新規足以顯示社會學研究方法論的巨大爭議和演變。對照新舊規，諸多方法爭議就一一出列了。
3. Mills, C. Wright (1959/1996)《社會學的想像》(*The sociological imagination*) (張君玫、劉鈐佑譯)。臺北：巨流。
4. Glaser, Barney G., & Strauss, Anselm L. (1967). *The discovery of grounded theory: Strategies for qualitative research*. Chicago: Aldine Publishing Company.
   兩書對量化及實證研究都有激烈的根本性的批判，但 Mills 顯得有點無知和霸氣，視實證研究為寇讎，罵得痛快，但諸多誤解與扭曲。Glaser 與 Strauss 的批判比較有根有據，紮根甚深。
5. Alasuutari, Pertti, Bickman, Leonard, & Brannen, Julia (Eds.) (2008). *The sage handbook of social research methods* (pp. 13-25). London: Sage Publication.
   此書編輯精神與我們這本社會科學及行為科學研究法相近，也匯集了各種量化及質性研究法，若本書讀者要進一步了解整體和個別社會科學方法，我們推薦研讀此書相關章節。
6. Denzin, Norman K., & Lincoln, Yvonnas S. (Eds.) (2005). *The sage handbook of qualitative research* (3rd ed.). London: Sage Publications.
   相對於前一本書，這本質性研究方法指南也是重要的經典，全書彙整了各種質性研究方法，讀者可進一步全盤或個別探究質性研究方法。

2

研究倫理

一、前　言

　　研究倫理意指進行學術研究時必須遵守的行為規範。我們只要以「抄襲」、「學術倫理」等關鍵字搜尋網頁，很容易就可以看見臺灣近年來有關研究倫理的爭議案件。例如其中有校長因論文引用不當涉及抄襲，遭教育部解聘；或遭人檢舉擔任女兒碩士論文的指導教授，並且縱容其抄襲自己的論文，遭解除校長職務；或在論文附錄中全名揭露某學生父親酗酒、家暴等事，為當事人所不滿。也有教授因論文投稿涉及抄襲，他雖然掛名共同作者，但是事前並沒有看過論文相關內容，請辭獲慰留；有教授一年指導 26 篇碩士論文，其中 18 篇論文題目極為相似。這些只是為報紙所揭露的研究倫理爭議案件，沒上報、沒公開或者沒有遭發現的研究倫理爭議必然遠高過此數。研究倫理除了抄襲、洩漏隱私、不實論文作者掛名等常見的問題外，還包括找人代寫論文、引用不實數據、扭曲研究結果、未經同意採取檢體、傷害田野、壓榨田野資料卻吝於回饋、刻意將論文鎖住不公開讓人閱覽、藉由審查論文／計畫書之便剽竊對方構想等。

　　研究者在進行研究的同時，也是活生生的人；也就是除了研究自我 (research self) 之外，也有人性自我 (human self) (Peshkin, 1985)。其實，我們每日的生活也無時不在面對倫理的考量與抉擇。以運動競賽為例，臺灣職棒

球員與簽賭集團掛鉤，因收錢而在比賽中放水、打假球，遭民眾唾棄。臺灣少棒領先美國隊十餘分，少年球員力求表現，仍然採取短打與盜壘戰術，卻遭質疑為羞辱對方。近日國小五人制足球賽，有兩隊疑似有默契，都刻意不進攻，最後雙方以零分和局，共同合作讓另一隊淘汰。有人認為這是戰術運用，有人認為這種行為不符運動家精神，而名次是一時，榮譽是永久的。又如果某球隊或球員，在某場(無關乎晉級與名次的)比賽先是「保留體力」，未全力以赴，目的是為了在緊接著的冠軍爭奪戰中可以有體力奮力一搏，這樣是否符合運動家精神？它是策略運用，還是「打假球」？籃球賽只剩下最後十秒，某隊以一分領先，採取拖延戰術故意只傳球不進攻，似乎常見？棒球投手面對對方的強打，故意四壞球保送，而不是正面對決，又該怎麼看待？

怎樣才叫全力以赴？蘇麗文在奧運跆拳道比賽中，左膝受傷，連站起來都很困難，卻仍不斷倒地，站起來；倒地、又站起來，「永不放棄」的運動家精神，讓轉播的主播淚流滿面，大眾也認為她是臺灣之光。可是，如果因為這個「永不放棄」的精神，對身體造成永久傷害，甚而斷送後來的運動之路呢？這是否符合運動家精神？這裡沒有標準答案，但是說明了倫理抉擇的複雜與困難。

此外，作為社會人，我們每天也都在觀察他人的行為。在捷運車廂內，我們好奇家長如何處理小孩的哭鬧、乘客會做哪些原屬於後臺的動作(如剪指甲、裝假睫毛、塗口紅)、情侶的對話與親密動作可以到怎樣的程度。我們可能(匿名)轉述給朋友聽，可能寫在日記裡。我們也經常(在未經當事人同意下)向朋友訴說家人的趣事或者數落他們的不是。部落格的文章內容，不只是寫自己，也寫身邊的人、事、物。家長把嬰兒的露點裸照放在網路相簿供大眾欣賞，片刻即是永恆。知名作家更是把家中小孩的一言一行，寫成書籍出版。而為了描繪滂沱雨勢，記者在街頭隨機拍到一對傘下擁抱的情人，結果意外讓一樁外遇曝光。這裡，每個活動都涉及隱私、同意、傷害等議題，因此我們也都無時不在進行抉擇。學術研究當然也在做類似的事情，

可以用類似的日常生活規範來檢視。不過，學術研究通常需要受到更為嚴格的規範，畢竟研究者站在較高的社會位置，學術研究比個人發言較受到社會重視，學術研究結果具有公共意涵，研究經常獲得政府或機構的支持與補助。

二、研究倫理規範的發展簡史

學術研究倫理受到重視，一方面來自人權與婦女等運動對於人性價值的反思，另一方面是為防止違反倫理、惡名昭彰的研究案例再度出現。最常聽到的研究倫理歷史的版本是，第二次世界大戰後受到納粹醫學實驗的驚嚇，是故於 1947 年訂定了《紐倫堡公約》(Nuremberg Code)。隨後 1964 年通過了世界醫學學會 (World Medical Association) 的《赫爾辛基宣言》(Declaration of Helsinki)，成為生物學術倫理的基石，再逐步影響其他的學術領域 (Israel & Hay, 2006)。

第二次世界大戰前的生物醫學實驗，建立在信任 (trust) 上，而非知情同意書。《紐倫堡公約》的形成，一方面是基於對納粹實驗 (如低氧、低溫、化學戰劑等實驗) 的質疑與反思；另一方面是怕公眾失去對於醫學等科學學術的公共信任。此準則強調有下決定能力的人之自願參與以及知情同意、進行有利的風險利益分析，以及參與者有隨時退出實驗而不受懲罰的權利。此公約共有十條，包括自願參與、對社會有益、預期的結果能正當化此實驗、避免不必要傷害、風險不能高過要解決的問題、參與者可中止等。《赫爾辛基宣言》大致沿襲自《紐倫堡公約》，但刪除必須當事人知情同意，改成可以由監護人代理；刪除只有受試者中止實驗，增加由實驗者在必要情形下中止實驗。此外，也強調對於受試者利益的關懷應該要高於一般社會利益，而每位受試者應該要獲得目前已知的最好的治療。

違反研究倫理的學術研究迭有所聞，不只是生物醫學如此，社會科學領域也有。其中的塔斯克吉梅毒研究 (The Tuskegee Syphilis Study) 就讓美國醫

界蒙羞，也促成《貝蒙報告》(Belmont Report) 的發表。1932 年美國的公共衛生服務部門 (Public Health Service) 與 Tuskegee Institute 以體檢、免費食物和喪葬保險利誘貧窮的黑人佃農參與梅毒病程的研究，謊稱要治療他們的「壞血」疾病，其實沒有給予任何治療，以便觀察梅毒 (在不受治療的情形下) 在人體內的發展演化過程。1972 年因《紐約時報》記者揭發此醜聞，實驗才於隔年中止，總計實驗期前後長達四十年 (1940 年代醫界已經可以使用抗生素有效控制梅毒病情)。399 名梅毒患者中，有 28 名直接因梅毒死亡，至少 100 名死於梅毒併發症，另有 40 名病患配偶感染梅毒，19 名新生兒在出生時感染梅毒。1997 年美國總統柯林頓向八名倖存者與其家屬致歉時說：「美國政府對你們的處置是可恥的，我感到抱歉。」(陳恆安，2002，頁 69)

　　1979 年由美國衛生教育福利部所發表的《貝蒙報告》(http://www.hhs.gov/ohrp/humansubjects/guidance/belmont.htm)，認為《紐倫堡公約》不足以應付複雜的研究情境，條文有時相互衝突，有時難以解讀與應用。此新準則設立了三項原則：尊重研究參與者 (respect for persons)、善行 (beneficence)、正義 (justice)。此三原則形成西方學術界後來訂定準則的基礎。尊重意指將個人當成具有決定能力的主體，對於失能的人，則要加以保護；強調在充分資訊下，參與者的自願。善行則超出傳統慈善 (charity or kindness) 的概念，而是強調行善的責任，讓傷害降到最低，讓獲益最大，以增加人類的福祉 (例如，可能對參與研究的兒童無益，但是對以後的兒童有益)。正義則強調利益和付出的分配要達到公平。

　　國際醫學組織委員會 (Council for International Organizations of Medical Sciences, CIOMS) 與世界衛生組織所制定的《人體生物醫學研究之國際倫理準則建議》將《赫爾辛基宣言》應用到發展中國家，特別考量不同國家的社經、文化、宗教、法令、官僚等特殊性與差異。在承認考量不同文化價值下，要給依賴者與弱勢者 (dependent and vulnerable) 更多的自主性與保護。而在執行跨國研究時要將資源較少的國家視為合夥。這些準則仍然建基在尊重、善行與正義三個原則上，但是特別關注發展較低國家及其居民的公平正

義。強調研究不要加深不正義，不能因為參與者沒有能力而佔其便宜，更不能鑽其他國家 (不同) 法令之漏洞。

　　社會及行為科學研究領域也在這樣的政治與社會氛圍下，訂定該學科的倫理守則 (包括針對研究、教學與實務)。茲以美國心理學界為例，說明此項倫理守則的發展過程。心理學專業對於倫理規定的關心可以追溯到 1938 年，當時認為應該成立倫理委員會處理違反倫理的心理學研究個案，但是訂定正式的規定則還不夠成熟。受到紐倫堡大審判以及違反倫理研究的投訴案件的影響，1947 年學界開始撰寫書面的倫理守則。第二次世界大戰期間，心理學家也參與到戰爭事務中，例如徵兵的心理測驗以及戰爭情境壓力的實驗。戰後這些測驗持續進行，心理學家呼籲訂定倫理守則來處理研究所涉及的隱私、保密以及研究結果的誤用。美國心理學會於是對會員展開調查，根據對上千案例的分析，終於在 1953 年完成倫理守則 (Ethical Standards of Psychologists) 的審查與修訂工作。此守則主要處理四個倫理議題：傷害、欺騙、保密和對參與者負責。不過這些條文過於一般性，沒有強制力，當時的心理學界也並未嚴肅看待。

　　1960 年代風起雲湧的人權運動強調對於個人權利的保障，加上幾個頗受爭議的心理學研究 (如 1955 年的 Wichita Jury Study 與後來的 Milgram 的服從研究) 造成的衝擊，美國心理學界終於在 1973 年公佈一份較為完整的針對以人為研究對象的研究倫理規範。此守則有一個特點，即是將研究對象的稱呼從過去使用的受試者 (subjects) 改成參與者 (participants)，強調其作為人的個人與社會特質，關心研究過程中的尊重與尊嚴，並希望藉此強化科學的公共性，進而促成更有品質的學術研究。1992 年再度修訂，原則大抵不變，但是條文撰寫對於使用者較為友善 (user friendly)，原有含糊之處，也有較為清楚的說明。例如本來只說風險最小的研究 (minimal risk research) 可以不需要簽署知情同意書，新版則註明適用於匿名問卷、自然觀察、檔案研究等方法 (Kimmel, 2007)。

　　本文以下就對於一般學術研究倫理準則最常涉及的幾個議題，加以討

論，並指出其對於研究產生的衝擊，以及學界不同的意見。

三、重要研究倫理議題

(一) 傷　害

　　科學的目的在於增進人類的福祉，而作為人也應「己所不欲，勿施於人」，因此不傷害參與研究的人是科學家必須遵守的基本原則。研究所造成的傷害包括對於：

1. 個人的生理 (如納粹時期醫師在猶太人身上進行的人體實驗、美國的塔斯克吉梅毒研究) 與心理 (如降低其自尊、讓對方產生緊張焦慮的情緒、讓對方受騙)。
2. 社群或社區 (如 Whyte 的《街角社會》書籍出版，可能讓波士頓北角的居民受傷)。
3. 學術社群 (讓民眾因受騙等而不相信學術研究) 的傷害。

　　此外，研究者也需考量自身不要在研究過程受到傷害 (例如研究黑道、販毒等的人身安全問題，以及研究災害倖存者、性侵害等議題時，自身是否能夠承受聆聽這些苦難事實)。

　　基於避免造成傷害的考量，研究只要有任何傷害風險的可能，研究者最好能夠多和經驗老到的其他研究者討論與請教，並且事先做好理解當地文化的準備工作，以盡力採取各種手段將風險與傷害降到最低點。如果預期實驗有風險，可以利用自然發生的情境 (natural settings) 進行田野研究，或者改採模擬 (simulation) 或角色扮演 (role playing) 的研究方法，或者選擇比較不易受到傷害的樣本。若判斷對個人可能造成傷害，事後應該對參與者進行追蹤調查與必要治療。一個研究，如果傷害大於利益，當然不該進行。如果利益大於傷害，也不見得就理直氣壯，仍然要確認傷害是否有必要，有無方法可以避免，研究是否合乎正義。

1. Milgram 的服從實驗

討論學術研究倫理的書籍，經常使用方塊 (box) 介紹研究個案，而其中 Milgram (1963) 的服從實驗以及 Humphreys (1975) 的公廁交易是最常提及的案例，再過來是 Zimbardo (1972) 的監獄實驗。Neuman (2006) 使用具爭議 (controversial)，Kelly 與 Ali (2004) 使用有問題 (dubious) 的字眼來形容，而 Bryman (2001) 更認為前兩個研究惡名昭彰 (infamous)。

Milgram 認為對於人的行為而言，人格特質遠不及外在情境的影響來得大。為了理解人們對於權威的服從，他設計了一個極為精巧的實驗。自願參與者得知的是參與一項懲罰如何影響學習的實驗，其中有「老師」與「學生」的角色。受試者用抽籤決定扮演的角色，當然他一定會抽中老師的籤，而學生其實是由研究助理扮演。學生如果展現學習效果不佳的時候，老師就要逐步提高電壓來電擊學生，以增強其學習能力。當電壓愈加愈高，而學生也發出哀嚎之聲，懇求實驗不要繼續時，若老師有疑問不想繼續，實驗者 (教授) 總是面無表情說：「實驗就是這樣，請繼續。」沒想到，最後居然有近三分之二的參與者將電壓加到最高的位置。實驗結束後，實驗者會說明電流並沒有真的接通，學生的哀嚎都只是表演罷了。不過受試者仍然很有可能對自己所做的事情感到萬分愧疚，而自責不已。

批評者 (參考 Kimmel, 2007) 認為該實驗讓受試者喪失尊嚴，也使人對於學術權威失去信任。Milgram 則解釋，實驗結束後有解說 (debriefing)，告知他們的行為是正常的，多數人也做相同選擇，因此無需自責；並且長期進行必要的心理輔導；很多受試者表示很高興參與此實驗，讓他們更加了解生命，懂得如何生活。其實在進行實驗之前，Milgram 曾經徵詢精神醫學專家、大學生、民眾，請他們預測參與者的反應。大家都認為參與者不會聽命行事去電擊人；如果會，頂多到 150 伏特就會停止。那種聽到對方哀嚎還會按下控制桿的人，應該是少數病態瘋狂之人。沒想到實際研究結果，完全出乎意料。Milgram 繼續針對參與者進行追蹤研究，卻發現無論就其童年、親子關係、早期記憶等，服從與反抗的兩組參與者並無顯著差異。

> **參考方塊 2-1：心理學對於研究傷害的規定**
>
> 有關研究傷害的議題，臺灣心理學會 (2002) 的《心理學專業人員倫理準則》有如下的條文規範：
> 1. 研究不應含有任何可能危害受試者的措施，但以下狀況除外：
>   (1) 不做包含有這種措施的研究，對社會可能造成更大風險。
>   (2) 研究結果可能對社會產生極大的益處，而且受試者是在知情與自願的情況下參與實驗。
> 2. 如果研究可能使受試者受到傷害，應預先告訴受試者 (或其監護人)：當受試者對研究感到壓力、危險或疑惑時，要儘速向研究者反應 [映]；而研究者收到反應 [映] 時，應該立刻採取「釋疑」或「停止研究」等適當處置。

有趣的是，一位心理學專業的寫作者 (Slater, 2006) 在四十年後找到兩位當年參與服從實驗的受試者。一位當時服從實驗者電擊對方 (他解釋，因剛剛失戀，實驗時腦中空白，想要徹底發洩自己的情緒)，卻因為此實驗而重新檢視生命的意義，面對他自己天生服從的傾向，進而學習抗拒。後來勇於出櫃，成為同志解放運動的活躍分子。另一位在實驗中的反抗者 (此實驗讓他太緊張，他怕心臟受不了，所以中止實驗)，後來卻成了在戰場上殺人的軍人。Milgram 服從實驗的意義，不只是讓我們檢視研究產生傷害的問題，還有更多議題值得我們深思。對於 Milgram 這個人與服從實驗想要更深入了解的話，建議閱讀他的傳記：《電醒世界的人》(Blass, 2006)。

2. Humphreys 的公廁交易研究

Humphreys (1975) 在 1960 年代研究公園公廁中的男性公共性行為。這個研究幾乎是社會學討論研究倫理必定出現的個案。為了進行觀察，他在田野 (公廁) 中找到一個本來就已經存在的角色：把風者 (watch queen)，所以既可以不參與其中的性行為，又可以站在一個很好的觀察位置。在取得觀察

對象的信任之後,他也以研究者的身份,進行訪談。然而,願意接受訪談的受訪者仍以受教育程度高者為多。為避免樣本偏差,他偷偷記下公廁參與者的汽車牌照號碼,並經由警察機關獲得車主的姓名與地址等資料。隨後再參與一項政府舉辦的健康調查,擔任訪員,登門詢問這些公廁參與者的婚姻狀況、職業等相關資料。他的研究成果獲得社會學界很重要的 C. Wright Mills Award 傑出書獎,但也因為研究倫理的問題,影響其指導教授的研究補助,也讓他自己無法留在華盛頓大學任教。

批評者認為他的研究涉及層層欺騙,會讓大眾對社會科學家失去信任,剝奪其他研究者的研究機會;今後公廁中的參與者不只要對告密者或警察提高警覺,還要時時小心偽裝成旁觀者的社會科學家;研究資料若不小心遺失走漏會對很多當事人造成傷害;書籍出版後,會引起許多當事人的焦慮。Humphreys (1975) 承認他不應該追蹤汽車牌照號碼,進而到他們家裡訪問。如果研究可以重來,他會花更多的時間與當事人建立關係,以找到更多願意受訪的人。這樣也許樣本仍然沒有代表性,但是資料至少會豐富些。他也辯解,如果要觀察具有高度污名的行為,就得偽裝成「船上的一員」。如果帶著「我是研究者」的名牌,在公廁中將只會看到沖洗馬桶的動作。他非常小心地處理田野資料,研究過後並將資料銷毀;而且他的研究成果有助於去除男同性戀的污名,因而受到同志社群的認可。他也說明,為了降低受訪者可能被他人指認出來的風險,他寫作變得有點不動感情;為了保護關鍵報導人的隱私,他無法像 Whyte (1955) 一樣寫出動人的研究歷程。

針對 Humphreys 的公廁交易研究,社會學界極少談論他的研究成果,然而幾乎每一篇討論研究倫理的文章都會以他的研究作為「惡名昭彰」的負面教材。這種呈現在事實上過於簡化。如果放到此研究所處的歷史脈絡來看,當時紐約「石牆事件」尚未發生,公共性行為仍屬違法,學術界沒有出櫃的教授,精神醫學仍視同性戀為精神疾病,研究同性戀公共性行為要冒很大的風險,需要極大的勇氣。根據資料顯示,他在研究當下,曾經遭警察臨檢,但他並沒有亮出研究者的身份逃避逮捕,而跟其他參與者一樣被帶到警局,

是因為他的神職人員身份，才沒有留下犯罪記錄 (Galliher, Brekhus, & Keys, 2004)。

很遺憾地，Humphreys 在絕大多數學者心中，只是一名違反研究倫理的同志研究者。如果了解他的一生，對這個研究也許會有新的看法。他死後，為其立傳者 (Galliher, Brekhus, & Keys, 2004) 在 FBI 的檔案中取得他的資料。第一筆資料是 1966 年他向法務部投訴有家餐廳不肯服務他的黑人友人 (當時黑人與白人要分開坐)。他在 1960 年開始參與人權運動，把黑人帶進教會，引起白人的反感與怨恨。白人衝進他的住處，朝書桌開槍，將他太太推倒在地，因而流產，此後無法生育。他在 1950 年代擔任神職人員時，便有許多不敢出櫃的同志，找他尋求諮商。1970 年代他帶領反戰的學生遊行隊伍，走到徵兵場所，將尼克森總統肖像取下撕毀，被判一年有期徒刑，緩刑三年。1974 年他在美國社會學年會上正式出櫃。更讓人訝異的是，根據立傳者到公廁現場調查 (照明、窗戶、門廊等)，判斷他不太可能是以扮演把風者的角色來觀察公廁中的性行為，也就是能夠解釋他那麼豐富的觀察資料，最有可能的是他就是參與觀察者。也就是說，他所涉入田野的，遠超過他所宣稱的。放回當時歷史脈絡，承認公共性行為會招致逮捕與監禁，也可能因此拿不到學位與教職，他的自我保護應該可以理解。只是這個時候，他就不是研究「他者」，而是研究「我群」了。有了這個認知，讀者對其研究效度會不會有所改變？

有點弔詭的是，他的公廁研究，一方面開啟了此後的公共性行為研究傳統，另一方面研究的倫理爭議，卻又促成學界對於研究倫理的規範更趨於嚴格。由於為知情同意等倫理規定所限，1980 年代之後，有關性慾的研究以文本分析為主，而不是田野經驗研究。社會學變成只研究人們「說」了什麼，而不是他們做了什麼。酷兒理論中，人文與社會學的不均衡發展可見一斑。結果，因為缺乏相關社會學經驗研究而無法對於愛滋政策的擬定提出具體有效的建議 (Galliher, Brekhus, & Keys, 2004)。

3. 從無性別歧視到無偏見

研究除了要避免對研究對象造成生理與心理傷害之外，也要避免複製或強化權力不對等關係，以及對某個族群的歧視與壓迫。以性別關係為例，Eichler (1989) 在《無性別歧視研究》這本書中明確指出，研究從主題選取、論文名稱、研究方法與工具、分析與建議等每一個研究環節都可能涉及性別議題。她舉出四種與研究有關的性別歧視，分別是：

(1) 男性中心 (androcentricity)；
(2) 過度概化 (overgeneralization)；
(3) 性別不敏感 (gender insensitivity)；
(4) 雙重標準 (double standards)。

除了上述四種形式，Eichler 又提出其他三種衍生的形態，包括性別適宜性 (sex appropriateness)、唯家庭論 (familism) 和性別二元對立 (sexual dichotomism)。多年後，她 (Burke & Eichler, 2006) 更進一步將性別分析拓展至種族、年齡、身心障礙、階級、性傾向、宗教、地理位置等面向之分析，提出一個辨識與消除不平等的整合分析架構 (Building an Integrative Analytical System for Recognising and Eliminating in Equities, BIAS FREE)。這個架構除了學術研究，更可以應用在立法、政策擬定與教育上。她們指認出三種存在社會中的壓迫體系：

(1) 維持既存的階層關係 (maintaining an existing hierarchy)：例如採取主流的觀點與立場、將非主流群體病態化、譴責受害者等。
(2) 未能審視差異 (failing to examine differences)：對差異不敏感、過度推廣、預設群體的同質性等。
(3) 持有雙重標準 (double standards)：使用不同方式對待主流與非主流群體、沒有給予非主流群體足夠之代表性、否認某群體之能動性等。研究者可以使用這個分析架構以檢視某個研究在性別、種族、階級、年齡等面向是否具有偏見。

> **參考方塊 2-2：動物研究中的性別偏見**
>
> 性別偏見不只呈現在人的研究中，在動物研究中更是明顯。有鑑於此，Zucker 與 Beery (2010) 搜尋了 2009 年將近兩千篇動物研究論文來檢視境況是否有所改善。他們發現絕大多數生物學科都有向雄性偏斜 (male bias) 的現象，神經科學、藥理學、生理學尤其嚴重。以神經科學為例，動物實驗中受試者雄性與雌性的比例為 5.5：1。此種偏見帶來嚴重的研究危機。例如，研究顯示男性與女性對於藥物的吸收與排泄具有顯著差異，然而以嚙齒動物實驗來研究藥物對行為影響的研究，卻幾乎只使用雄性動物。作者建議，為了導正此種偏見，必須要有強制措施。例如，期刊編輯與審查者應該要求只使用雄性或雌性動物的研究，在論文題目中清楚表明，來彰顯動物研究中的性別偏見。資助研究機構則應該鼓勵對於性別敏感的研究計畫。一個在華盛頓特區新成立的研究機構 Organization for the Study of Sex Differences 以及新學術期刊 *Biology of Sex Differences* 都將致力於改善此項研究偏見。

(二) 知情同意

要求研究者執行簽署知情同意 (informed consent) 步驟的目的，是期待研究參與者在獲知研究目的與性質等充分資訊下，有同意或拒絕參與研究的權利。同意書的內容應該要包括研究的性質／目的／步驟／流程，是否存在風險或者引發不舒服的感覺，如果有風險，那麼其補償與後續治療方式為何，評估替代方法的優劣，匿名與保密的措施，研究者聯絡方式，研究對象的權利以及拒絕或中止參與不會受到懲罰等描述。簽署同意書看似簡單，其實牽涉複雜的議題。

第一，如果參與者不識字該如何處理？面對不同文化的參與者，若其對於簽名的重要性有不同的意義時，又該怎麼辦？謝世忠指出簽名並不適用於臺灣原住民的文化，於是他自己設計一份保證書，「保證報導人的一切權益

會受到尊重；也保證研究者將負一切始料未及之後果的道德與法律責任。這份保證書由受訪者永遠留存，並隨時可據此向研究者提出各項質疑。」(1987，頁 24) 他認為由受訪者簽署同意書，等於把責任交給受訪者，對其並不公平。林秀芬 (2001) 研究地震災後單親媽媽適應的議題，也是由研究者自己簽署兩份同意書，由研究者與研究對象各留存一份，將來如果有涉及研究倫理問題的時候，研究對象可以用這張同意書為自己爭取權益。美國人類學會的倫理守則也認為知情同意重要的是同意的內涵而非形式，不一定需要書面或簽名的形式 (American Anthropological Association, 1998)，例如可以在訪談錄音中徵求同意 (Berg, 2009)。

第二，對於社會「偏差」團體、存有社會污名的族群、牽涉非法行為的人而言，簽署同意書無異承認加諸身上的標籤，留下記錄，如果同意書沒有收藏好，反而可能成為將來對之不利的證據。因此，要求參與者簽署同意書可能引來憤怒的回應，即使簽署，恐怕也是使用小名，不會留下足以判斷其真實身份的資料。富士康公司員工連續跳樓事件發生後，有研究者到現場訪談以了解其工廠運作與文化，員工即明白表示依公司規定不可以具名受訪。

第三，除了不識字的問題之外，心智尚未成熟的研究對象，由誰來簽署同意書？如果研究兒童青少年需要其父母簽署同意書，則受家暴、參加幫派的青少年就無法研究。像是美國規定訪問青少年必須取得父母同意，結果造成青少年遊民研究的空缺，而政府也就不知道如何針對這些離家青少年的需求給予回應與處遇 (Israel & Hay, 2006)。美國社會學會倫理規範 (American Sociological Association, 1999) 針對此議題有如下的規定：以下三種情況可以免除父母或監護人簽署知情同意書：

1. 對研究參與者的傷害極小；
2. 若需簽署同意書，研究就不可能進行；
3. 父母或監護人的同意並非保護兒童所需 (如研究受家暴兒童)。

第四，在某些情況下，其同意有可能並非出自全然的自願，而是遭到直

接或間接壓力的結果。研究對象可能因為和研究者在研究情境以外仍然有其他的關係；可能怕損及所屬群體 (如公司、學校等) 的利益；可能在上級主管的壓力下，所以不好意思拒絕。如果實驗進行一半，可能也不好意思在實驗中途一個人在眾人面前離開。此外，研究對象可能根本不知道自己在研究中會揭露了什麼？例如以為只是在說故事，不知道研究者其實對其拼字、想像力有興趣。

知情同意應該不是在研究之前簽署就盡到倫理的責任，事實上，田野研究的過程中，會隨著研究者與報導人的關係 (了解、尊敬、有共同興趣) 持續改變，而不斷進行協商。研究者可能會受邀參加一場非正式的飯局或者某個社區內部會議，而它已經超出研究初始知情同意書的內容，是否可以參加？Glesne (1999) 認為重要的是尊重、信任的感覺與夥伴關係，而不是簽署的形式。

此外，網路在當代日常生活中扮演很重要的角色，BBS、臉書、部落格等已成生活不可分割的一部分，因而也經常是學術研究的田野。雖然說沒有加密，不需要密碼就可以進入，任何遨遊網路的陌生人都可以看到的網路資訊，基本上是公開的，但不表示它理所當然就可以成為任意的研究對象。尤其是牽涉個人的照片或生活記事，或者討論群組。如果想要研究，最好事先取得個人或群體的同意，或者在其上公佈自己的研究計畫。許多人都不希望自己只被當成資料讓研究者任意挖掘，彷彿不是活生生的人一樣 (Lichtman, 2009)。例如，曾有一篇論文將他與好友的 e-mail 對話內容當作資料 (引文)，卻沒有事前徵得同意。雖然是好友，但是對方認為這是私下談話，所以放心暢所欲言。如果是正式訪問，他的說法就會不一樣了。

根據以上的討論，研究是否一定要簽署知情同意書，隱藏研究方法 (covert methods) 是否一定就違反研究倫理，仍有爭議。一般來說，隱藏式 (欺騙) 研究可以在以下四種情況下獲得其正當性：

1. 參與者不太會受到生理、社會、心理傷害；
2. 研究結果有顯著重要性；

3. 沒有其他方法可以獲致相同資料 (或者不欺騙，研究就無法進行)；
4. 研究結束後要有適當的解說 (debriefing) (McNamee, Olivier, & Wainwright, 2006)，並且得到倫理審查委員會 (institutional review boards) 或者相關專家的許可同意。

　　不過，如果研究對象是掌有資源權力的建制單位，有些學者認為可以採取比較基進的做法。Berg (2009) 指出，他對於研究者欺騙政府以進行研究毫不遲疑。讀者也可以比對，是否能夠接受記者用盡心機混入英國白金漢宮的宴會 (居然沒有警衛發現)，來測試白金漢宮的安檢措施是否足以保障皇室的安全？

(三) 隱私與保密

　　隱私與保密的考量，在日常生活中也有規範。你的同志好友向你出櫃 (現身)，你不會未經同意就告知他的父母。研究者如果是基於特定研究關係才能獲取的資料，就應該更加小心保密。保密的理由是維護受訪者的基本權利、表達研究者的忠誠，並防止洩漏資訊造成不良的後果。當然並非所有的人都需要保密，公眾人物 (高階官員) 就應該為自己的公開發言負責，而通常不需保密。當然，也並非每一位受訪者都想要保密，有些人會希望以真名呈現，只是受訪者通常不只說自己的故事，也同時透露他身邊人 (未經同意) 的訊息，因此是否使用真名仍需小心處理。保密和深描 (thick description) 存在兩難，最常見的方式是，在不影響立論的前提下，儘量移除或者改變讀者可能辨識的各種資料 (人名、職稱、地名、事件細節等)。而研究者也不能利用研究的機會，打探個人 (與研究主題無關) 的隱私，來滿足研究者個人的好奇心。

　　近日有則新聞，某生上網查詢自己的名字，竟赫然發現出現在某篇碩士論文的附錄訪談逐字稿中，而且提及其父親生意失敗、酗酒、家暴等事情。原來是該生就讀學校的主任曾經接受訪談，而研究者撰寫論文提及個案竟然忘了使用化名。研究者坦承疏失，一方面向當事人道歉，另一方面取消論文

網路授權，並修改論文後重新上架。不過，文本一旦曾經出現在網路上，就已經覆水難收了。其實即使匿名，有些訪談逐字稿因為訊息多而詳細，將逐字稿放於附錄固然可昭公信，但仍有曝光風險，因此一定要事先徵得當事人同意。

　　Webb, Eugene J. 等人 (引自 Kimmel, 2007) 提出了處理研究中的隱私議題所據以判斷的四個向度：

1. 行為發生地點的公共性：公共空間 (如公園、廣場、購物中心、運動場等) 中的行為相對於家庭私人空間中的行為，就比較沒有權利要求確保隱私。
2. 研究對象個人的公共性：公眾人物 (政治人物、明星等) 相對要接受大眾／媒體的觀察與報導。
3. 提供資訊的匿名程度：也就是資訊中可以辨識特定個人的程度。如果資訊無法與個人聯結，則破壞隱私的風險較低。
4. 研究所揭露資訊的特質：某些資訊 (如性行為、收入、酗酒) 較為敏感，對個人造成的風險較高。

　　例如，有人可以接受研究者暗中觀察他在超級市場購物花了多少時間，可是不能接受研究者記錄他與情人在公園中的擁抱。這裡必須特別注意文化差異，例如荷蘭人可以談性，但是不能談理財習慣；有些文化中男人不能跟陌生人談他的個人衛生習慣 (如洗浴)。

　　論文撰寫也涉及諸多的隱私與保密議題。首先，撰寫論文時，若要引用訪談的對話內容，應原文不動，還是可以略加修飾，學界仍存在不同的看法。有的學者認為尊重原意是基本底線，也有人認為說話與書寫畢竟不同，逐字照引反而會不尊重受訪者。例如這樣的逐字稿：「怎麼說呢，簡單的來說，就是說，那我現在在學習儘量就是儘量就是如果不是很嚴重就不要在意……」，如果一字不改原文引用，一方面妨礙閱讀的順暢，另一方面會讓人質疑受訪者的表達能力。曾有受訪者表示，相對於論文的正文中，作者使用較流暢的文字來展現研究者的觀點與分析，她未經剪裁的「逐字稿」則顯得說話結巴、詞不達意，給人「很笨」的感覺。不過，如果從論述分析

(discursive analysis) 或對話分析 (conversational analysis) 的角度，則人們怎麼說 (form) 和她說了什麼 (content) 同等重要 (DeVault, 1999)。這個時候，you know 可能就不再是一個空洞的言詞，而表示「OK，接下來我要講的也許有點難以理解，我沒有辦法說得很明確，但是你可以幫我；等等我，你就會知道我的意思」(DeVault, 1999:69)。You know 不再是口齒不清，而是邀請對方理解的訊號。

其次，受訪者基於信任接受研究者的訪談，如果批評，會不會是一種背叛？不是像將他們的資料賣給八卦雜誌這種個人式的背叛，而是間接、集體的背叛，亦即危及研究對象的形象與利益。研究對象是否會質疑研究者到底站在誰那邊，尤其當他們是社會中的弱勢族群的時候 (不過如何界定弱勢，仍然必須放在脈絡中理解。女性政治人物在階級上是優勢，但在性別上是弱勢)。Finch (1984) 的兒童遊戲研究發現，勞工階級母親的教養小孩方式不符合中產階級的標準。她擔心其研究結果會被用來作為強化勞工階級母親是不勝任的教養者的偏見，因而面臨寫作的難題。後來她嘗試釐清女性的經驗，以及她們所處的結構位置，意識到這些女性無法改變她們所面對的剝削結構。結果，她並沒有更動資料，也沒有迴避所發現的差異，而是將這群女性的經驗放在結構情境脈絡中來分析。這一方面是政治的選擇，另一方面也可以做出更為有效的研究詮釋 (Glesne, 1999)。

研究者能否批評研究對象 (個人或群體) 的作為，如果從研究品質來看，應該不是問題。因為研究畢竟不是宣傳手冊，目的不在於美化，而是指出問題讓田野可以變得更好。一個隱藏 (負面) 資料不敢表達看法的研究，表面上看來可以讓研究對象保留顏面，賓主盡歡，但是不但無助於該研究田野的問題解決，也可能讓其他類似田野獲得錯誤的資訊。此時，社區倫理 (不傷害田野) 與研究倫理 (確保研究品質) 的衝突如何處理，需要審慎地討論。這裡我暫時嘗試援引日常生活中的經驗來作為對照。人總是喜歡聽到讚賞而不是批評，可是自我了解有盲點，真的讓我們成長的往往依賴諍友。聽到批評的當下，也許不好受，但是我們也會分辨這個批評，是基於譏諷，還是關懷。

而這個感受經常決定於對方的誠意與投入。所以，除了如 Finch (1984) 所言的，對於弱勢族群的結構位置進行脈絡地理解之外，如何在論文撰寫的字裡行間清楚地傳達研究者對於田野的關切，將可以降低田野對象對於直言批評的排斥。

另外一個問題則是，將學位論文出書之後，而引發新的爭議。學位論文存在國家／大學圖書館，通常只有學術界人士閱讀，可是如果出書，在書店中銷售，就很難控制可能的閱讀對象。有一本書與同性戀議題有關，因涉及隱私與社會污名，即使已經採取匿名，受訪者仍然不放心論文以書籍的形式出現在大眾眼前。另一本書，則因為一位關係人無法接受書的親屬關係圖中，自己的母親並非元配，恐遭異樣眼光，而表示不滿。

(四) 抄襲或剽竊

就我上課教學以及評審論文與計畫書的經驗，有心或者無意的抄襲 (plagiarism) 是一個常見的議題。只要是攫取他人的想法，卻假裝是自己的創見，即構成抄襲。抄襲包括沒有註明概念的出處、全文照引卻沒有使用引號註明出處頁數、閱讀二手資料卻刻意羅列原典的參考書目、段落或文句的結構 (雖然有修改文字) 與原始資料雷同 (也就是改寫應該要徹底些)。它涉及欺騙、偷竊與不誠實，一方面沒有尊重他人的智慧財產權，另一方面違反了科學求真求創見的基本精神。涉及抄襲，會對研究者的學術生涯帶來極嚴重的後果，包括撤銷學位、追繳研究經費、撤職、賠錢，甚至法律刑責，或者登報公開道歉。

知識雖是公共的，但使用概念時要將功勞 (credit) 歸給原作者，而著作權保障的則是描述該知識的具體文字排列 (wording)。也就是說，誰都可以引用 Bourdieu 的 habitus 或者 Raewyn W. Connell 的 masculinities 的概念，只要註明出處即可，但是如何描寫這些概念的文字，卻受到著作權的保障。如要引用，一種是以自己的方式理解後用自己的文字改寫 (仍需註明出處來源)，另一種是原文照引，就必須將此段文字放入引號中，並註明出處的頁數。為了

避免在文字上雷同,最好是讀懂文獻,將書本闔上,以自己的文字來書寫。

另有一種比較不是這麼明確的例子。例如,某甲閱讀了某乙的學位論文,而他們研究的主題又相似。結果呢,某甲所撰寫的文獻回顧,無論就回顧的整體架構與前後順序,還是引用文獻的段落或句子都非常相似,但是卻迴避引用乙,而讓讀者以為整個文獻回顧的想法來自甲自己,則即使甲並沒有真的抄襲乙的某個句子,也會有抄襲之嫌,因為沒有註明其想法從乙得來。

我也曾聽聞有兩位研究生同時進行一項主題相近的論文研究,他們彼此分享理論文獻閱讀的心得,沒想到甲動作快,比較早提交論文。乙看到論文才發現甲論文中有幾段文獻討論竟然是出自乙的筆記,但是因為甲先畢業發表論文,如果乙的論文也使用相同的文句,不明的讀者反而會認為是乙抄襲甲的論文。乙手中握有他們來往的電子郵件作為證據,因此決定向甲的校方提告甲抄襲,以維護自己的權益。

在研究過程中,我們經常得到他人的幫助,可能是刺激你的想法、指引一個重要的文獻、說一個相關的故事,或者修改你的文字。在論文正文中,我們不可能一一註明 (就像與指導教授討論不算是一種研究方法一樣),而是在謝誌中分別感謝他人的協助。不過,如果他人曾經明確給了一個新概念的建議,則應該在這個概念出現的時候,註明出處。同樣地,指導教授如果只是履行自己應盡的義務,引介相關文獻,與學生討論研究發現與架構,提出寫作的建議 (就像認真的期刊論文審查者也經常給予建設性的建議),不必搶著當投稿論文的 (第一) 作者。到底如何決定誰可以列名為共同作者,臺灣心理學會 (2002) 認為:

> 對研究有重要且直接貢獻的人,得列名為論文作者;這些人包括:(1) 使研究概念或假設成形者,(2) 使研究設計成形者,(3) 使資料分析方法成形者,(4) 研判資料之意義者,(5) 撰寫大部分之論文者。論文作者應按照每個人對研究的貢獻,依序排名;主要研究者列名第一位,貢獻次多者列名第二位,餘此類推。

在網際網路的年代,只要幾個按鍵就可以輕易剪貼,但是不要以為神不知鬼不覺。為了因應抄襲剽竊嚴重的現象,英美已經研發一種反抄襲的線上偵測剽竊系統 Turnitin,而臺灣中山大學也研發一套「反抄襲數位偵測比對系統」,同樣地,只要幾個按鍵即可以讓抄襲無所遁形。

參考方塊 2-3:國科會違反學術倫理案件彙整

國科會是國內最重要的支援學術研究的機構。以 2009 年的專題研究計畫為例,共有近三萬件申請案,通過率為 48%,共補助約 15 億元。國科會為了處理與該會職掌有關的學術倫理案件,特訂定「行政院國家科學委員會學術倫理案件處理及審議要點」,於 1999 年通過實施。其所稱之違反學術倫理行為,係指「研究造假、學術論著抄襲或其他於研究構想、執行或成果呈現階段違反學術規範之行為」。根據學術研究者所繳交的研究計畫書與成果報告,1999-2010 年間國科會共處理了 31 件違反學術倫理案件(根據 2010 年 6 月 21 日行政院國家科學委員會函),無人申訴或沒人發現的,則絕對超出此數。其中最常發生的是引用不當與抄襲,佔了一半以上。如引用他人之著作,卻未引註資料來源,也沒有列入參考文獻,即已構成抄襲。從抄襲網站資料、他人發表之期刊論文、國外碩博士論文與專書、學術研討會演講摘要、他人未發表之論文,到抄襲自己指導學生之論文或使用學生學位論文當作計畫成果報告都有。

另有一稿多投之案例。例如,同一個研究成果分別以中文與英文發表期刊論文,後發表的論文卻未註明曾經以另一種語文發表。研究計畫的成果報告大量重錄其已出版之著作。一位教授使用相同的專題研究計畫分別向國科會不同處室(人文處與工程處)提出申請。兩位教授彼此合作,使用雷同的專題計畫內容,但用不同的研究計畫名稱,分別提出研究申請。

造假也有幾件,從數據處理不當到著作目錄假造並不存在的論文與專書。另有一例為未經同意,將他人列為論文共同作者。

有別於抄襲他人的想法或文字，一稿兩投也可能涉及自我抄襲。臺灣心理學會 (2002) 的規定嚴禁一稿兩投，但是以下的做法則為學術界所容許：

　　(一) 將曾經發表在學刊上的文章重新收錄在「論文集」或其他專書中。有此情形時，研究者應該在書中說明該論文已經發表，並註明論文發表的學刊及年代。(二) 新論文以新方法重新分析曾經發表之舊資料，並產生新觀點，或者以新的理論角度重新研判舊資料，並產生新結論。研究者再投稿時應該將詳情告訴學刊主編，由主編判斷新論文是否有發表價值。(三) 以「節錄」或「通訊」的方式將論文的部分內容先行公佈。(四) 在「知會主編」並在「文章中說明」的情況下，以另一種語言將論文全文翻譯或節錄轉譯。

(五) 造　假

造假 (fraud) 包括無中生有地捏造數據或結果 (fabrication)、竄改數據或選擇性地選取／忽略某些數據或結果 (falsification)。近來廣為人知的學術研究造假事件，首推韓國國家英雄黃禹錫的幹細胞研究。他的研究團隊成功地將成人細胞中的細胞核植入胚胎之中，並培養出病人專屬的幹細胞。其在美國《科學》期刊上發表的幹細胞研究論文讓他聲名大噪。他聲稱利用複製的人類胚胎，已經成功培養出世界第一個幹細胞株。隨後他再度發表論文，聲稱已經培育出 11 個可以和患者匹配的胚胎幹細胞株。此項研究突破，為癌症、糖尿病與帕金森氏症的治療帶來新的希望。韓國政府提供大筆研究獎助，褒揚其成就，黃禹錫甚至被冠上「最高科學家」的封號。沒想到後來卻傳出他接受兩名屬下女研究員捐贈的卵子，並提供酬金給其他被採集卵子的婦女，有違醫學研究倫理 (提供卵子的婦女不能與研究有任何利害關係)。更嚴重的是，他遭指控研究造假，論文中幹細胞的照片係偽造，他其實並未成功培養出任何幹細胞。黃禹錫只好公開道歉，辭去所有教學研究職務，後來還遭判刑。學者指出，造假事件破壞了大眾長期對於科學家的信任。

> **參考方塊 2-4：從文學與電影探究研究倫理**
>
> 　　如果不想只是閱讀硬梆梆的學術研究報告，以情節入勝的文學作品也可以提供許多研究倫理反思的素材。茲舉幾本有中文版本的小說為例。製造出第一個口服避孕藥的化學家 Djerassi (翟若適) (1996) 曾出版多本小說、詩集與傳記。其中《康特的難題》描寫諾貝爾級的學術研究政治，例如如何計算研究成果的貢獻、指導教授的選擇、論文發表的作者排序、學術研究的競爭／合作／利用／不信任與要脅、實驗數據的捏造或修飾、藉由審稿而剽竊創意、女性研究者的處境、人文與自然科學的差異等。《直覺》(Goodman, 2007) 也刻劃了科學實驗室裡人性的試煉，包括實驗工作的分工與榮耀的分享、如何面對媒體、爭取實驗經費等。國內小說家黃凡 (2004) 的《大學之賊》則處理臺灣教育界的怪現象，例如教授為保住飯碗、學校為招徠學生而如何無所不用其極。另有幾本描述田野研究歷程的書籍，也非常值得一讀，包括 Venkatesh (2009) 的《我當黑幫老大的一天》、Barley (2001) 的《天真的人類學家》、Nathan (2006) 的《當教授變成學生》、Whyte (1994) 的《街角社會》、Vincent (2007) 的《自製男人》等。
>
> 　　同樣地，電影不只是娛樂，藉由影像可以讓人印象深刻。舉例來說，可以藉由《小小攝影師的異想世界》討論出版對於田野產生的影響；《真相拼圖》處理如何進入田野、研究者與田野的關係；《迴光報告》用來討論如何處理大量的資料來說哪個版本的故事；利用《科倫拜校園事件》討論研究者是否可以主動介入田野；而《血色海灣》則探討隱藏研究方法的考量 [更多實例，請參考畢恆達 (2010) 的〈看電影，寫論文〉]。

　　另一個國際知名的學術造假事件則是英國教育心理學家 Burt 的研究 (參考 Kimmel, 2007)。他曾針對處在不同環境中的 50 對雙胞胎進行研究，發現他們的 IQ 呈現高度相關，顯示 IQ 是遺傳的，而非受到環境的影響。不過，等到他死後，其他學者發現，他藉著自己在學術中的權力資源，發表多篇論

文，其中有製造假數據、假的共同作者、重複使用數據、以假名投書期刊來支持自己的論文並詆毀評論者等情形，不但學界受騙，教育實務界的教學法也受到他的理論很大的影響 (或者說誤導)。

除了上述明顯嚴重的造假外，研究者也熟知許多「拷打」、「馬殺雞」資料的方法 (Goldacre, 2010)，它介於造假的邊緣灰色地帶，要小心避免。例如，把所有的變項之間的相關性都用統計跑一遍，只要測量的項目夠多，單憑機率就會出現一些統計顯著結果。沒有相關的結果就不發表，假裝沒有做這個項目。或者，研究過程當中，有受試者中途退出，卻刻意不追蹤，也不納入資料分析。讓研究趨勢變得比較不漂亮的「離群值」，就乾脆刪除。四乘四的卡方檢定，如果統計不顯著，就縮成三乘三或二乘二，直到統計顯著為止。自行幫受訪者填上問卷幾個空白之處，以免列為無效問卷。若受試者為 49 人，跑出統計結果後，用這個結果自行補填一份問卷資料，讓受試者人數成為 50 人比較好看。

此外，由於國內廣設大學，加上論文發表作為學術表現的重要依據，網路上經常可以看見「代寫論文」的公司廣告。學生請不要輕易嘗試，以身試法，一方面如此會缺少學術研究寫作的鍛鍊，另一方面要擔負遭人發現的風險。而授課老師如果與學生有足夠的討論，應該可以查明學生是否請人代寫。

四、總　結

臺灣的學術書籍談論研究倫理的並不多見 (如嚴祥鸞，1998)。我們需要更多關於本土研究經驗所遭遇的倫理困境的描述、討論與反思。讓後進者也可以從這些真實的經驗中，獲取教訓或者得到指引。臺灣的學術專業近來已經參照國外的倫理守則訂定本土的規範，例如《臺灣社會學會倫理守則》、《心理學專業人員倫理準則》等。目前質性研究計畫並沒有西方學術界如此嚴格的要求與繁複的程序。我們一方面要提升學術研究人員的倫理思辨與訓

練,另一方面也要避免因為不當倫理審查的規定,而造成研究的不良後果。例如,西方學術界為了省去倫理審查的麻煩,於是不研究具有爭議性的主題;或者使用量化、文本分析的方法來研究,而不進行田野研究。但是值得提醒的是,如果只研究自願參與研究的對象,則我們對於世界的理解會有很大的缺陷;如果不使用欺騙的研究方法,就很難進入權力菁英的地盤。結果呢,就是研究窮人比研究政治人物多;研究護士比研究醫師多;研究受雇者比研究經理多 (Berg, 2009)。

絕大多數的研究倫理文本,關心傷害、隱私、保密、知情同意等議題。事實上,研究設計與方法的選擇,也關乎研究者對於社會、能動性 (agency)、政策等的基本界定。Nespor 與 Groenke (2009) 以 1995 年芝加哥熱浪造成七百人 (多半是貧窮、年老、非裔美人) 死亡事件的研究為例,說明不同的研究方法所預設的倫理觀點。美國疾病管制與預防中心的研究,在控制年齡與居住地的變項後,比較死亡病例與存活者的關鍵個人因素,例如獨居、健康問題、家中是否有空調等,以理解個人是否可以度過熱浪的能力。這種研究設計排除了探究不同區域死亡率的差異,因此將注意力放在沒有辦法適應熱浪的個人,而不是死亡集中的地區 (貧窮、遭機構與政治所遺棄的高風險社區)。相反地,Eric Keinenberg 探問城市的社會環境,而不是限制在死亡率高的鄰里環境如何影響此事件。他比較社經特質類似,而死亡率不同的地區,探討其公共服務的組織與分配、對於死亡事件的行政建構、政治領導人物對此事件的態度與立場、公共部門的反應與行動,以及媒體的社會建構。如此一來,死亡是一組特定社會政治組構的運作結果,想要改變必然牽涉個人之外的參與者,如政府、開發商、公衛系統、科學家等 (引自 Nespor & Groenke, 2009)。

研究倫理之所以放在第二章,正足以說明它絕對不是蛋糕上面作為裝飾的奶油球,相反地,研究倫理無所不在。倫理考量不是在通過倫理審查時就結束了,它是持續的協商過程。從研究主題選取、研究觀點、研究方法,到詮釋、研究結果撰寫發表、提出政策建議等整個研究流程都涉及研究倫理的

考量與抉擇。Susan Sherwin 特別強調對於涉及人類研究的完整倫理分析，不能只問該研究如何進行，還要探究研究主題如何選擇、提出何種研究發問，以及又遺漏了什麼發問 (引自 Nespor & Groenke, 2009)。例如，勞動空間的研究，究竟是有助於經理對於勞動者的控制，還是能夠提升勞動者的工作環境品質；女計程車司機的研究，若涉及司機採取的安全防範策略，是提升女司機的安全，還是讓潛藏的加害者得以識破、破解女司機的防範策略；住宅研究的結果，有助於投機客的炒作買賣，還是可以提升居住人權。研究者不能以客觀中立、發現事實的說辭來迴避研究價值立場的問題。固然社會議題如此之多都值得研究，但是研究的目的何在，希望對社會造成怎樣的理解與改變，研究者必須時刻謹記在心。

參考書目

林秀芬 (2001)《絕處逢生：探討九二一地震喪偶女單親災變後之社會支持過程》。國立臺灣大學社會學研究所碩士論文。

畢恆達 (2010)《教授為什麼沒告訴我：2010 全見版》。臺北：小畢空間。

陳恆安 (2002)〈以科學之名：塔斯克吉梅毒研究〉。《科學發展》，357，69-71。

黃凡 (2004)《大學之賊》。臺北：聯合文學。

臺灣心理學會 (2002)《心理學專業人員倫理準則》。2010/08/22 取自 http://wiki.kmu.edu.tw/index.php/臺灣心理學會「心理學專業人員倫理準則」。

謝世忠 (1987)〈民族誌道德與人類學家的困境：臺灣原住民運動研究的例子〉。《當代》，20，20-30。

嚴祥鸞 (編) (1998)《危險與秘密：研究倫理》。臺北：三民書局。

American Anthropological Association (1998). Code of ethics of the American Anthropological Association. Retrieved 2010/06/16 from http://www.aaanet.org/committees/ethics/ethcode.htm.

American Sociological Association (1999). Codes of ethics and policies and procedures of the ASA Committee on Professional Ethics. Washington, D.C.: Author. Retrieved 2010/08/19 from http://www.asanet.org/images/asa/docs/pdf/Ethics%20Code.pdf.

Barley, Nigel (2001/2008)《天真的人類學家》(*The innocent anthropologist: Notes from a mud hut*) (何穎怡譯)。臺北：商周。

Berg, Bruce L. (2009). *Qualitative research methods for the social sciences* (7th ed.). Boston: Allyn and Bacon.

Blass, Thomas (2006)《電醒世界的人：米爾格蘭突破社會心理學疆界的經典研究與傳奇人生》(*The man who shocked the world: The life and legacy of Stanley Milgram*) (黃澤洋譯)。臺北：遠流。

Briski, Zana, & Kauffman, Ross (導演) (2004). *Born into brothels: Calcutta's red light kids* (小小攝影師的異想世界)。美國：Red Light Films。

Bryman, Alan (2001). *Social research methods*. New York: Oxford University Press.

Burke, Mary Anne, & Eichler, Margrit (2006). The BIAS FREE Framework. In *The BIAS FREE Framework: A practical tool for identifying and eliminating social biases in health research* (pp. 5-24). Retrieved 2008/02/18 from http://www. globalforumhealth. org/Site/002-What%20we%20do/005-Publications/010-BIAS%20FREE.php.

DeVault, Marjorie L. (1999). *Liberating method: Feminism and social research*. Philadelphia: Temple University Press.

Djerassi, Carl (1996)《康特的難題》(*Cantor's dilemma*) (吳玲娟、楊潔、錢恩平譯)。臺北：聯合文學。

Eichler, Margrit (1989). *Nonsexist research methods*. London: Allen & Unwin.

Finch, Janet (1984). "It's great to have someone to talk to": The ethics and politics of interviewing women. In Colin Bell & Helen Roberts (Eds.), *Social researching: Politics, problems, practice* (pp. 70-88). New York: RKP.

Galliher, John F., Brekhus, Wayne H., & Keys, David P. (2004). *Laud Humphreys: Prophet of homosexuality and sociology*. Madison: The University of Wisconsin Press.

Glesne, Corrine (1999). *Becoming qualitative researchers: An introduction* (2nd ed.). New York: Longman.

Goldacre, Ben (2010)《小心壞科學：醫藥廣告沒有告訴你的事》(*Bad science*) (蔡承地譯)。臺北：繆思。

Goodman, Allegra (2007)《直覺》(*Intuition*) (蔡承地譯)。臺北：遠流。

Humphreys, Laud (1975). *Tearoom trade: Impersonal sex in public places* (enlarged ed.). New York: Alkine de Gruyter.

Israel, Mark, & Hay, Iain (2006). *Research ethics for social scientists: Between ethical conduct and regulatory compliance*. Thousand Oaks, CA: Sage.

Kaufman, Moisés (導演) (2002). *The laramie project* (真相拼圖)。美國：Cane/Gabay Productions。

Kelly, Moira, & Ali, Suki (2004). Ethics and social research. In Clive Seale (Ed.), *Re-

searching society and culture (2nd ed.) (pp. 115-127). Thousand Oaks, CA: Sage.

Kimmel, Allan J. (2007). *Ethical issues in behavioral research: Basic and applied perspectives* (2nd ed.). Oxford, UK: Blackwell.

Lichtman, Marilyn (2009). *Qualitative research in education: A user's guide* (2nd ed.). Thousand Oaks, CA: Sage.

McNamee, Mike J., Olivier, Stephen, & Wainwright, Paul (2006). *Research ethics in exercise, health and sports sciences.* New York: Routledge.

Milgram, Stanley (1963). Behavioral study of obedience. *Journal of Abnormal and Social Psychology, 67*(4), 371-378.

Moore, Michael (導演) (2002). *Bowling for columbine* (科倫拜校園事件)。美國：Alliance Atlantis Communications。

Naim, Omar (導演) (2004). *The final cut* (迴光報告)。美國：Lions Gate Entertainment。

Nathan, Rebekah (2006)《當教授變成學生：一位大學教授重讀大一的生活紀實》(*My freshman year: What a professor learned by becoming a student*) (張至璋譯)。臺北：立緒。

Nespor, Jan, & Groenke, Susan L. (2009). Ethics, problem framing, and training in qualitative inquiry. *Qualitative Inquiry, 15*(6), 996-1012.

Neuman, William Lawrence (2006). *Social research methods: Qualitative and quantitative approaches* (6th ed.). New York: Allyn and Bacon.

Peshkin, Alan (1985). Virtuous subjectivity: In the participant-observer's I's. In David N. Berg & Kemwyn K. Smith (Eds.), *Exploring clinical methods for social research* (pp. 267-281). Beverly Hills, CA: Sage.

Psihoyos, Louie (導演) (2009). *The cove* (血色海灣)。美國：Diamond Docs。

Slater, Lauren (2006)《打開史金納的箱子：二十世紀偉大的心理學實驗》(*Opening Skinner's box: Great psychological experiments of the twentieth century*) (鄭雅方譯)。臺北：張老師文化。

Venkatesh, Sudhir (2009)《我當黑幫老大的一天》(*Gang leader for a day: A rogue sociologist takes to the streets*) (賴盈滿譯)。臺北：遠流。

Vincent, Norah (2007)《自製男人》(*Self-made man*) (陳希林譯)。臺北：木馬文化。

Whyte, William Foote (1955). *Street corner society: The social structure of an Italian slum* (2nd ed.). Chicago: The University of Chicago Press.

Whyte, William Foote (1994)《街角社會：一個意大利貧民區的社會結構》(*Street corner society: The social structure of an Italian slum*) (黃育馥譯)。北京：商務。

Zimbardo, Philip G. (1972). Pathology of imprisonment. *Society, 9*, 4-6.

Zucker, Irving, & Beery, Annaliese K. (2010). Males still dominate animal studies. *Nature, 465*(10), 690.

延伸閱讀

1. Kimmel, Alan J. (2007). *Ethical issues in behavioral research: Basic and applied perspectives* (2nd ed.). Oxford, UK: Blackwell.
   本書處理廣義的行為研究 (包括實驗法、田野研究)，以最新的概念與豐富的實例來啟發研究者如何同時兼顧研究的科學嚴格性與倫理的責任感，也涉及倫理審查過程與研究出版的議題。
2. Lewin, Ellen, & Leap, William L. (Eds.) (1996). *Out in the field: Reflections of lesbian and gay anthropologists*. Urbana: University of Illinois Press.
   在傳統的社會科學研究中，「性」不能想、不能做、不可說。難能可貴的是，這本編輯的書中，各個人類學家從同志的角度，以實際的田野經驗說明「性」如何在研究中作用，以及如何處理學術與倫理的兩難困境。
3. Wolf, Diane L. (Ed.) (1996). *Feminist dilemmas in fieldwork*. Boulder, CO: Westview Press.
   研究的過程從蒐集資料到寫作出版，無不涉及權力不平等關係，尤其是研究社會位階較低的群體。來自不同學術領域的性別研究者以親身研究經歷，說明她們如何面對倫理與權力的困境。
4. Galliher, John F., Brekhus, Wayne H., & Keys, David P. (2004). *Laud Humphreys: Prophet of homosexuality and sociology*. Madison: The University of Wisconsin Press.
   《公廁交易》作者 Laud Humphreys 的傳記。他的研究引起社會學界關於倫理的爭議，卻也開啟公共性行為的研究領域。他同時也是人權、同性戀、反戰運動的積極分子，是美國第一位公開出櫃的大學教授。他的一生精彩絕倫，又令人不勝唏噓。

3

研究設計

一、前　言

　　社會科學研究的目的是探索、描述和解釋社會現象或社會現象間的關係。不論研究者採用實驗法、調查法、觀察法、個案研究法還是紮根理論法，都需要在進行研究之前，擬訂研究計畫，並進行研究設計。確定為什麼需要進行這個研究？什麼社會現象是研究者要探究、觀察或分析的？及如何完成這樣的研究？這些都是研究設計的重點。因此，不論是質性研究或量化研究，研究設計的共同任務是：(一) 確定研究中想要探討的社會現象或社會現象間的關係之研究構想；及 (二) 確定完成此研究構想，最好的達成方法及其進行的程序安排。換言之，研究設計 (research design) 是為達成研究者對研究問題的探究或回答，所規劃的研究工作之進行藍圖和研究進行的程序或結構 (procedures or structures) (Kerlinger & Lee, 2000; Babbie, 2010)。

　　基本上，研究設計的具體項目內容，會因研究類型的不同而稍有差異，但是大部分是共同的或共通的研究程序項目，包括：擬回答的研究問題、主要的理論觀點、研究假設的提出 (如果有)、研究對象的設定和研究樣本的選擇與安排、研究進行方式和時間安排、研究資料蒐集方法、研究工具 (如量表、問卷等) 設計和操作、研究資料的蒐集、記錄和整理及研究資料的分析和詮釋。

研究設計之於研究,如同建築藍圖之於建築。缺乏建築藍圖,一棟建築物無法有效地構築;若缺乏研究設計,一個研究無法有效地達成研究目標或回答研究問題。建築形式很多,每種建築形式都有不同的建築藍圖。同樣地,研究類型也不少,每種研究類型都需要其特有的研究設計。但是,不同研究類型的研究設計中,有共同的研究設計部分,也有獨特的研究設計部分。一個研究的進行,不論是採用質性研究方法 (qualitative method)、量化研究方法 (quantitative method) 或是採用質量並用研究法 (mixed method),都需要有好的研究設計,才能讓研究問題被有效地回答。

本章主要的目的是介紹研究設計的具體內容和研究設計的關鍵性思考。由於社會科學研究可以約略分為量化研究、質性研究和質量並用研究三大類,因此,本章將針對這三大類型研究之研究設計重點,予以扼要地討論。

二、研究設計的目的

研究設計是為達成研究者對研究問題的回答,所規劃的研究進行藍圖和研究進行的程序或結構。具體而言,研究設計有兩大目的:(一) 回答研究問題或為研究問題提供回答;(二) 控制變異數 (control variance) (Kerlinger & Lee, 2000)。第一個目的是所有社會科學研究之研究設計的基本目標。不論量化研究、質性研究或是質量並用研究,其研究設計都必須以有效地和正確地回答研究者的研究提問為首要目的。第二個目的是控制變異數,這是量化研究之研究設計所偏重的另一個重要目的。

一般而言,量化研究重點為確認造成結果變項 (outcome variable) 或依變項差異的真正原因,研究者通常將研究有關的原因變項 (cause variables) 區分為焦點變項 (focus variables) 和干擾變項 (confounding variables)。焦點變項是研究者在一個研究中主要關心的變項,通常是與研究假設有關的變項,也是研究主要關心命題的概念所在;而干擾變項是研究者在研究中沒有興趣,但是它會干擾研究結果的變項。因此,在研究設計時,研究者必須採用實驗設

計的方式或採用統計控制的方式，將干擾變項的影響加以排除；干擾變項的影響若不加以控制，則可能造成研究結論的干擾，甚至扭曲。

在量化研究中，研究者常採用的控制變異數的方式，主要分為實驗控制 (experimental control) 和統計控制 (statistical control) 兩種。實驗控制的方法是以實驗設計的方式，有效地確認焦點變項對依變項的影響效果；對於無法進行實驗設計的研究 (一般統稱為觀察研究)，則採用統計控制的設計方式，針對焦點變項和干擾變項，將依變項之變異或變異數加以分割，以純化並確認焦點變項的影響效果，避免研究結論的扭曲或錯誤。

三、影響研究設計的考慮因素

前述研究設計目的是回答研究問題和控制變異數，但是影響這兩個研究設計目的之因素有很多，主要的影響因素有：(一) 研究問題的形式；(二) 研究的類型；(三) 研究的時間類型；(四) 研究分析單位的層次性；(五) 研究目標；(六) 關係或因果關係探討；(七) 影響或影響機制探討等。換言之，研究者在進行研究設計之前，需要確認這七個可能影響研究設計的因素後，才能有效地進行其研究設計。茲針對這七個研究設計的影響因素，加以扼要說明。

(一) 研究問題的形式

影響研究設計考慮的第一個因素是研究問題 (research questions) 的形式。研究問題的形式是屬於描述性研究 (descriptive research) 或是解釋性研究 (explanatory research)，直接影響研究設計的內容。一般而言，社會科學的研究問題可以歸類為描述性和解釋性研究兩大類。

1. 社會現象如何？這是描述性研究的研究問題形式。譬如：現在的失業率如何？誰是現在的失業者？失業者的特質是什麼？五年來的失業率變化如何？或是現在的社會志工的比例有多高？現在的社會志工的人口組成如

何，包括他們的性別、年齡、職業和宗教信仰等特性如何？他們在地區和社區的分佈又如何？近五年的社會志工組成有改變嗎？這都是描述性研究的研究問題。

2. 為什麼社會現象會這樣？這是解釋性研究最基本的研究問題形式。現在的失業率為什麼會這麼高？什麼原因導致現在的大學畢業生失業率會這麼高？或是現在社會志工的參與為什麼愈來愈高？什麼原因會讓這些人願意參與社會志工的行列？這都是解釋性研究的研究問題。

好的描述性研究是研究工作的基礎，也是了解社會現象和了解社會本質的直接方法。許多研究如人口及住宅普查、勞動力調查、家庭收支調查、時間使用調查和老人生活調查等都是屬於描述性的研究。描述性的研究不等於是簡單的研究，有時它也是複雜的研究。描述性研究也不全是具體性的研究，有時候它也可能是很抽象的研究。譬如，外籍家庭的地區分佈如何，就是一個比較具體的描述性研究，但是，社會不平等 (social inequality) 現象，近五年的變化如何，就屬於比較抽象的描述性研究。

好的描述性研究能引導解釋性研究的開展。譬如，若描述性研究發現外籍家庭有相當高的比例是分佈於農村和漁村，而很容易就引導研究者，進一步提出解釋性的研究問題：為什麼外籍家庭容易出現在農村和漁村地區？是農漁村未婚者個人條件的不利性造成的，還是農漁村的社會環境結構造成的？抑或兩者交互作用的結果？或是若描述性研究發現，社會不平等現象近五年來愈加嚴重，則研究者也會進一步提問：為什麼社會不平等現象會有愈來愈擴大的趨勢，是教育不平等造成的？還是勞動市場造成的？抑或是社會稅制不合理所造成的？不過，做得不好的描述性研究可能無法提供有用的訊息，也可能無法引導解釋性研究的進一步提問。描述性研究的好壞關鍵在於是否有好的研究設計，並且依照研究設計嚴格地執行研究，精確地完成研究設計的所有項目工作。

解釋性研究的重點在於回答「為什麼的研究問題」。除了上述「為什麼」的研究之外，再看另一個研究的例子。從近期的失業率現象研究發現，

大學畢業生有就業的困難。研究者進一步問：為什麼大學畢業生失業率高？為什麼有的國家大學生的失業率高，有的國家大學生失業率低？是大學生訓練或能力的問題，還是雇主偏好 (employer's preferences) 的問題，或是可用勞動力組成 (composition of available labor force) 的問題，或是這些因素交互作用的結果？顯然地，沒有好的描述性研究作為研究基礎現象，解釋性研究將不容易開展。同時，研究者也需要針對描述性研究的結果，進一步提出有意義又具關鍵性的解釋，才可能進一步提供社會現象問題的解決建議。

基本上，研究問題的形式決定了研究設計的方向。描述性研究和解釋性研究所要蒐集的研究資料 (研究變項) 是不同的，所以其研究設計內容必然受到研究問題的形式之直接影響。

(二) 研究的類型

影響研究設計的第二個因素是研究的類型。基本上，研究的類型也會影響研究設計的實際內容。研究的類型可以歸納為三大類：量化研究、質性研究和質量並用研究。基本上，量化研究強調透過變項間關係的確認，達到理論驗證 (theory testing) 目標的研究方法。研究變項經過理論性定義和操作性定義的過程，並透過研究工具、量表和問卷的使用，觀察、訪問、記錄、蒐集資料，並將資料數值化後，進行統計分析和結果詮釋。最後的研究報告需要包含緒論、文獻和理論、方法、結果和討論。

通常，量化研究採用演繹邏輯 (deductive logic)，由研究者所選擇的一個或數個詮釋社會現象的「理論」出發，演繹發展研究假設，再透過研究假設的檢驗，確認理論的適用性。研究過程強調資料能確實反映受訪者的真實意見，也就是資料的客觀性，並透過正確和嚴謹的統計分析，排除干擾變項的影響，純化研究假設的檢驗，讓研究發現的通則化命題，可以再被其他研究者重複檢驗 (Bryman, 2008; Neuman, 2005)。

而質性研究是探究及了解個人的生活、社會組織和人類社會的運作與意義的研究方法。質性研究強調研究應該在研究對象生活的自然情境、社會文

化情境中進行。在研究者確定研究主題大方向後，進入研究對象的生活場域，進行觀察、記錄、訪問、蒐集文件，必要時調整研究的方向，深度蒐集各種不同的研究資料，以歸納邏輯 (inductive logic) 的方式，由個別現象歸納抽象概念和理論命題，並詮釋資料所呈現的社會意義。質性研究以田野研究為基礎，再依理論典範的不同，又分為自然主義、俗民方法論、紮根理論、個案研究和行動研究等。所以，研究的進行和研究報告的形式也具有多樣性的研究設計結構 (Crabtree & Miller, 1992; Creswell, 2007)。質性研究的一個共通特點是現象概念化、命題化和歸納方法的使用，並由被研究對象的生活意義和社會意義來詮釋所探究的社會現象 (Marvasti, 2004; Willis, 2007; Silverman & Marvasti, 2008)。

　　量化研究和質性研究沒有「孰好孰壞」的問題，這兩種研究方法因為立基於不同的本體論、認識論和方法論，所以研究實踐的方式不一樣，沒有「對與不對」的問題。研究者需要考慮研究問題的特性，再決定要採用量化研究方法或質性研究方法進行研究。

　　第三種研究類型為質量並用研究。質量並用研究是一種獨立的研究方法，有其獨特的世界觀 (worldview)、專有名詞 (vocabulary) 和研究技術方法 (techniques) (Creswell, 2009)。質量並用研究方法設計結合了量化研究和質性研究設計，以它特有的結合方式回答想要探討的研究問題，其研究問題的回答是採用其他研究方法無法有效地完成的。顯然，質量並用研究不是單純量化研究和質性研究的結合而已，它有其獨特的研究設計和研究問題回答的設計方式 (Schneider & Waite, 2005; England & Edin, 2007; Macinnes, 2008; Mistry et al., 2008)。

　　針對一個研究問題，研究者需要決定適合的研究類型，亦即需要決定採用量化研究、質性研究或質量並用研究。簡單的判斷原則是：若需要推論母體現象的，可以採用量化研究；若需要細緻且深入地探究現象關係或發展歷程的，但不需要推論母體現象的，則可以採用質性研究；若兩種研究目標兼而有之，則可以採用質量並用研究。不過，採用質量並用研究，研究者不僅

需要同時熟練量化研究和質性研究，而且要了解質量並用研究的技術。此外，採用質量並用研究所需要的研究投入，超過單獨採用質性研究或量化研究者甚多，因此，研究者在進行研究方法選擇時，要事先自我評估一下。

(三) 研究的時間類型

第三個影響研究設計的影響因素是研究的時間類型。若依研究的時間類型來分則研究可以分為橫斷面研究 (cross-sectional study) 和長期研究 (longitudinal study)。而長期研究又可以區分為多波的橫斷面研究 (multiple-wave cross-sectional study)、追蹤研究 (panel study) 和世代研究 (cohort study)。

橫斷面研究是只在一個時間點上或一段很短的期間內 (如一、兩個月)，針對一群研究對象進行資料蒐集的研究。若針對相同的研究議題 (使用相同的研究工具)，在不同的時間對同樣具有母體代表性，但並不相同的研究對象，進行資料蒐集的研究，就是多波的橫斷面研究，如中央研究院社會所所進行的「臺灣社會變遷基本調查」就是屬於多波的橫斷面研究。其中每一波的研究對象都是代表母體的樣本，且每一波的樣本都是相同母體 (全臺灣 20 歲以上人口) 的代表樣本，但不是相同的樣本。

如果在不同的時間對完全相同的研究對象，進行相同議題或不同議題的持續性資料蒐集之研究，就是所謂的追蹤研究。追蹤研究可以是小樣本，也可以是大樣本，當然大樣本的追蹤研究之研究成本通常都很高。中研院社會所所進行的臺灣青少年計畫 (Taiwan Youth Project, TYP) 即是屬於大樣本的青少年追蹤研究。世代研究則是長期研究的另一種類型，為在社會科學、人口學和生態學、醫學研究中相當常見的樣本設計。這裡所謂的世代指在一個特定的時間裡，具有相同特性或經歷相同經驗的一群人。如稱同一年出生的一群人為一個相同的出生世代 (birth cohort)，稱同一年進入同一級學校教育的人為一個學校世代 (school cohort) 等等。研究者常根據其研究需要，界定和選擇特定的一個或多個世代作為研究對象，進行追蹤研究；或進行其回溯資

料的蒐集；針對特定的世代進行的追蹤研究被稱為世代研究。有時，必要時研究者也會採用不同世代的比較研究。

不同時間類型的研究，需要採用不同的研究設計，也與「研究問題的提問」有密切關係。譬如，研究著重於社會現象「是如何」，採用橫斷面研究；社會現象如何「變遷」之研究，則需要採用多波的橫斷面研究；抑或是被研究者行為或態度的變化軌跡 (trajectories) 的研究，則需要採用追蹤研究。基本上，研究問題的提問已經涉入了研究時間向度的特性，因此，不同研究問題提問的研究，需要採用不同時間特性的研究設計，才能有效地回答該特定的研究提問。

(四) 研究分析單位的層次性

影響研究設計的第四個因素是研究分析單位 (unit of study) 的層次性。有些研究問題可能只是個體層次或只是總體層次，只涉及單一層次的分析單位。但有些研究問題會涉及多層次的分析單位，可能有兩個層次，也可能有三個及以上的層次。譬如：臺灣青少年憂鬱症狀的探討，研究樣本抽樣自每個縣市的多個不同學校，每個學校的多個不同班級，每個班級的所有學生。這種多層次的研究資料結構，若只採取學校層次，或學生層次的分析，都會因為忽略了資料的層次特性，亦即忽略了資料的群聚性 (clustering)，而產生研究結論偏差的問題。

研究分析單位的層次性之考慮，不僅影響分析方法的選擇，而且也影響研究問題的提問方式。研究者的研究興趣若聚焦於環境 (或脈絡) 對個人結果變項 (包括知識、態度和行為等) 的影響，其研究設計之抽樣設計常涉入多層次 (個人和脈絡) 的資料結構。顯然，研究問題的提問方式與研究分析單位的層次性考慮是密不可分的。至於多層次分析的使用，請參閱多層次分析的討論。

(五) 研究目標

影響研究設計的第五個因素是研究目標的類型。研究目標的類型可以粗略分為理論驗證 (theory verification or theory testing)、理論建構 (theory construction or theory building) 或兩者兼具三大類。理論驗證目的的研究設計是由概念性或抽象性的層次 (conceptual or abstract level) 研究命題，到具體的或經驗的層次 (empirical level) 的研究命題；相反地，理論建構目的的研究設計是由具體或經驗的層次研究命題，到抽象或概念層次研究命題。通常，理論驗證的研究以具有母體代表性的大樣本資料，進行統計檢驗和推論，以確定理論在母體的適用性，這樣的研究目標需要量化的研究設計。而理論建構目之研究，則需要採用質性研究，深入地由研究場域中，觀察、探究社會現象，再歸納概念和建構研究命題 (概念間的關係命題)。因此，不同的研究目標類型，將影響研究方法的選擇，也影響研究設計的方向和內容。

(六) 關係或因果關係探討

第六個研究設計的影響因素是研究擬探討的是社會現象之關係，還是要探討其因果關係。兩個變項有關係，並不表示兩個變項有因果關係 (causal relationship)。但是，兩個變項有因果關係，則兩個變項一定有關係。解釋性研究常涉入了研究變項間因果關係之驗證。基本上，實驗設計是最常被用來檢驗研究變項間因果關係的研究設計。經由隨機化 (randomization) 的過程，隨機分派被研究對象進入實驗組和對照組，再給予實驗組必要的研究處理 (treatment) 或研究操弄 (manipulation)，以確認研究處理的影響效果。

除了採用實驗設計回答因果關係之外，研究者也常採用統計控制法以確認變項的因果關係是否確實存在。統計控制本身並不能回答變項間因果關係的問題，它只能用來確認研究者根據邏輯推演所建構的變項因果關係，是否得到經驗資料的支持。參考方塊 3-1 即呈現了統計控制方法下的因果關係之確認條件。變項間的關係或是變項間的因果關係之探討，所需要的研究設計內容是有所差異的，因此，研究者的研究設計的內容會因研究要處理的問題是「變項關係的探討，或是變項因果關係的探討」而有所差異。

參考方塊 3-1：統計控制方法下的因果關係之確認條件

研究者經由使用「邏輯推論」的方式，並以統計控制方法確認研究變項間的因果關係，則變項間的關係需要符合下列三個條件，才能確認其間的因果關係：

1. 原因變項 (影響變項) 的發生時間要早於結果變項 (被影響變項) 所發生的時間。
2. 原因變項和結果變項要存在關係。這種關係可以相關係數 (correlation) 或關聯係數 (association) 來描述。
3. 原因變項和結果變項的關係要為真關係，不是假關係 (spurious relationship)，亦即原因變項和結果變項不可能同時受到另外的原因變項之影響，而形成一種假的關係。如果原因變項和結果變項同時受到另一個原因變項的影響，則在控制這個共同的原因變項之影響後 (或排除其影響後)，則原來的原因變項和結果變項會變成沒有關係。這表示原來的原因變項和結果變項的關係是一種假關係。在沒有控制這個共同的影響變項時，原來的原因變項和結果變項所呈現的關係，其實是一種假性關係。

若無法採取實驗法以確認因果關係，則需要採用統計控制的方式，以確認因果關係。一般的變項關係則只需要探討兩個變項間的關係或淨關係 (partial correlation) 即可，不需要像探討因果關係時，那麼複雜的研究設計內容。上述的因果關係三大條件成立與否，必須先由研究者進行邏輯推論後，再由統計結果加以驗證。研究者至少得確定原因變項發生時間早於結果變項的時間。經由統計控制所確認的變項因果關係，不可能僅由統計分析本身結果，來回答何者是原因變項，何者是結果變項。換言之，完全由統計分析結果，再確定解釋變項與結果變項是不可能的。

(七) 影響或影響機制探討

研究設計的第七個影響因素是：研究是影響因素 (influential factors) 的探討，還是影響機制 (influential mechanisms) 的探討。影響機制的探討重點在於變項影響過程 (influential processes) 的解析。前述的解釋性研究變項之因果關係，有些是簡單的直接關係，有些則是間接的因果鏈 (causal chain) 關係，更有些是複雜的因果系統 (causal system) 關係，同時包含了直接因果 (direct causal) 關係和間接因果 (indirect causal) 關係等多種。

另外，解釋性研究除了提出「為什麼」的研究問題之外，也常常會關切「影響機制是什麼」的問題。研究者提出兩種社會現象間存在關係的「影響機制是什麼」之問題時，是將研究重點聚焦於「原因變項是如何影響到結果變項的」。這種強調「影響過程」的研究，不僅要找出「影響的中間機制是什麼」，而且要驗證「影響的過程如何」。這類型的解釋性研究，不僅需要研究議題的相關「理論」的發展協助，而且需要研究驗證工作的進行。因此，解釋性研究也需要嚴謹的研究設計規劃，才能達到研究目標。參考方塊3-2 詳細討論各種不同的影響機制及其確認的方式。

參考方塊 3-2：影響機制的種類與確認的方式

當研究者需要採用量化研究，以確認變項間的真正關係、變項間的因果機制或影響機制時，需要將必要的「影響機制」分析方法納入研究設計中。量化研究中常見的影響機制有：中介機制、共同變因機制、中間機制、調節機制、抑制機制和曲解機制等六種。底下將針對這六種影響機制做扼要的討論，以明確變項間關係與影響機制的確認方式。為了方便說明，底下的討論中，研究中之原因變項或焦點變項稱為 X 變項，結果變項稱為 Y 變項，而可能的影響機制變項則稱之為 Z 變項。同時，所有的討論都集中於「X 變項對 Y 變項的影響過程中，另一個可能的影響變項 (Z 變項) 到底扮演何種機制或角色」的問題上。

1. 中介機制 (intervening mechanism)：若在沒有控制 Z 變項的影響時，X 變項對 Y 變項有顯著的影響；但是，在控制 Z 變項的影響後，X 變項對 Y 變項變成沒有顯著的影響，則 Z 變項為 X 變項對 Y 變項影響的中介變項，扮演中介機制的角色。譬如，父母親性別角色態度對兒女性別角色態度有顯著影響，但將父母對子女的家務指派 (言教) 和父母本身的家務分工 (身教) 兩個變項加入控制之後，父母親的性別角色態度對兒女的性別角色態度變成沒有影響效果，則父母對子女的家務指派 (言教) 和父母本身的家務分工 (身教) 兩個變項，為父母親性別角色態度對兒女性別角色態度影響的中介變項，扮演中介機制。

2. 共同變因機制 (common cause mechanism)：當 X 變項和 Y 變項同時受到 Z 變項的影響時，則 Z 變項為 X 變項和 Y 變項的共同變因。在這種情形下，若沒有控制 Z 變項的影響時，X 變項對 Y 變項有顯著的影響，但是，在控制 Z 變項的影響後，X 變項對 Y 變項變成沒有顯著的影響。顯然，共同變因的機制與中介機制的變項關係統計分析特徵是一樣的，因此，無法從統計分析結果直接區辨出 Z 變項到底是扮演「共同變因機制」，還是「中介機制」。區辨「共同變因機制」和「中介機制」的方式，僅能由變項發生的時間先後，和概念的邏輯順序來決定。也就是僅能由理論的邏輯推演，在進行統計分析之前就加以確定。

3. 中間機制 (mediating mechanism)：若在沒有控制 Z 變項的影響時，X 變項對 Y 變項是有顯著影響的，而且在控制 Z 變項的影響後，X 變項對 Y 變項還是維持顯著影響的，但是其影響的強度與原來的不同。此時，Z 變項為 X 變項對 Y 變項影響的一個中間變項，扮演中間機制的角色。具備中間機制特性的分析，X 變項對 Y 變項不僅有直接影響效果，而且有透過 Z 變項的間接影響效果。中間機制和中介機制不同。具有中間機制者，X 變項對 Y 變項的影響，兼具直接影響和間接影響效果，但中介機制者則僅具有間接影響效果而已。譬如，家庭社會階級對子女的教育取得有顯著影響；在納入家庭教育價值觀的影響後，家庭社會階

級對子女的教育取得還是有顯著影響，但影響強度較未控制前稍有下降；同時，家庭社會階級也顯著影響家庭教育價值觀，則家庭的教育價值觀在家庭社會階級對子女的教育取得影響上，扮演中間機制的角色。家庭社會階級對子女教育取得有直接的影響，也有透過家庭的教育價值觀再影響子女教育取得的間接影響。

4. 調節機制 (moderating mechanism)：調節機制是一個自變項 (X 變項) 對依變項 (Y 變項) 的影響效果，因另一個自變項 (Z 變項) 的層次不同而有所不同，相當於具有兩個自變項的交互作用效果。若研究者想要探討社會現象間的關係是否存在調節機制，則需要將「可能的調節變項」(Z 變項) 及其與 X 變項的交互作用變項 ($X \cdot Z$ 變項) 一起納入分析中。譬如，生活壓力 (life stress) 對沮喪 (distress) 有正的影響，即生活壓力愈高，沮喪程度愈高。但是如果有社會支持 (social support)，則生活壓力對沮喪的影響，遠小於沒有社會支持者的生活壓力對沮喪的影響。社會支持成為生活壓力對沮喪的影響之調節變項，扮演調節的角色。

5. 抑制機制 (suppressor mechanism)：若在沒有控制 Z 變項的影響時，X 變項對 Y 變項是沒有影響效果的，但是在控制 Z 變項的影響後，X 變項對 Y 變項變成有顯著的影響，則 Z 變項是 X 變項對 Y 變項影響的抑制變項，扮演抑制的機制。譬如，在沒有控制家庭社會經濟地位時，兒童早期母親就業對兒童後期的認知發展是沒有影響的，但是在控制了家庭社會經濟地位後，兒童早期母親就業對兒童後期的認知發展有顯著的負向影響。這反映了家庭社會經濟地位是兒童早期母親就業對兒童後期的認知發展之抑制機制。

6. 曲解機制 (distorter mechanism)：在控制 Z 變項的影響後，X 變項對 Y 變項的影響方向是相反於沒有控制 Z 變項時的影響方向。亦即在控制 Z 變項的影響後，X 變項對 Y 變項的影響，由正向的顯著影響轉變為負向的顯著影響，或是相反的改變方向 (由負向變為正向)。這樣的 Z 變項是為 X 變項對 Y 變項影響的曲解變項。

> 社會現象間「影響機制」的確定與探討，與研究問題的提問，有至為密切的關係。因此，社會現象間「影響機制」的確定與探討，必定影響研究設計的內容與方向 (Rosenberg, 1968)。

以上討論的七個影響研究設計的因素，並不是完全獨立的影響因素，而是各個影響因素之間彼此有所關聯，因此，一個好的研究設計應該針對研究目的、研究問題提問的方式，進行能回答研究問題和控制變異數的研究設計。研究者進行研究設計之前，有必要對上列的七個影響研究設計的因素做一個綜合性的、整合性的思考，再選擇適當的研究類型，進行適當的研究設計，才能有效回答研究問題。

四、研究設計的共通內容

在綜合考慮前述的研究設計之七個影響因素後，不論研究者決定採用哪一種研究方法來回答其研究問題，下列幾個項目都是研究計畫草案 (research proposal) 需要交代清楚的內容，也是一個研究之研究設計需要涵蓋的內容：

1. 擬進行的研究有何重要性？贊助單位為何需要支持這個研究？這個研究給讀者什麼新的理解？為什麼他／她需要閱讀這個擬進行的研究？
2. 在擬研究的議題上，讀者尚不清楚的是什麼？或這個研究對研究議題領域知識建構、理論發展和問題解決，會有什麼新的發展？
3. 準備在這個研究裡，完成什麼工作目標？亦即研究目的是什麼？
4. 研究地點、研究對象和研究時間各是什麼？各自如何安排？
5. 要以什麼方法蒐集資料？蒐集資料的工具是什麼？研究工具如何設計、準備和使用？
6. 要如何分析資料？選擇該分析方法的理由為何？分析的大致程序如何？
7. 如何確認研究發現？研究發現要如何與相關理論對話？

8. 研究如何關照研究倫理議題 (ethical issues)？
9. 初步研究結果所呈現的研究可行性和擬進行之研究的價值如何？

　　以上九項內容項目是不論量化研究、質性研究或質量並用研究之研究設計一定要規劃的共同具體內容。研究者若能清楚地和精準地安排這些研究的具體內容於研究計畫書中，則有效地達到研究問題回答的目標愈高，研究計畫案被通過或取得研究計畫執行經費的可能性就愈高。換言之，上列的九項共通的基本研究設計內容是一個研究計畫書草案的必要內容。不過，除了共通的研究設計內容之外，不同的研究方法會有其特殊的研究設計內容部分。底下將再針對不同的研究方法 (量化研究、質性研究或質量並用研究)，討論個別研究類型特殊的研究設計規劃內容。

五、量化研究的研究設計特殊內容

(一) 量化研究的研究設計大要

　　具體來說，若擬要進行的研究是屬於量化研究，則研究設計應該涵蓋下列的各項內容 (Black, 1999; Creswell, 2009)：

1. 緒　論
   (1) 提出研究議題 (包括研究議題及其重要性)；
   (2) 陳述研究目的和研究範疇的界定 (delimitation)；
   (3) 評述或建構理論觀點；
   (4) 確定研究問題或建立研究假設。
2. 文獻回顧。
3. 方　法
   (1) 確定研究設計的類型；
   (2) 說明研究母體、研究樣本 (包括抽樣方法) 和研究對象 (選擇和安排)；
   (3) 說明資料蒐集工具、變項測量和蒐集程序；

(4) 說明資料分析方法的選擇與分析程序。
4. 陳述研究中預期的倫理議題。
5. 若可能的話，提供研究的初步結果或先導研究 (pilot study) 結果。
6. 附錄中提供訪問問題表、觀察記錄表、研究時間表和研究預算編列表。

雖是歸納為六項量化研究之研究設計特殊內容，但是每一項都不能缺少，而且不同內容項目的前後關聯性強，前面項目的確定，會影響後面項目的內容。任何一項的內容有問題，都會影響整個研究結果的品質，因此，研究者需要按照項目順序，來來回回地反覆思考和設計其內容，以確保量化研究之研究品質。

(二) 量化研究控制變異數之設計

前面已經討論，控制變異數是量化研究設計目的之一，所以是研究設計的重要內容。一般而言，控制變異數可以透過下列三項研究設計的工作來達成：極大化實驗變項的變異數 (maximization of experimental variance)、控制無關的變項 (control of extraneous variables) 和極小化誤差變異數 (minimization of error variance) (Kerlinger & Lee, 2000)。所謂極大化實驗變項的變異數是指：研究者進行實驗設計時，必須讓與研究假設有關的自變項 (或稱為焦點變項) 對依變項的影響所產生之變異 (數) 達到最大，具體的做法是將研究的焦點變項之類別差異盡可能拉到最大。譬如，研究者想探討兩種教學法的教學效果差異，則在教學法的選擇上，必須要能讓這兩種教學法的差異儘量拉大，足以讓其對依變項的影響被區辨出來。又假如研究者想探討個人之人力資本對其勞動市場所得的影響，則在研究設計中的人力資本類別就不能太接近 (如國中 vs. 高中)，而應該儘量拉大人力資本的差異 (如中學 vs. 大學)，以有效呈現焦點變項對依變項的可能影響。若採用焦點變項之類別 (或數值) 太接近的設計，則可能沒辦法有效地區辨出焦點變項 (不同類別或不同數值之間) 對依變項的影響效果。

控制無關變項是指進行研究設計時，應該將與研究假設有關的焦點變項

以外,會干擾研究結果,但又不是研究者所關心的變項加以控制,以純化焦點變項的影響。參考方塊 3-3 說明四種常用的控制無關變項的研究設計方式。一般而言,觀察研究的統計控制分析中,研究者會透過比較「有控制干擾變項」和「沒有控制干擾變項」的不同分析結果,掌握研究焦點變項對依變項影響效果的改變情形,以確認研究焦點變項對依變項的影響上,該干擾變項扮演何種影響機制。不過,有時候實驗控制與統計控制需要同時使用。有些採用實驗設計的方式控制干擾變項的影響,也需要配合適當的統計分析方法,才能達到研究問題的有效回答。譬如,配對方法的研究設計,需要選用適合配對分析的統計方法,否則配對方法的研究設計方式也可能無法得到正確的研究結果。

參考方塊 3-3：控制無關變項的研究設計方式

研究中需要「控制無關的變項」之影響,就是控制前述的干擾變項的影響,以純化焦點變項的影響效果。常見的控制干擾變項的研究設計方式有下列四種:

1. 消除法:研究者可採用樣本設計,針對可能的干擾變項,選擇特定樣本作為研究對象,以消除這個干擾變項的影響。這種方式有其研究進行的方便性,但是這樣的研究設計會影響到研究結果的推論力 (generalization power)。譬如,性別是不同教學法的教學效果之可能干擾變項,研究者可以單獨選擇男生或女生作為研究對象,這樣就可以排除或控制性別對研究結果的干擾。但是,單一性別的研究結果,推論的範圍就僅及於研究的性別,不能推論到另一性別群體,這樣的研究結果當然會有推論上的限制。

2. 隨機化法 (randomization):研究者將被研究者「隨機分派」到實驗組和對照組,是實驗研究常採取的研究設計,這就是隨機化的處理。隨機化是一種同時可以控制多個可能干擾變項影響的方法。隨機分派研究對象

後，研究者會假定 (assume) 實驗組和對照組的被研究者，在多個可能的干擾變項的特質上都是沒有差異的。如此，研究者就可以確信：實驗變項或焦點變項的影響效果是因為研究者對實驗組和對照組，採用不同的實驗處理 (treatment) 所造成的差異效果，而不是由於沒有控制到的干擾變項在組間差異所造成的。若是由被研究者自己選擇擬參與的研究組別，則可能產生一種自我選擇 (self selection) 的問題。而自我選擇可能使得進入實驗組和對照組的被研究者的特性不同，而導致實驗變項或焦點變項影響效果的判定問題。但是，有些研究並不適合採用實驗設計，所以，隨機化的研究設計方式不見得適用於每一個量化研究。另外，隨機分派研究對象後，假定分派後的群體在背景特性上是沒有差異的，但是有些時候，即使已經採取了隨機分派，還是發現實驗組和對照組的某些背景特性仍有差異存在。

3. 納入設計法 (build-in method)：研究者可以將干擾變項納入研究設計中，以有效掌握干擾變項效果，並加以排除，以確認實驗變項或焦點變項的影響效果。譬如，前述的性別對教學法效果之研究，是一個可能的干擾變項，則研究者也可以在研究設計時，將性別納入研究設計中，使性別成為另一個研究變項。如此，研究者在分析不同教學法的效果時，就可以有效地排除性別變項的可能影響，以確認真正的研究焦點變項的影響效果。將可能的干擾變項轉變為另一個研究變項，納入研究設計中，再將其可能的影響效果予以排除，以確認真正的焦點變項之影響效果，這是「納入設計法」的優點。不過，「納入設計」也有缺點。一旦干擾變項多，而每一個干擾變項又都要以「納入設計」的方式來安排，則會複雜化研究設計，增加被研究對象數目的需求，而導致實驗或研究成本的增加。

4. 配對法 (matching method)：依據可能的干擾變項，將被研究對象加以配對 (干擾變項相同者) 後，再隨機分派到實驗組和對照組，也是一種控制干擾變項的可能方法。但是研究者需要考慮的干擾變項愈多，配對法

> 就會愈難進行，也會愈難配對成功。確實會干擾實驗變項或焦點變項影響效果的變項，研究者才需要考慮配對法的使用，否則會浪費許多研究成本。同時，配對的變項考慮愈多，可能會浪費愈多無法配對成功的研究對象。如果能確定少數的干擾變項，比較容易影響焦點變項的影響效果，再據以在研究設計上進行配對，比較容易達成配對的研究設計。

量化研究控制變異數的第三種方法是極小化誤差變異數，這是使研究之依變項測量誤差變異數為最小的工作。一般而言，一個變項的誤差變異數是指變項測量時，隨機變動 (random fluctuations) 所產生的變異。隨機誤差有時正、有時負，有時上、有時下，有時這樣、有時那樣，最後傾向平衡，所以隨機誤差的平均數傾向於 0。但是，有不少因素會造成一個變項的測量誤差變異數，如由於個人差異所產生的變異數，可稱之為系統性變異數 (systematic variance)。如果系統性變異數沒有被有效地界定和控制，則它可能被歸為誤差變異數。不同的因素可能產生不同性質的系統性變異數，而不同性質的系統性變異數加總在一起，有可能還維持誤差變異數的隨機特性，也有可能不符合隨機特性。

除了系統性變異數之外，誤差變異數還有另一種來源是測量誤差 (errors of measurement)，可能由於資料蒐集時，受訪者的猜測、不留心、短暫疲勞、遺忘、一時的情緒等原因造成。測量誤差可以透過：1. 有控制的資料蒐集情境，減低測量誤差；2. 提高測量信度達成研究依變項誤差變異數的極小化。實驗或研究的情境愈沒有掌握的情況，變項的測量誤差就可能會愈大。研究的嚴謹和田野資料蒐集情境的掌握，對變項測量誤差的下降是很重要的；還有可以增加變項測量信度有關的方法，也可以減少測量誤差。

若採用量化研究，研究者可以根據需要，採用不同的設計方法以控制變異數，達到實驗變項或焦點變項影響效果的正確估計。

(三) 觀察研究之因果推論設計──反事實因果推論

　　焦點變項的「因果效應」或「影響效果」之探究，是社會科學研究中常見之研究目的，再加上許多社會科學研究常常無法以實驗設計的方式加以研究，因此，研究者以觀察研究進行焦點變項的因果推論時，往往需要採用反事實因果推論 (counterfactuals and causal inference)，以減少因果推論的偏誤。

　　實驗設計研究的隨機指派假定：被隨機分派到實驗組和對照組的被研究者，其特性變項或共變項 (covariates) 是沒有差異的 (或說是平衡的)。但這個假定條件，在一般的觀察研究中不一定成立。觀察研究的焦點變項之不同狀態，可能是被研究者自我選擇後的結果。同時，影響自我選擇的共變項 (包括特質或背景條件)，也可能影響其依變項，使得進行「因果效應」或「影響效果」探究時，所需要的「焦點變項之狀態或指派與結果變項是獨立」之條件可能不滿足。譬如，一個學生參加補習與否，受到學生個人動機、能力、家庭收入或父母教育等共變項的影響，而這些因素又可能影響學生的成績表現。因此，要探討「學生補習與否對其學習結果到底有沒有影響，有多大影響」時，由於補習與否和學習結果，可能同時受到前述共變項的影響，因此，直接進行有補習者和沒有補習者之比較，將其差異界定為補習的效果，就可能產生估計偏誤。若將觀察研究的焦點變項之影響效果分析，直接採用和實驗研究一樣的分析方式，則其影響效果的估計可能存在兩種偏誤：一是選擇偏誤，另一是處理偏誤 (treatment bias)。參考方塊 3-4 內容為選擇偏誤和處理偏誤的扼要說明。

　　在觀察研究中，研究者若要探究焦點變項的影響效果，為了避免上述的估計偏誤，研究者有必要在研究設計中採用「反事實因果推論」的方式，以正確地回答「影響效果」的研究問題 (Morgan & Winship, 2007)。基本上，在反事實因果架構下，影響效果的推估是接受處理者的處理效果 (effect of treatment of thetreated) 或說「焦點變項屬於某一特定狀態者」的影響效果，而不是全部母體的處理效果 (effect of treatment for the entire population)。譬

> **參考方塊 3-4：選擇偏誤和處理偏誤**
>
> 　　選擇偏誤的產生是由於被研究者進入焦點變項的不同狀態時，受到一些可見和不可見共變項影響而產生的。如果被研究者的焦點變項，其所屬類別是受到共變項的影響，使得焦點變項不同狀態的群組，其背景特性或共變項是有差異的，而造成焦點變項影響效果的估計偏差。
>
> 　　不過，處理偏誤則是指進入焦點變項不同狀態的人，即使焦點變項轉換狀態是可能的話 (即假定個人反事實狀態可以存在)，其在不同狀態下，所產生的結果變項也是有差異的問題。換言之，處理偏誤是由於「焦點變項之狀態的發生與結果變項的反應具有獨立性」的條件不成立，所產生的焦點變項影響效果的估計偏差。即有補習的這群人，如果他不補習 (假定這種狀態可能存在)，所產生的補習效果與原本沒有補習的那群人 (假如他們也可能再去補習) 的補習效果，還是有所差別。換言之，這原本在焦點變項不同狀態的不同群體，即使其焦點變項的狀態可能改變的話 (事實上是不可能)，其焦點變項的影響效果也是有所差異的，這就是所謂的處理偏誤。

如，補習效果的推估，是透過研究樣本中「確實有補習的人」所進行的推論，而不是任何一個人假定他／她可以補習和不補習的假設性影響效果。另外，在反事實因果架構下，所能估計的是平均處理效果 (average treatment effect) 或平均的焦點變項影響效果，而不是每一個人的處理效果或焦點變項的影響效果。

　　觀察研究若要進行因果效應的推論，為了避免或降低焦點變項影響效果的估計偏誤，研究者需要在反事實因果架構下，採用傾向機率值配對法 (propensity score matching method)，掌握根據焦點變項不同狀態分群後，其特性共變項可能之差異問題 (Rosenbaum & Rubin, 1983a, 1984)。在反事實因果架構下，傾向機率值配對法是把有一個焦點變項為一種狀態 (以 A 狀態表

示，如補習) 的被研究者與一個或多個焦點變項為另一種狀態 (以 B 狀態表示，如不補習) 的被研究者加以配對。配對時讓 A 狀態的被研究者和 B 狀態的被研究者，在實驗前或研究開始前的可觀察變項特性 (共變項) 是相同的。進而將 B 狀態的被研究者視為 A 狀態的「反事實」狀態者，而能讓研究者進行焦點變項影響效果的估計。

前面已經討論實驗研究和觀察研究最大的差異，在於實驗研究的隨機分派，研究者假定實驗組和控制組，在實驗前可觀察特性和不可觀察特性 (共變項) 都是沒有差異的 (或是平衡的)。但是，觀察研究所建構的傾向機率值配對設計，只可能期望可觀察到的特性變項是沒有差異的 (平衡的)，無法期望不可觀察到的特性變項，在配對後也是平衡的。因此，若是焦點變項的不同狀態是受到不可觀察到的共變項影響的話，即使研究者採取傾向機率值配對方法，還是無法避免其焦點變項影響效果的可能估計偏誤。

運用反事實因果架構，需要考慮焦點變項狀態的定義和適合進行配對的共變項。研究者在進行傾向機率值配對時，只能選用在研究進行之前的共變項，尤其是不隨時間變動 (time invariant) 的特性變項，如性別、出生年和族群等。焦點變項 A 狀態和焦點變項 B 狀態的成員，在研究進行之前，其特性確實是平衡的。不過，反事實因果架構也有潛在缺點：焦點變項 A 狀態的被研究者，不見得能找到合適的 B 狀態被研究者與之配對，而損失了一些被研究者的資料。

由所有可觀察到和不可觀察到的共變項所影響的焦點變項狀態 (如 A 狀態) 發生機率，稱為真傾向機率值 (true propensity score)。每個被研究者都有一個這樣的真傾向機率值，只是它是一個未知的、潛藏的參數 (unknown or latent parameter)。如果能針對真傾向機率值加以配對，將可預期達到所有共變項 (包括可觀察變項和不可觀察變項) 的平衡，則焦點變項的不同狀態群體，其依變項的差異將會是平均焦點變項的影響效果的不偏估計值。但事實上，真傾向機率值是不可得的，所以研究者僅能根據會影響焦點變項的可觀察到的共變項，使用勝算比迴歸模式 (logit regression) 或波比模式

(probit model) 加以估計，而得到一個估計的傾向機率值 (estimated propensity score)，再使用這個估計的傾向機率值進行被研究者的配對。

在反事實架構下的傾向機率值配對法，理想狀態下是根據可觀察到，且會影響焦點變項的所有可觀察到的共變項皆相同者，將焦點變項 A 狀態者與 B 狀態者加以配對，這就是所謂的完全一致配對 (exact matching)。但事實上，社會科學研究資料的樣本大小都有所限制，要針對所有可觀察到的共變項，且採用完全一致配對困難度是很高的。一種權變的方法是：創造一個被研究者進入焦點變項的一種狀態的機率之綜合測量 (summary measure)，也就是所謂的估計之傾向機率值。再根據估計的傾向機率值相同者或相近者，將焦點變項 A 狀態者與 B 狀態者加以配對。換言之，將所有影響焦點變項狀態之可觀察到的共變項，轉換為一個綜合性的機率，表示一個被研究者其焦點變項屬於某一個狀態的機率。所有可觀察到的共變項之差異被轉換為估計的傾向機率值這個機率值，而機率值相同或相近者，即表示可觀察到的共變項之綜合特性是相同或相近的，因此，研究者可以據以將不同狀態的被研究者加以配對，並將其中一種狀態的群體視為另一個狀態群體的「反事實狀態」群體。

在反事實架構下的傾向機率值配對法進行的方式大致如下：

1. 以會影響焦點變項狀態的所有可觀察到的，或有測量的共變項為自變項的勝算比迴歸模式或波比模式，預測被研究者其焦點變項屬於某一狀態 (如 A 狀態) 的機率。通常共變項的選擇，都是以研究文獻的回顧結果為基礎。
2. 利用第一步驟估計的勝算比迴歸模式或波比模式，計算出每個被研究者之焦點變項屬於該設定狀態 (A 狀態) 的預測機率，這個預測機率就是每個被研究者的估計傾向機率值。
3. 根據第二步驟計算出的估計傾向機率值，將焦點變項 A 狀態和 B 狀態的被研究者加以配對。配對的方式有多種。不過，常採用的是最近距離配對法。同時，在配對過程中，允許一個焦點變項為一種狀態的被研究者可以

配對多個另一種狀態的被研究者。另外，通常會採用限制配對者的估計傾向機率值之差異，至少要少於一個特定數值的範圍，如可以設定 2 個百分點。

4. 配對後，所有使用於第一步驟中的可觀察共變項都要再經過檢驗，以確定配對後兩組之共變項特性具有平衡性，亦即沒有差異。因為根據估計的傾向機率值配對，只是預期配對後兩組會有平衡的特性。事實上是不是真的達到平衡，則需要進一步檢驗。
5. 進行配對後兩組的結果變項之比較，以估計焦點變項的影響效果。

除了上述的傾向機率值配對法之外，分層法 (strata method) 也是常用的配對方法。分層法是將影響焦點變項的所有可觀察共變項，加以交叉組合成為分層 (strata)，再將所有被研究對象分到各個分層裡。如果有 K 個可觀察共變項會影響焦點變項呈現，且每個共變項皆為兩類別，則組合後可分為 2^K 分層，再將所有被研究者按其可觀察共變項特性，分配到各分層裡。每個分層裡的被研究者，其可觀察共變項特性或背景條件是一樣的，所以，研究者可以在每一個分層裡，進行焦點變項的影響效果檢驗。但是，若影響焦點變項類別呈現的可觀察共變項太多，或是共變項的類別多時，都會造成交叉組合的分層數太多，容易造成分層裡的被研究者數目不夠多，或有些分層裡根本沒有被研究者存在，或有些分層裡的被研究者，只存在焦點變項的一種狀態而已，這些都會導致在有些分層裡，無法進行焦點變項的影響效果檢驗和推論。

克服上述問題的方法，是不採用所有可觀察變項的組合分層，改採用傾向分數的四分位 (quantiles)、五分位 (quintiles) 作為分層，以避免上述分層過細、過多，而導致分層內樣本數可能不足的問題。研究者再針對各分群，分別進行各分群內的焦點變項之影響效果的檢驗 (Rosenbaum & Rubin, 1984)。最後，再根據各分群的焦點變項之影響效果，做出綜合的分析結論。

觀察研究中，當研究者想要探討焦點變項的影響效果或進行因果推論，將反事實因果推論架構下的傾向機率值配對法或分層分析法納入研究設計

中，是降低或避免研究結論產生「選擇偏誤」的方法。參考方塊 3-5 為一個反事實因果推論的經驗研究實例。

六、質性研究的特殊研究設計內容

(一) 質性研究的性質與類型

　　質性研究是研究者對被研究對象進行非數字性的觀察、檢視和記錄，並加以詮釋的科學歷程，目的是對擬研究現象發掘其隱含的關係、構成或理論意義。田野研究 (field research) 是最常見的質性研究方法，也被稱為實地研究，即研究者進入被研究者生活或活動之固定或非固定的空間場域，就擬探究的現象或行為進行觀察、了解或深入訪談，以記錄、檢視、比較和解釋資料 (可能包括檔案文件、觀察記錄、訪談資料和影音資料等)，交替使用歸納和演繹的方法，回答特定的研究問題之科學研究方法。

　　由於不同的理論典範 (paradigms)，對「什麼是研究資料」、「應該如何蒐集研究資料」和「如何分析研究資料」的取向觀點不同，所以田野研究基於不同的理論典範，包括：1. 自然主義 (naturalism)；2. 俗民方法論 (ethnomethodology)；3. 紮根理論 (grounded theory)；4. 個案研究方法 (case study)；5. 建制民族誌 (institutional ethnography)；及 6. 行動研究 (action research) 等，而有不同的研究方法取向。可以說，田野研究是研究者長時間在研究場域，採用觀察、記錄 (包括使用影音的方法) 和訪談等方式，蒐集、整理和分析研究場域與其現場活動人物及相關人物所獲得的訊息、資料或文件等田野資料，並使用歸納和演繹交錯、循環的方法，將被研究者在其自然的生活環境中的生活方式、態度、思想或文化等意義發掘並理解和詮釋出來的科學歷程。

　　採用田野研究方法時，除了本章第四節中有關研究設計的共通內容需要納入以外，還需要更明確地考慮和規劃下列五個田野研究的研究設計重點：

參考方塊 3-5：反事實因果推論研究實例

　　Brand 與 Xie (2010) 兩位作者使用傾向分數分群法探討美國大學教育的經濟報酬。換言之，探討有無完成大學教育的經濟報酬之差異。在這個研究中，是否完成大學教育被視為研究處理 (treatment)。過去大學教育的經濟報酬的探討，其理論基礎都是基於正向選擇假說 (positive selection hypothesis)，但是 Brand 與 Xie 在此篇研究中提出了另一個理論觀點：負向選擇假說 (negative selection hypothesis)。正向選擇假說是主張：如果經濟因素是教育取得 (大學教育) 的主要決定因素，則最有可能完成大學教育者會是大學教育的最大獲益者。而負向選擇假說則認為：由於選擇機制和對所得的期望的差異性，導致最不可能完成大學教育者，會是大學教育的最大獲益者。是否完成大學教育，不能像實驗研究設計隨機分派，而且可能受到可觀察共變項和不可觀察共變項的影響。因此，研究者需要採用反事實因果推論的研究設計，來探討有無完成大學教育的經濟報酬之差異的研究問題。

　　為了探討負向選擇假說是否成立，兩位作者採用特別的研究程序，以回應其研究好奇。兩位作者採用三步驟程序：

1. 引用可忽略性假定條件 (ignorability assumption)，在控制相當多個可觀察的共變項 (影響完成大學教育與否的共變項) 後，有完成大學教育者和沒有完成大學教育者兩群之間不再有額外具有差異的干擾變項。在可忽略性條件下，以傾向分數 (每個人完成大學教育的機率) 捕捉或表達完成大學教育者和未完成大學教育者，所有可觀察共變項的系統性差異。

2. 依據傾向機率值高低加以分群，分群後估計每個分群的完成大學教育的經濟報酬效果。再進一步使用階層線性模式 (hierarchical linear model) 檢驗完成大學教育的經濟報酬效果的趨勢或樣態 (pattern)。這一創新性的步驟，可以讓研究者確認大學教育的效果到底是正向選擇效果，還是負向選擇效果。

3. 再使用可忽略性條件，進行輔助性分析 (auxiliary analysis) 對分析結果加以解釋。也同時進行敏感度分析，研究者省略了一些重要的共變項，以檢驗可忽略性假定條件的可能違反情形。上述的分析都是將男性和女性分開處理。

　　再者，傾向機率值分群法的進行程序如下：

1. 以勝算比迴歸估計並預測樣本中每個觀察體的完成大學教育的機率，也就是每個人完成大學教育的傾向機率值。
2. 根據傾向機率值的高低，將受訪者分為數群組 (strata) (針對不同的樣本分別分為五群組、六群組、九群組和六群組)，並使每一群組內之完成大學教育者和未完成大學教育者的共變項是沒有差異的，也就是平衡的。
3. 在共變項具平衡性的傾向機率值分群中，以最小平方法估計完成大學教育的經濟報酬效果。
4. 使用階層線性模型或是多層次分析法，探究不同傾向機率值分組間的完成大學教育的經濟報酬效果的異質性趨勢或樣態。

　　詳細的研究內容，請參閱 Brand 與 Xie (2010)。

1. 研究者需要根據自己所主張的理論典範，選擇適當的研究取向，即決定研究要採取自然主義、俗民方法論、紮根理論、個案研究、建制民族誌或行動研究等哪一個或哪幾個取向，並進一步根據研究議題選擇研究場域和研究對象。
2. 在決定研究取向和研究場域、研究對象後，先蒐集研究場域與研究對象有關的背景資料，再決定如何進入研究場域及如何接觸研究對象，及思考與研究對象互動之間可能的問題，並加以規劃處理。
3. 規劃田野研究進行的過程，包括觀察、記錄的安排和工具的準備；必要時訪談對象和／或焦點團體 (focus group) 的設計和安排之規劃也要納入研究

設計中。

4. 研究者的角色及與被研究者的關係需要有明確的安排；亦即，研究者要以一個純粹的觀察者或一個完全參與觀察者的角色，還有要不要揭露研究者的身份，以及與被研究者的關係如何協調的問題，需要有清楚地考慮和選擇。

5. 規劃田野資料的記錄、整理和分析處理的方式，包括田野筆記；編碼 (coding) 編製；備忘錄 (memos) 的撰寫；影音資料的蒐集、分類和使用；及質性電腦軟體的使用；資料分析過程等事項，也都應該規劃於研究設計中。

　　基本上，田野研究對於被研究對象或現象，可以得到較為深度的理解，也可以採用較有彈性和較不具結構性的深度訪談。隨著資訊科技的發展，田野研究更容易將田野的影音資料與田野蒐集的文字資料加以整合，以更為多元的資料蒐集方式來進行研究，增加田野研究資料的多元性。不過，田野研究過程中，研究者與研究場域中的被研究對象，可能直接互動，也較容易產生倫理爭議，如研究者隱藏研究者的角色，或研究者進入研究場域影響或改變了被研究者的日常活動等等。由於上述的五種不同取向的田野研究，其理論典範各有不同的取向重點，因此，會影響其研究設計的重點，所以底下將扼要說明每一個不同理論典範的田野研究之研究取向重點 (Babbie, 2010)。

1. 自然主義

　　自然主義主張「社會真實就存在那裡」，研究者可以隨時在自然的情境下，從事觀察並將真正的現狀加以呈現出來。因此，採自然主義的田野研究，需要採用在自然情境中觀察和探究現象，而非在不自然或人造的情境下及實驗室進行研究之研究設計。這種研究取向強調在不自然或人造的情境中，所觀察到的現象或行為都可能不是真實的，因此，研究者必須要在自然的情境中，對擬研究的現象 (包括人、情境和場域) 直接觀察和記錄，才可能將真實的情形以發掘出來。

2. 俗民方法論

　　俗民方法論是基於現象學的哲學傳統，認為社會真實是社會建構出來的，而不是「就存在那裡」。它建立於社會建構主義的觀點上。這種理論觀點主張研究現象，除了表面所觀察到、所聽到的以外，現象背後所隱含的意義或文化知識的理解才是關鍵。現象背後的文化知識意涵，有外顯的，容易看到、聽到的；也有比較隱性的，不容易察覺的。人類學家或社會學家常以民族誌的方式，對探究現象翔實地加以描述，並掌握現象本身的細節、氛圍、過程，更重要的是探究背後的文化意涵。俗民方法論認為：不是只依賴被研究者所提供的故事或訊息，就能正確地描述社會真實。社會真實的描述，除了被研究者所陳述的故事之外，還需要了解被研究者故事背後的社會意義。同時，認為社會意義不是固定不變的，而是脆弱、容易改變的。社會意義是在持續的過程中被創造和再造出來的。因此，採用俗民方法論的研究者，有時候採用破壞性實驗 (breaching experiments)，故意有目的地破壞社會規範 (為研究目的所在)，以理解被研究者的回應，確認社會規範的存在，證實隱性的社會規範對被研究者的日常生活的重要。可以說，俗民方法論的研究焦點是在探究被研究者日常生活的潛在互動模式的研究設計。

3. 紮根理論

　　紮根理論是結合實證論與互動論的研究取向，也可以說是結合自然主義與實證主義的系統化程序的科學方法。紮根理論取向的研究設計，強調資料蒐集時，研究者是在尚未有研究假設的情況下進行。研究者透過資料的蒐集和分析，一方面建構出有關現象的概念，並進一步發現不同概念間的可能存在關係；另一方面，經由持續地蒐集資料，不斷地在概念發展和可能概念關係命題的發展過程中，建構出可能的理論或詮釋理論。

4. 個案研究方法

　　個案研究方法是將研究設計的焦點，放在特定的社會現象或少數的案例上，對它們進行深度的研究，並提供解釋，以作為更普遍性理論發展或修正

既存理論的基礎。個案研究方法除了可能新建構理論外，也可以作為既存理論的修改的進行方式。研究者可以透過個案研究找到現存理論對探究社會現象解釋不足的地方，然後提出理論修正的可能。個案研究與紮根理論最大的不同是：採用個案研究者需要對既存的解釋理論有所了解；而紮根理論者則在進入田野之前，不需要對既存理論有所理解。紮根理論是研究者透過研究觀察和探究的結果所建構出來的，以避免研究者受到既存理論的影響，而讓理論發展產生偏差。

5. 建制民族誌

建制民族誌的研究設計強調探究焦點並不在被研究對象本身，而是透過對被研究者的經驗和行為方式的理解與探討，關注於觀察到的經驗和行為的結構性，或制度性權力關係的發掘。建制民族誌的採用是為了發掘經常被傳統研究方法所忽略的制度性限制。

6. 行動研究

行動研究的研究設計重點是讓被研究者在參與研究的過程中，有機會為解決自身群體的問題，或創造群體的自身利益，而採取一連串的行動。研究者一方面協助被研究者界定他們的問題，協助他們找出解決問題的方法，並協助他們發展行動目標，採取必要的行動，以達成團體所設定的行動目標。研究者在此過程中，既是問題解決的協助者，也是研究的參與觀察者。行動研究的研究者不僅是知識生產者，而且是被研究者組織賦權 (empowerment) 或社區行動、社會團體運動 (movement) 的教育者或促進者。

同樣都是田野研究方法，由於不同的理論典範之採用，會影響質性研究的實質研究設計內容。上述討論僅對各種不同理論典範下的研究取向做了扼要的研究設計內容重點比較說明。

(二) 質性研究共通的研究設計大要

雖然不同研究取向的田野研究，研究設計的實質內容上可能略有差異，

不過，還是有一些研究設計內容或程序是質性研究所共通的，研究者可以根據所選擇的特定質性研究類型，略做些微調和修改，以符合特定質性研究的研究設計之需要。以下則列出不同類型的質性研究之研究設計內容中較為共通的部分 (Creswell, 2009)，也是質性研究的研究設計需要詳細規劃的內容：

1. 緒　論
    (1) 陳述研究問題 (包括與研究問題有關的既存文獻和研究重要性)；
    (2) 陳述研究目的和研究範疇的界定 (delimitation)；
    (3) 提出具體的研究提問。
2. 研究步驟
    (1) 說明採用該質性研究方法的世界觀和哲學假定 (philosophical assumptions)；
    (2) 提出研究策略；
    (3) 確定研究者的角色；
    (4) 規劃資料蒐集的程序；
    (5) 說明資料記錄、過錄的程序和方法；
    (6) 說明資料分析程序或方法；
    (7) 確認研究發現的策略；
    (8) 提出研究規劃的敘事結構 (narrative structure)。
3. 陳述研究中預期的倫理議題。
4. 如果有的話，提供研究的初步結果或先導研究 (pilot study) 結果。
5. 提出預期研究結果。
6. 附錄中提供訪問問題表、觀察記錄表、研究時間表和研究預算編列表。

　　綜合言之，質性研究的研究設計內容要同時兼顧：(1) 研究共通的研究設計項目；(2) 質性研究共通的研究設計項目；和 (3) 特定理論典範下的研究取向需要特別強調的研究設計等三種。

七、質量並用研究的研究設計內容

(一) 質量並用研究的性質與類型

質量並用研究方法在研究之哲學觀點 (philosophical orientations)、設計議題 (design issues)、分析議題和推論議題等層面都有其獨特的方式，不只是量化研究與質性研究的單獨結合而已，這也是部分研究者將它視為社會科學和行為科學第三種研究方法的原因。質量並用研究方法就是研究者於研究中，採用多種方法設計 (multiple method design)。所謂「多種方法設計」指的是：研究者採用同一種世界觀，但使用超過一種以上的方法 (可以是不同的資料蒐集方法，也可以是不同的研究取向) 進行研究。由於只採用一種世界觀，因此研究只會採用量化研究或質性研究一種，但是會選擇兩種以上的資料蒐集方法或研究取向。譬如，在進行質性研究時，研究者採用兩種不同的質性資料蒐集的方式 (如參與觀察法和口述歷史方法)，或採用兩種不同研究取向 (如俗民方法論和個案研究法) 的研究設計，每一種設計都是單獨使用質性研究的設計方式。

另一種可能是：採用一種以上的世界觀 (worldview)，即採用質性和量化的質量並用方法設計 (mixed methods designs) 的研究方式，可以稱之為質量並用設計。不過，質量並用設計可以再進一步細分為質量並用方法研究 (mixed method research) 和混合模型研究 (mixed model research) 兩種類型。其中質量並用方法的研究設計只在一個研究階段裡，採用質性和量化的並用研究設計；而混合模型研究設計卻是在所有不同的研究階段裡，都採用量化和質性並用的設計。

在一個研究階段裡，採用質量並用方法的研究設計，研究者可以採用平行 (parallel) 設計，也可以採用序列性 (sequential) 設計。同一個研究階段，研究者同時間採用質性研究和量化研究，進行資料蒐集、資料分析，就是採用平行的設計。平行的質量並用方法設計是在同一個研究階段，研究者同時

採用了質性和量化的研究方法之設計。譬如在資料蒐集階段同時採用「人格量表」(量化) 和「焦點團體」(質性) 兩種方法；或是在同一研究階段的研究方法上採用「民誌法」和「田野實驗法」(field experiment) 的研究設計，來回答研究問題。

若是同一個研究階段裡，研究者對於質性和量化研究的使用，是採用一前一後的進行方式，則是序列性設計。序列性的質量並用方法設計，則是同一個研究階段裡，研究者可能先採用質性研究，再採用量化研究進行之設計；也可能先採用量化研究，後採用質性研究進行研究之設計。雖然採用量化和質性的資料蒐集或研究方法，但是在研究問題的提問上和研究結果的推論上卻很少採用混合的方式，基本上它的研究提問方式單獨採用量化的，或是質性的研究問題 (Tashakkori & Teddlie, 2003)。

混合模型研究設計是在所有不同的研究階段裡，都採用量化和質性並用的設計。這些研究階段包括研究問題的提出、研究方法、資料蒐集、資料分析和推論過程等所有研究階段。顯然，混合模型研究必須達到比質量並用方法設計更為嚴格的條件要求。換言之，混合模型研究可能會涉入多種不同研究問題的形式，每一種研究問題都是基於不同的研究範型，也可能需要根據不同的世界觀，而做出多種研究推論。所以，質量並用研究是指在單一的研究中，基於兩種不同的理論範型或兩種不同的世界觀所採取的研究設計方式。

綜合言之，一種真正的質量並用研究方法，是屬於前述的混合模型設計，自然地，它的研究設計複雜性高，同時，研究投入的人力、物力和專業研究能力的要求會最高。一般的質量並用研究有下列特性：

1. 在研究的問題界定 (problem identification)、資料蒐集 (data collection)、資料分析 (data analysis) 和最後推論 (final inference) 等每個研究階段裡，都需要結合多種方法 (multiple approaches)。
2. 可能包含其他研究方法所蒐集的資料之轉換結果或分析結果。

(二) 質量並用研究的優點

為何研究者需要使用質量並用研究？顯然，它有優於單獨使用量化和質性研究設計的地方。它的優勢常見的有下列三種：

1. 質量並用研究所能回答的研究問題，有些是單獨的量化或質性研究設計所無法達成的；
2. 質量並用研究提供比較好或比較強的研究推論；
3. 質量並用研究提供較多元世界觀的研究詮釋機會。

另外，Greene 等人 (1989) 也指出質量並用研究有五種功能：交叉比對 (triangulation)、補充性 (complementarity)、發展性 (development)、創造性 (initiation) 和擴展性 (expansion)。前兩者可以達到多元推論，以確認或互補研究推論；後三者是指一種方法 (如質性) 在某一研究階段的推論，可以作為下一階段另一種方法 (如量化) 的設計基礎。許多複雜的研究現象需要採用質量並用研究進行研究設計，以達到問題的解答，單獨採用量化研究或質性研究可能都無法完整和有效地理解該社會現象。

如果量化研究和質性研究得到完全一致的結論時，可以視為研究效度的指標。但是，倘若量化研究和質性研究得到完全不一致的結論時，有可能是不同的研究設計與不同的研究對象有關，而這樣的研究設計正好讓這種不同的研究結果得以呈現出來；它可能可以提供社會現象新的理解方式，像拼圖式地呈現新的社會現象的新樣貌；也可能可以成為先前社會現象解釋 (研究假設) 方式證偽性的新證據。所以，採用質量並用研究時，研究者不用憂心研究結論不一致時的問題。雖然質量並用研究有上述的功能優點，但在研究實踐的過程中，研究的投入成本相對地會比單獨使用量化研究和質性研究高出許多，而且研究者需要同時熟悉三種研究方法，因此，研究者在選擇研究類型時，要事先自我評估一下。

研究者決定採用質量並用研究時，得同時決定要採取哪一種類型的並用設計，是質量並用方法設計，還是混合模型設計。一般而言，選擇質量並用

設計的類型，可以對下列三個指標加以考慮：

1. 研究需要幾個軸向 (strands)，是單一軸向，還是多個軸向。
2. 質量並用研究設計的程序如何，是平行性的 [同時性的 (concurrent)] 或是序列性的，還是資料轉換性的 (data conversion)。
3. 使用質量並用設計的研究階段，是單獨一個研究階段，還是全部的研究階段。

　　研究者可以根據這三個指標，思考並進行其研究設計，以有效回答其研究問題。

　　就質量並用方法設計的程序來說的話，「同時性的」或「平行性的」設計是指在相同的研究階段，同時進行量化研究和質性研究。「序列性的」設計是在前面研究階段先進行質性研究，而後面階段再進行量化研究。或是在前面研究階段先進行量化研究，而後面階段再進行質性研究；這兩種不同的序列性並用設計的選擇與研究目的有關。前者是由質性研究發展理論命題，再由量化研究進行理論驗證的工作；而後者同時進行理論驗證的工作，再從量化研究資料中篩選部分樣本，進行質性研究。「資料轉換性的」設計則是在資料蒐集後 (假定是質性研究)，一方面進行資料分析，另一方面也進行另一類研究 (量化研究) 的資料分析，根據質、量不同的資料分析，再進行整合推論。最後，最完整的質量並用設計被稱為完全整合質量並用模式設計 (fully integrated mixed model design)，這種設計就是所有的研究階段，都同時進行量化研究和質性研究，而且前一階段一種研究方法的研究結果 (假定是量化研究)，會決定及影響下一階段的另一種研究 (即質性研究) 程序之進行或調整，透過原本研究方法的進行程序，再加上另一種研究方法的影響、調整或配合，達到研究結論。再將兩種方法進行後的研究結論，進行後設推論 (meta-inference)。

(三) 質量並用研究的研究設計大要

　　一個質量並用研究的研究設計內容，可能涵蓋了量化研究、質性研究和質量並用方法研究三種不同的形態，或是不同的組合形式。不論擬進行的質量並用研究是屬於哪個類型，其研究設計內容至少都要包括下列各項 (Creswell, 2009)：

1. 緒　論
   (1) 陳述研究問題；
   (2) 說明在擬研究的問題上，過去的研究發展情形；
   (3) 說明過去研究不足的地方，並提出一個不足的地方，以支持需要進行質量並用研究之資料蒐集的必要性；
   (4) 說明誰會受益於這個研究。

2. 目　的
   (1) 提出研究目的或計畫目標，並說明採用質量並用研究的理由；
   (2) 提出具體研究問題和研究假設；
   (3) 說明採用質量並用研究的世界觀和哲學假定 (philosophical assumptions)；
   (4) 文獻回顧 (包括量化研究、質性研究和質量並用研究)。

3. 方　法
   (1) 質量並用研究的定義；
   (2) 說明採用的質量並用研究的類型和它的定義；
   (3) 說明使用所選擇的質量並用研究的類型面臨的挑戰及如何克服這些挑戰；
   (4) 以實例說明所選擇的質量並用研究類型的使用情形；
   (5) 提供質量並用研究進行的參考架構或進行程序圖；
   (6) 說明研究中量化研究部分的資料蒐集和分析方法與程序；
   (7) 說明研究中質性研究部分的資料蒐集和分析方法與程序；

(8) 說明質量並用研究部分的資料分析程序；

(9) 討論說明量化研究和質性研究部分的研究效度。

4. 提供研究者所擁有的研究資源和技術。
5. 討論研究中潛在的倫理議題。
6. 提供完成研究的時間規劃表。
7. 附錄中提供研究工具、研究計畫程序表、研究流程圖等。

不論研究者想要採用哪一種類型的質量並用研究，皆需要投入相當多的研究資源和研究人力，也都比單獨進行量化研究或質性研究高出甚多，因此，想要採用質量並用研究的人，首先需要同時熟悉量化研究和質性研究的研究方法和研究實踐方式，更需要考量研究投入的資源和成本，再行決定採用的質量並用研究類型 (Tashakkori & Teddlie, 2003; Creswell, 2009)。

八、總　結

研究設計的好壞決定了研究問題是否能正確和有效地被回答，更決定了一個研究品質的好壞。基本上，研究設計以回答研究問題和控制變異數為主要目的。根據研究問題的形式、研究的類型 (量化、質性和質量並用研究)、研究的時間類型、研究分析單位的層次性、研究目標、關係或因果關係探討和影響，或影響機制探討等七個因素，選擇最有效的回答研究問題的研究方式和最有效的控制變異數的研究設計的形式。這七個因素並不是完全獨立的因素，而是彼此之間有所關聯的因素。因此，研究者在決定研究設計之前，要針對這七個因素，反覆思考，再決定選擇質性研究、量化研究或質量並用研究，及比較詳細的研究設計內容，並著手計畫書的撰寫，以便申請研究計畫的相關審查。

在研究者選定研究類型、進行研究設計時，研究者應該盡其所能，在研究計畫規劃階段做通盤的考慮。研究計畫規劃階段的設計愈仔細、愈完整，愈能避免研究進行中的問題。研究進行之前的研究設計愈能針對研究問題的

回答，研究就愈能有效地達成研究目標。研究者應該避免研究進行中的大幅度修改研究設計，以減少研究人力、物力的浪費和研究問題無法有效回答的問題。

綜合言之，研究設計進行之前，最好的方式是研究者能先大略提出擬要回答的研究問題，根據研究問題的性質，綜合考慮上述七個因素的特徵，再決定較為明確的研究設計。若選擇了量化研究，就再根據量化研究的研究設計內容進行細部規劃；若選擇了質性研究，也要再進一步確認要採用哪一種理論典範的研究方式。若是決定採用質量並用研究，也需要進一步決定質性研究和量化研究進行的時間順序性(平行設計或序列設計)和研究階段性(一階段或多階段)的安排方式。

不論是哪種研究類型，其研究設計的內容有共通的部分，也有特殊的部分。研究設計共通的部分，包括擬回答的研究問題、主要的理論觀點、研究假設的提出(如果需要)、研究對象的決定和研究樣本的選擇與安排、研究進行方式和時間安排、研究資料蒐集方法、工具和操作、研究資料的蒐集和整理、研究資料的分析和詮釋。不過，量化研究的研究設計特別強調控制變異數的研究設計方式，包括以實驗設計的方式達成極大化焦點變項(實驗變項)變異數、控制干擾變項和極小化誤差變異數的不同方法；或是強調非實驗性觀察研究之影響機制或影響效果的研究設計方式。非實驗的觀察研究的焦點變項之影響效果估計，則需要特別注意影響效果估計所可能存在的估計偏誤，或採取反事實因果推論的必要程序，如傾向機率值配對法的使用，以減少估計偏誤。

質性研究的研究設計和量化研究最大的不同是不以驗證研究假設為目標，而是著重於在理論脈絡下，對被研究者的生活、行為、次文化和文化的深度理解和理論解釋之研究設計。而質量並用研究是以結合驗證研究假設與深度理解被研究者的生活、事件的過程或現象關係結構的雙重目標為研究設計考量，但是執行質量並用研究的投入成本高，同時也要求熟悉不同研究方法。

基本上，量化研究、質性研究和質量並用研究，沒有哪一種類型比較好或比較不好的問題，研究者需要考慮的是基於本體論、認識論和方法論的不同，所選擇的研究實踐的方式不同，研究設計需要再根據研究的類型加以調整。此外，社會科學有相當多的觀察研究，其研究問題是無法以實驗法來進行因果效應的推論，研究者需要進行「反事實因果推論」，以達到因果效應的推論。在反事實因果架構下，「傾向機率值配對法」是非實驗之觀察研究因果效應推估中，降低估計偏誤的重要方法之一。最後，研究重點是在「影響因素」的探討，還是「影響機制」的分析，需要有所區辨，然後採用不同的研究設計規劃。適當和良好的研究設計是達成研究問題回答的必要手段，研究者需要熟悉各種研究理論典範和研究方法，掌握共通的研究設計和特殊的研究設計內容，周詳且完整地完成研究計畫書，進而根據研究計畫書執行並完成研究，回答研究問題。

　　量化研究對許多研究問題的回答，有許多不同的研究設計方式之採用，以期達到研究問題有效的回答。但是，量化研究並不是絕對完美無缺，毫無估計偏誤可言。研究者必須了解任何科學研究方法的使用，都有它的優點，也有它的侷限性 (limitation)。譬如，若量化研究的焦點變項受到不可觀察到或未測量到的共變項之影響，則即使研究者已經採用了反事實估計架構下的傾向機率值配對法，仍然無法避免它所存在的估計偏誤。不過，也不能因為量化研究有其研究的極限性，而完全抹殺量化研究的科學性價值。同樣地，質性研究和質量並用研究也各有其理論建構價值和研究結論極限性。研究者不需要因為不同的研究類型之不同價值和侷限性，而忽視各類型研究對理論建構與問題解決的必要性和重要性，反而是需要對每一種研究類型和其研究設計內容有深度的掌握，視研究問題的需要使用不同的方法進行研究，以對不同的理論建構和問題解決做出各自特有的科學性貢獻。

參考書目

Babbie, Earl R. (2010). *The practice of social research* (12th ed.). Belmont, CA: Wadsworth, Cengage Learning.

Black, Thomas R. (1999). *Doing quantitative research in the social research*. Thousand Oaks, CA: Sage.

Brand, Jennie E., & Xie, Yu (2010). Who benefits most from college? Evidence for negative selection in heterogeneous economic returns to higher education. *American Sociological Review, 75*, 273-302.

Bryman, Alan (2008). *Social research methods*. New York: Oxford University Press.

Crabtree, Benjamin F., & Miller, William L. (1992). *Doing qualitative research*. Thousand Oaks, CA: Sage.

Creswell, John W. (2007). *Qualitative inquiry & research design: Choosing among five approaches*. Thousand Oaks, CA: Sage.

Creswell, John W. (2009). *Research design: Qualitative, quantitative, and mixed methods approaches*. Thousand Oaks, CA: Sage.

England, Paula, & Edin, Kathryn (2007). *Unmarried couples with children*. New York: Russell Sage Foundation.

Greene, Jennifer C., Caracelli, Valerie J., & Graham, Wendy F. (1989). Toward a conceptual framework for mixed-method evaluation design. *Educational Evaluation and Policy Analysis, 11*, 255-274.

Harding, David J. (2003). Counterfactual models of neighborhood effects: The effects of neighborhood poverty on dropping out and teenage pregnancy. *American Journal of Sociology, 109*, 676-719.

Kerlinger, Fred N., & Lee, Howard B. (2000). *Foundations of behavioral research*. fourth edition. Orlando, FL: Harcourt Inc.

Kimhi, A. (1999). Estimation of an endogenous switching regression model with discrete dependent variables: Monte-carlo analysis and empirical application of three estimators. *Empirical Economics, 24*(2), 225-241.

Lokshin, Michael, & Sajaia, Zurab (2004). Maximum likelihood estimation of endogenous switching regression models. *Stata Journal, 4*, 282-289.

Macinnes, Maryhelen D. (2008). One's enough for now: Children, disability, and the subsequent childbearing of mothers. *Journal of Marriage and Family, 70*, 758-771.

Marvasti, Amir B. (2004). *Qualitative research in sociology*. Thousand Oaks, CA: Sage.

Mistry, Rashmita S., Lowe, Edward D., Benner, Aprile D., & Chien, Nina (2008). Expanding the family economic stress model: Insights from a mixed-methods approach. *Journal of Marriage and Family, 70*, 196-209.

Morgan, Stephen L., & Winship, Christopher (2007). *Counterfactuals and causal inference: Methods and principles for social research*. New York: Cambridge University Press.

Neuman, William Lawrence (2005). *Social research methods: Quantitative and qualitative approaches* (6th ed.). Boston: Allyn and Bacon.

Rosenbaum, Paul R., & Rubin, Donald B. (1983a). The central role of the propensity score in observational studies for causal effects. *Biometrika, 70*, 41-55.

Rosenbaum, Paul R., & Rubin, Donald B. (1983b). Assessing sensitivity to an unobserved covariate in an observational study with binary outcome. *Journal of the Royal Statistical Society, 45*, 212-218.

Rosenbaum, Paul R., & Rubin, Donald B. (1984). Reducing bias in observational studies using subclassification on the propensity score. *Journal of the American Statistical Association, 79*, 516-524.

Rosenberg, Morris (1968). *The logic of survey analysis*. New York: Basic Books Inc.

Schneider, Barbara, & Waite, Linda J. (Eds.) (2005). *Being together, working apart: Dual-career families and the work-life balance*. New York: Cambridge University Press.

Silverman, David, & Marvasti, Amir B. (2008). *Doing qualitative research: A comprehensive guide*. Thousand Oaks, CA: Sage.

Tashakkori, Abbas, & Teddlie, Charles B. (2003). *Handbook of mixed methods in social & behavioral research*. Thousand Oaks, CA: Sage.

Willis, Jerry W. (2007). *Foundations of qualitative research: Interpretive and critical approaches*. Thousand Oaks, CA: Sage.

延伸閱讀

1. Guo, Guang, Hardie, Jessica Halliday, Owen, Craig, Daw, Jonathan K., Fu, Yilan, Lee, Hedwig, Lucas, Amy, McKendry-Smith, Emily, & Duncan, Greg J. (2009). DNA collection in a social science study: A pilot study of peer impacts on attitudes and drinking behavior. *Sociological Methodology, 39*, 1-29.
此論文非常詳細地介紹作者們所進行的一個試驗性的大型研究計畫——同儕和基

因對大學生的健康行為與態度的影響——的研究中，如何在校園中蒐集大學生的 DNA 資料和其他問卷資料的實際研究經驗。

2. Lieberson, Stanley, & Horwich, Joel (2008). Implication analysis: A pragmatic proposal for linking theory and data in the social sciences. *Sociological Methodology, 38*, 1-50.

此論文作者討論社會科學研究應該如何從理論發展出含義分析 (implication analysis)（通常是以研究假設的形式呈現），和透過高品質與適當的證據 (evidences) 使用，完成理論的評估。同時，也指出過去理論評估的常見問題。

3. Heckman, James J. (2005). The scientific model of causality. *Sociological Methodology, 35*, 1-97.

作者明確地定義因果推論的科學模式，特別是在經濟學領域的定義。不僅說明它在經濟學領域的發展，並且討論它與非經濟學的社會科學領域 (如流行病學、統計學和其他社會科學) 的比較。對因果推論或政策評估做了非常翔實的討論。

4. Cohen, Louis, Manion, Lawrence, & Morrison, Keith (2007). *Research methods in education*. London and New York: Routledge. Chapter 3: Planning educational research.

這是一本完整的教育領域之研究方法書，內容相當完整。其中第三章是研究設計。不論是整本閱讀或專章閱讀，對於研究方法或研究設計的議題等研究實務的增進都會有所助益。

5. Smith, Herbert L. (1997). Matching with multiple controls to estimate treatment effects in observational studies. *Sociological Methodology, 27*, 325-353.

作者以實例說明觀察研究進行處理變項效果之推論，且處理變項的類別樣本數相差懸殊時，如何採用不同配對數的傾向機率值配對法，並配合適當的統計分析，估計處理變項的效果。

4

研究文獻評閱與研究

一、前　言

　　關於學術文獻的評閱，諸多學位論文最常見的幾種疏失，例如，大量充斥與研究主題無關的著作、巨幅表格彙整相關研究題材的論文題目和作者，以及流水帳式地呈現研究成果等，這些都是應該避免的情形。一般而言，評量學術研究有四個指標：研究主題的重要性、理論架構的完整性、研究方法的適切性，以及論文脈絡的清晰性。整體而言，這四個論文評量指標皆和文獻評閱密切相關，其重要性可見一斑。

　　誠如所知，一個適切的研究主題可以使後續研究工作「事半而功倍」，而一個欠佳的研究主題則可能導致研究進度「事倍而功半」。儘管這個道理淺顯易懂，但是許多研究者經常困擾於不知如何挑選適合的研究題目。對此，我們可以從兩個面向思考；亦即，研究主題是否具有重要理論意涵，或者是否蘊涵實務參考價值。假如能夠兩者兼備，這當然是最佳的情境；倘若僅能夠符合其中一項條件，也是不錯的情形。至於適切的研究題材並不會憑空而來，必須仰賴大量的閱讀，這當然與文獻評閱息息相關。

　　有了適切的研究主題之後，必須配合理論架構的完整性。一般說來，回顧既有研究著作，具有兩個目的：其一，是說服讀者，表示研究者對於此研究主題相關背景的熟悉了解程度；其二，更重要的是，為了接續論文著述提

供清晰的理論脈絡與建構出研究主軸。

　　再者，適切的研究主題和清晰的理論主軸，必須藉由研究方法進行驗證。所謂「研究方法的適切性」意指，能夠依據研究主題和理論架構採取適切的研究途徑，無論是量化研究、質性研究，或者是質量並用法。藉由文獻評閱，研究者得以了解研究主題在學術脈絡裡的位置，闡明學術研究的範疇，建構理論模型、分析架構和研究假設。對於研究者來說，文獻評閱得以知悉既存研究成果、免除重複以往研究或者避免先行者所犯的錯誤設計，並且參酌採取適宜的研究途徑。如是以觀，文獻評閱對於研究方法的影響，確實不容小覷。

　　另外，所謂「論文脈絡的清晰性」意指，論述行文、段落鋪陳、用字遣詞，乃至數字與年月日呈現、標點符號、表格呈現、中英文摘要、關鍵字詞、註釋說明、參考書目等寫作細節，務必達到謹慎的標準。乍看之下，或者有人會以為，這些皆是細微末節的小問題，為何要如此吹毛求疵？原因無他，學術論文講求「嚴謹」原則；諸多學術把關者往往見微知著，以此審定學術研究的最低標準。值得再三提醒的是，在缺乏前三項條件（研究主題的重要性、理論架構的完整性、研究方法的適切性）之下，僅有清晰的論文脈絡並不能為其學術著作加分；然而，紊亂的論文敘述，不斷重複出現的寫作瑕疵，可能遮掩了研究著作的優點，進而影響讀者的閱讀興趣，非常可惜。除了避免急躁、求快的寫作風格之外，藉由文獻評閱、觀摩傑出研究者的優秀作品，亦能裨益培養良好的寫作風格。

　　鑑於文獻評閱與學術研究息息相關，本章探討下列相關議題。首先，扼要說明文獻評閱的重要性與目的。其次，依序摘述質性研究、量化研究以及質量並用研究的文獻評閱方式。再次，援引若干研究範例，佐證如何進行文獻評閱，並且羅列十項步驟說明如何規劃文獻評閱，以及四種方式展現如何繪製文獻地圖。在結論中，筆者嘗試回顧本章的討論重點。

二、研究文獻評閱的重要性與目的

(一) 文獻評閱的重要性

當代的學術研究，尤其是人文與社會科學研究，是建立在學術社群所累積的研究成果之上的。研究者透過認識、學習，甚至是批評既有的研究成果，加入研究社群追求知識的集體工作，藉此擴展或者延伸既有知識的範疇。因此，文獻評閱便成為學術研究不可或缺的重要過程與構成部分。它可以幫助研究者有系統地認識其研究主題的知識傳統、建立研究的架構，藉以發現新的研究問題，或者透過不同的視角與研究方法來探討已經被研究過的議題。如果缺少文獻評閱，研究者可能無法獲知關於其研究主題有哪些既存的研究成果，也不知道這些既有研究是如何進行的，更遑論得知當前學界關注的關鍵議題和「研究前沿」(research frontier)。猶有甚者，倘若欠缺文獻評閱，研究者將難以界定研究範圍，無法有效地說服讀者其研究設計的論據所在，難以論述該研究的重要性，更無法指出其研究論文的創新性與學術貢獻為何。同樣重要的是，當讀者閱讀到一篇缺少文獻評閱的學術論文，將難以掌握該研究的知識脈絡和研究設計的妥適性，進而無法給予該論文適當的評價，甚至可能對於研究者的專業能力與學術背景產生懷疑。

文獻評閱能夠幫助研究者回答許多在研究過程中所衍生的問題，這些問題包括：既有文獻的主要來源為何？該研究的關鍵理論、概念與論點是什麼？該研究的主要議題與論辯是什麼？該研究的現象學與認識論的基礎是什麼？該研究的學術立場為何？迄今有哪些主要問題已經被提出來了？該研究主題的起源與定義為何？該研究主題的知識是如何被結構化與組織的？從實用的角度來說，文獻評閱是非常「有用」的，著手進行文獻評閱，能夠幫助研究者更清晰、深刻地認識研究主題 (Hart, 1998:14)。因此，文獻評閱成為研究過程的重要環節，而非僅是應付學術論文格式要求的無味雞肋。

進行文獻評閱，是為了「使用」它，而非「展示」它 (畢恆達，2005：

52)。必須強調的是,文獻評閱不是商品型錄,不是簡單書評,不是讀書報告,不是圖書摘要卡,不是條列式的文獻陳列,而這些是許多學位論文常見的毛病。基本上,文獻評閱是對於特定研究主題既有文獻與研究結果的整合、分析與批評的敘述整理,這些既有文獻可能包含了與研究主題相關的資訊、想法、概念、證據或者特定觀點,文獻評閱需要指出這些文獻成果的性質、特徵以及如何推導的理論邏輯 (Hart, 1998:13;畢恆達,2005:52-55)。為了能夠「使用」文獻評閱,論文敘述必須扣緊研究主題,並且有目標地、有組織地、有架構地呈現出來。文獻評閱應該包含的研究著作,是與研究主題有直接且密切相關的文獻,主要包括期刊論文、學術專書、書籍專章、碩博士學位論文等,而且應該是那些能與研究主題進行對話的文獻,而非將所有搜尋到的、讀過的文獻通通列入。同樣地,研究者對於文獻評閱必須將相關著作進行相當程度的吸收和融合,並適時適當地分析、整理與批評,而非僅僅將相關文獻用條列的方式,一一寫出這些文獻的作者、題目、主旨和摘要。這種「展示」型的文獻評閱,並無法達到文獻評閱本身的目的。

(二) 研究文獻評閱的目的

一份好的文獻評閱,可以幫助研究者熟悉研究主題的知識傳統與範圍,給予後續研究建立清晰、符合邏輯且具備可行性的分析架構。也就是說,透過文獻評閱,研究者可以界定其研究的學術脈絡,也可以據以向讀者說明本研究在學術領域裡的位置與角色。同時,研究者也在文獻評閱的基礎上,建立其研究的核心議題,並闡明其重要性。總體而言,綜合若干研究者的觀點 (Hart, 1998:27; Creswell, 2003:29-30; 畢恆達,2005:52; Marshall & Rossman, 2006:43; Neuman, 2006:111),文獻評閱具備以下三個目的。

1. 界定研究主題在學術脈絡裡的位置,並闡明研究的對話對象與範圍

誠如所知,學術研究唯有站在既有研究成果的肩膀上,才能看得更遠。為了在龐雜的學術文獻中站穩腳步,有賴於文獻評閱的進行。因此,眾多講

述研究方法的教科書都認為，梳理研究主題的學術脈絡，並且界定該研究在學術領域中的位置，是文獻評閱重要且不可缺少的目的。

　　文獻評閱必須呈現該研究所處的學術脈絡。研究者要弄清楚的是，就其研究主題而言，有哪些議題曾經有人討論過，又有哪些議題被忽視了；進而了解什麼樣的議題必須被討論。研究者也需要詳細地整合分析有哪些既有的研究成果，這些既有文獻的核心命題、方法論與研究技術是什麼，並且知道該領域的討論是在什麼樣的知識框架之下進行的。只有充分掌握該研究主題的學術脈絡，研究者才能明確地界定其研究在學術地圖上的位置，如此方能更有目標地討論其研究意涵與可能貢獻。也就是說，唯有透過文獻評閱，確實地掌握學術脈絡，並給予該研究清楚的定位，研究者才能更有力地說服讀者其研究的重要性。

　　另外，研究者還必須論述其研究將如何與既有文獻進行對話。這有賴於研究者對於既有文獻的充分掌握與理解，並且告訴讀者其研究與既有研究之間有什麼樣的關聯，該研究又將如何填補或擴展既有文獻不足之處。當然，這個部分往往也與研究定位密切相關。研究者可能是試圖修正既有的理論，可能是將既有的理論概念應用在具體的經驗個案上，可能是測試並比較不同理論的適用性，也可能是企圖建立一個新的理論。相同的是，無論是什麼類型的研究，都必須在文獻評閱的部分告訴讀者，該研究對話的對象、範圍與目的。

2. 確立研究的核心問題，並建立明晰的分析架構

　　文獻評閱的另一個目的是，研究者能藉以確立核心問題及其內容，並且建立明晰合理的分析架構。如前所述，研究者透過梳理其研究主題所屬領域的學術脈絡，在整合、分析與批評的過程中，可以得知既有研究成果的累積樣貌，以及有哪些議題尚待探討，有哪些理論概念需要被修正，或者是在理論與現實世界中存在什麼樣的距離。依此，文獻評閱便能幫助研究者發現既有文獻當中存在的學術缺口，進而形成、發展並確認其研究問題的核心內容，以及可以採取的分析途徑與研究方法。從對學術發展與動態的了解，研

究者能夠得知,有哪些研究主題或途徑正處於學術界的研究前沿,有哪些途徑或概念已經或逐漸失去其解釋的效力,又有哪些研究主題是既有理論無法突破的難題。藉此,該研究便有機會達到更大的學術貢獻與影響力。

同時,文獻評閱也能幫助研究者發展研究假設、重要變數、分析架構與理論模型。許多研究都會以研究假設與重要變數的設立作為重要步驟,並以一套分析架構與理論模型作為系統化討論的核心,這種情形在實證研究方面更為明顯。這些研究要素的建立,研究者不可能憑著空想就能創造出來,而是必須經過文獻評閱,才能得知其研究有哪些饒富意義的研究假設與重要變數,才能得知其分析架構與理論模型的推導論據何在。如果只是隨意地設定研究假設與擷取變數進行檢證,或是想當然地設計分析架構與理論模型,以此作為研究論證的依據,那麼所獲得的研究成果極可能落入邏輯關係錯亂的困境之中,更遑論歸納出具有學理意涵的研究結論。

3. 呈現研究者對該知識體系與相關文獻的熟悉度與整合能力

猶如前言所述,文獻評閱的目的之一在於說服讀者,表示研究者對於此研究主題的熟悉程度。回顧既有研究著作雖然不是為了「展現文獻」而存在,但不可諱言的,呈現對於知識體系與相關文獻的熟悉度,以及對於文獻的分析、整合與批評的能力,也是文獻評閱的重要目的之一。易言之,透過文獻評閱得以達到兩個目的:讀者能夠從不同面向判斷研究者的專業能力,以及該研究的品質與重要性。茲說明如下。

首先,文獻評閱透露了研究者對其研究領域之學術脈絡的熟悉程度。藉由文獻評閱,讀者得以了解研究者是否熟悉其研究議題的學術傳統與知識體系、研究者是否具體掌握該領域重要的議題與理論概念,以及研究者是否充分理解該領域的經典文獻與最新發展。學術研究的目的與價值之一,便是在於透過相關的討論來擴展既有知識的範圍,如果研究者對於既有知識的理解掌握不夠全面透徹,將無法說服讀者其研究具有一定的重要性。

其次,文獻評閱也呈現了研究者的分析整合能力與寫作技巧。這些論文寫作的判斷標準包括:文獻評閱的內容是否緊密貼近其研究主題而非鬆散牽

強、文獻評閱的鋪陳架構是否清楚且符合邏輯、文獻評閱的立論是否切中要點、對於相關文獻是否能提出公允且有洞見的分析與批評，以及讀者能否從文獻評閱中跟著研究者一起導出主要的研究議題。如果文獻評閱無法讓讀者掌握論述的要點，那麼研究者將無從建立其研究聲望與信用，並且證明自身具備足夠的專業能力以撰寫具有學術品質的論文。

三、質性與量化研究的文獻評閱

(一) 質性研究的文獻評閱

　　質性研究是一系列研究方法的總稱，它往往被對比於以研究對象進行測量、分析和檢證的量化研究。質性研究的資料，多數係從田野調查與文本考掘而來，研究者可以透過深度訪談、參與觀察、口述歷史或者書面文本的蒐集，得到可供分析的資料 (Patton, 2002:4)。根據陳向明 (2002：8-12) 的整理與觀察，質性研究具有下列五點特徵：其一，質性研究強調社會現象的整體性與相關性，對於現象的理解必須考慮整體中各個部分的互動關係及其背景環境。其二，質性研究是研究者透過個人的經驗，對研究對象的經驗和意義建構進行「解釋性理解」。因此，研究者在田野中必須反省自己對此研究的預設立場。其三，質性研究是一個不斷演化的過程，研究過程是變化流動的。因此，研究者的定位乃是將特定時空的社會現實拼湊起來的拼圖者，而不是按照事先設計好的研究指南一步步完成的執行者。其四，質性研究使用歸納法，並以深描 (thick description) (Geertz, 1973:3-30) 的手法表現之。其五，質性研究重視研究者與研究對象之間的關係，以及研究倫理的問題。

　　質性研究的分支眾多，且質性研究方法也常常隨著知識領域的擴展而創發新的類型。不同的質性研究，在方法論之間也存在著很大的相異性，因此很難以一組固定的文獻評閱模式套用在質性研究上 (本書許多篇章，都是關於質性研究方法的討論，請讀者自行參閱本書各章)。同時，質性研究往往具有濃厚的探索性質，這也意味著關於該主題的既有文獻較為稀少，所以

研究者才需要從在地人 (the native) 的眼光來學習地方知識 (local knowledge) (Geertz, 1983:167-234)。也就是說，質性研究可能面臨沒有足夠的學術著作可供評閱的風險，增添了文獻評閱工作的困難度。另外，在許多質性研究的分支，例如紮根理論或者民族誌研究中，文獻評閱往往僅扮演引導性角色，對於問題意識的形成與研究設計的作用較不明顯 (Creswell, 2003:30)。因此，如何拿捏文獻評閱的作用與範圍也成了研究者面臨的難題之一。

正因為研究途徑的多樣性及其在文獻評閱方面的特質，質性研究的著作評析需要特別注意問題意識、研究目的與研究方法之間的適切性。質性研究的文獻評閱，在評閱過程與展現方式的面向，有許多路徑可供選擇；這樣的多元性與複雜性，卻也讓文獻評閱的工作顯得更加困難。因此，質性研究在文獻選擇與評論上必須更加謹慎，也需要仔細推敲文獻評閱最適合置放的位置與呈現的形式；相關說明，容後再敘。

(二) 量化研究的文獻評閱

量化研究的核心概念在於量化資料分析，亦即藉由數字 (number) 來表示經驗現象的數量 (quantity) (Punch, 1998:58)。研究者透過演繹 (deductive) 方法，針對呈現經驗現象的量化資料，進行概念的操作、變數控制、資料蒐集、統計測量與效度檢定，並推論出研究的結果 (Nachmias & Nachmias, 1996:689)。相對於質性研究，量化研究的文獻評閱呈現方式較為單純。一般說來，在量化研究中，前言必須包含兩個部分，亦即說明問題意識與該研究主題的重要性。接續前言之後，則是呈現獨立章節的文獻評閱。此文獻評閱必須呼應前言的問題意識，闡明此研究議題的重要性，並且據此歸納出其研究假設。

在量化研究中，儘管獨立章節的文獻評閱是頗為普遍的做法，然而其論文形式和呈現方式可能因人而異。依據 Creswell (2003:32) 的分析，得以歸納為三種方式：

1. 是整合 (integrative) 形式的文獻評閱，亦即研究者摘述既有文獻中的各種

觀點論述；這種方式多見於學位論文。
2. 是理論回顧 (theoretical review) 形式，意指研究者著重此研究議題所衍生的各類理論架構；這種方式多見於期刊論文，研究者藉此檢視各種學說，引導後續實證研究的發展。
3. 是方法回顧 (methodological review) 形式，其不僅著重於引介各類的研究概念，而且援引不同研究途徑。

　　除了各種研究方法的摘述之外，這類文獻評閱必須對於這些方法提出優劣差異比較；在學位論文和期刊論文中，這是頗為常見的方式。

　　文獻評閱的呈現，除了獨立章節之外，結論部分經常有寬廣的發揮空間。就學術研究而言，「始於理論、終於理論」甚為關鍵。在經過問題意識、理論回顧、研究假設、研究設計、資料蒐集、實證分析、數據詮釋之後，研究者應該回到理論層次，告訴讀者這篇論文在理論學說上的貢獻，係屬證明、修正或者推翻研究假設，並提出對於未來研究的啟示與建議。

(三) 綜合式研究的文獻評閱

　　綜合式研究係指在研究過程中，綜合質性與量化研究的研究設計、資料蒐集與分析方法；其要旨在於，結合質性與量化研究的特徵與優點，更能正確地解答研究問題 (Creswell & Clark, 2007:5)。在綜合式研究中，要側重質性或者量化研究，必須依據研究設計而定。在論文結構方面，每個階段所採用的研究設計，往往必須跟隨這個階段的文獻評閱。舉例來說，在量化研究階段，研究者應該先呈現量化性質的文獻評閱，建立問題意識、理論架構與研究假設，接續才進行量化分析。反之，在質性研究階段，則文獻評閱會較為單薄，而在採取質性研究與資料詮釋之後，在結論中才會強調文獻評閱的呼應性。假如研究者試圖同時進行質性與量化研究，則文獻評閱可以採取量化或質性的方式，文獻評閱的呈現形式取決於研究者所採取的分析策略，以及其研究議題的強調重點。

四、如何進行文獻評閱

(一) 文獻評閱該放在哪裡

雖然多數的論文或專書將文獻評閱置於一個獨立章節，在此獨立章節內仔細梳理文獻的脈絡，並且建立這些文獻與其研究的關聯。然而，文獻評閱未必只能依照這種方式來安排。因應研究的性質與目的，文獻評閱的章節安排可以置放在三個地方：前言部分、獨立章節的文獻評閱或是結論之處 (Creswell, 2003:30-32)。

首先，研究者可以選擇在前言部分進行文獻評閱。文獻評閱置於此處的目的是為了提供研究主題的背景。對於那些既有著作稀少的主題，研究者有必要開宗明義地以綜合文獻評閱，藉此說明該研究主題的重要性。對於那些問題意識是從理論架構或是文獻批評而來的研究，也可以將文獻評閱置於前言部分。這類論文往往屬於初探性或開創性的研究，所以文獻評閱必須考慮的層面是，必須對於既有著作的罅漏之處提出敏銳批判或創見。

其次，文獻評閱的第二種格式是以獨立章節來呈現。獨立章節的文獻評閱經常是置於主要論述之前，藉由對既有文獻與理論概念的整合、分析與批評，發展出研究的核心議題，以及採用的研究途徑、研究方法與分析架構，進而以此作為基礎來開展研究步驟。採用這種評閱方式的論文，多是該研究主題已經有豐富的研究成果與深厚的理論基礎。無疑地，這種文獻評閱較易釐清學術脈絡、形成研究問題以及發展分析架構，因此是甚為常見且讀者最熟悉的方式。

再次，研究者也有可能在結論部分才著手進行文獻評閱。置於結論的文獻評閱，意在提供對照的基準，比較該研究結果與既有文獻的異同之處。無論該研究的發現是否驗證、拓展或修正既有的理論觀點，研究者得以在結論部分，先以文獻評閱告訴讀者既有發現為何，再據此與該研究進行比較。研究者可能曾在前言或獨立章節做過文獻評閱，也有可能迄此尚未有任何著

墨，但都不影響在結論部分進行文獻評閱的可能性。

　　當然，如果研究論證確實有其必要，亦得以在兩個以上的地方進行文獻評閱。若干論文的寫作方式，就是在結論部分再行摘述先前已經在前言或獨立章節提及的文獻評閱，用以界定其研究成果在學術脈絡裡的位置與貢獻。必須注意的是，文獻評閱應避免流於形式與重複，而且必須闡明這些文獻與該研究的相關性。以下提供四個範例，說明文獻評閱的處理方式和置放位置。

(二) 如何規劃文獻評閱

　　雖然文獻評閱的種類與形式因為研究目的與性質的不同而有多種可能性，但是文獻評閱最終還是要回歸到藉由摘述、整合、分析與批評文獻，以達到其目的。儘管文獻評閱的進行方式並沒有固定的步驟，但是筆者仍希望

參考方塊 4-1：文獻評閱置於前言的案例

謝國雄 (2003) 探討臺灣整體社會圖像與社會性原則的專書，也是將文獻評閱置於論文最前面的範例。該書第一章的開場即直指核心地表示：

> 過去二十多年的臺灣社會學研究，逐漸指出：資本主義與現代國家是形塑臺灣社會的兩大力量。另一方面，人類學有關臺灣漢人社會的研究，卻一直凸顯血緣、地緣與宗教是臺灣漢人社會的基底。二者雖不至於水火不容，但也未曾積極對話，更遑論整合了。
>
> 臺灣的社會學家中，並非沒有人正視這個問題，陳紹馨 (1906-1966) 就是其中的佼佼者。本章將先回顧他的貢獻與限制，接著分析在他之後的臺灣漢人民族誌與社區研究，指出這些研究的主軸、定位以及未決的問題。之後，將說明本書關注的焦點、切入的角度與核心的議題。(頁 2)

> **參考方塊 4-2：文獻評閱置於獨立章節的案例**

吳重禮 (2007) 以臺灣中央政府為分析對象,比較 1992-2000 年國民黨執政的一致政府 (unified government) 時期,與 2000-2006 年民進黨掌握行政權的分立政府 (divided government) 時期,整體經濟表現是否具有顯著差異。其在前言說明問題意識及其重要性之後,在第二節「分立政府的意涵及其經濟影響」中,作者闡釋兩種不同觀點的理論架構,並據此發展其研究假設:

> 就國家政治經濟情況而言,若干學者相信,美國經濟表現深受政府體制的影響,在一致政府時期國家總體經濟表現較佳,而分立政府往往是導致低度經濟成長、財經政策偏失以及財政預算赤字竄升的主因 (Alesina, 1987, 1988; Alesina, Londregan, and Rosenthal, 1993; Alesina and Rosenthal, 1995; Hibbs, 1977, 1987; Karol, 2000; McCubbins, 1991; Sundquist, 1988, 1992; Weatherford, 1994)。其立論以為,基於意識形態的一致性或者是選舉責任的理由,有一個同時掌握行政與立法部門的執政黨,其整體經濟表現和財政狀況較佳。這種情形,誠如 Cutler (1988:489) 所言:「如果由某一政黨負責所有三個權力核心 [按:眾議院、參議院、總統],以及負責它們在執政時期所產生的財政赤字問題,則得以明確地對於該政黨及其公職人員課以政治責任與行政責任。」正反映出政黨控制形態對於國家整體經濟和財經政策的可能影響。……

> 然而,政黨控制形態是否影響政府財政預算與經濟表現,似乎仍是一個未定的問題,學者有不同評價與論述。就財政經濟影響層面而言,Stewart (1991) 比較研究指出,分立政府確實會影響國家預算的收支;二十世紀末期的分立政府導致預算的超支,惟十九世紀末葉的分立政府非但未帶來高額赤字,卻因府會對峙引發立法僵局,由於共和黨堅持提高進口關稅歲入,民主黨主張減少政府公共支出,如此一來反而使得國庫財政更為闊綽。……

綜觀現有研究文獻的論點，國家總體經濟表現是否會因為一致政府或是分立政府而呈現顯著差異，仍是眾說紛紜，尚未定論。鑑此，本研究以 1992-2006 年我國政府體制的角度切入，試圖瞭解其對於經濟發展的影響。依據前述之分析，本文假設，在一致政府時期，基於意識形態一致性或者是責任政治的理由，政策制定能力的強化和行政效能的提升，政府整體施政較為順暢，促使國家整體經濟表現較佳；反之，在分立政府時期，較易導致政策滯塞與府會關係僵局，造成政府整體施政困難，使得經濟表現將受到負面影響。(頁 58-61)

參考方塊 4-3：文獻評閱置於結論的案例

劉雅靈 (Liu, 1992) 討論何以溫州成為中國實施改革開放之後第一個以私有企業為主導的地區。雖然該文的導論部分已經彙整學界與官方對此現象的相關解釋；然而，關於相關理論的文獻評閱，作者將之置放在論文的結論部分，並藉由個案經驗的發現與既有文獻進行對話。該論文的次標題，即反映了其意圖："The Sporadic Totalitarian State: A Theoretical Remark"。在此部分，其討論的方式是：

In studies of existing socialism, a socialist state has long been characterized by the predominance of the state bureaucracy over both the appropriation and distribution of economic surplus, as well as over the society as a whole ...

In contrast to the totalitarian approach, a new idea has emerged in recent studies of socialist society in which the socialist state is portrayed as a functionally fragmented bureaucracy which contains tensions, bargaining and conflicts of interest between different sectors and between different levels ...

Combining the strength of these two approaches leads to the suggestion that a socialist state such as China should be characterized as a sporadic totalitarian state with strong despotic power but weak infrastructural power ...

Although the Wenzhou experience is unique in China, its causal explanation can, to a certain extent, be applied to the development of private economies elsewhere .... (pp. 313-316)

參考方塊 4-4：文獻評閱置於前言、獨立章節與結論的案例

柯志明（2006）關於日本殖民主義下臺灣的從屬與發展的專書，在導論部分以一個獨立章節詳細檢閱既存文獻的兩大研究取向：矢內原忠雄強調的剝削與支配面向，以及川野重任強調的經濟發展面向。在此，文獻評閱的方式是：「底下的討論追本溯源仍由戰前兩派日本學者間的論爭著手，再循序以次及於戰後相關的論點。」（頁2）

到了結論部分，柯志明仍以上述兩個學術傳統的文獻評閱作為起點，並接續與其研究發現進行對話：

> 回顧了兩派人的經驗發現與洞見，筆者重新調整提問的框架如下：為何 1925 年以前蔗糖生產的擴張帶來「低度發展的發展」(development of underdevelopment)，而 1925 年以後米作生產的擴張卻導向「平衡而均惠式的發展」？筆者運用韋伯式的理念型 (Weberian ideal type) 方法，引進一個新的理論參考架構作為探討這個問題的切入點。（頁 225-226）

藉助若干著作的指引（如 Hart, 1998:32; Creswell, 2003:33-35），並結合自身的論文發展經驗，提供一套系統化的流程給讀者參考。必須說明的是，以下所述流程係以逐步方式呈現，但實際的文獻評閱工作絕非只是單純的線性過

程，研究者還是必須依據研究需要，來回檢視或修正先前已經完成的步驟，甚至是調整論述的順序。

1. 步驟一：定義研究主題

在考慮文獻評閱工作之前，研究者必須初步界定所欲探討的研究主題。研究主題可能形成於日常生活的經驗、對於特定現象的觀察、理論模型的推導或者是社會普遍存在的觀感。無論如何，為了不使研究議題與設計以及文獻評閱的範圍過於廣泛，研究者需要粗略釐清研究議題的內容與範圍。研究者可以先設定一個暫時性標題 (working title)，這個題目可成為後續研究工作的主軸 (Creswell, 2003:27)。舉例來說，用「司法與公共支持」作為探討「以公共支持的角度切入，藉由實證分析了解臺灣民眾對於臺灣司法體系的評價與支持度」的暫定標題。或者，也可以用扼要的幾個句子，簡略地陳述想要討論的現象或問題。初次設定的研究主題草稿往往會被後續研究所修正或推翻，這是很常見的現象。因此，在文獻評閱過程中，可能會發現這個問題的切入角度不對，或者發現其他更有趣、更重要的問題，這也是文獻評閱的作用之一。

2. 步驟二：設定關鍵字詞

在初步定義研究主題之後，研究者需要設定幾個可能的關鍵字詞作為文獻搜尋的依據。隨著研究主題的變動，這些初步的關鍵字詞草稿，可能會因而增加、縮減或修正。需要預先設定關鍵字詞的原因在於，利用資訊索引系統是查詢相關文獻最有效率的方法 (當然，也有可能在圖書館和書局的時候，憑著機緣找到需要的文獻)，而關鍵字詞是使用這些索引系統時不可或缺的訊息。關鍵字詞的設定會因為不同的研究階段而有差異。在剛開始探索該研究主題時，研究者可以在定義問題意識時，同時記錄一些關鍵字句，或是從既有著述中，擷取相關概念詞彙。在閱讀相關文獻後，便可藉由這些論文的關鍵字詞 (尤其是期刊論文多半會在標題頁註明) 尋找學術著作。總之，隨著研究範圍的聚焦、研究設計的細膩，以及研究者對於研究文獻的熟悉，

關鍵字詞的設定就會更貼近研究主題。

3. 步驟三：界定文獻的範圍

研究文獻的範圍非常廣闊，加上當代知識出版的數量與速度，使得研究者不可能搜尋並評閱「所有」學術文獻。因此，研究者必須考量研究性質、學科領域，以及個人的知識背景能力，來界定文獻範圍。文獻從哪裡開始找起，取決於研究者對於研究主題的清楚程度，以及對於研究議題的熟悉程度(畢恆達，2005：31)。舉例來說，研究者必須決定要將哪些種類 (例如學術專論、政策評論、新聞報導、官方文宣，甚至是雜文隨筆) 與形式 (例如專書專章、期刊論文、碩博士學位論文、新聞雜誌，以及 Blog、BBS 等網路媒介)的文獻納入？研究者可能也必須決定，評閱的範圍需要涵蓋哪些語言的文獻(例如，要不要評閱簡體中文的學術著作)？文獻出版日期要回溯到何時 (當然，經典文獻不在此限)？哪些學科領域 (不同學科會有不同討論方式，甚至連索引系統都會有所差異)？

4. 步驟四：預定搜尋的索引系統來源

為了詳實地完成文獻搜尋，研究者必須預先準備搜尋的索引系統名單。就中文的文獻搜尋而言，可以先列出國家圖書館的「館藏查詢系統」、「中華民國期刊論文索引系統」與「全國碩博士論文資訊網」等幾個重要的文獻索引資料庫系統。如果已經確定要找某個領域的文獻資料，也可以到專門的圖書館或資料庫去查詢。例如，如果是中國研究與兩岸關係方面的資訊，行政院大陸委員會的「大陸資訊及研究中心」，以及國立清華大學當代中國研究中心的「中國市場社會發展資料中心」都是不錯的索引資料來源。在英文的文獻搜尋部分，考量到文獻資料庫的多樣性與涵蓋範圍，建議可從期刊論文開始著手搜尋。最常使用且涵蓋範圍較廣的文獻索引資料庫，包括「社會科學引文索引」(Social Sciences Citation Index, SSCI) 資料庫與 JSTOR 文獻索引系統。此外，特定學科也會有專業的文獻索引資料庫，例如，Bibliography of Asian Studies 收錄的書目記錄，以亞洲地區的人文與社會科學為主。關於

文獻哪裡找的問題，建議可以參考畢恆達 (2005：33-50) 的詳細介紹，也可以詢問所屬的圖書館館員。

5. 步驟五：進行文獻搜尋的工作

備妥文獻搜尋的預定材料後，就可以動手搜尋文獻，並將所蒐集的文獻清單列表。關於搜尋文獻的順序，Creswell (2003:38-39) 提出幾點建議：

(1) 初次涉獵某項研究主題，或者對研究主題還不是很熟悉時，應該從最廣泛的綜合型資料開始，例如百科全書。
(2) 接著，從嚴謹的學術期刊著手，並從最新的文章往前回溯；也可以從這些論文的參考書目，獲得文獻資訊。
(3) 尋找學術專書或專書論文。
(4) 為了探知學術動向的最新發展，可以搜尋最近舉行的研討會之論文。
(5) 搜尋碩博士學位論文。
(6) 搜尋網路是否有相關的評述，但網路的資料必須小心使用。

文獻搜尋的結果，往往會出現兩種困境：可供參考的研究文獻太多或者太少。當然，在此階段，搜尋到過多的文獻總是比缺乏文獻來得好。此時，研究者必須思考關鍵字詞的設定有無偏離研究主題太遠、是否忽略重要的關鍵字詞，或者是應該重新界定文獻搜尋的範圍。

6. 步驟六：確定所搜尋到的文獻是可獲得的

從文獻索引系統查詢到的資料，通常只是書目資訊，研究者還必須確認該書目是否可以獲得。就期刊和專書而言，可以先從距離最近的圖書館找起；如果該圖書館沒有收藏，可以透過「全國圖書書目資訊網」的「NBINet 聯合目錄」(網址：http://nbinet2.ncl.edu.tw/union_category.php?union_id=1) 查詢臺灣有哪一所圖書館典藏該資料 (必須注意的是，「NBINet 聯合目錄」的合作館包括國家圖書館與臺灣主要的大學圖書館，但學術藏書頗豐的中央研究院圖書館系統並未納入，需另外連結搜尋)。接著，可以親自到該圖書館

調閱複印該文獻，或透過「全國文獻傳遞服務系統」，付費請該圖書館將所需的資料寄送過來。碩博士論文則是在搜尋時即可得知該論文有無電子檔；若無，則必須至論文所屬學校、國家圖書館或國立政治大學社會科學資料中心查閱。研討會論文的取得較為困難，可以詢問主辦單位，或作者是否願意提供論文。取得文獻是一件相當耗費時間、心力與金錢的工作，無論是找不到典藏該筆文獻的圖書館、往返各圖書館的奔波、使用館際文獻傳遞時的漫長等待，以及好不容易找到該筆文獻卻發現不符所需，都容易讓研究者心生挫折。雖然這似乎是不可避免的過程，但透過精確地設定關鍵字詞與界定搜尋範圍，可以減少許多做白工的機率。

7. 步驟七：從標題、摘要或部分內容大致判定是否採用該文獻

不論最後取得的是適量還是過多的文獻，研究者擁有的，往往是紛雜而尚待整理過濾的論文。此時，研究者必須藉由論文的標題、關鍵字詞、摘要或部分內容，大致判定是否要採用該文獻，並將文獻初步分類。如果是用 SSCI 或 TSSCI 資料庫搜尋期刊論文，通常可以在書目資訊中查詢到關鍵字詞與摘要；研究者可以在決定將該篇論文納入評閱文獻名單之後再去找尋文章即可。但是，外文專書、中文專書與中文非 TSSCI 收錄的期刊則較為棘手，除了某些提供線上閱讀或下載論文的期刊外，許多文章還是要到圖書館翻閱紙本後才能下決定。同時，為了讓後續的評閱工作易於進行，研究者也可以在這個階段開始建立初步的文獻地圖 (literature map)，將文獻的性質、領域範圍、重要性，以及與研究主題的相關性進行初步分類。

8. 步驟八：設計文獻地圖並將文獻標定其上

界定出可能採用的文獻並將其初步分類之後，可以開始著手設計文獻地圖。文獻地圖是一種以圖像式方法，分類、組織並連結文獻的有用工具。文獻地圖的設計，同樣會因研究性質而有不同的繪製方式，而且也沒有不可變動的制式規定，研究者可以依需求自行規劃。關於幾種常見的文獻地圖設計方式，將會在下文中有詳細討論。此處要提醒的是，在設計文獻地圖的內容、項目及其相互連結關係時，除了將相關文獻在地圖上標定之外，也可以

在工作手稿的最後部分，以學術引用格式記錄該筆文獻的書目資訊。這可以讓研究者確定這筆文獻的定位、是否要採用這筆文獻，以及節省後續的排版等文書作業時間。

9. 步驟九：節錄文獻的重點，並給予註記評論

在文獻地圖上標定的書目，很有可能最終被研究者所採用。因此，研究者需要精讀文獻，節錄論文的重點，並註記評論。此時寫下的閱讀筆記，將成為之後文獻評閱時的重要材料來源。Creswell (2003:41-43) 指出，良好的文獻摘要必須包含以下的資訊：研究的核心問題與目的、簡要敘述作為研究對象的樣本與母體，以及研究所採用的方法與技術。另外，研究者還需要記下：研究的重要發現與結論、此研究提出的概念或觀點、研究解答與尚待解答的問題、此研究在學術脈絡裡的位置、研究設計與內容有哪些可能缺失、對此論文的其他評論與隨筆，以及最重要的是，該文獻和本研究有哪些關聯與對話空間 [這個階段的工作與「如何引用文獻」這個議題息息相關，建議參考畢恆達(2005：55-70)生動且詳盡的介紹]。

10. 步驟十：動手撰寫文獻評閱

不論研究性質為何，一份好的文獻評閱必須扣緊研究主題、具備合乎邏輯的架構，並且能清晰簡潔地梳理學術脈絡，呈現研究者對於該知識體系與相關文獻的熟悉度與整合能力。因此，在動手寫作文獻評閱的初始階段，研究者必須擬訂寫作計畫來引導整個工作。寫作計畫包括文獻評閱寫作的時間表、決定花多少篇幅來做文獻評閱，以及取捨哪些文獻納入評閱範圍等。在這個階段，必須考量是在撰寫研究計畫、期刊論文、學位論文或是其他研究著作。另外，也可以試著先將寫作材料概略分成三塊：對既有文獻的摘要、對既有文獻的評論，以及對既有文獻歸納出整體結論，並且指出這些著作與本研究的關聯性 (Hart, 1998:186-187)。最後，根據先前所彙整的學術脈絡、繪製的文獻地圖，以及擬訂的寫作計畫，構築一套用以組織鋪陳文獻評閱的分析架構，並撰寫文獻評閱的初稿。

(三) 繪製文獻地圖

　　面對眾多紛雜的著作文獻，如何從中理出頭緒，並達到文獻評閱「清楚地梳理知識脈絡，界定研究主題的學術位置，並據以引出研究的核心問題與分析架構」的目標，是一件相當重要卻不容易的事情。有許多方法可以協助研究者進行這項工作，文獻地圖就是一種常被提及的有用工具。

　　地圖是根據一定的法則，透過概括化過程以設定的符號，呈現自然或社會現象之空間關係的圖形。運用在文獻評閱方面，可以將文獻透過一定法則的編排，以圖像形式，對文獻進行分類與組織，並呈現文獻與文獻之間的關係，以及該研究文獻在學術脈絡裡的位置。透過地圖對文獻定位的好處在於，可以對該領域的方法論與研究技術有特定的了解、可以廣泛熟悉該領域的發展歷程與核心議題的分佈，並可以透過對該領域的主要觀點、概念與理論進行分析評論，藉以了解研究主題的定位為何 (Hart, 1998:142)。

　　如同文獻評閱本身，文獻地圖的繪製也會因為研究性質的差異而有多樣可能性。無論採取何種繪製方式，基本架構的設計以及將文獻內容進行分類都是首要的工作。在「步驟七：從標題、摘要或部分內容大致判定是否採用該文獻」的時候，研究者可能已經針對文獻的性質、領域範圍、重要性，以及與研究主題的相關性進行初步的分類；在這個階段，研究者要做的是更細緻且精確地分類。為了方便分類工作的進行，Hart (1998:145-150) 建議可以先用表格的方式，記下各個文獻的相關要點與摘要。至於基本架構的設計，涉及研究設計和研究方法，以及研究者對於相關知識的了解。畢竟，各種方法提供的是沒有內容的骨架，串起這個骨架的銜接關鍵，必須依照研究需求而定。以下介紹幾種文獻地圖的設計方式。

1. 流程圖的設計方式

　　第一種方式是透過流程圖架構來設計文獻地圖。研究者可以依循文獻的時間序列，從左到右地標記各個學術發展階段的文獻特性；當然，也可以從上而下來設計。流程圖式的設計，清楚地呈現該領域的發展情形，以及各文

獻出版的時間先後 (Creswell, 2003:39)。此外，由於既有著作也會在論述中包含文獻評閱的部分，因此也可以從中得到晚近的研究如何與早期文獻進行對話，以及該作者如何解讀這些文獻。流程圖式的設計方式，雖然呈現了學科發展的縱向關係，但卻缺乏概念與概念之間的橫向連結，是其不足之處。然而，如果能將這個方法與其他的設計方式搭配，卻可以提供相當的助益。例如，研究者可以將流程圖式的設計，納入樹狀圖或網絡圖，表達每個概念或領域的發展歷程。如此一來，就可以連結起概念發展的時間關係。這種設計方式，適合於需要回顧學科發展的研究；誠如圖 4-1 所示，李丁讚、吳介民 (2008) 探討臺灣公民社會的概念發展史，就是以時間過程作為文獻討論的軸線。

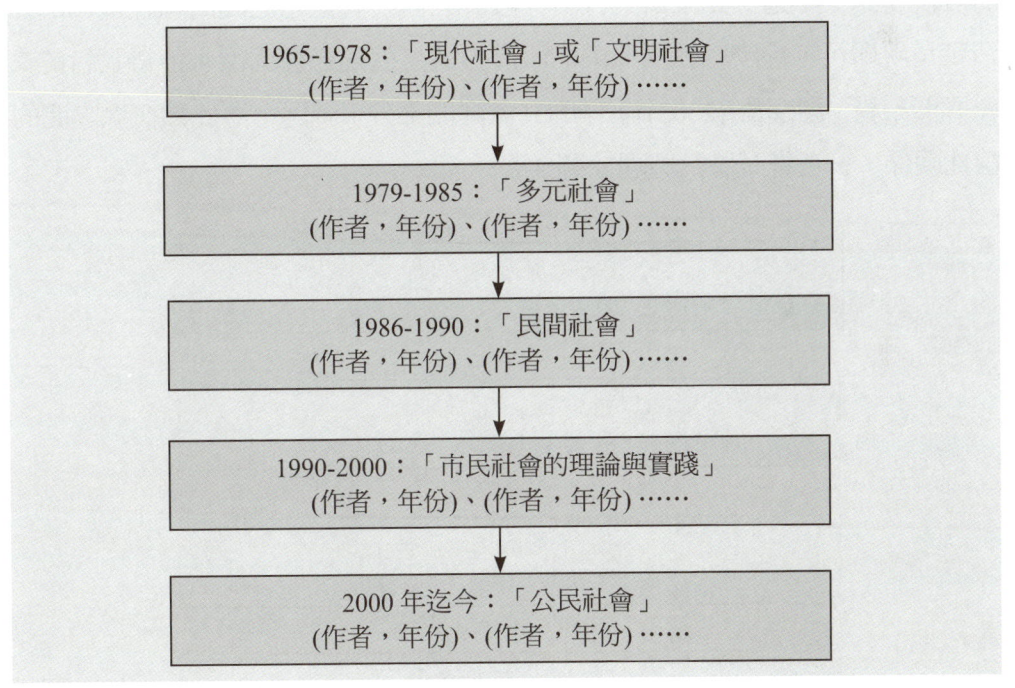

```
┌─────────────────────────────────┐
│ 1965-1978：「現代社會」或「文明社會」 │
│ (作者，年份)、(作者，年份) ……       │
└─────────────────────────────────┘
                 ↓
┌─────────────────────────────────┐
│ 1979-1985：「多元社會」            │
│ (作者，年份)、(作者，年份) ……       │
└─────────────────────────────────┘
                 ↓
┌─────────────────────────────────┐
│ 1986-1990：「民間社會」            │
│ (作者，年份)、(作者，年份) ……       │
└─────────────────────────────────┘
                 ↓
┌─────────────────────────────────┐
│ 1990-2000：「市民社會的理論與實踐」  │
│ (作者，年份)、(作者，年份) ……       │
└─────────────────────────────────┘
                 ↓
┌─────────────────────────────────┐
│ 2000 年迄今：「公民社會」          │
│ (作者，年份)、(作者，年份) ……       │
└─────────────────────────────────┘
```

資料來源：摘自李丁讚、吳介民 (2008：400-429)。

圖 4-1　流程圖式文獻地圖範例

2. 線性關係圖的設計方式

　　第二種文獻地圖的設計方式，是指出文獻在概念上的線性關係。這種設計方式，在圖像的視覺上和流程圖很相似，但其內容是截然不同的。線性關係指的是透過一定的線性規則將文獻及其概念串聯起來。這裡所指的線性規則可以是因果影響關係，也可以是邏輯推論關係。這種設計方式很類似研究設計的分析架構，差異在於其試圖呈現的是學術脈絡背景、呈現文獻或其概念之間的連結。透過這種方式，研究者可以得知研究主題在學術脈絡裡的前後關係及定位，也可以使其文獻評閱具有更強的邏輯性。不過，這種設計方式的缺點在於其組織與連結文獻的寬廣度不足。這樣的問題可以透過將線性關係圖的設計方法納入樹狀圖或網絡圖的架構加以解決，就像流程圖式設計的解決模式。不過，如果研究性質與設計只需要將概念之間的線性邏輯關係清楚呈現即可，那麼線性關係圖的設計方式，就是一種簡潔且值得實行的文獻評閱架構。謝國雄 (2003) 著作的文獻評閱部分，就隱含著此類概念之間的線性關係，筆者嘗試將其整理於圖 4-2。

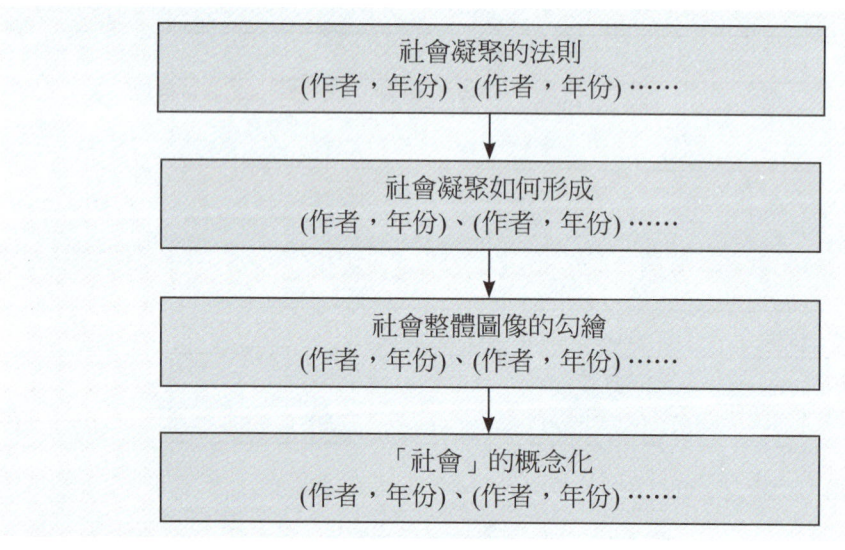

資料來源：改繪自謝國雄 (2003：2-39) 的文獻評閱內容。

圖 4-2　線性關係圖式文獻地圖範例

3. 樹狀圖的設計方式

　　第三種文獻地圖的設計方式是透過樹狀圖的方式。從研究的核心主題向外發展，接次連結到次領域，最後形成一幅以研究主題為根基，從最密切且重要的概念或主題漸層地向次領域發展的樹狀圖。樹狀圖式的文獻地圖，可以幫助研究者理解其研究主題的學術位置，也可以呈現該研究從抽象到具體、從概念到細節，以及從理論到實證的文獻脈絡。換言之，研究者可以知道，文獻評閱將從哪裡開始，又在哪裡結束。因為樹狀圖的設計方式具有很強的階層性，所以研究者可以照著樹狀圖的架構，一層一層地階段化進行文獻評閱，如此可以更熟悉文獻發展的歷程與脈絡。然而，樹狀結構往往會因為枝葉繁多而讓研究者陷入難以整理分析的困境，所以在文獻評閱的進行過程，以及最後的文稿撰寫時，必須做適度的修剪，才不致使得文獻評閱的部分過於繁複冗長，並導致論文的章節安排結構產生輕重失衡的缺點。儘管最後文稿呈現的只是樹狀圖上最重要的部分，樹狀圖式架構對於文獻評閱的構思與分析還是有相當的幫助。在黃崇憲 (2008) 考察臺灣的國家研究範例的論文裡，即透過樹狀圖的架構，整理出既有文獻中「已處理」與「尚待處理」的研究議題；關於其樹狀架構，請參閱圖 4-3。

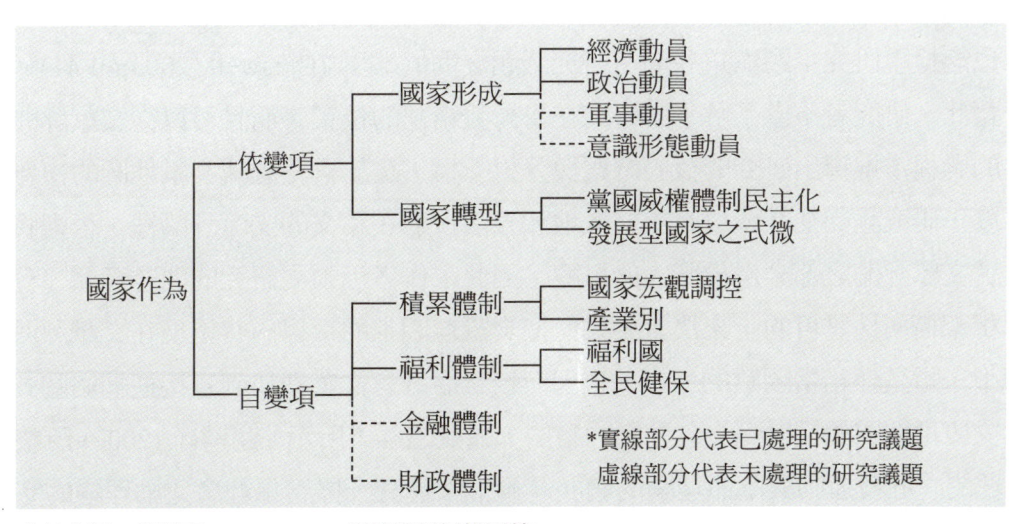

資料來源：黃崇憲 (2008：361，原始資料掃描圖檔)。

圖 4-3　樹狀圖式文獻地圖範例

4. 網絡圖的設計方式

　　第四種文獻地圖的設計方式，是將文獻之間的網絡關係連結起來；在視覺上，是與一般地圖最相似的文獻地圖。這種設計方式，結合了流程圖、線性關係圖與樹狀圖等設計方式的優點，是整合度最高，但也是最費工夫的設計方式。文獻網絡圖呈現的是既有文獻的綜覽，它能快速地幫助研究者理解該研究主題如何與既有研究產生連結，並清楚標示該研究在學術脈絡裡的位置 (Creswell, 2003:39)。網絡圖式的文獻地圖，其文獻的連結關係往往比樹狀圖式的設計還高，所以在設計網絡圖，或是將以網絡圖為依據撰寫文稿時，都要將簡明清楚的原則謹記在心。同時，也因為網絡圖式設計的高度複雜性，在繪製此類文獻地圖時，也要再三斟酌文獻之間的位置與關聯是否妥適。首先，將先前界定的研究主題，以方框圈起來，置於文獻地圖的最頂端，再逐層依分類將次領域的主題一一往下位階層置放 (每個次領域也是用方框區隔)。此時，可以得到一幅上下顛倒的文獻樹狀圖。接著，研究者標示各個方框的特性、主要文獻與年代，將具有時間序列或線性關係的方框連結起來，並且在連接線上寫下兩個方框的連結屬性與強度。最後，研究者可以將各篇文獻所提及的「研究建議」整合起來，標記在所屬方框中，待完成一幅「後續研究樹狀圖」之後，便可歸納出一些值得研究的學術課題，同時也能檢視研究主題與這些尚待研究議題之間的關聯 (Creswell, 2003:40-41)。藉此，研究者不僅了解了該研究在學術脈絡裡的位置，而且可以從文獻評閱的過程，推導出研究的核心議題與分析架構。鑑於網絡圖式文獻地圖的複雜度，研究論文往往難以將該文獻地圖直接投射在論文的文獻評閱裡，否則將冒文獻評閱之部分過於肥大的風險。因此，作者仍須視研究的問題意識、分析架構與性質目的，來決定要如何把文獻地圖上的項目內容呈現在文獻評閱上。這是件相當困難的工作，也因而較難從既有文獻裡找到直接把網絡圖式文獻地圖整個投射到文獻評閱的範例。誠如圖 4-4 所示，趙鼎新 (2007) 所整理的「社會運動與革命理論的發展邏輯」架構圖，儘管係社會運動理論的完整回顧，而非屬於網絡式文獻地圖的全般直接投射，但該圖所呈現的網絡邏

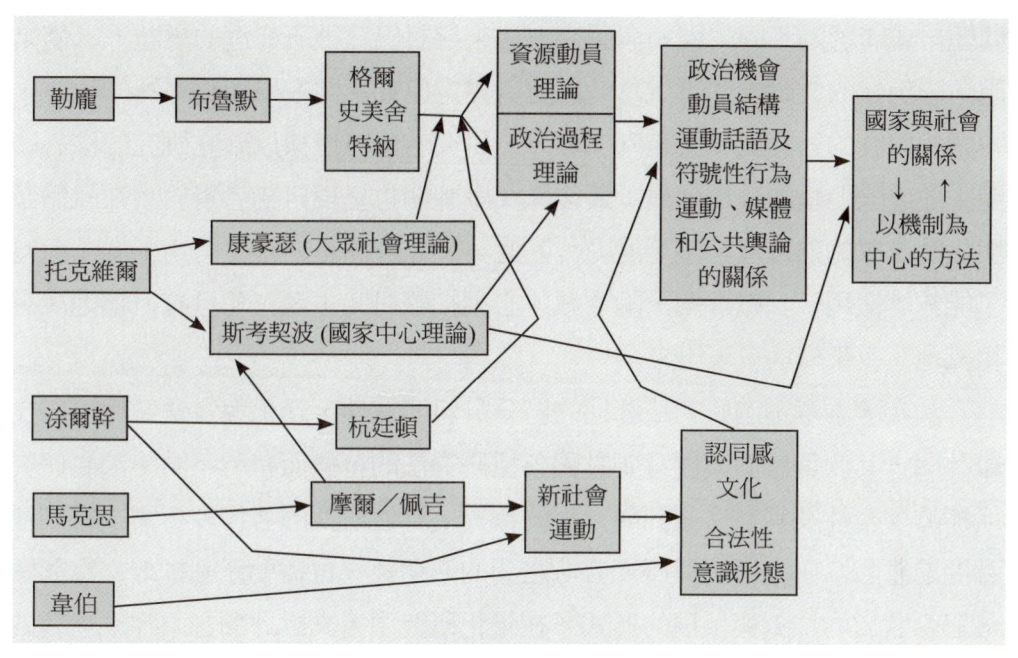

資料來源：趙鼎新(2007：33，原始資料掃描圖檔)。

圖 4-4　類似網絡圖式文獻地圖的範例

輯，對於此類文獻地圖的繪製，仍有相當高的參考價值。

五、總　結

　　文獻評閱是對於特定研究主題之既有文獻的整合、分析與批評的敘述整理，這些既有文獻可能包含了與研究主題相關的資訊、想法、概念、證據或者特定觀點。文獻評閱需要指出這些研究成果的性質、特徵以及如何推導的理論邏輯。本章探討下列相關議題：文獻評閱的重要性與目的、不同研究方法的文獻評閱方式、進行研究評閱的技術與步驟，以及展現如何繪製文獻地圖。

　　首先，本章指出了文獻評閱的重要性與目的。文獻評閱可以幫助研究者有系統地認識其研究主題的知識傳統、建立研究的架構，藉以發現新的研究

問題，或者透過不同的視角與研究方法來探討已經被研究過的議題。具體來說，一份好的文獻評閱可以幫助研究者界定研究主題在學術脈絡裡的位置，並闡明研究的對話對象與範圍；第二，研究者也可以據以確立研究的核心問題，並建立明晰的分析架構；最後，文獻評閱也呈現研究者對於該知識體系與相關文獻的熟悉度與整合能力。因此，文獻評閱是非常「有用」的，而為了能夠「使用」文獻評閱，論文敘述必須扣緊研究主題，並且有目標地、有組織地、有架構地呈現出來。

其次，本章透過研究法屬性的區分，說明質性、量化與質量並用法的文獻評閱，其側重層面與注意要點因各種研究法的特徵而有所不同。因為研究途徑的多樣性及其在文獻評閱方面的特質，質性研究的著作評析需要特別注意問題意識、研究目的與研究方法之間的適切性，也需要仔細推敲文獻評閱最適合置放的位置與呈現的形式。在量化研究中，文獻評閱必須呼應前言的問題意識，闡明此研究議題的重要性，並且據此歸納出其研究假設。至於綜合式研究要側重質性或者量化研究，必須依據研究設計而定。在論文結構方面，每個階段所採用的研究設計，往往必須跟隨這個階段的文獻評閱。

再次，本章介紹文獻評閱的幾種進行方式與操作技術。第一，就位置而言，因應研究的性質與目的，文獻評閱的章節安排可以置放在三個地方：前言部分、獨立章節的文獻評閱或是結論之處。當然，如果研究論證確實有其必要，亦得以在兩個以上的地方進行文獻評閱。第二，就如何規劃文獻評閱而言，文獻評閱的種類與形式因為研究目的與性質的不同而有多種可能性，儘管文獻評閱的進行方式並沒有固定的步驟，但其過程不外乎始於定義研究主題，最終回歸到藉由摘述、整合、分析與批評文獻，以達到其目的。第三，鑑於文獻地圖的實用性與重要性，本章另闢專門的部分說明文獻地圖的設計。文獻地圖係將文獻透過一定法則的編排，以圖像形式對文獻進行分類與組織，並呈現文獻與文獻之間的關係，以及該研究文獻在學術脈絡裡的位置。如同文獻評閱本身，文獻地圖的繪製也會因為研究性質的差異而有多樣可能性。本章介紹幾種文獻地圖的設計方式：流程圖、線性關係圖、樹狀圖

以及網絡圖的設計方式。必須注意的是，各種方法提供的是沒有內容的骨架，串起這個骨架的連結關鍵，必須依照研究需求而定。

參考書目

吳重禮 (2007)〈分立政府與經濟表現：1992 年至 2006 年台灣經驗的分析〉。《台灣政治學刊》，11(2)，53-91。

李丁讚、吳介民 (2008)〈公民社會的概念史考察〉。載謝國雄編《群學爭鳴：台灣社會學發展史 1945-2005》(頁 393-446)。臺北：群學。

柯志明 (2006)《米糖相剋：日本殖民主義下臺灣的發展與從屬》。臺北：群學。

畢恆達 (2005)《教授為什麼沒告訴我？》。臺北：學富。

陳向明 (2002)《社會科學質的研究》。臺北：五南。

黃崇憲 (2008)〈利維坦的生成與傾頹：台灣國家研究範例的批判性回顧 1945-2005〉。載謝國雄編《群學爭鳴：台灣社會學發展史 1945-2005》(頁 321-392)。臺北：群學。

趙鼎新 (2007)《社會運動與革命：理論更新與中國經驗》。臺北：巨流。

謝國雄 (2003)《茶鄉社會誌：工資、政府與整體社會範疇》。南港：中央研究院社會學研究所。

Alesina, Alberto, Londregen, John, & Rosenthal, Howard (1993). A model of the political economy of the United States. *American Political Science Review, 87*, 12-33.

Creswell, John W. (2003). *Research design: Qualitative, quantitative, and mixed method approaches* (2nd ed.). Thousands Oaks, CA: Sage.

Creswell, John W., & Clark, Vicki L. Plano (2007). *Designing and conducting mixed methods research*. Thousands Oaks, CA: Sage.

Cutler, Lloyd (1988). Some reflections about divided government. *Presidential Studies Quarterly, 18*, 485-492.

Geertz, Clifford (1973). *The interpretation of cultures*. New York: Basic Books.

Geertz, Clifford (1983). *Local knowledge: Further essays in interpretive anthropology*. New York: Basic Books.

Hart, Chris (1998). *Doing a literature review: Releasing the social science research imagination*. London: Sage.

Liu, Ya-ling (1992). Reform from below: The private economy and local politics in the rural industrialization of wenzhou. *China Quarterly, 130*, 293-316.

Marshall, Catherine, & Rossman, Gretchen B. (2006). *Designing qualitative research* (4th ed.). Thousands Oaks, CA: Sage.

Nachmias, Chava Frankfort, & Nachmias, David (1996). *Research methods in the social sciences* (5th ed.). London: Arnold.

Neuman, William Lawrence (2006). *Social research methods: Qualitative and quantitative approaches* (6th ed.). Boston: Pearson.

Patton, Michael Quinn (2002). *Qualitative research and evaluation methods* (3rd ed.). London: Sage.

Punch, Keith F. (1998). *Introduction to social research: Quantitative and qualitative approaches*. Thousands Oaks, CA: Sage.

Stewart, Charles III (1991). Lessons from the Post-Civil War Era. In Gary W. Cox & Samuel Kernell (Eds.), *The politics of divided government*. Boulder, CO: Westview Press.

Weatherford, M. Stephen (1994). Responsiveness and deliberation in divided government: Presidential leadership in tax policy making. *British Journal of Political Science, 24*, 1-31.

延伸閱讀

1. 胡幼慧主編 (1996)《質性研究：理論、方法及本土女性研究實例》。臺北：巨流。
該書為臺灣社會科學研究者以質性研究為主題的著作，主要分為理論篇與方法篇。理論篇介紹質性研究的意涵和學術典範；方法篇則引介各種研究途徑與實例，諸如民族誌、參與觀察、焦點團體、行動研究、口述歷史等。

2. Alford, Robert R. (1998). *The craft of inquiry: Theories, methods, evidence*. New York: Oxford University Press.
這是一本廣受社會科學研究者所肯定與課堂採用的教科書。作者界定了三種社會研究方法的典範，包括多變量 (multivariate)、詮釋 (interpretive) 與歷史 (historical)，並透過相對應的經典著作，說明三種典範的主題與研究設計，簡要清晰地詮釋方法論與研究方法兩者之間的複雜關係。

3. May, Tim (2001). *Social research: Issues, methods and process* (3rd ed.). Buckingham and Philadelphia: Open University Press.
這是一本兼及社會理論與研究方法的操作指南。在文獻評閱部分，此書側重於研

究文獻的定位、處理與分析,補充了本章因篇幅所限而無法細述的重要面向,例如文獻的真實性 (authenticity)、可信性 (credibility) 與代表性 (representativeness) 等問題。

4. Shively, W. Phillips (2005). *The craft of political research* (6th ed.). Upper Saddle River, NJ: Pearson Prentice Hall.

作者為美國政治學界從事量化研究的知名學者,藉由深入淺出的筆觸,引領讀者理解社會科學研究的本質、理論與研究主題的搭配、變數測量的疑義、因果關係和研究設計,以及初級量化研究的基本概念。藉由實際研究案例的介紹,有助於讀者結合文獻評閱和研究方法。

5

實驗研究法

一、前　言

　　發掘新知必須有一定的方法與步驟,而這些方法與步驟會隨著我們所要掌握新知的程度而異。追求新知的終極目標是要能夠解釋事情的因果關係,以便據以創造新的事物、影響甚或控制我們所生存的環境。但是解釋事情的因果關係是很困難的,也不是一蹴可幾的。在掌握事情的因果關係之前,必須先要能夠掌握事情的現象 (樣貌),這有賴系統性的觀察;能夠掌握事情的現象之後,才能進一步理出事情彼此之間是否有關係;最後再去確認這些關係的因果方向性。

　　發掘新知必須以科學的方式進行。什麼是科學的方式呢?簡單地說,就是明確且可由本人及他人重複檢驗及修正的程序 (也就是「實證」的意思),這還涉及必要的邏輯推理與辯論。此外,科學研究的方式是要追求相對簡單且具普遍性的原則。因為研究方法的科學性相當重要且基本,所以本章先從科學的意義談起,然後才介紹實驗設計的基本概念,與幾種常見的實驗設計,最後討論實驗研究法的貢獻與限制。

二、科學的意義

(一) 知識論

　　從科學的角度來看，知識是宇宙萬事萬物 (包含人) 變化的道理，掌握這種知識有助於人類的永續生存與發展。這樣的知識相當程度上是客觀的，不具價值判斷的，也就是無是非對錯，沒有應該不該的考量。這樣的知識應該要能歸納成一些普遍性的原則，以便我們可以用來準確地預測及解釋事物的變化。這樣的知識很難求，因為探求知識的人既是知識的主體也是客體，因此要小心翼翼、點點滴滴、經歷很長的時間來探索累積。這樣的知識不是天賦的，也不能假借外在不確定的知識體傳遞，而必須由人類自求。這樣的知識是不斷變動的，每一個階段所掌握到的事理都不具有百分之一百的確定性，在未來都有可能被推翻，必須重新建構；但是這樣的知識仍必須要有累積的可能。最後，這樣的知識並不提供一個最終的答案。

(二) 方法論

　　為了確保知識的相對客觀性與可靠性，降低研究者片面主觀性的影響，因此科學研究在方法上特別強調明確、可重複檢驗和修正的程序。這樣的程序，以及經由此程序所做的觀察，必須公諸於世，容許他人執行，以便交互驗證這樣的程序是否可以獲致相同的觀察結果。而由於科學研究的最終目的是要掌握宇宙萬事萬物變化的道理，因此，在方法上必須要提出問題、建構具體可檢驗的研究假設、設計一套程序以蒐集可測量得到的資料、對資料進行分析與解釋、討論手中的資料是否符合研究假設的預測，尤其要考慮對同樣的資料是否有其他可能的解釋。這樣的過程必須循環不斷，在每個研究中進行。而且，科學的研究意在追求一些普遍性的原則，以便用來準確地預測及解釋事物的變化，因此，研究假設的建構不能是支離破碎的，而必須有比較廣泛的理論的支撐，從理論中衍生出來。

在前段的方法論中,「資料的可測量性」特別需要澄清與討論。由於研究者同時為知識的主體與客體、身兼觀察者與解釋者,觀察與解釋難免混在一起,影響知識的客觀性與可靠性。為了避免這樣的困擾,科學的研究必須經由某種相對客觀的機制進行觀察與資料的蒐集,這個機制就是明確可靠的測量工具。透過這樣的工具,不同研究者所做的觀察才能相互比較、交叉驗證,進行有效的討論。測量工具可以很多樣,反映量尺的精細程度不一。量尺的精細程度不等於量尺的好壞,研究者需要不同刻度的量尺進行觀察,粗略的量尺讓我們看到林,精細的量尺讓我們看到樹。科學的研究既要能夠見樹,也要能夠見林。就方法學而論,關鍵在於測量工具的客觀性以及明確與可靠度。

三、實驗設計的基本概念

(一) 意義、內容、重要性

實驗研究的重點在於蒐集實驗資料驗證實驗假設,要讓蒐集到的資料可以適切地驗證研究者所提出的實驗假設,那麼在蒐集實驗資料之前,研究者必須根據實驗假設審慎地規劃出一套具體可行的方案,用來說明實驗資料蒐集的方式,這套蒐集實驗資料的具體方案就是實驗設計。因此,原則上只要是和蒐集資料有關的事項都屬於實驗設計的內容,但一個實驗設計內容基本上必須要能夠說明自變項 (independent variables) 及其操弄的水準 (levels)、依變項 (dependent variables) 及其測量方法、外擾變項 (extraneous variables) 及其控制的方法,例如受試者選取和分派的方式。良好的實驗設計可以合理地安排各種實驗因素,嚴謹地控制實驗誤差,使得研究者可以運用較少的研究資源 (人力、物力、財力、時間) 蒐集到豐富、可靠、有效的實驗資料,進而恰當地驗證實驗假設;反之,有缺陷的實驗設計可能會造成不必要的資源浪費,甚至會使研究者蒐集到無效的實驗資料,誤導研究者做出錯誤的因果推論。因此,實驗設計是一門相當重要的學問,擁有基本的實驗設計概念可以

提升研究者之間的溝通效率，具備良好的實驗設計能力才能看出實驗設計的優劣、評鑑研究的好壞，並規劃出恰當的實驗設計方案，使研究者在比較合乎經濟效益的原則下蒐集到有效的實驗資料，從而達成檢驗因果關係的實驗目的。

(二) 基本術語

1. 依變項 (變量)、自變項 (因子)

依變項是研究者所關心、要測量的行為反應。例如，研究者如果想要了解讀本的文字大小是否會影響閱讀速度這個研究問題時，閱讀速度就是實驗的依變項。研究者感興趣的行為反應可能不止一種。例如，除了閱讀速度之外，研究者可能也想知道閱讀理解的正確性。在實驗設計上，只涉及一個依變項的實驗稱為單變量實驗，而涉及多個依變項的實驗稱為多變量實驗。自變項是研究者假設可能造成行為反應差異的原因，是研究者想探索、要操弄的因素 (因子)。例如，在上面閱讀研究的例子中，讀本的文字大小就是該實驗的自變項。一個實驗可能涉及一個以上的自變項。例如，除了文字大小之外，研究者也假設讀本的字體類型也會影響閱讀速度。只涉及一個自變項的實驗稱為單因子實驗，涉及多個自變項的實驗稱為多因子實驗。多因子實驗中的數個自變項必定是同時操弄的。如果是分開操弄，就只能算是數個單因子實驗。

2. 水準、實驗情境 (處理)

水準是指研究者針對某個自變項所操弄的值 (這裡所指的「值」不一定是數值，也可以是種類)。例如，文字大小這個因子有大、中、小三個水準，而字體類型這個因子有細明體、標楷體兩個水準。單因子實驗通常直接以單因子實驗稱之，而多因子實驗則是以每一個自變項的水準數的連乘來表明該實驗所涉及的因子數和水準數。例如，3×2 因子實驗表示實驗涉及兩個因子，其中一個因子有三個水準，另一個因子有兩個水準。實驗情境

(experimental conditions) 或實驗處理 (experimental treatments) 是指各因子水準所交錯出來的條件組合，或稱細格。在單因子實驗中，實驗情境的數目相當於水準數；在多因子實驗中，實驗情境的數目等於各因子的水準數的連乘積，例如：3×2 因子實驗涉及了 6 個實驗情境。

3. 隨機選取 (隨機抽樣)、隨機分派

隨機選取／隨機抽樣 (random selection/sampling) 是指利用隨機程序，從研究者感興趣的研究對象的母體中選取出受試者的方法；隨機分派 (random assignment) 是指利用隨機程序，將選取到的受試者安排到實驗情境的方法。理論上，隨機程序的執行可以創造出均等的機會。因此，使用隨機選取時，所有研究者感興趣的對象都有相同的機會被選取成為實驗的受試者。換言之，被選取到的這些受試者可以充分代表研究者感興趣的對象，而這個代表性可以使實驗所獲得的結果類推到未實際參與實驗的那些對象。同理，使用隨機分派時，所有的受試者都有相同的機會被安排到任一個實驗情境中。理論上就表示，在進行實驗操弄之前各實驗情境下的受試者在各方面的條件 (例如：性別、年齡、智商) 是相當的，不會與研究者操弄的自變項產生系統性的共變，混淆因果推論。因此，隨機分派是一種控制外擾變項的方法，採用隨機分派可以使實驗具有內部效度。

4. 受試者間、受試者內

依據受試者參與實驗水準的狀況，實驗因子有受試者間和受試者內之別。如果受試者只參與一個因子內其中一個水準的測量，那麼這個因子就是受試者間因子 (between-subjects factor)；如果受試者重複參與一個因子內每一個水準的測量，那麼這個因子就是受試者內因子 (within-subjects factor)。對於受試者間因子而言，不同水準下的受試者是不同的；對於受試者內因子而言，不同水準下的受試者是相同的。在實驗設計中，只包含受試者間因子的實驗稱作受試者間設計，只包含受試者內因子的實驗稱作受試者內設計，而同時包含受試者間因子和受試者內因子的實驗稱作混合設計 (mixed design)。由於受試者內因子牽涉到對相同受試者進行重複測量，因此包含受試者內因子的實驗又稱作重複量數設計 (repeated measure design)。

5. 獨立樣本、相依樣本

實驗通常會抽取多個樣本，當這些樣本的選取彼此不相干時，這些樣本就是所謂的獨立樣本 (independent samples)；當這些樣本的選取彼此有關係時，這些樣本就是所謂的相依樣本 (dependent or correlated samples)。舉例來說，在受試者內設計中，每一位受試者重複參與各水準的測量，各實驗情境涉及選取同一批受試者。由於某一實驗情境選取受試者後，另一個實驗情境就一定得是同一批受試者，無法任意選取，兩個樣本的選取有關係存在，因此屬於相依樣本。在受試者間設計中，每一位受試者只會接受其中一個水準的測量，各實驗情境涉及不同的受試者。如果受試者間設計中各實驗情境的受試者是透過隨機程序選取出來的話，那麼理論上這些樣本的選取彼此不相干，屬於獨立樣本；如果受試者間設計中各實驗情境的受試者是透過配對方式選取出來的話 (例如，睡眠時數差不多、性別相同或年齡相當的受試者)，那麼這些樣本的選取彼此有關係，屬於相依樣本設計。從上面的說明可知，受試者內設計必然屬於相依樣本設計，但受試者間設計不必然屬於獨立樣本設計，它也有可能是相依樣本設計。獨立樣本與相依樣本區分的關鍵在於受試者的選取是否隨機、獨立、不相干，不應與受試者間和受試者內的概念混淆。進行資料分析時，獨立樣本和相依樣本所使用的統計分析方法不同，因此兩者的區辨很重要。

6. 固定效果、隨機效果

依據實驗水準的選擇方式，各實驗因子可以被區分為固定因子和隨機因子。當實驗因子包含的水準就是研究者感興趣的所有水準時，那麼這種因子就是固定因子 (fixed factors)；當實驗因子的水準是從研究者感興趣的所有水準之中隨機選取出來的一部分時，那麼這種因子就是隨機因子 (random factors)。舉例來說，某位研究者操弄第一個詞和第二個詞出現的時距

(SOA)：100 和 300 毫秒兩個水準，並測量受試者對第二個詞的唸名時間。當時距屬於固定因子時，就意味著這位研究者只關心在 100 和 300 毫秒這兩個時距下唸名時間的差異；當時距屬於隨機因子時，就意味著這位研究者感興趣的是各種不同時距下唸名時間的差異，而實驗中所採用的 100 和 300 毫秒是該研究者從各種時距中隨機選取出來的。對於隨機因子來說，雖然實驗沒有包含研究者感興趣的所有水準，但實驗所採用那幾個水準是隨機選取出來的，所以具有代表性，實驗結果就可以類推到沒有包含在實驗中的那些水準；對於固定因子來說，實驗水準本身就是研究者所感興趣的全部水準，是研究者刻意選取來的，所以實驗結果不可以也沒必要類推到實驗之外的那些水準。

7. 變異來源

人與人之間原本就會由於各種因素而造成變異 (差異)，當研究者操弄某一個實驗變項時，其目的是要在這樣的基本變異之上增加額外的變異。基本變異統稱為「誤差」，額外變異稱為「實驗效果」。理論上，實驗中觀察到的行為變異包含基本變異 (誤差) 在裡頭。而統計分析的作用在於比較實驗操弄所造成的變異是否明顯地大於基本變異 (誤差)，如果是，才能斷定實驗效果存在。好的實驗設計有降低基本變異的作用，使得實驗效果比較容易被凸顯出來。不同的實驗設計可以掌控的變異來源不同，比較複雜的實驗設計通常可以掌控的變異來源比較多，但是實務操作上也比較麻煩。學習實驗設計其實就是在學習分離變異的來源。

(三) 邏輯與手段

以實驗法做為研究策略時，其目的在於檢驗兩個事件之間是否有因果關係。例如，當一位研究者想要用實驗法探討喝咖啡是否能集中注意力時，他無非就是想要知道喝咖啡與注意力集中情況這兩個事件是否有因果關係。要如何才能知道兩個事件之間有因果關係呢？邏輯上要宣稱 A 事件和 B 事件之

間有因果關係且 A 事件是 (原) 因 B 事件是 (結) 果的話，那麼就必須同時滿足三個條件。第一，如果 A 事件和 B 事件之間有因果關係就表示 A 事件和 B 事件之間有關聯性。A 事件和 B 事件若要有關聯性，那麼 A 事件和 B 事件就必須會共變 (covariation)，亦即 A 事件和 B 事件之中如果有一個事件的狀態發生改變，那麼另外一個事件的狀態也會發生改變。例如，一向乖巧的小明這星期經常有攻擊行為產生，如果小明的攻擊行為和暴力影片有關係的話，那麼小明在這星期內就一定得接觸過暴力影片。第二，如果 A 事件和 B 事件之間的關聯性屬於因果關係的話，那麼 A 事件和 B 事件必須有時序關係 (time-order relationship)，這是因為原因必然在結果之前。例如，接觸暴力影片如果是造成小明產生攻擊行為的原因，那麼接觸暴力影片就一定得在攻擊行為產生之前。除了共變和時序關係兩個必要條件之外，因果關係的建立還要有一個充分條件：無他因 (no alternative causes)。例如，如果這星期的天氣酷熱或者小明經常酗酒，那麼我們就很難判定小明的攻擊行為究竟是因為觀看暴力影片，或者是天氣過熱、經常酗酒，還是這些原因一起造成的。唯有在造成攻擊行為的其他可能因素被排除的情況下，我們才有辦法確定接觸暴力影片是造成暴力行為的原因。

　　進行實驗研究時，研究者是透過操弄、控制、測量三個手段來檢驗共變、時序關係、無他因三個建立因果關係的邏輯條件是否被滿足。例如，想要知道喝咖啡是否可以讓注意力集中，那麼研究者可以找來兩組受試者，控制這兩組受試者在各方面 (尤其是那些會影響注意力集中情況的因素，例如前一晚的睡眠時數) 相當，接著操弄一組受試者有喝咖啡，另一組受試者沒有喝咖啡，然後測量這兩組受試者的注意力集中情況是否有所不同。在這個例子中，注意力集中的情況是研究者關心的行為反應，在實驗中是被觀察、測量的對象，稱作依變項；喝咖啡是研究者懷疑的原因，在實驗中是被操弄的對象，稱作自變項；喝咖啡的有和無是研究者針對喝咖啡這個自變項所操弄的「值」，代表了不同的實驗情境，稱作水準；前一晚的睡眠時數是研究者不感興趣的因素，但是卻會影響依變項，在實驗中是被控制的對象，稱作

外擾變項。如果外擾變項沒有被恰當地控制住，而和自變項一起有系統地影響依變項，那麼就會造成因果推論的混淆。例如，研究者沒有控制受試者前一晚的睡眠時數，而喝咖啡的那一組受試者恰巧比沒有喝咖啡的那一組受試者前一晚的睡眠時數多，那麼研究者就很難判斷喝咖啡的那一組受試者注意力集中程度較高是因為喝了咖啡的緣故，還是因為前一晚睡得比較多的緣故。在實驗法中，那些會影響依變項但未獲控制的外擾變項被稱作混淆變項（confounding variables），是研究者想要避免的。因此，研究者是透過控制外擾變項避免轉化為混淆變項來滿足無他因的條件，透過先操弄自變項，後測量依變項的實驗模式來滿足時序關係的條件，然後再觀察自變項和依變項之間是否產生共變現象，以檢驗兩者之間是否具有因果關係。

(四) 效度與原則

實驗完成之後，研究者通常會根據實驗結果做出一些推論。當我們問起這些推論的正確性時，其實就是想要知道這個實驗是不是具有效度。依實驗推論，研究法中區分出幾種不同的效度，其中內部效度和外部效度是兩種最常被討論的實驗效度。以下我們將介紹這兩種效度的定義，並說明建立一個實驗的內部和外部效度的重要原則。

1. 內部效度

內部效度和因果關係推論的正確性有關。內部效度高的實驗其因果關係的推論是受肯定的，內部效度低的實驗其因果關係的推論是被質疑的。因果關係的建立和自變項的操弄、依變項的測量、外擾變項的控制有關，因此想要設計一個具有內部效度的實驗就必須從這三方面著手，把握幾個重要原則。

(1) 自變項

實驗研究的目的在於確認因果關係，共變關係是建立因果關係的必要條件，而操弄自變項是檢驗共變關係的重要手段。研究者透過操弄自變項的

值，創造出不同的實驗情境 (水準)，然後觀察受試者在不同的實驗情境下或者觀察不同情境下受試者的行為反應 (依變項) 是否有差異。要達到操弄的目的，自變項必須具備兩個特性。第一，最少要有兩個水準，另一個水準的存在可以提供操弄的比較標準，藉以評定實驗操弄的效果。例如，要評估喝了咖啡的受試者注意力集中程度是否提升，可以以不喝咖啡的受試者的注意力集中程度為基準點。第二，可以被操弄，亦即研究者可以操弄的因素。例如，研究者可以決定讓受試者喝咖啡或者不喝咖啡。受試者變項 (subject variables) 是指和受試者特徵有關的變項 (例如：性別、年齡、智力)，是受試者原本就具備的，研究者無法任意更改、指定或操弄，因此不適合被當成實驗研究的自變項。另外，為了使自變項的操弄能夠有效地凸顯出依變項在不同水準之間應該有的變化，自變項各水準間的反差要夠大。例如，要研究曝光次數 (自變項) 與吸引力 (依變項) 的關係，宜操弄 5 次、10 次、15 次的曝光次數，不宜操弄 1 次、2 次、3 次的曝光次數，這是因為自變項各水準間的反差如果過小，依變項在各水準的差異就會太小不容易區辨。如果這個時候依變項的測量工具的精確度又不怎麼高時，這種微小的差異很可能就沒有辦法被發掘出來，導致共變關係被否定，無法做出正確的因果推論。另外，自變項和依變項之間因果關係的函數形態如果是非線性的話，那麼自變項除了各水準間的反差要夠大之外，水準數也要夠多才能正確地捕捉到自變項和依變項之間的關係。例如，在自由回憶的實驗中，研究者一一呈現一些無關的項目給受試者之後，要求受試者不必按照項目原先呈現的順序儘量回憶出剛剛呈現過的項目。過去研究發現，項目呈現的位置 (自變項) 會影響自由回憶的表現 (依變項)。相較於中間呈現的項目，開頭和最後呈現的項目回憶率較高，這就是所謂的序位效應 (serial position effect)。如果當初研究者只用了很少的項目，致使項目呈現的位置數很少，可能就沒辦法發現這個效果了。

(2) 依變項

除了自變項的操弄要有效之外，依變項的測量也必須有效，才能正確地檢驗出自變項和依變項之間的共變關係。要達到這個目的，那麼在測量依變

> **參考方塊 5-1：水準數究竟要多少才恰當呢？**
>
> 　　自變項的水準數過少恐怕沒有辦法正確地描述出自變項和依變項之間的關係，過多則會造成不必要的研究資源浪費。那麼，水準數要多少才算恰當呢？答案的關鍵在於自變項和依變項之間的函數關係所包含的反曲點數目。原則上，自變項的水準數至少必須是反曲點的數目加 2。例如，如果自變項和依變項之間的函數關係是一次方的線性函數 (沒有反曲點)，那麼自變項至少要有兩個水準；如果是二次方的拋物線函數 (一個反曲點)，那麼自變項至少要有三個水準；如果是三次方的函數 (兩個反曲點)，那麼自變項至少要有四個水準。有時候，研究者不見得都能知道自變項和依變項的函數關係形態。原則上，研究者可以根據研究的議題，參考過去的文獻獲得一些線索。如果是一個嶄新的研究議題，那麼水準數儘量要多一些，這樣才不至於錯失洞察新知的契機。

項時必須留意兩個原則。第一，選用恰當的測量工具。一個恰當的測量工具必須具備幾個特性：A. 效度高，可以測量到研究者想要測量的行為或能力；B. 信度高，可以使測量具有穩定性，降低測量誤差，增加測量的可靠性；C. 精確度高，可以使測量具有敏感度，容易捕捉到依變項的變化。第二，妥善地使用測量工具，力求測量程序標準化，以降低測量誤差。從統計的觀點來看，過大的測量誤差會使得操弄效果不容易被檢定出來。

(3) 外擾變項

　　如果除了自變項 (例如教學方案) 之外，外擾變項 (例如智商) 也有機會一起影響依變項 (例如閱讀速度) 的話，那麼研究者就沒有辦法判斷依變項的變動究竟是哪一個變項造成的。因此，要建立正確的因果關係 (內部效度) 就必須恰當地控制外擾變項，使外擾變項不會和自變項一起系統性地影響依變項，亦即不會轉變成混淆變項。避免混淆變項產生的方法有：

A. 排除法：去除外擾變項對依變項的影響。例如，無論是何種教學方案，

全部只以高智商或低智商的學童為受試者，使智商不再是個變項。由於排除法採用同質性較高的受試者，因此可以減少受試者行為表現 (閱讀速度) 的變異性，但卻也因為限制了研究的對象，而大大地降低實驗結果類推到所有受試者的能力。因此，排除法不常被使用。

B. 恆定或配對法：使外擾變項對依變項的影響在各水準相當。例如，在各種教學方案下，高智商和低智商的學童人數比例一樣。雖然智商仍舊會影響閱讀速度，但這個影響在各種教學方案下是等量的。

C. 納入法：把外擾變項當成另一個研究的對象，納入實驗設計之內。不同於恆定法，納入法除了可以控制外擾變項之外，也可以估算出外擾變項對依變項所造成的變異，使這些變異可以從總變異中獨立出來，減少統計檢定的誤差項，提升自變項被檢驗出來的能力。

D. 統計控制：基於某些現實因素的考量，研究者無法在實驗之前就控制外擾變項 (例如，校長不同意讓研究者依照受試者的智商分數重新編班)，而是等到實驗完成之後才透過統計技術控制外擾變項對依變項的影響。共變數分析 (analysis of covariance) 是一種統計控制法的工具，其基本原理是先利用外擾變項校正依變項以去除外擾變項對依變項的影響，然後再分析自變項對依變項的影響。

E. 隨機分派的手段：原則上，避免混淆產生只需要控制會影響依變項 (例如閱讀速度) 的外擾變項 (例如智商)，不需要控制所有變項 (例如頭髮長度)，但要指認出所有的外擾變項並不是一件容易的事。這是因為社會科學研究的對象是人，人的行為是複雜的，影響人的行為因素是多元的。例如，除了智商之外，學童的視力、年級、年齡等都會影響閱讀速度。另外，有些外擾變項並非直接、顯而易見的，例如父母的社經地位。此外，當需要控制的外擾變項愈多時，控制就會變得愈困難，例如不容易找到智商、視力、年級、年齡、父母的社經地位等都相同的學童。為了讓一些潛在、無法被指認出來的外擾變項獲得控制，最保險、妥當的方式就是控制所有的變項，讓各水準的實驗條件 (施測對象、時機、程序

等) 都一樣。例如，就施測對象方面的控制，研究者可以透過隨機分派的手段將受試者安排到不同的實驗情境。雖然各實驗情境下的受試者不是同一批人，但是基於概率原則，每位受試者被安排到各實驗情境的機會是獨立且相等的，因此各實驗情境下的受試者，理論上在各方面應該是相同的。當受試者人數愈多時，理論的相等性就會愈接近實際的相等性。

F. 受試者內設計：或者，研究者可以改採用受試者內設計，亦即讓同一批受試者參與所有的實驗情境。只是，受試者因為參與一種以上的實驗情境，在採用受試者內設計時須特別留意各實驗情境之間以及各實驗情境的順序對依變項所帶來的影響。

　　Campbell 與 Stanley (1963) 曾經提出幾種可能影響內部效度的因素，在進行實驗設計時應多加留意、考量、評估。以下分別說明之。

A. 歷史：這是指時間的變遷過程中所發生的事對實驗結果造成影響，因而把原本的實驗操弄混淆了，導致結果解釋上的困難。譬如，一位教學研究者想探討某種新的國語教學方式是否比較好，於是他在學期一開始的時候給參與研究的學生先做一次前測，接著以新的教學方式進行教學，為期一個學期，然後給學生做後測，並比較後測的表現是否優於前測。結果他發現學生後測的表現確實優於前測的表現，因此，他宣稱新的教學方式有效。這樣的實驗設計會有歷史因素干擾的可能。在前後測之間的間隔時間 (一個學期) 裡，學校剛好宣佈期末會有一次國文科的競試，第一名的班級將獲得獎盃一座及免費校外兩天一夜的旅遊獎勵。可能學生因為受到這樣的激勵，因而變得比較認真，也因此後測的成績比前測好。這項學校在前後測之間宣佈的措施就成為混淆新教學法這個實驗操弄的歷史事件。

B. 成熟：這個因素和歷史因素類似，都涉及時間變遷過程中所發生的非預期中的事，不過，歷史因素指的是外在的事件，成熟因素指的是個體內

在發生的改變 (不一定是生理上的)，可以是態度、體力、情緒等等。以上例說明，學生在學期初的時候可能還沒從暑假的放鬆生活回復過來，前測表現不好；經過一陣子之後，漸漸地適應，也回復了正常的讀書作息，因此，學習的效率提高了，後測的表現也變得比較好了。這個因素混淆了新教學法這個實驗操弄。

C. 測量、工具：有時候測量工具的穩定性發生了變化，使得測量出來的結果有所不同。如果這個變化是發生在兩種實驗操弄的情境中，就會混淆了實驗真正要操弄的因素。譬如，一個磅秤用了一個學期，全校的學生都用它，那麼學期末的磅秤和學期初的磅秤的準確度可能因耗損而產生不同。如果研究者探討某種營養飲食教學的效果，並比較學期初和學期末學生的體重，那麼磅秤的準確度的改變就混淆了營養飲食教學這個實驗的變因，而使得結果的解釋出現不確定性。測量工具不一定是物體，也可以是人，實驗或測驗的施測者可以看待成測量的工具，在實驗的過程也有可能發生非預期的變化。

D. 統計迴歸：實驗設計如果涉及前後測同一個個體的比較時，研究者必須留意資料會有自然的統計迴歸現象。這是指第一次測量中的極端分數會在第二次測量時出現往平均數方向移動的傾向，也就是變得不那麼極端。因此，研究者必須留意前測的分數是否屬於極端分數，如果是，那麼對於後測分數的改變就有必要小心解釋，因為極端分數會發生統計迴歸，混淆實驗所做的操弄。

E. 選擇偏差：這是指受試者的分派未能做到真正的隨機，以至於受試者的特質在不同實驗情境中的分佈不均，混淆了實驗結果的解釋。譬如，研究者設計了兩種實驗情境，想要比較這兩種實驗情境對受試者的學習行為是否有不同的影響。可是在做受試者分派的時候，剛好 A 情境的受試者有比較多中等程度的學生，B 情境的受試者大部分是前段或後段的學生。由於前段和後段的學生比較難有進步的空間，因此如果實驗的結果發現 A 組的學生表現的進步量大於 B 組，那麼有可能是因為學生的程度

不同造成的,而非實驗的操弄造成的。

F. 受試者流失:社會行為科學的實驗通常都以人為實驗的對象 (受試者)。但是人有其自主性,研究者必須尊重。有些受試者會因為某些原因而半途終止實驗,致使研究者原本安排好的平衡設計出現不平衡的情況。

　　除了上述的外擾變項之外,研究者也要留意實驗過程中給受試者的指導語、給受試者處理的實驗材料、實驗室的安排、實驗者的言行等,不能有任何線索讓受試者察覺到研究者的真正意圖,尤其是研究者期望得到的結果。這些線索統稱為實驗需求特性 (demand characteristics)。受試者察覺到這些線索時,會刻意配合或刻意不配合實驗者,致其表現出來的行為並非自然的行為,也就不能做為檢驗實驗假設的依據了。曾經有一個研究想探討一種新的管理方式是否可以提升員工的工作士氣和工作績效。員工被分為兩組,實驗組的員工發現他們所受到的待遇和對照組的員工相當不同,他們察覺到公司這種特別的安排應該是希望他們有不一樣的表現,所以他們也刻意配合,表現良好。這樣的結果令研究者無法確定實驗組員工的良好表現是源自新的管理方式,也許任何一種讓員工感到有特別對待的管理方式都會提高他們的士氣和績效。這種非特定性的實驗需求效應被稱為霍桑效應 (Hawthorn effect)。

　　實驗需求特性中最常被檢視的是實驗者效應 (experimenter effect)。實驗者如果知道實驗的假設和預測,那麼在他們與受試者接觸過程中的言行往往會不自覺地透露出這樣的期待,會不自覺地引導受試者做出符合實驗假設所預測的行為。這種實驗者效應的量小至 0.17,大至 1.73,影響的行為包括認知處理上的反應時間、學習與能力、心理物理的判斷、社會人格心理學裡的人格測驗、對人的知覺印象,甚至動物的學習行為都會受到實驗者的預期的影響 (Rosenthal & Rubin, 1978)。因此,一個嚴謹的實驗往往會要求實驗者和受試者都不知道研究的真正目的、假設與預測 [這稱為雙盲 (double blind) 的設計],不同實驗情境的安排也盡量相似 (除了被操弄的部分),譬如新藥物的臨床實驗研究中,控制組的病人所吃的安慰劑 (placebo) 必須製作得和真藥在

> **參考方塊 5-2：聰明的漢斯**
>
> 二十世紀初，在德國柏林 Griebenow 街有一匹名聞遐邇的馬，名叫漢斯 (Der Kluge Hans)。當時很多人都認為牠有超凡的智能，因為牠可以計算相當複雜的數學題目。例如，當牠的主人提問 5×2 等於多少時，牠會用前蹄踏地 10 下。然而，當時的心理學家 Oskar Pfungs 卻發現，只有提問者知道答案時漢斯才會答對。而且，看不見提問者時漢斯幾乎都答錯。這些發現顯示漢斯的聰明並不在於牠有超凡的數理智能，而在於牠能解讀提問者肢體或臉部所透露出來的細微訊息。例如，當漢斯踏地的次數還不夠時，提問者的臉部肌肉可能會不自覺緊繃，當次數剛好時，提問者臉部肌肉的緊繃感可能就會消失。聰明漢斯的故事經常被用來說明實驗者效應，猶如漢斯的主人，實驗者可能也會因為知道實驗的內容，對實驗結果有某些預期，在不經意之中做出一些行為，引導受試者做出符合預期的行為。

形狀、顏色、味道上都接近，令實驗者 (或其助理) 和受試者都不易分辨。

影響實驗內部效度的外擾因素其實是無法窮盡地列舉的。每一個實驗所面臨的外擾因素不會完全相同。研究者可以預先做好控制，讓可以想到的外擾變因不會出現。但是，任何一個研究都不可能完美，往往事後會有其他的研究者指出一些早先大家沒有想到的變因。因此，科學的研究很重視研究報告的發表，因為這樣才能集眾人的智慧，把一個階段的研究缺點找出來，並加以改進。可以說，整個科學研究的過程就是在不斷地排除與實驗操弄無關的外擾變項，提高實驗的內部效度與解釋的說服力。

2. 外部效度

外部效度和將實驗結果類推到實驗室以外的人、事、地、物的正確性有關。一個不具內部效度的實驗 (亦即因果關係推論錯誤)，自然不具有外部效度；但是一個具有內部效度的實驗，不必然具有外部效度。通常，研究者

感興趣的對象 (人或物) (母體) 範圍都相當龐大 (例如，一般大學生、所有的中文雙字詞、各種類型的機器或各種劑量的咖啡)，但是基於現實因素的考量，研究者通常只會從母體中選取出一部分對象 (樣本) 進行實驗，然後再將實驗結果類推回母體。這種將實驗結果類推回母體的正確性就是所謂的外部效度。要使實驗結果具有外部效度，就得讓這種類推性具有正確性。要使這種類推性具有正確性，那麼被選取的樣本就必須具有代表性，也就是實驗所採用的樣本必須要能夠充分地代表母體。隨機選取／抽樣是使樣本具有代表性的重要手段，因為隨機程序可以使母體內的每一個元素被選取成為樣本的機會在理論上相同。另外，社會科學所關心的往往是人在自然狀態下所產生的行為。然而，實驗總脫離不了操弄，操弄出來的情境 (事或地) 總是會比較不自然、人工化，而人工化的情境很容易使受試者做出一些在自然情境下不會有的行為，那麼實驗結果當然就沒有辦法類推到自然情境。例如，實驗中的受試者常常會想要猜測實驗目的或實驗者的想法，刻意做出一些符合實驗者所期望的行為。因此，為了使實驗結果可以類推到自然的情境，研究者應該降低人工化情境所帶來的不自然效應。例如，在上面的例子中，實驗者應該要特別謹慎小心，避免將自己的態度及期望在無意之中傳達給受試者，或者乾脆不要讓實驗者知道實驗目的。總之，隨機選取和降低人工化情境所帶來的不自然效應是建立外部效度的兩大原則。研究者可以透過隨機選取不同的受試者重複實驗，或者在真實情境下執行實驗 (現場實驗) 來檢驗實驗的外部效度。

四、單因子實驗設計

定義上，只操弄一個因子 (自變項) 的實驗稱為單因子實驗 (single-factor experiments)。單因子實驗的實驗情境就是因子的水準，因子的水準至少要有兩個才能達到控制的目的，因此最簡單的單因子實驗涉及兩個實驗情境。在設計上，單因子實驗設計根據受試者被分派到各實驗情境的方式可

以區分為完全隨機化設計 (completely randomized design) 和隨機化區段設計 (randomized block design) 兩大類。

(一) 完全隨機化設計

1. 設計簡介

　　完全隨機化設計是指：以完全隨機的方式將受試者分派到不同實驗情境裡的實驗設計，係利用隨機分派的方法來控制所有可能存在的外擾變項。基於概率原則，各實驗情境下的受試者在接受實驗處理之前各方面應該都是一樣的，如果在接受實驗處理之後不同實驗情境下的受試者的行為表現有差異的話，那麼邏輯上這些差異就是實驗處理造成的，亦即自變項和依變項之間有因果關係。在完全隨機化設計中，每一位受試者只會參與一種實驗情境的測量，因此是一種受試者間設計，或稱獨立組設計 (independent groups design)。各實驗情境下的受試者是隨機分派決定的，因此是一種隨機組設計 (random groups design)。實驗所取得的樣本彼此獨立、互不相干，因此是一種獨立樣本設計。雖然完全隨機化設計並沒有要求各實驗情境下的受試者數目要一樣，但是以統計分析的角度來看，讓各實驗情境下的受試者數目一樣 (平衡設計) 是一種比較好的設計方式，因為統計分析的結果相對之下比較穩健 (robust)。區段隨機法 (block randomization) 可以確保各實驗情境下的受試者數目相同 (參考方塊 5-3)，因此研究者通常會以區段隨機法取代完全隨機法。

2. 變異來源

　　在完全隨機化實驗中，造成不同受試者的行為表現不同的原因 (變異來源) 有二。第一，實驗處理 (因子) 造成的變異；第二，其他因素造成的變異 (受試者個別差異和實驗測量誤差)。在概念上，實驗情境 (水準) 之間的差異反映了實驗處理所造成的變異，而實驗情境 (水準) 之內的差異反映了其他因素所造成的變異。對於單因子實驗設計而言，不論實驗因子屬於隨機或固定，進行變異數分析時都是把其他因素所造成的變異當成檢定因子效果的統計量數 F 值的誤差項 (分母)。

參考方塊 5-3：完全隨機分派 vs. 區段隨機分派

完全隨機分派的方法很多元，以類似抽籤的方式為例，若想採用完全隨機法把九位受試者分派到 A、B、C 三個實驗情境，那麼研究者可以預先準備三顆一樣的球，並且在這三顆球上面分別標示出三個實驗情境的代號，然後放入袋子裡，均勻攪拌後抽出一顆球，這顆球上面的標記就代表第一位受試者所接受的實驗情境。然後，把抽出來的那顆球再放回袋內，再均勻攪拌後抽出一顆，以決定第二位受試者所接受的實驗情境，依此類推。

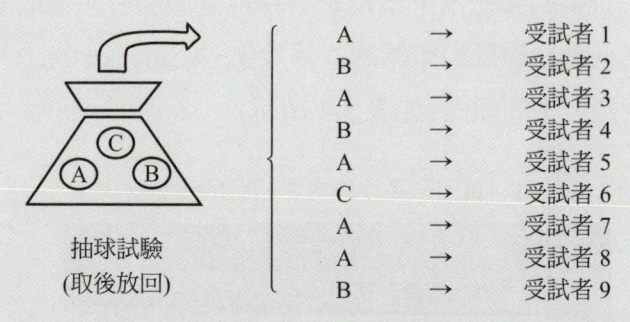

抽球試驗
(取後放回)

A	→	受試者 1
B	→	受試者 2
A	→	受試者 3
B	→	受試者 4
A	→	受試者 5
C	→	受試者 6
A	→	受試者 7
A	→	受試者 8
B	→	受試者 9

圖 5-1 採用完全隨機法將九位受試者分派到 A、B、C 三種實驗情境

同樣是把九位受試者分派到 A、B、C 三種實驗情境，以區段隨機法將受試者指派到不同情境則是必須先把所有的實驗情境視為一個區段，然後再將區段內的實驗情境完全隨機化，最後把隨機過後的實驗情境順序一個一個指派給不同的受試者，當一個區段指派完畢之後才能再指派另外一個區段。

區段 1	C	→	受試者 1
	B	→	受試者 2
	A	→	受試者 3
區段 2	A	→	受試者 4
	C	→	受試者 5
	B	→	受試者 6
區段 3	A	→	受試者 7
	B	→	受試者 8
	C	→	受試者 9

圖 5-2 採用區段隨機法將九位受試者分派到 A、B、C 三種實驗情境

3. 研究範例

Klinesmith 等人 (2006) 探討了槍枝對攻擊行為的影響。他們把 30 位男性大學生隨機分派成兩組，透過描述物件特徵的作業，讓其中一組受試者把玩槍枝 15 分鐘，另外一組受試者把玩兒童玩具 15 分鐘。接著，受試者得嚐一杯添加了一滴紅辣醬的水，並評估這杯水的辣度。實驗者暫且欺瞞受試者他所喝的那一杯紅辣醬水是上一位受試者調製的，所以他也必須為下一位受試者調製一杯紅辣醬水，紅辣醬的添加量由受試者自行決定。事後，實驗者測量受試者調製的紅辣醬水的重量，以便計算紅辣醬的添加量，用以表徵攻擊行為的強度。實驗結果顯示，槍枝組的紅辣醬添加量顯著地多於玩具組。這個研究支持了社會心理學中所謂的武器效果 (weapons effect)，亦即接觸武器會提高攻擊行為發生的傾向 (如表 5-1 所示)。

表 5-1　單因子完全隨機化設計的實驗安排

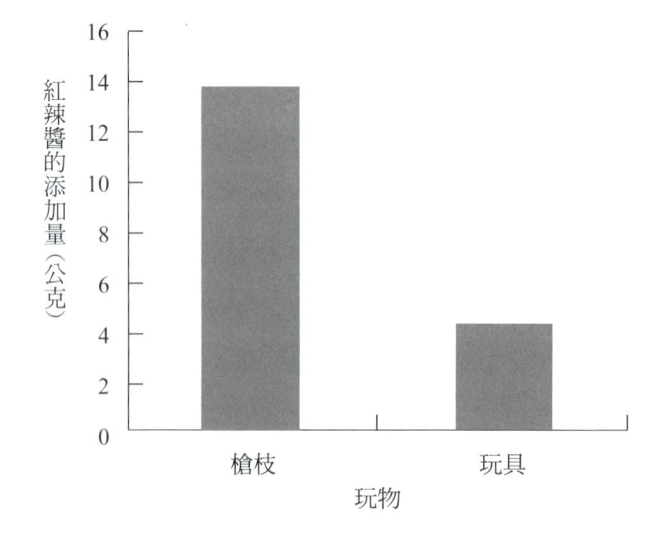

玩物	
槍枝	玩具
受試者 1	受試者 2
受試者 4	受試者 3
⋮	⋮
受試者 30	受試者 29

(二) 隨機化區段設計

1. 設計簡介

典型的隨機化區段設計是將同質性較高的受試者規劃在相同的區段 (block)，然後再以隨機的方式將各區段內的受試者分派到不同實驗情境裡的實驗設計。不同區段間的受試者可以是異質的，但同一區段內的受試者是同質的。其中，每一位受試者只會參與一種實驗情境的測量，因此是一種獨立組設計。各實驗情境下的受試者是配對決定的，因此是一種配對組設計。實驗所取得的樣本彼此有關係，是一種相依樣本設計，分析單因子隨機化區段設計實驗的資料時宜使用相依樣本 t 檢定 (兩種實驗情境時) 或相依樣本單因子變異數分析 (兩種或超過兩種實驗情境時)。

在典型隨機化區段設計中，用來劃分區段特性的就是所謂的區段因子 (blocking factors)，通常是研究者可以明確指認出來並且企圖加以控制的外擾變項。因此，典型隨機化區段設計除了採用隨機分派在理論上控制潛在的外擾變項之外，也透過形成區段的方式實際控制已知的外擾變項。區段因子既然是一個外擾變項，就表示它是一個會影響依變項的變項，但卻不是研究者感興趣的變項。相較於完全隨機化設計，隨機化區段設計多了一個區段因子。研究者把區段因子納入實驗設計之內的主要用意是想藉此估算出區段因子對依變項所造成的變異，使這些變異可以從總變異中抽離出來，減少統計檢定的誤差項，提升自變項被檢驗出來的能力，亦即提高統計檢定力 (statistical power) 或提升實驗敏感度。然而，要提高統計檢定力有個前提，那就是區段因子和依變項必須高度相關。如果相關性不高，那麼形成區段就沒有太大的意義，倒不如直接採用完全隨機化設計。區段因子可以不止一個，例如拉丁方格設計 (Latin square design) 就是一種包含兩個區段因子的隨機化區段設計。理論上，區段因子的數目愈多，實驗的敏感度就會愈高，但是當區段因子的數目增加時，要找到符合多種實驗條件的受試者就會變得比較困難，因此研究者通常不會輕易將不是很確定的外擾變項納入實驗設計之內，除非這個變項是一個明顯的外擾變項 (亦即，和依變項的相關極高)。

採用高同質性受試者的終極情況就是採用同一位受試者。因此，重複量數設計也算是一種隨機化區段設計，在概念上它是一種以受試者為區段因子的隨機化區段設計。一位受試者就代表一個區段，每一位受試者參與所有的實驗情境，而受試者所參與的實驗情境的順序則是以隨機程序決定。這種隨機程序也算是一種區段隨機法，只不過這次是用來決定同一位受試者所接受的實驗情境的順序，而不是決定受試者應該接受哪一種實驗情境。重複量數設計以受試者為區段因子，可以把受試者之間的個別差異從總變異中完全切割出來，大幅度提高高統計檢定力；以區段隨機法安排實驗情境的順序，可以避免因為同一位受試者接受多種實驗情境所衍生出來的干擾因素，例如練習效果。除了區段隨機法之外，實驗情境的順序也可以透過交互平衡法 (counterbalancing) 來決定。例如，讓一半的受試者採用某一種實驗情境順序 (例如，ABC)，另外一半的受試者採用相反的實驗情境順序 (例如，CBA)。不過，這種方法並不適合用於以下兩種情況。第一，當練習效果屬於非線性模式時。第二，當受試者會預期實驗情境出現的順序，而且這種預期效果會影響受試者的行為表現時。採用重複量數設計所得到的樣本也是屬於相依樣本，因為不同實驗情境下的受試者無法任意選取。當某一實驗情境下選取了某一位受試者之後，同一個區段內的另外一種實驗情境就得是同一位受試者。因此，分析單因子重複量數設計實驗的資料時宜使用相依樣本 t 檢定 (兩種實驗情境時) 或重複量數變異數分析 (兩種以上的實驗情境時)。

2. 變異來源

在隨機化區段實驗中，造成不同受試者的行為表現不同的原因 (變異來源) 有三。第一，實驗處理 (因子) 造成的變異；第二，區段因子 (外擾因子或受試者) 造成的變異；第三，其他因素造成的變異 (實驗測量誤差)。概念上，水準之間的差異反映了實驗因子所造成的變異，區段之間的差異反映了區段因子所造成的變異，總變異扣除實驗因子和區段因子所造成的變異後，

即反映其他因素所造成的變異。進行變異數分析時，其他因素所造成的變異是檢驗實驗因子的誤差項 (統計量數 F 值的分母)。由於隨機化區段設計進一步將區段因子造成的變異從誤差項中獨立出來，隨機化區段設計的誤差項會比完全隨機化設計的誤差項小。當區段因子和依變項的相關高時，區段因子所造成的變異就會比較大，檢定實驗因子的誤差項就會比較小，統計檢定比較容易顯著。

3. 研究範例

Stroop (1935) 的第二個實驗很有名。在這個實驗中，實驗者每一次會在電腦螢幕上呈現一個刺激物，受試者必須快速且正確地叫出刺激物所呈現的顏色。實驗共有 200 次嘗試，半數的刺激物是有顏色的方塊，半數是有顏色的字。研究關鍵在於，這些字就是顏色名，而且字義與呈現的顏色不同 (例如：紅色的 green 字樣)。所有受試者都必須接受這 200 次實驗嘗試，其中色塊和色字的順序以反向交互平衡法處理。亦即，分別將色塊 (A) 和色字 (B) 嘗試折半，半數受試者採 ABBA 順序，半數受試者採 BAAB 順序。實驗結果顯示，色字的叫色反應比色塊的叫色反應慢，這就是著名的史處普干擾效應 (stroop interference effect)，被用來說明讀字是一種自動化的歷程，使得叫色速度受到干擾 (如表 5-2 所示)。

五、多因子實驗設計

社會科學研究的議題總是比較複雜，而且研究者感興趣的變項往往不止一個。因此，研究者通常會在一個實驗裡同時操弄多個因子，然後觀察這些因子對依變項的影響，這類實驗稱作多因子實驗 (factorial experiments)。最簡單的多因子實驗是 2×2 因子實驗，涉及兩個因子，每一個因子都只有兩個水準，總共有四種實驗情境。2×2 因子實驗的情境安排如下所示，其中 A 因子有 A1、A2 兩個水準，B 因子有 B1、B2 兩個水準，兩個因子交錯出

表 5-2　單因子重複量數設計的實驗安排

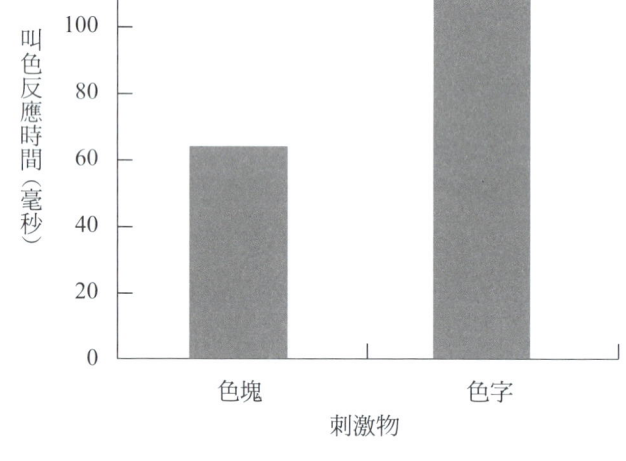

區段（受試者）		刺激物			
		色塊		色字	
	1	順序 1	順序 4	順序 2	順序 3
	2	順序 3	順序 2	順序 1	順序 4
	⋮	⋮	⋮		⋮
	100	順序 4	順序 1	順序 2	順序 3

A1B1、A1B2、A2B1、A2B2 四種實驗情境：

A 因子	B 因子	
	B1 水準	B2 水準
A1 水準	A1B1 情境	A1B2 情境
A2 水準	A2B1 情境	A2B2 情境

多因子實驗原則上可以包含的因子數量沒有限制，但是實際上通常只會包含兩個或三個，很少超過四個。這是因為因子數量如果太多，實驗會過於龐大，所需的受試者人數會倍增，分析會顯得複雜，結果會不容易解釋。事實上，研究者可以透過執行多個單因子實驗來檢驗不同因子的效果，例如 2×2 因子實驗可以拆解成兩個單因子實驗。

參考方塊 5-4：主要效果

主要效果是專門用來指稱多因子實驗中，個別自變項對依變項的整體影響。例如，在 2 (A 因子)×2 (B 因子) 因子研究中，如果 A 因子會影響依變項，就表示 A 因子有主要效果；如果 B 因子會影響依變項，就表示 B 因子有主要效果。以統計的語言來說，A 因子的主要效果是透過比較 A1 水準下的資料 (A1B1、A1B2) 和 A2 水準下的資料 (A2B1、A2B2) 來評定；B 因子的主要效果是透過比較 B1 水準下的資料 (A1B1、A2B1) 和 B2 水準下的資料 (A1B2、A2B2) 來評定。當這些比較在統計上達顯著性差異時，研究者才會宣稱有主要效果存在。

A 因子	B 因子	
	B1 水準	B2 水準
A1 水準	A1B1 情境	A1B2 情境
A2 水準	A2B1 情境	A2B2 情境

A 因子	B 因子	
	B1 水準	B2 水準
A1 水準	A1B1 情境	A1B2 情境
A2 水準	A2B1 情境	A2B2 情境

A 因子	
A1 水準	A2 水準
A1 情境	A2 情境

B 因子	
B1 水準	B2 水準
B1 情境	B2 情境

然而，執行一個多因子實驗要比執行許多個單因子實驗來得好。第一，效率高，因為只需要做一次實驗。第二，研究內容豐富，因為除了可以探討各因子的主要效果之外，也可以探討各因子之間的交互作用。第三，不同因子的效果可以透過同一組資料來檢驗。例如，不論是檢定 A 因子還是 B 因子的效果，都是透過分析 A1B1、A1B2、A2B1、A2B2 這四種實驗情境下的資料。第四，研究的外部效度比較高，因為現實生活中的行為反應通常是受到多重因素交互影響，這就是為何交互作用往往比主要效果更令研究者著迷。

參考方塊 5-5：交互作用

交互作用是專門用來指稱多因子實驗中，一個自變項對依變項的影響效果會隨著另一個自變項的水準不同而不同的現象。例如，在 2 (A 因子)×2 (B 因子) 因子研究中，如果 A 因子對依變項的影響在 B1 水準和 B2 水準的情況是不同，或者 B 因子對依變項的影響在 A1 水準和 A2 水準的情況是不同，就表示 A 因子和 B 因子有交互作用。以統計的語言來說，A×B 交互作用是透過比較 A1B1、A1B2、A2B1、A2B2 這四組資料來評定。

	B 因子	
A 因子	B1 水準	B2 水準
A1 水準	A1B1 情境	A1B2 情境
A2 水準	A2B1 情境	A2B2 情境

研究者通常會把各實驗情境的平均值繪製成折線圖，以便初步評估交互作用存在的可能性。在折線圖上，交互作用會以交叉或不平行線條呈現，下面這兩張圖就是有交互作用的例子。當然，兩條線是否真的不平行，或者兩個水準之間是否確實有差異，這得透過統計加以檢定才行。

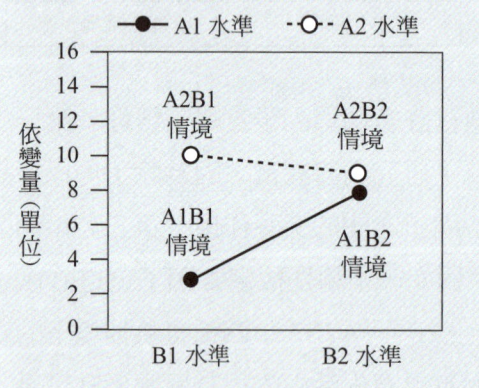

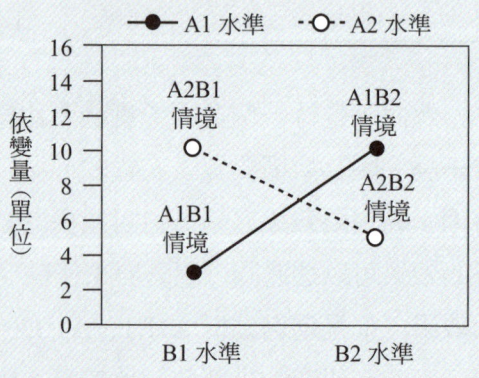

(一) 完全隨機化設計

1. 設計簡介

原則上，多因子完全隨機化設計和單因子完全隨機化設計的邏輯概念是相同的，兩者都是以完全隨機的方式將受試者分派到不同的實驗情境，使各實驗情境下的受試者在接受實驗處理之前理論上在各方面是相等的。如果想要避免各實驗情境人數不等的問題，研究者也可以用區段隨機法來取代完全隨機法。在設計上，多因子完全隨機化設計和單因子完全隨機化設計唯一的差別在於因子數不同。因子數不同，實驗情境的安排也就不同。單因子實驗只涉及一個因子，所以實驗情境就是實驗水準；多因子實驗涉及多個因子，實驗情境是由各個因子的水準所交錯出來的條件組合。多因子完全隨機化設計涉及多個因子，且實驗所獲得的樣本屬於獨立樣本，因此資料分析宜採用獨立樣本多因子變異數分析。

2. 變異來源

和單因子完全隨機化實驗一樣，造成不同受試者的行為表現不同的原因 (變異來源) 有二。第一，實驗處理 (因子) 造成的變異；第二，其他因素造成的變異 (受試者個別差異和實驗測量誤差)。和單因子完全隨機化實驗不同的地方是，多因子實驗的實驗處理所造成的變異可以進一步再拆解成主要效果和交互作用。對於多因子設計而言，檢定各因子效果的統計量數 F 值的誤差項 (分母) 就不再一定是其他因素所造成的變異，而是會隨著各因子係屬隨機或固定而有差異。這個部分請讀者自行參閱其他統計專書 (例如，Kirk, 1995)。

3. 研究範例

根據 van Baaren 等人 (2004) 的研究，模仿他人的姿態可以促進他人的利社會行為。該研究找了 40 位研究生，這些研究生必須針對十則廣告一一說出個人的看法。在這個過程中，實驗者刻意模仿了半數受試者 (隨機決定)

的行為舉止。作業結束後，受試者被告知必須再做另一個作業，進行這個作業之前先領取受試者費，結束後就可以逕自離開實驗室。其中半數受試者的第二個作業是由原先的實驗者來執行，半數受試者的第二個作業是由另一位新的實驗者執行。在受試者離開實驗室之前，實驗者告訴他們學校正在幫一個慈善機構做調查，請他們協助填寫一張無需具名的問卷，填完問卷後如果想要捐款可以捐款。實驗結果顯示，無論第二個作業的實驗者是舊的還是新的，有被模仿的受試者比沒有被模仿的受試者樂捐的人數多，而且捐款的金額也比較高。這個結果表示，模仿不單純只是引起被模仿者對模仿者的喜愛，更會誘發被模仿者的助人行為，如表 5-3 所示。

表 5-3　二因子完全隨機化設計的實驗安排

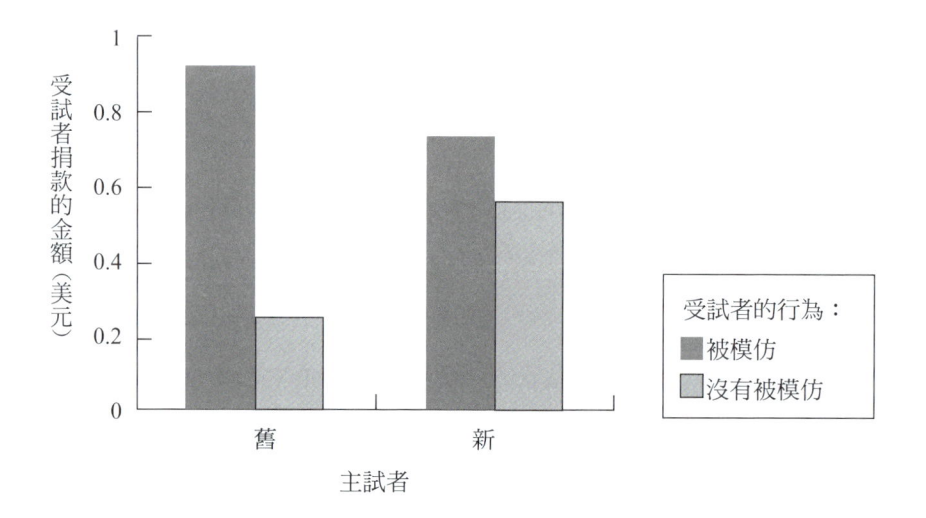

受試者的行為×實驗者			
被模仿		沒有被模仿	
新	舊	新	舊
受試者 1	受試者 3	受試者 4	受試者 2
受試者 4	受試者 2	受試者 1	受試者 3
⋮	⋮	⋮	⋮
受試者 38	受試者 40	受試者 39	受試者 37

(二) 隨機化區段設計

1. 設計簡介

　　原則上，多因子隨機化區段設計和單因子隨機化區段設計的邏輯概念是相同的，都是針對某個明顯的外擾變項形成區段 (典型的隨機化區段設計)，或者直接把每一位受試者當成一個區段 (重複量數設計)，以減少誤差項、提高統計檢定力或提升實驗的敏感度。如果是典型的隨機化區段設計，受試者是以區段為單位被隨機分派到各種不同的實驗情境；如果是重複量數設計，受試者所接受的那些實驗情境的順序可以透過區段隨機法或交互平衡法決定。如同多因子完全隨機化設計和單因子完全隨機化設計之間的差異，多因子隨機化區段設計和單因子隨機化區段設計的差別就只在於因子數的不同，因此實驗情境安排不同。多因子完全隨機化設計涉及多個因子，且實驗所獲得的樣本屬於相依樣本，因此資料分析宜採用相依樣本多因子變異數分析。

2. 變異來源

　　和單因子隨機化區段實驗一樣，造成不同受試者的行為表現不同的原因 (變異來源) 有三。第一，實驗處理 (因子) 造成的變異；第二，區段因子 (外擾因子或受試者) 造成的變異；第三，其他因素造成的變異 (實驗測量誤差)。和單因子完全隨機化實驗不同的地方是，多因子實驗的實驗處理所造成的變異可以進一步再拆解成主要效果和交互作用。

3. 研究範例

　　Pinkham 等人 (2010) 的研究在探討情緒表情對臉孔偵測的影響。該研究以 26 位大學生為受試者，每一位受試者都得看 162 組臉孔，一次一組，一組九張，以 3×3 矩陣排列在電腦螢幕上，受試者以按鍵的方式快速且正確地判斷這九張臉孔的情緒表情是否一致。在 162 組臉孔中，有三分之一是九張臉孔的情緒表情是一致的 (例如，全部都是憤怒的、快樂的或者中性的)，另外三分之二則是只有一張臉孔的情緒表情 (目標情緒) 和其他八張臉孔的

情緒表情 (干擾情緒) 不一致。研究者操弄目標情緒和干擾情緒的搭配，共有憤怒／高興、憤怒／中性、高興／憤怒、高興／中性、中性／憤怒、中性／高興六種組合。實驗中，這 162 組臉孔呈現的順序以隨機方式決定。研究結果顯示，無論干擾情緒屬於中性還是非中性 (憤怒和高興)，當目標情緒是憤怒時受試者的反應速度比目標情緒是高興時來得快，正確率也比較高。換言之，偵測憤怒臉孔比偵測快樂臉孔更快速、更準確。就演化的角度來看，Pinkham 等人的研究結果挺合理的，因為快速偵測出隱藏在環境中高威脅性的東西對於生物體的存活有關鍵性的影響 (如表 5-4 所示)。

六、實驗研究法與非實驗研究法的抉擇與爭議

　　實驗研究法的特點在於精準地操弄研究假設中的變因及嚴格地控制與此變因無關的其他因素，藉由不同的實驗設計分離出實驗操弄所造成的變異，和其他與實驗操弄無關的系統性和隨機性因素造成的變異，使獲得的實驗結果可以有因果上的合理解釋。解釋事件和事件之間的因果關係是科學研究所追求的終極目標，因此，實驗研究法是科學研究所仰賴的終極方法。

　　不過，雖然實驗研究法是科學研究所仰賴的終極方法，卻不是科學家嘗試了解這個世界 (探求有關人、事、物的道理的知識) 的唯一方法。這一方面是因為知識可以有不同的層次 (描述性的、相關性的、因果性的)，每個層次的知識都是必要的，而且有一定的進程；另一方面是因為並非所有的變項都可以讓科學家隨意操弄與控制，事實上，可能大多數的變項都無法讓科學家隨意操弄與控制。這不是科學方法上的問題，而是牽涉到研究倫理的哲學上的問題，這在社會科學的研究中尤其明顯。社會科學研究的對象是人，社會科學家不能任意操弄與人有關的變項。例如，男性的數理空間能力是否先天優於女性，而語言能力則是女性優於男性？社會科學家對這個問題只能循序漸進地先取得描述性與相關性的理解，卻無法進入因果性的解釋層次，因為性別不是一個可以被操弄的因素。即便是自然科學家把人當作是客觀的物

表 5-4　二因子重複量數設計的實驗安排

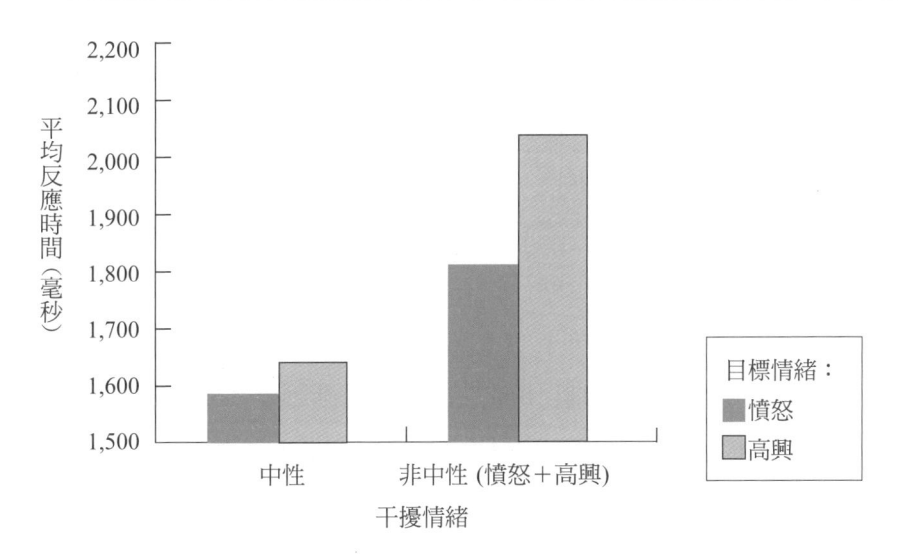

<table>
<tr><th colspan="7">目標情緒×干擾情緒</th></tr>
<tr><th colspan="2">憤怒</th><th colspan="2">高興</th><th colspan="2">中性</th></tr>
<tr><th>高興</th><th>中性</th><th>憤怒</th><th>中性</th><th>憤怒</th><th>高興</th></tr>
<tr><td>順序 27
⋮
順序 4</td><td>順序 105
⋮
順序 33</td><td>順序 6
⋮
順序 19</td><td>順序 28
⋮
順序 34</td><td>順序 66
⋮
順序 48</td><td>順序 17
⋮
順序 50</td></tr>
<tr><td>順序 18
⋮
順序 39</td><td>順序 25
⋮
順序 73</td><td>順序 126
⋮
順序 48</td><td>順序 115
⋮
順序 34</td><td>順序 99
⋮
順序 28</td><td>順序 92
⋮
順序 45</td></tr>
<tr><td>⋮</td><td>⋮</td><td>⋮</td><td>⋮</td><td>⋮</td><td>⋮</td></tr>
<tr><td>順序 13
⋮
順序 2</td><td>順序 102
⋮
順序 82</td><td>順序 87
⋮
順序 53</td><td>順序 9
⋮
順序 37</td><td>順序 73
⋮
順序 116</td><td>順序 59
⋮
順序 78</td></tr>
</table>

(左側區段(受試者)：1、2、⋮、26)

體(生物體)來研究，也不能突破這個限制。科學家能做的是，確立兩變項的相關之後，逐步排除其他的中介變因，提高此相關在因果關係上的可能性。譬如，剛剛說的性別差異有無可能是後天的教養與教育方式造成的？當教養與教育方式隨著時代改變時，原本觀察到的性別差異是否仍然存在或差異減

小？如果科學家可以排除教養、教育方式的因素，就有助於將性別差異的解釋往因果方向推進一步。而且，性別差異有無神經生理上的依據？男性的大腦和女性的大腦有無不同，而這樣的不同是不是和數理空間或語言的處理有關的？如果有，然後科學家又證實環境的因素不會改變人的基因與大腦的生理結構，那麼神經生理因素做為解釋數理空間與語言能力的性別差異的原因就有較高的可能性。

　　實驗研究法在社會科學的研究中不易被採用的另一個原因是，人是一個變動性、適應性的生物體。在某些條件下觀察到的關係 (即便是因果的)，條件改變之後未必可以成立。換句話說，變項與變項之間往往存在著複雜的交互作用，而與人有關的變項太多，研究者很難在一個研究中同時操弄太多的變項。未被操弄的變項要做全面的控制也不可能。以隨機的方式來處理所有未被操弄的變項也有其限制，因為與人有關的研究很難做到抽樣上的隨機，而影響實驗內部效度最關鍵的隨機分派，也因為研究樣本通常不大，而無法真正發揮預期的平衡效果。

　　上述的這些問題，使得社會科學的研究特別容易在研究的內部效度與外部效度之間面臨顧此失彼的困擾，也會面臨實驗研究法還是非實驗研究法的困難選擇。主張實驗研究法的學者有時候會過度相信實驗研究法在社會科學研究上的效力，而否定了非實驗研究法在科學知識探求上的必要性。剛剛提到，社會科學研究的樣本往往不夠大，因此藉由隨機分派平衡掉外擾變項影響的做法通常都無法真正達到目的，故即使是實驗研究的結果，也會受到一些未知因素的影響而有相當大的變動性。再加上社會科學研究者往往誤解、誤用虛無假設統計檢定的推論手段 (見「整合分析」一章中的說明)，致使研究上常有爭議不斷且治絲益棼的困擾。即便是實驗的內部效度無疑，實驗研究的結果與結論是否可以延伸到實驗情境之外的現實情境也常常遭人質疑。主張非實驗研究法的學者也有他們面臨的困擾。過分強調外部效度的後果是失去內部效度，而一個缺乏內部效度的研究其實是不可能確保其外部效度的。

平心而論，實驗研究法與非實驗研究法各有其功能與限制，會有方法上的爭辯是因為研究者忘記了科學研究所探求的知識原本就有層次不同的分別，不同的方法可以獲得的知識層次不同。但是，不同層次的知識並無孰優孰劣的分別，都是科學探究上的必需知識。雖然研究者最終希望可以把知識的層次推向因果解釋的層次，但是描述層次與相關層次的知識卻不可能跳過，必須循序漸進。而不同層次的知識也都各有其理論上與現實上的用處。

既然實驗研究法與非實驗研究法各有其優缺點，那麼是否可以有一種折衷的辦法兼採兩種方法的優點並避開各自的缺點呢？實驗研究法一般是在控制良好的實驗室中實施，如果要顧及實驗的外部效度的話，或許可以把實驗拉到現實生活情境中進行，這是所謂的現場實驗研究。現場實驗研究和實驗室實驗研究在實驗設計的本質上並無不同，所不同的只在於可以達成的控制有程度上的不同，因此會有內部效度與外部效度相互消長的情形。現場實驗研究增強了實驗的外部效度，但是難免會失去一些內部效度。在實務上，現場實驗研究是比較難進行的，因此也就比較有可能在實驗的控制上因為向現實因素妥協而變得不夠嚴謹，進而影響實驗的內部效度。

七、總　結

知識可以有不同的層次(描述性的、相關性的、因果性的)，要發掘不同層次的知識就得搭配使用不同種類的研究方法。本章所談論的實驗法是一種發掘因果性知識的研究方法，透過自變項的操弄與依變項的測量，研究者可以檢驗自變項和依變項之間的時序和共變關係是否存在，透過外擾變項的控制，研究者方能確認自變項和依變項之間的共變是一種因果關係。控制是尋求因果關係的必要手段，因此實驗法是建立因果性知識的終極方法。

時下有不少人認為採用邏輯上比較嚴謹的實驗法才稱得上是好研究，因而藐視採用非實驗法的研究。另外，也有不少人認為實驗法的控制手段不自然，因此將實驗法完全摒除在外。這些爭論其實都是錯誤的迷思導致。不管

是何種研究方法，最終的目的都是在建構我們對這個世界的了解，只不過不同的研究方法所探討的知識層次不同，強調的重點也有差別，各有其強項和弱項，對於建構完整的知識體系都有其存在的必要與價值，不應相互排斥，理當相輔相成。因此，一個研究的好與壞是不能單純地依據該研究所採用的方法種類而妄加評斷。只要研究所採用的方法是科學的 (客觀、可重複驗證)，且該方法符合研究所要探討的問題就是一個好研究。例如，採用質性方法的研究雖然沒有所謂的數據，研究者的主觀論述若能引起相當程度的共鳴 (也就有一定程度的客觀性)，也堪稱好研究；採用量化方法的研究如果只是空有數據，缺乏質性的思考、理論的思辨，也難入好研究之列。

參考書目

Campbell, Donald T., & Stanley, Julian C. (1963). *Experimental and quasi-experimental designs for research*. Boston: Houghton Mifflin.

Kirk, Roger E. (1995). *Experimental design: Procedures for the behavioral sciences* (3rd ed.). Pacific Grove, CA: Brooks/Cole.

Klinesmith, Jennifer, Kasser, Tim, & McAndrew, Francis T. (2006). Guns, testosterone, and aggression: An experimental test of a mediational hypothesis. *Psychological Science, 17*, 568-571.

Pinkham, Amy E., Griffin, Mark, Baron, Robert, Sasson, Noah J., & Gur, Ruben C. (2010). The face in the crowd effect: Anger superiority when using real faces and multiple identities. *Emotion, 10*, 141-146.

Rosenthal, Robert, & Rubin, Donald B. (1978). Issues in summarizing the first 345 studies of interpersonal expectancy effects. *The Behavioral and Brian Sciences, 3*, 410-415.

Stroop, J. Ridley (1935). Studies of interference in serial verbal reactions. *Journal of Experimental Psychology, 18*, 643-662.

van Baaren, Rick B., Holland, Rob. W., Kawakami, Kerry, & van Knippenberg, Ad. (2004). Mimicry and pro-social behavior. *Psychological Science, 15*, 71-74.

延伸閱讀

1. Cook, Thomas D., & Campbell, Donald T. (1979). *Quasi-experimentation: Design and analysis issues for field settings*. Chicago: Rand McNally.
   這本書是 Campbell 與 Stanley (1963) 的延伸作品，對於類實驗的設計、邏輯和分析方法都有詳細的介紹。
2. Falk, A., & Heckman, James J. (2009). Lab experiments are a major source of knowledge in the social science. *Sciences, 326*, 535-538. DOI: 10.1126/science.1168244.
   在這篇文章中，作者藉由比較實驗室研究法、非實驗性研究法和現場實驗法的研究討論實驗室研究法的優點與限制，並指出近日許多對實驗室研究法的批判與否定是一種誤導，實驗室研究法反而應該多多被採用。
3. Kirk, Roger E. (1995). *Experimental design: Procedures for the behavioral sciences* (3rd ed.). Pacific Grove, CA: Brooks/Cole.
   本書介紹各種類型的實驗設計和搭配的統計方法，屬於進階的實驗設計專書，比較適合有數理統計基礎的人閱讀。作者以圖表呈現不同類型的實驗設計，實驗的安排方法清楚易懂，這個部分值得一般讀者參考。
4. Shadish, William R., Cook, Thomas D., & Campbell, Donald T. (2002). *Experimental and quasi-experimental designs for generalized casual inference*. Boston: Houghton Mifflin.
   這本書是繼 Cook 與 Campbell (1979) 和 Campbell 與 Stanley (1963) 之後的作品，但是重點略有不同。在外部效度方面有比較多的討論篇幅，且側重觀念的澄清與思辨，鮮少統計分析，適合一般大專生閱讀。
5. Webster, Murray Jr., & Sell, Jane (Eds.) (2007). *Laboratory experiments in the social science*. Academic Press/Elsevier, Amsterdam.
   這是一本實驗室研究法專書，對於實驗室研究法在社會科學研究上的運用有廣泛的介紹、深入的探討。

6

個體發展的研究方法

一、前　言

(一)　個體發展的定義

　　發展的定義就是變化 (change)，沒有變化就沒有發展。變化的方向如果是正向，也就是個體變化的結果比變化發生前，在思考或行為上表現得更精確、更系統化、更成熟，那麼我們就稱此種個體變化為個體發展。個體的變化基本上可分成量的變化 (quantitative change) 與質的變化 (qualitative change)。所謂量的變化就是個體某種現象的增加或減少，例如，兒童的平均記憶廣度、身高體重的變化、腦容量等，具體的例子是，人的工作記憶廣度 (working memory span) 在 5 歲時平均只有 3-4 個字，8 歲時有 4-5 個字，11 歲時增加到 5-6 個字，此後持續增加至成人初期。然而，此工作記憶廣度也要視記憶的材料性質而定。例如，它是聽覺－語文還是視覺－空間刺激？觀察量的變化誠然十分重要，因為它有助於讓我們了解什麼因素會影響這些變化的產生。然而，單只觀察量的變化無法讓我們了解為什麼變化會發生。因此，這時候我們就需要觀察個體在質方面的變化。

　　相對於量的變化，質的變化指的是個體在結構或現象發生歷程的變化。舉個例子，研究發現隨著年齡增長，兒童逐漸懂得使用更多的策略來幫助記憶。5 歲的兒童完全不懂得使用策略，12 歲懂得使用，成人懂得更多。在這

樣的發展歷程中，從不懂得使用記憶策略到懂得使用固然是質的改變，但是從只能使用少數策略發展到能運用較多的策略卻是量的變化。這個例子可以讓我們清楚地了解到研究個體發展的兩個特徵：(1) 需要對行為或現象的量 (數量與強度) 做觀察，也需要對行為或現象的質 (結構與歷程) 做觀察；(2) 由於年齡變項是發展研究的當然變項，自然也會成為必然存在的干擾變項，因此量與質的變化界線其實相當模糊，全看研究者採取什麼樣的角度。

(二) 個體發展研究的目標與主題

雖然發展心理學可能是在研究個體的發展歷程與發展機制上，提供了最多研究成果的領域，然而，包含生物學家、社會學家、人類學家、教育學者、醫學研究者，甚至歷史學者在內的各學門領域，事實上也都在我們對於「人之所以為人」的理解上做出許多重要的貢獻。這些跨領域的發展學者 (developmentalists) 採用不同的觀點，使用不同的研究方法，其目標卻是相同的，那就是想要建構出能夠描述與解釋人的行為與心智在不同的環境下，是如何發展與表現的。具體而言，他們嘗試從研究中找出代表行為或心智發展的特定動作與能力，以及這些行為與能力在實際發展中的功能與限制，其中最重要的，是了解這些發展為何發生、如何發生。

為了達成這樣的目標，有兩種重要的發展變化是研究者必須分辨與掌握的：生成變化 (transformational change) 與變異變化 (variational change) (Overton, 1998)。所謂生成變化包含從嬰兒期、幼兒期、兒童期、青少年期、成人期，一直到老年期的生理、認知、性格與社會發展，同時，也涵蓋了遺傳、出生前與出生時的發展狀態。所謂變異變化是指在特定的年齡或發展階段，個體間或個體內所表現出來的發展變異。例如，同年齡的個體在各種行為與能力的表現上，常有很大的出入，而即使同一個體，在不同環境下也常有不同的表現水準。因此，發展研究必須注意典型、一般性的常態性發展 (normative development)，也必須注意個別差異的個別性發展 (idiographic development)。同時，個體發展有正常的、典型的發展，也會有

特殊的、非典型的發展現象，通常這方面的研究我們稱為發展心理病理學 (developmental psychopathology) 的研究，主要針對不同發展階段的異常發展現象做研究，例如，兒童精神分裂症、自閉症、行為異常、注意力缺損過動症、兒童期焦慮症、飲食異常，以及智能障礙等。

至於發展研究的主題，主要看研究者的興趣，不過，最重要的還是要看主題是否具有發展 (developmental) 的性質。所謂具有發展性質是指此主題：

1. 具有明顯的「發生」現象——新的能力、功能或水準的發生。
2. 兼具連續與非連續性的發展過程。
3. 具有發展方向性 (Grigorenko & O'Keefe, 2005:318-319)。

二、個體發展的測量

所有發展的研究都受研究者對於發展所持觀點，以及選擇的研究方法之限制。當然，方法的選擇事實上是會在意識或無意識層面，受研究者本身所持發展觀點的影響。發展的測量基本上就是對各種能力或行為變化的測量，傳統的方法是以年齡為變項，測量特定時間個體的心智或行為狀態，然後將其與隔一段時間之後再測量的個體狀態做比較 (長期追蹤設計)，或者，以不同年齡層的群體做比較 (橫斷設計)，來說明變化的發生。最近的研究因為想要更進一步探索變化的歷程與機制，研究者更開發出許多複雜、有創意的方法 (請參考 Gottman, 1995; Collins & Sayer, 2001)，以了解發展是自然發生還是需要環境的介入。

(一) 測量個體的方法

要測量個體的發展，最通常的方法是設定一個穩定的觀察變項，記錄下個體在不同時期的狀態。最簡單的例子當然是許多新手爸爸、媽媽做過的事：記錄身高、體重、手印、腳印、乳齒生長與脫落等。許多爸爸、媽媽也會記錄嬰兒與大人溝通、說話的語言發展，或從翻身、爬坐到站立、走路的

動作發展。不過，一位發展研究者所觀察的變項自然要比父母們的複雜而細緻，測量的方法也要來得精準與合宜。以語言發展而言，從嬰兒發聲到幼兒牙牙學語到童言童語到說話溝通、演講表達，研究者選定的觀察變項可以是語音辨識或發聲歷程，可以是詞彙的個數、語句的長度或複雜度，或語言的理解等，研究者必須根據個體的發展年齡，做適切的變項選擇。例如，語音辨識對嬰兒是適切的主題，詞彙數顯然就不是，因此，研究者在觀察變項或測量指標的選擇上都得面對很大的挑戰。最重要的是，研究者要能不昧於方法的限制，方不至於對數據做硬性的曲解(例如，問卷法的主觀性要素)，也要能不囿於方法的限制(例如，觀察法的取樣)，方能看出數據的意義。

通常研究者會從日常觀察裡選定一種心理特質作為研究概念，例如，神經質、智力、氣質、個性等，這個概念最初可能相當籠統與模糊，但是最終卻必須轉化成有具體心理細節的概念，才能被測量、被研究。換句話說，研究者必須能夠界定出個體在這個概念上的特定行為、認知與情緒，才能描述這種心理特質的發展以及個體之間的差異。通常，如果能夠將與這種特質相關的情境定義清楚，此一個體特質的描述與測量便比較不成問題。舉例來說，Kagan (1997) 研究氣質 (temperament)，他所定義的新奇情境的行為抑制 (behavioral inhibition to novelty) 概念很清楚地表示他所研究的行為是不熟悉情境下的焦慮、恐懼與苦惱反應，而不是熟悉情境下的憤怒或任何其他行為。然而，對一個 1 歲半的幼兒來說，只要一個陌生人就足以誘發出行為抑制的反應；對 3 歲的幼兒來說，這個陌生人可能還得對幼兒做出一些社會性要求，才能誘發出同等程度的行為抑制反應。因此，對於發展研究的研究者而言，在測量個體的心理或行為時，最關鍵的是要能排除成熟因素的干擾變項，找出研究概念中的核心要素。

(二) 測量個體與情境的方法

1. 個體與情境的互倚性：對偶設計

發展研究的主要目標在於探究個體發展的生物根源以及影響發展的環境

因素，研究者通常依其興趣而有偏重。對環境因素感興趣的研究者通常是希望藉由釐清環境如何對個體的發展產生影響，而能改善個體的重要生活情境，例如，家庭、學校、職場等，進而對個體的正向發展有所貢獻。

由於二十世紀後期興起的系統觀點 (systems perspectives) 以及它所帶動的發展科學之影響，個體與情境已逐漸被視為難以切割的、具有互倚性特質的存在，因此，要了解個體的發展，首先就要抽絲剝繭耙梳出個體與他周遭不斷變動且多層次的情境之間複雜的互動關係。要同時了解個體與情境，最自然而簡單的想法當然就是同時測量個體與他的對應情境，也就是所謂的對偶設計。對偶設計雖然周到，但是我們不要忘記，系統觀點的主要立場是任何一方的行為都會影響另一方的行為，因此，除非我們能夠準確釐清個別的影響歷程，否則還是難以斷定這影響是如何發生的。

舉一例子，Milgram 與她的同僚想了解母親的產後憂鬱 (postnatal depression, PND) 如何影響嬰兒的發展 (Milgram, Westley, & Gemmill, 2004)，他們募集了一群剛剛在兩週前生產完的母親，其中包含出現產後憂鬱症以及沒有產後憂鬱症的母親，從開始進行研究起，定期在嬰兒 6 個月大、12 個月大、24 個月大、42 個月大時，分別測量母親的憂鬱狀態、對嬰兒的反應狀態，以及嬰兒的氣質、智商、認知能力。他們雖然獲得清楚的證據，知道母親的產後憂鬱症的確會影響嬰兒的認知發展與社會發展，憂鬱症母親與嬰兒的正向互動也比非憂鬱症母親少，但由於我們無法斷定是嬰兒的特質影響親子互動，還是母親的特質影響親子互動，自然也就無法斷定母親的產後憂鬱是影響正向互動的原因。

發展研究中的對偶設計雖然可以獲得珍貴的實際互動資料，但是在分析對偶資料時，除了前面所述，對因果關係的論斷要格外小心之外，尚有兩點需要特別注意：第一，對偶間的互動通常是以過去互動經驗的累積為基礎，因此研究者所觀察到的現象可能是過去互動關係所產生的結果。第二，如果對偶是親子關係，則研究者所觀察到的發展差異，也可能是源自親子所共有的基因相似性，而非親子間的互動方式。

2. 測量情境的方法

系統觀點的興起對研究者最直接的影響便是測量方法的多元化與豐富化，因為系統觀點的分析單位既不是個體，也不是情境，而是個體與個體的發展情境之關係。隨著成長，個體的發展情境自然愈來愈延伸寬廣，也愈來愈複雜，個體與情境的互動方式也愈來愈多元與動態，因此研究者應有的體認是，所謂情境 (context) 的測量，指的並非靜態物理環境的描述數據，事實上是要說明個體與其發展系統中相關聯的多層次情境之動態關係。

與個體相關聯的情境從與個體直接互動的社會團體 (例如，母子對偶組合或親子三人組合等) 與微系統 (microsystems) (例如，家庭、學校班級內、社團等)，一直到間接影響個體與其他系統內社會關係之巨系統 (macrosystems) (例如，政策、社會價值等)，都是分析的單位。以對偶或三人的小團體關係，還是較大團體的關係做為情境測量的單位，基本上是視研究者的理論架構與主要問題而定。例如，如果要測量以依附理論為依據的母子關係，當然是以母子對偶資料為主；如果是要研究青少年的社會關係，那麼要測量的通常會是三人以上的小團體關係。然而，關心母子的依附關係可能是單純的關心親子關係，也可能是關心母子依附關係品質與幼兒在幼稚園行為的關係。若是前者，研究者只關心微系統；若是後者，研究者便是關心中系統 (mesosystem) 了。同樣地，本來是微系統研究的青少年同儕關係，在涉及同儕關係對其他社會關係的影響時，便不得不關心中系統了。換句話說，關於情境的測量，可能是家庭、學校、職場，也可能是遊樂場、校園、社區，研究者首先必須確定自己的研究範圍，再來選擇研究的工具。如果選擇的是比中系統更大範圍的外系統 (exosystem) 個體與情境的關係，那麼所有比個人層次更廣的系統性變項都該被考慮、被測量。比如說，如果要看個體與住家附近環境的關係，那麼人口密度、犯罪率、公共設施、文教設施、房舍品質等，都是重要的指標。如果選擇的是更廣的個體與巨系統層次的關係，那麼社會中的單親兒童比率、受虐兒童比率或者社工員人數，便可能都是可以用來解釋或評估個人層次行為改變的指標。

為了達成描述發展情境的目標，顯然，單一學門領域的方法難以應付上述挑戰，因此研究者顯然必須整合並應用各學科領域開發的各種獨特方法。幸好目前已有許多方法可用來測度上述情境中個體的社會關係，這包含大家熟悉的自然觀察法 (natural observation)、參與觀察法 (participant observation)、民族誌 (ethnography) 等，以及需要安排特定環境的控制觀察法 (controlled observation)、實驗觀察法 (experimental observation)，需要記錄特定行為的事件取樣 (event sampling) 或特定時間內行為頻率的呼叫器方法 (beeper technique) 等。如果研究主題是個體對某種情境的態度或知覺，則問卷、訪談、量表調查也都是適當的方法。

總而言之，根據研究的主題選定情境的層次範圍，然後運用適切的方法去蒐集資料自然是理想的評估環境方式，但是除非這些關於環境系統的資料能夠與關於個體的資料結合，否則我們仍然無法得到關於個體在這些系統環境中如何發展與改變的圖像。也就是說，我們需要了解的是這些情境如何變成個人經驗 (experience) 的資料。然而，如何整合與建立個體和情境的同步關係，並不是那麼容易的事。舉例來說，在嬰兒周歲以後，每週記錄嬰兒使用詞彙量的變化自然是重要的關於個體語言發展的資料，但同時測量語言發展正常的父母的自尊水準，則顯然我們不會去測量父母的詞彙，也不會以週為時間單位重複去測量，那麼這兩個在性質與數量大有差異的資料該如何配對，如何分析比較？解決的方法之一是，計算出在心理計量特性上相當的個體與情境的差異程度，例如，一方面測量兒童的氣質或學習表現，另一方面測量家庭或學校對兒童行為要求的嚴格程度，以這兩種測量分數的差異來做為個體與情境的關係之指標 (Lerner, Dowling, & Chaudhuri, 2005:194-195)。

(三) 以年齡為變項的個體發展研究──長期追蹤研究設計、橫斷設計與連續設計

如果發展研究的目的是在「描述、解釋以及最佳化 (optimization) 個體生涯發展中的行為變化以及個體間的行為變異」(Baltes, Reese, & Nesselroade,

1977:84)，則發展的最佳化意義顯然只能從長期的生涯發展觀點來看，也因此，個體的生理年齡本身就成為發展研究的天然變項。同時，既然談變化，則個體在不同生命時間點所表現的能力或行為也會是必要的觀察變項，從而關鍵的時間距離 [時距 (period)] 自然成為重要的變項。因此，傳統的發展研究基本上就是比較個體在不同年齡的指標行為之差異 (例如，個體與情境互動的方式，或個體在某一作業上的表現)：比較不同年齡層個體的行為差異之研究被稱為「橫斷研究」；比較同一個體在不同年齡的行為差異之研究被稱為「長期追蹤研究」。橫斷研究資料可以提供不同年齡群體在指標行為上的共同特徵之訊息；長期追蹤研究則一方面可以提供同一個體在指標行為上的年齡變化訊息，另一方面透過個體間的比較也可以確認這些變化的變異。當然，若談變異，則同世代群體 (cohort) (共同經歷重要共同事件的同年齡世代) 間的世代差異，例如，營養差異、醫療差異、教育差異、社會制度差異等，也會是重要的參照變項，連續設計便是為了釐清交織在年齡變化中的世代差異而產生的。

綜而言之，發展研究的主要設計其實就是年齡、世代、測量時距這三個變項的不同組合。在長期追蹤設計裡，年齡是個體內差異 (intraindividual difference)，世代變項是個別差異 (individual difference)，測量時距也是個體內差異變項。相對而言，橫斷設計的年齡、世代、測量時距都是個別差異變項，而連續設計則是年齡與測量時距兼有個體內差異與個別差異變項。以下將分別詳細說明這幾個研究設計的特徵與優缺點。

1. 長期追蹤研究設計

在發展研究裡，最讓人感興趣的問題，是追蹤了解一種特定能力或動作技能如何在時間的縱軸裡萌芽、表現與發展，也追蹤探究這些動作與技能與後續發展出來的行為又有何種關聯性。例如，我們會想知道語言發展的基礎是基因還是環境、語言發展的歷程是什麼、造成個別差異的關鍵因素是什麼，也會想知道早說話的小孩長大後語言能力是不是比較好。要獲得這樣的了解，最好的方法莫過於長時間定期追蹤觀察同一群個體，然後比較各時期

所測量到的這些特定能力或行為的資料。要獲得這樣的資料，我們就必須設計長期追蹤研究。

所謂長期追蹤研究，顧名思義，就是針對同一群個體，從出生 (有時甚至從胚胎期就開始觀察與記錄) 到成熟階段，進行長期的定期追蹤調查。在調查過程中除了觀察或測量特定能力或行為之外，情況許可時，也會施予系統化的實驗操弄 (例如，將同卵雙胞胎安排到不同的環境或給予不同的學習經驗)。然而，要給長期追蹤設計下一個明確的定義也是不容易的。例如，Miller 說長期追蹤設計是「在一段適當的期間裡給予重複的測驗」(repeated tests that span an appreciable length of time) (Miller, 1998:27)。但是，所謂「重複測驗」是指「同一」測驗還是配合年齡發展的「相同」測驗，不同時期的測量之測驗等化 (measurement equivalence) 自然是個不容忽視的問題 (Hartmann & George, 2005:326-329)。而所謂「適當的期間」對變化程度不同的新生兒、幼兒、兒童、青少年，或成人、老人而言，可能就有不同的時距意涵。不過，從 Miller 的定義來看，如何選取或發展出有效、可靠的測驗工具，恐怕還是長期追蹤研究最至關緊要的。雖然有些研究者會自行發展測量特定能力或行為的工具，有些研究者會要求研究對象寫日記來蒐集第一手的資料，但是這些方法的信、效度容易受到質疑，因此大部分的研究者還是偏好標準化測驗。

長期追蹤設計在發展研究中最強有力的優勢並不在於它能呈現出年齡變化與能力或行為變化的關係 (例如，年齡愈大，記憶力愈差)，而在於它能描繪出發展的本質，也就是發展的曲線或形式。唯有透過研究個體內發展差異的長期追蹤設計，才有可能確定某種能力或行為的發展順序以及發展樣式究竟是循線性 (linear) 或曲線 (curved) 發展，還是有著跳躍式 (saltatory) 或階梯式 (stepwise) 的發展模式。換句話說，根據長期追蹤設計所獲得的資料，讓我們對於特定能力或行為的前期發展與後期發展具有何種關係，是否具有穩定的關係，能夠有較清楚的了解。同時，透過長期追蹤設計，研究者能夠比較個體內變化的個別差異，也就是比較不同個體的個人前後期發展差異，從

而能夠了解各種社會事件或人生事件對個體發展的影響程度與影響範圍。

然而，在長期追蹤設計中，以不同時間點的測量分數之差異做為發展指標，也有它先天上的弱點。第一，兩個不可能是百分之百可靠的測驗分數相減之後所得出來的差異分數，其指標信度自然更低，更遑論差異分數基本上會受標準差或測驗項目分佈等因素的影響。第二，同一個測驗被重複使用時，對受測量的個體而言，顯然會因為愈來愈熟悉而愈來愈容易，使得測驗分數的變異也可能愈來愈小。因此研究者必須特別注意測驗是否太難或太容易，以致無法區辨高低分者，產生地板效應 (floor effect) 或者天花板效應 (ceiling effect) 的問題。第三，研究者必須注意高能力者通常在兩個時間點的差異會較小之現象所代表的意義 (Grigorenko & O'Keefe, 2005:323-325)。第四，同一群體樣本的資料無法反映世代差異 (cohort difference)，常常容易混淆了年齡變化與世代環境差異。例如，如果我們在 2005 年測量一群 20 歲的年輕人接受臺獨 (或統一) 的態度，然後在 2010 年再對此群體 (那時他們 25 歲) 重問一次相同的問題，假設我們發現，到了 2010 年他們對於臺獨 (或統一) 有更大的接受度，我們並無法確定這樣的變化是來自從 20 歲成長到 25 歲的年齡變化，還是來自這五年間這些人所共同經歷的社會事件之影響。

以上這些問題加上前面所提的測驗等化等問題，使得長期追蹤研究即使能夠預先規劃測量程序，並證明測驗的效度，在預測發展上的個別差異時，也只對定義明確的智力發展與生理發展較有把握，社會與人格特質的研究仍然面臨重大的挑戰，因為三個大型而長期的追蹤研究 (large-scale studies of child rearing conducted in Iowa, Massachusetts, and California) 結果顯示，養育方式與兒童社會、人格的發展幾乎沒有相關，這究竟是理論出了問題，還是研究方法出了問題？這個問題反映出追蹤研究最大的魅力與風險之所在：它的結果可以是推翻或建構發展理論最直接、有力的證據，它也可能因為工具或變項選擇不當而讓長期的努力功虧一簣。

此外，最實際的問題是，長期追蹤研究常常需要與研究群體同樣長壽的研究機構才能竟其工，最著名的長期追蹤研究莫過於 Lewis M. Terman 在

1921 年以 952 名 IQ 分數 140 以上的兒童為對象，超過一甲子的研究了。除了時間成本外，這當然也意味著大量經費與人力的投資，因此一般研究者均無法也不敢輕易嘗試，這也是為什麼目前持續做長期追蹤研究的機構只有四個：延續 Terman 研究的 Berkeley 與 Fels Institute，以及 Minnesota 與 Harvard。對一般研究者而言，折衷之道可能是選擇在個體特定能力或技能的發展歷程中，重要事件發生的年齡做為變項，例如 Savage 與 Carless (2005) 想釐清何種語音運用能力與閱讀能力較有關聯，他們選擇測量 5 歲兒童對音韻與音素的掌握能力，以及同一兒童 7 歲時的閱讀能力。他們之所以選擇這兩個年齡，是因為 5 歲是正式教育的啟蒙時期，而 7 歲是個別差異開始明顯化的時期，最重要的，兩年是研究者能夠投入的時間。

2. 橫斷設計

雖然長期追蹤設計是了解發展歷程最具說服力的方法，但是長期追蹤設計費時費力，參與者也容易流失，因此一般研究者想要在短時間內了解年齡的長期發展趨勢，便只能選擇不同年齡層的群體為研究參與者，然後比較這些群體在行為反應或能力作業上的表現差異。舉個例子，研究者想研究智力的發展，便可以相同的智力測驗，讓不同年齡層 (例如，7 歲、12 歲、20 歲) 的群體分別做反應，然後比較這幾個年齡層群體的結果，便能夠推測智力的發展狀態，此方法取其選取生命發展的幾個橫斷面來比較之意，因此稱為「橫斷設計」(cross-sectional design)。這個方法背後最主要的假設是：當較大年齡層的群體是來自與較小年齡層群體相同的母群體時，即可從較大年齡層的行為推論出較小年齡層群體的發展趨勢。換句話說，研究者不必實際等候特定能力或行為變化的發生，就可以根據前後期行為的關係，推測發展的速度與方向。至於要選取哪些年齡層，就要看研究者預設其研究主題 (例如，語言、邏輯能力、道德行為等) 的發展變化主要會發生在什麼時期。

橫斷設計比起長期追蹤設計自然在時間與人力上節省許多，因此除了在產生發展理論的初步假說或澄清既有的假說上有用之外，許多研究者在建立新測驗的信、效度上也常使用此設計。然而，要根據橫斷設計所蒐集到的資

料來做出長期發展的結論,難免出現很多問題。因為橫斷設計只能提供不同年齡群體間的差異之資料,無法提供隨年齡而變化的行為資料。以前述例子而言,研究者能夠知道 7 歲、12 歲、20 歲的智力差異,卻無法知道這些差異何時發生、如何發生以及隨著時間如何演變。換句話說,橫斷設計無法回答特定能力或行為在發展上是否具有穩定性的問題。此外,橫斷設計因為使用群體平均值,也無法回答有關發展變異的問題。另外一個主要的問題是,以橫斷設計所獲得的資料會有世代混淆 (cohort confound) 的問題,以上述智力發展的例子來說明的話,如果研究對象中的 7 歲兒童都接受了一種新的思考教育的課程,而 12 歲和 20 歲這兩組在小學時都沒有接受過此課程,那麼單純地比較三個年齡組別,自然就無法知道組間差異是因為年齡差異,還是因為世代差異產生的結果。特別要注意的是,如果比較的是更大的年齡差距 (例如,20 歲與 60 歲) 時,可能年齡大的組平均受教育年限比較少,社會經濟水準也比較低,因此,當研究者在兩個年齡層中選取相同教育程度或經濟水準一樣的人做為參與者,就會造成選樣上的誤差。換句話說,一個年齡層中可能選到不具代表性的樣本。當然,橫斷設計必須面對的基本挑戰與長期追蹤研究一樣,因為要讓不同年齡層的研究對象接受相同的實驗、測驗或問卷,因此需要發展出適合所有年齡層的研究工具。

橫斷設計本來是希望能以更有效率的方式得到與長期追蹤研究相同的關於年齡發展變化的結論,但是 Schaie 對成人智力發展所做的研究卻顯示,橫斷研究的結果未必與以相同群體所做的長期追蹤研究的結果一致 (Schaie, 2004; Schaie & Strother, 1968)。這樣的結果顯示出,無論單一群體的長期追蹤研究或傳統的橫斷研究似乎都難以對具理論意義的發展問題提供圓滿的答案。

3. 連續設計

如上所述,「長期追蹤設計」能提供年齡變化 (age change) 的資料,「橫斷設計」能提供年齡差異 (age difference) 的資料,但是兩者都無法適當解決世代混淆的問題,也無法單獨回答發展上的問題,因此,兼具兩者特點

的「連續設計」便成為發展研究的另一個選擇。

發展研究的連續設計可以是橫斷連續設計 (cross-sectional sequence)，也可以是長期追蹤連續設計 (longitudinal sequence)。橫斷連續設計是選取兩個以上的年齡層，然後在兩個以上的時間點，分別對這些年齡層的群體做能力或行為測量。例如，我們在 2005 年選取 25 歲、45 歲、65 歲的三個年齡層的人進行調查，然後在十年後的 2015 年再選取一批當時為 25 歲、45 歲、65 歲的三個年齡層的新樣本，進行與 2005 年相同的調查。而長期追蹤連續設計則是以兩個以上的世代進行兩個以上的長期追蹤研究。例如，我們在 2005 年選取一群 25 歲的樣本開始進行以十年為單位的長期追蹤調查，直到樣本 65 歲為止。然後在十年後的 2015 年再選取一批當時為 25 歲的新樣本，也同樣開始每隔十年進行一次調查的長期追蹤研究，直到新的樣本 65 歲為止，這便是最基本的長期追蹤連續設計。簡而言之，所謂長期追蹤連續設計是長期重複定期追蹤調查兩個以上相同的群體，而橫斷連續設計是在兩個以上的時間點，針對相同年齡層的兩個以上的獨立隨機樣本，各進行一次調查。兩種設計最大的差別是，長期追蹤連續設計能夠獲得橫斷連續設計所無法獲得的個體內年齡變化以及變化的個體間差異之資料。

Schaie 曾提出一個以系統性方法結合長期追蹤連續以及橫斷連續設計，號稱最有效率設計 (most efficient design) 的連續設計模式 (Schaie, 1965, 1994; Schaie & Willis, 2002)。所謂最有效率連續設計，首先必須根據研究變項的性質，以及可能需要的測量間距，來挑選適當的年齡範圍做為樣本人口框架 (population frame)，當然，這個樣本人口的年齡範圍盡可能愈大愈好，不過還是應該以配合研究變項的發展歷程為主要考慮。例如，想研究語言能力的發展，可能就會選擇從出生到 10 歲做為樣本人口的範圍，以 3 個月或半年做為測量間距；想研究性別刻板印象的發展，可能就會選擇從 10 歲到 50 歲做為樣本人口的範圍，以 5 年或 10 年做為測量間距。至於樣本的年齡層通常會配合測量間距，例如，若預定以 10 歲到 50 歲做為樣本人口，以 10 年做為測量間距，測量三次，則最簡單的設計是，以 10 歲為最年輕樣本，30

歲為最年長樣本，因為第三次測量時，30 歲樣本已經 50 歲了，而樣本年齡層的年齡差異通常設定為與測量間距相同的 10 歲，因此開始時只要取樣 10 歲、20 歲、30 歲三個年齡層進行測量或調查。

這種連續設計用表 6-1 來說明或許會清楚一些。2005 年開始進行研究，選取分別出生於 1995、1985、1975 (也就是 10 歲、20 歲、30 歲) 的三個年齡層的樣本開始進行第一次測量或調查，這時候所蒐集到的資料顯然只能是橫斷資料。十年後進行第二次測量，由於起始樣本已各多了 10 歲，成為 20 歲、30 歲、40 歲，因此比較同群體的第一次測量與第二次測量資料，我們便能夠獲得第一個從 10 歲到 20 歲、從 20 歲到 30 歲，從 30 歲到 40 歲的十年長期追蹤資料。同時，我們還能夠獲得另一批 20 歲、30 歲、40 歲的橫斷比較資料。到進行第三次研究時，樣本已變成 30 歲、40 歲、50 歲了，因此我們又獲得了寶貴的從 10 歲到 20 歲到 30 歲、從 20 歲到 30 歲到 40 歲、從 30 歲到 40 歲到 50 歲的二十年長期追蹤資料，與此同時，也有了另一個比較 30 歲、40 歲、50 歲的橫斷資料。細心的讀者也許會發現，三次研究當中包含數個世代不同但年齡相同的群體 (表 6-1 以顏色表示者)，例如，第一次研究與第二次研究都有 20 歲的年齡層，第二次與第三次都有 40 歲的年齡層，而三次研究都包含 30 歲的年齡層，比較這些年齡相同、世

表 6-1　最有效率連續設計取樣與測量程序舉隅

樣本 出生年份	第一次研究 2005 年	第二次研究 2015 年	第三次研究 2025 年		備註
1995	10 歲	20 歲	30 歲	⇒	長期追蹤資料
(2005)		(10 歲)	(20 歲)		(新樣本)
1985	20 歲	30 歲	40 歲	⇒	長期追蹤資料
(1995)		(20 歲)	(30 歲)		(新樣本)
1975	30 歲	40 歲	50 歲	⇒	長期追蹤資料
(1985)		(30 歲)	(40 歲)		(新樣本)
	⇓	⇓	⇓		
備註	橫斷資料	橫斷資料	橫斷資料		

代不同的群體，可以獲得橫斷資料與長期追蹤資料所無法獲得的世代差異資料。

表 6-1 只是最有效率連續設計的一個例子，研究者可以根據研究主題與研究變項，更替表中的樣本年齡與研究間距，便能夠規劃出有用的研究發展設計。顯而易見，連續設計的研究次數愈多，樣本愈多，其結果自然愈逼近最真實的發展歷程。不過，一般研究者可能無法負荷太多的研究成本，那麼最起碼的連續設計應包含多少次的研究時點與樣本呢？Schaie 認為，最起碼的連續設計應至少有三次的研究時間點，以及包含兩個年齡層的兩個樣本群，也就是表 6-1 以灰網表示的部分。簡單地說，就是在第一次研究時選定至少兩個年齡層 (例如，10 歲、20 歲)，第二次研究時，再選定另一組與起始樣本相同年齡層 (10 歲、20 歲) 的新樣本 (表 6-1 以灰網表示者)，重複相同的測量程序。必須有兩個以上的樣本的理由是，唯有年齡層重疊的兩個以上的長期追蹤資料，才能夠讓研究者確認單一群體長期追蹤資料所顯示的發展趨勢。在這基本的連續設計之架構上，研究者可斟酌自己的時間、精力、資源，設定研究次數、年齡層與樣本數量，以表 6-1 為例，研究者可以在第一次研究時就取樣三個年齡層，也可以在第三次研究時引入第三個樣本群，更可以增加第四次、第五次……甚至更多次之研究。

(四) 變化歷程的研究

發展研究的最大困難是，研究者通常無法直接觀察到特定能力或行為真正正在發生變化的過程，無論橫斷研究還是長期追蹤研究都只是觀察到「變化的結果」，而不是「變化的歷程」。就像相片一樣，它們只能提供各年齡階段的變化資料，卻無法告訴我們變化確實在何時發生，又是如何發生的。

1. 微基因法

微基因法 (microgenetic method) 顧名思義就是「短期間內，高密度、近距離，觀察發展變化的發生」之研究設計。此一研究法的基本假設有二：

參考方塊 6-1：以臺灣現代化過程中教養價值的變化為主題之連續設計

Gabrenya 等人的研究以長達二十一年的時間觀察臺灣社會在現代化的過程中，隨經濟結構轉變而異的工作環境與工作經驗，對個人的價值觀或教養觀造成何種影響 (Gabrenya, Lin, Hue, Kao, & Na-er, 2010)。其取樣方式如下圖。在 1989 年取樣國中生及其父母做為初始樣本進行測量；然後在 1998 年再次測量初始樣本，此時，十年前的國中生很多都已經是進入職場的成人，因此同時取樣第二樣本，也是國中生及其父母，以便比較初始樣本群第二樣本；最後，在 2009 年針對初始樣本與第一樣本分別再次進行第三次與第二次的測量之外，也同時取樣第三樣本。歷時二十年的研究顯示，基本上現代化的程度有代間傳遞的現象，但是只有教養觀的轉變與工作環境的改變有關，一般價值觀的轉變則與工作環境的改變無關。

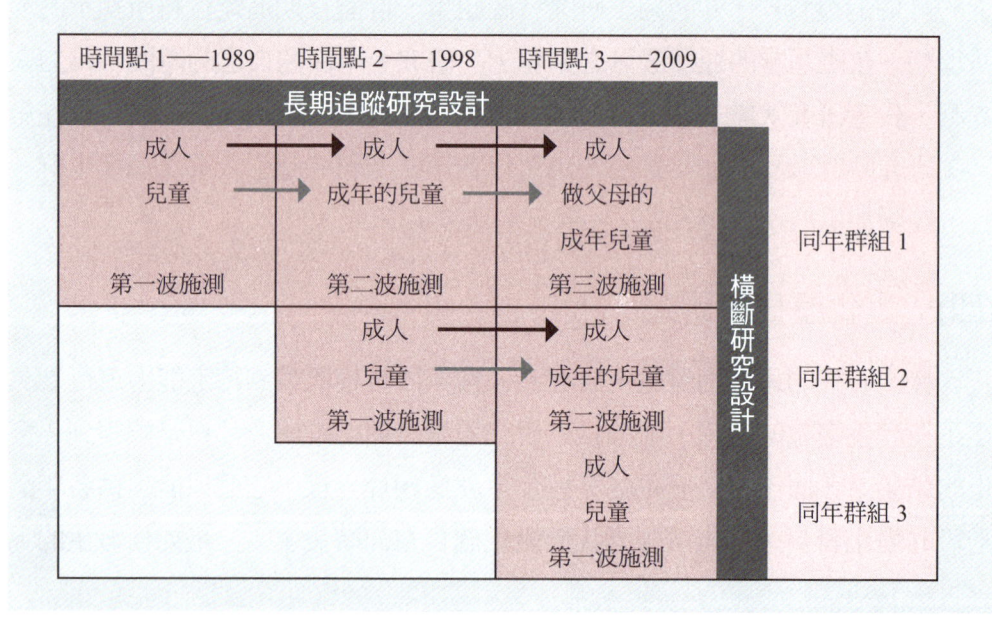

時間點 1——1989	時間點 2——1998	時間點 3——2009		
長期追蹤研究設計				
成人 →	成人 →	成人		同年群組 1
兒童 →	成年的兒童 →	做父母的成年兒童	橫斷研究設計	
第一波施測	第二波施測	第三波施測		
	成人 →	成人		同年群組 2
	兒童 →	成年的兒童		
	第一波施測	第二波施測		
		成人		同年群組 3
		兒童		
		第一波施測		

(1) 唯有聚焦到個體在實際情境中指標行為之具體細節，我們才有可能獲得了解變化歷程的有用資料；(2) 觀察即時 (real time) 的微細變化是了解發展

變化的關鍵 (Lavelli, Pantoja, Hsu, Messinger, & Fogel, 2005:42)。由此可知，微基因法的主要目的並非描述各年齡的發展現象，而是嘗試掌握特定行為的變化歷程。這一方法雖然與長期追蹤研究法一樣，會以同一個體為對象，多次重複蒐集相關資料，但它們之間的差異在於，微基因法通常是在特定變化可能發生期間內，採取密集性地多次重複取樣。例如，兒童語言發展研究者最常採用此方法，研究者通常以週或月為單位，針對同一對象，密集觀察兒童的語言使用情況。採用此方法，可以讓研究者清楚界定特定行為的發展形式，讓他們了解發展是突然發生還是漸進發生的，也讓他們知道這特定行為的發展形式與速率是否具有普遍性，也因此，微基因法在個別差異的研究上，自然也是十分重要的方法。

由於微基因法的主要目標是了解發展的變化歷程與個別差異，因此它在實施程序上有下列幾點特徵 (Flynn, Pine, & Levis, 2006; Lavelli et al., 2005; Siegler & Crowley, 1991)：第一，此方法必須在發生發展變化的特定期間內，觀察特定個體。換句話說，變化中的個體 (changing individual) 是微基因法最主要的分析單位。第二，觀察必須涵蓋特定能力或行為發生急速變化之前、當下、之後 (before, during, and after change) 的完整時期。換句話說，觀察的起點應該是在預期發生變化的時期之前，而觀察的終點則是在所有 (或大部分) 被觀察對象都發生特定行為的變化之後。第三，觀察的頻率應該以特定變化發生的速度為基準設定高密度次數 (elevated density)，以便獲得變化發生前後的各種觀察資料。例如，如果預定研究的指標行為會在幾個月之內發生變化，那麼觀察密度應該設定為以週或數天為單位；如果會在幾天內發生，那麼觀察密度便應該設定為以一天或數小時為單位。第四，必須徹底將觀察到的資料做最周詳、細緻的質性與量化分析，否則難以推測出變化發生的實際過程。

基於以上高密度、極深入的研究特性，微基因法的樣本數通常較少、觀察資料卻相對龐大與複雜，因此，在資料分析上自然具有目標性與獨特性。Lavelli 與其同僚曾綜合整理出微基因法最常被使用的四種分析策略：

(1) 基準取向 (normative-oriented approach)：此策略是以個體為分析單位，以群體的平均值做為變化的指標。
(2) 個案取向 (idiographic individual-oriented approach)：此策略雖然也是以個體為分析單位，但是與基準取向不同的是，個體發展變化的分析對象不是群體的平均值，而是單一個體的變化。換句話說，就是多個個案分析的整合結果。
(3) 個體成長模式取向 (individual growth-modeling approach)：此策略以個體的成長曲線 (growth trajectories)，以及比較個體間成長曲線為分析重點。
(4) 多變項個體取向 (multivariate individual-oriented approach)：當研究單位是個體，必須連續取樣，同時觀察變項是一個以上時，就必須使用特定的因素分析法 (例如，P-technique Factor Analysis) 來分析個體發展的變化速率與方向，並比較個體間的發展變化 (詳細分析方法參見 Lavelli et al., 2005:52-55)。

　　微基因法因為在個體發展關鍵時期進行密集觀察，對於特定能力或行為的變化歷程之理解有它獨特的優勢：第一，針對特定能力或行為能描繪出清楚的發展曲線，從而能釐清發展上不變的部分與變化的部分；第二，它能說明個體發展出新能力或行為的策略、速率以及發生時間點的個別差異；第三，它能釐清發展所需的情境。然而，帶來優勢的方法也同樣帶來限制，由於必須在一段期間內密集重複取樣，它先天上也就有了無可避免的限制。首先，同一個體重複做同樣的作業或測驗，不免有信度上的問題，因為不管是兒童或成人，都無法排除重複練習的學習效果。其次，密集重複取樣所耗費的人力與時間，也不是一般的研究者所能負荷的。同時，就如同此方法的名稱所顯示的，由於觀察入「微」，就要謹防見樹不見林，只見細節，不見發展的根本問題。最重要的是，如果研究者無法看出特定變化對於特定能力或行為發展的重要性或相關性，則再辛苦蒐集來的資料都可能白費。

2. 行為的觀察

無論是研究行為變化的結果或是歷程，行為的觀察本身自然是研究中最關鍵的部分。對於研究者而言，做任何行為觀察之前，都必須先問兩個問題：「在哪裡觀察？」「觀察什麼？」顯然，這兩個問題的答案都取決於研究者究竟想要問什麼樣的問題。就場景而言，一般可分為現場情境 (field) 或控制情境 (controlled setting) 兩種。現場觀察是在研究對象的日常的生活場域進行觀察，因此能夠觀察到較自然、較多樣的行為模式，例如，研究者可以進到教室裡觀察特定兒童的行為表現，這些觀察可以當場以文字將行為發生頻率與型態記錄下來，也可以先錄音或錄影，然後再轉謄成文字記錄。在最近的研究，攝影機的使用十分普遍，研究者卻必須特別留意攝影機本身對觀察對象的行為是否造成影響，以及攝影機的角度與影音清晰度是否能夠記錄完整。

就觀察變項而言，無論在哪裡觀察，研究者都會選擇與自己想驗證的假說或理論有關的行為變項做為觀察焦點。不過，要做好行為觀察，最重要的就是先發展出好的記錄分類 (coding categories) 系統，這個分類系統對於特定行為而言，必須是窮盡且互斥 (exhaustive and exclusive)，而且是具有信度 (reliable) 的行為指標。窮盡的意思是能夠將觀察的行為全都涵蓋在內，例如，觀察兒童的攻擊行為，一位研究者可能選擇觀察兒童主動攻擊的行為(不論攻擊的動機為何)，另一位研究者可能選擇觀察兒童在被動情況下的攻擊行為，但是就攻擊行為而言，主動與被動的分類就能包含所有攻擊行為。互斥的意涵則是，任何一個觀察到的行為只能夠而且只可能被歸到其中一類。例如，主動攻擊可以被分類為語言攻擊及行為攻擊，而語言攻擊與行為攻擊又可以再被細分為是為了自己或是為了別人，如此，任何一種主動攻擊行為都能被歸為「語言／利己」「語言／利他」「行為／利己」「行為／利他」四種攻擊行為中的一種。至於觀察的行為是否在分類上具有信度，主要是看兩位以上的獨立觀察者是否會將同一行為分在同一類別。信度這個問題通常在分類系統定義明確、觀察者熟悉分類系統卻不清楚研究目標時，不會成為大問題。

雖然有不少研究者認為發展研究基本上應該在現場情境做自然行為的觀察，但是由於現場觀察要在特定時間內觀察到特定行為較為困難，大部分的研究者還是選擇在研究者控制安排好的情境中進行觀察，因為控制情境有幾個研究上的優點 (Harris, 2008:31-32)。第一，由於情境的安排是根據研究者的研究問題而設計，例如，想觀察兒童在競爭情境下的行為，可以安排牌局或競爭型遊戲；想觀察兒童的合作行為，則可以選擇安排分工遊戲或設定共同目標，這樣自然就能確保研究者觀察得到研究對象在特定情境下的行為反應。第二，由於所有參與者都在相同的控制情境中接受相同的事件或作業，因此參與者的行為反應能夠互相做比較。第三，由於情境是事先安排的，能夠限定觀察對象的反應行為之次數，因而能夠預先選擇行為類別，容易量化行為指標。

3. 實驗法與嬰兒研究

控制情境來觀察行為的研究法中，實驗法因為對情境的安排與變項的操弄最為嚴謹，所獲得的結果無論是對於變化歷程或關鍵變項都最具解釋力。事實上，從最近許多精巧的實驗，由於能夠清楚呈現發展歷程，對於發展理論的驗證與問題澄清做出重大貢獻看來，實驗法確實是發展研究上不可或缺的重要方法。特別是研究對象為沒有語言能力的嬰兒時，實驗法更形重要。例如，如果我們想知道嬰兒能否分辨樂音與噪音，或者嬰兒對色彩有沒有偏好，光憑訪問父母或是觀察嬰兒恐怕都是無法得到答案的。

實驗法有它的優點自然也有它的限制，它的主要限制是：(1) 必須選擇嬰兒發展能力範圍內的行為做為觀察的依變項，例如，2 個月大的嬰兒大概是吸吮、踢腿、轉頭，8 個月大的嬰兒就可以取物、爬行；(2) 必須選擇嬰兒所能知覺到、認知到的實驗材料，因為在最初幾個月，嬰兒視覺敏銳度是比較差的；(3) 必須確定嬰兒是在警醒的狀態 (alert state)，因為當嬰兒累了、病了或餓了時，他們的注意力通常只能維持非常短的時間，容易造成對行為反應的錯誤解釋。不過，雖然有這些限制，只要實驗能確實考慮到嬰兒的特質，經過精細的設計與精巧的測量，我們會發現嬰兒還是可以成為實驗法的

重要樣本群。例如，DeCasper 與 Fifer (1980) 利用嬰兒天然的吸吮本能，證明三天大的嬰兒不只能分辨人的聲音、偏好母親的聲音，而且能夠了解自己行為的結果與環境的關係。他們用的方法是先測量嬰兒的一般吸吮速率做為測量的基準線，然後當嬰兒的吸吮速率達到研究者預設的水準時，就播放母親的聲音，若未達預設水準，則播放另一個女性的聲音。結果發現出生後僅僅 72 個小時的嬰兒便能調整吸吮速率，以便多聽母親的聲音。這個實驗之所以成功主要是因為研究者選擇了吸吮行為做為依變項，以及聲音的辨識做為實驗的刺激材料，對新生兒而言，這些都是發展上合宜的裁量。以下簡單介紹幾個嬰兒研究法的典範，由於篇幅的關係，介紹的重點將放在研究設計的邏輯，而不是技術上的細節。

(1) 慣化／去慣化法

所謂慣化法 (habituation paradigm) 的基本邏輯是，如果嬰兒對於兩個刺激的反應不同，代表嬰兒能知覺並分辨刺激間的相異性。這種方法分為兩個階段，第一個階段稱為慣化階段 (habituation phase)，在這個階段研究者反覆提供同一個刺激，並記錄嬰兒的反應行為。例如，在螢幕上呈現一個紅色的圓形，然後記錄嬰兒注視此圓形的時間，如此重複多次，如果嬰兒的注視時間逐漸變短，直到完全失去興趣，不再注視為止，我們稱此現象為慣化，代表嬰兒對此紅色圓形刺激進行訊息處理，並且知覺到出現的刺激都是同一個刺激。緊接著就進入第二個階段，也就是測驗階段 (test phase)。研究者先提供一個與前一階段相同的刺激，確定嬰兒對此刺激無反應之後，就提供新的刺激給嬰兒，例如說綠色的圓形 (改變顏色) 或者紅色的三角形 (改變形狀)，觀察嬰兒的反應是否會改變。如果嬰兒注視新刺激的時間變長了，這個現象就稱為去慣化 (dishabituation paradigm)，代表嬰兒能夠區辨新舊刺激的不同；換句話說，能夠區辨紅色與綠色或者圓形與三角形，同時，對於新刺激顯示較高的興趣與偏好，也因此這個方法又稱為新奇偏好法 (novelty preference method)。當然，這個方法可以用視覺刺激研究嬰兒的視覺知覺，也就可以用聽覺刺激研究嬰兒的聽覺知覺。

參考方塊 6-2：慣化法的變化與應用——權變吸吮反應法

慣化法此一研究典範可以有許多的變化與應用。以 Christophe 與 Marton 的研究為例 (Christophe & Marton, 2002)，他們對於新生兒在出生 4 天之後，不但能分辨母語與非母語，也同時具有分辨各種外語的能力，但是到了 2 個月大時，雖然還能分辨母語與外語，卻失去分辨不同外語能力的現象感興趣，想要了解其中的發展歷程，於是他們採用權變吸吮反應法 (contingent sucking response method) (Hesketh, Christophe, & Dehaene-Lambertz, 1997)。此方法是在練習階段，先讓嬰兒學會連續三次間隔不超過一秒的高強度吸吮，會引發相同的語音刺激 (此為「權變」名稱之由來)，而正式實驗時，就以特定時間內嬰兒引發的語音數量做為去慣化的指標。

Christophe 與 Marton 將嬰兒的母語 (英語) 以及三種外語 (日語、法語與荷語) 分別配對做實驗 (英語 vs. 日語；法語 vs. 日語；英語 vs. 荷語；荷語 vs. 日語)，其中荷語是被認為與英語的語音形態較相近之語言，日語與法語則否。由於慣化法必須以嬰兒對不同語言的新奇反應來判斷嬰兒對語言的區辨能力，但是不同語言必須由不同的人發音，因此，實驗者除了必須控制語言句子的音素與長度外，也必須讓每一個嬰兒都經驗 (1) 兩個不同女性說同一種語言，以及 (2) 兩個女性說不同語言的狀況，以釐清嬰兒是對語言還是對說話者做反應。當然，語言與說話者的先後次序也必須做組間對抗平衡之安排。

實驗時，讓嬰兒坐在車用安全椅上，嘴裡含著連線電腦的特製奶嘴。一個實驗者坐在嬰兒看不到的地方，戴上耳機 (因此聽不到實驗的語音刺激) 確認嬰兒在實驗進行中均含著奶嘴。另一個實驗者在實驗室外操作電腦。正式實驗時，實驗先播放一個句子，若嬰兒有連續三次高強度的吸吮反應，則繼續給予同一種語言的新句子，若兩分鐘內無此反應，則給予另一種語言的語句。最後，研究者將每一個嬰兒在 (1) 語言種類轉換，以及

(2) 說話者轉換，前後兩分鐘內的句子數目相減，若為正數，則表示嬰兒對不同種語言的新奇反應，是因為語言，而不是因為說話者。

Christophe 與 Marton 綜合其實驗結果，認為嬰兒可能在出生至一個月的期間，開始將母語與非母語分類，此時容易將與母語相近的語言與母語混淆 (例如，英語與荷語)，到了 2 個月大時，嬰兒能清楚分辨母語與其他外語，有些嬰兒卻也同時將所有非母語均歸為同類，不做區辨，因而失去對不同種外語的區辨能力，到了 4 個月大時，幾乎所有的嬰兒都不再能區辨不同種的外語。

(2) 視覺偏好法

當嬰兒能夠區辨不同的事物，比如說，紅色與綠色、圓形與三角形，我們可能會追問：嬰兒喜歡紅色還是綠色？喜歡圓形還是三角形？這時候就可以運用 Robert L. Fantz 發展出來的偏好法 (Fantz, 1961; 1963)。偏好法是同時提供兩個刺激讓嬰兒觀看，然後記錄嬰兒觀看不同刺激的時間。如果嬰兒注視其中某一刺激的時間較長，代表嬰兒對這刺激有偏好。Fantz 以此方法證明，出生才 2 至 5 天的嬰兒，對於人臉圖樣就表現出特別的偏好 (Fantz, 1963)。Goren 與其同僚甚至以出生不到幾分鐘的嬰兒為對象，控制圖案的複雜度與圖案組合之後，發現新生兒仍然對像人臉的圖案較有反應，注視時間顯著多於其他圖案 (Goren, Sarty, & Wu, 1975)。像這樣，視覺偏好法是一種簡單卻又十分有效的方法，因此在視覺知覺的研究上，應用十分廣泛而普遍。

(3) 違反預期法

綜合慣化法與偏好法，違反預期法能夠非常有效地了解嬰兒的內在知識。這方法通常設計兩個事件：一個是符合預期事件 (expected event)，另一個是違反預期事件 (unexpected event)。以 Baillargeon 與 DeVos 的經典研究為例，來說明這個方法的設計。第一階段是慣化階段，就是先讓嬰兒熟悉測試情境，例如，在嬰兒面前先出現一個屏風，然後讓一個高度只及屏風一半的

參考方塊 6-3：視覺偏好法的認知研究

　　視覺偏好法不僅對於嬰兒在視覺知覺的辨認研究上有用，而且在認知的研究上也有用。例如，王震武、林烘煜、曹峰銘與林文瑛等人在關於人觀發展的研究中，先讓 1 歲的嬰兒觀看同一個人表現親和笑容及不親和表情的照片，確定嬰兒喜歡親和的人勝於不親和的人之後，讓嬰兒觀看同一主角在親和笑容下表現出惡意的行為，以及在不親和表情下表現出善意的行為之影片，然後讓嬰兒同時觀看兩張反映情境的照片，並同時以眼球追蹤儀記錄嬰兒注視照片的時間，用以判斷嬰兒是否能夠同時注意人的親和向度與行為善惡向度，或者只關注到親和向度 (王震武、林烘煜、曹峰銘、林文瑛，2011)。

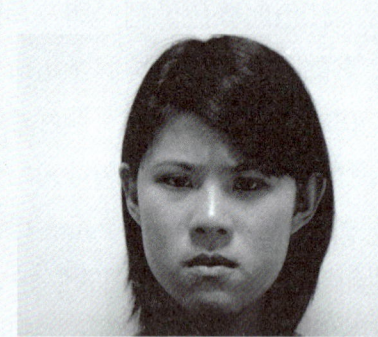

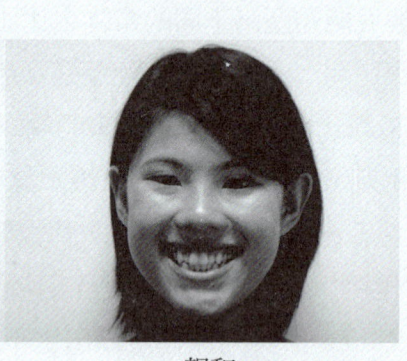

不親和　　　　　　　　　　親和

不親和但善意　　　　　　　親和但惡意

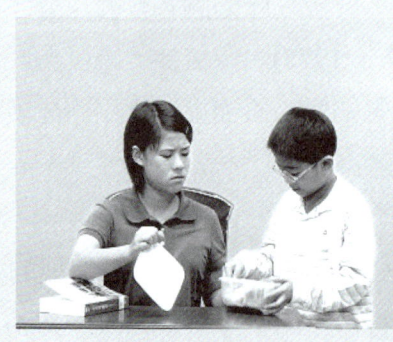

矮胡蘿蔔通過屏風後側,再讓一個高度為屏風三分之二的高胡蘿蔔也通過屏風後側,由於兩者都比屏風低,因此在通過屏風後側時都會有一段時間被隱蔽,嬰兒從正面是看不見的。嬰兒對此二事件慣化,不再感興趣或做反應之後,進入第二階段的測試階段:在嬰兒面前出現一個在中間上面挖了窗洞的屏風,然後一樣讓矮胡蘿蔔與高胡蘿蔔從屏風後面通過,矮胡蘿蔔由於高度不及屏風一半,通過屏風時當然是被遮蔽看不見的 (此為符合預期事件),但是高胡蘿蔔通過屏風後側時,照樣也讓嬰兒從窗洞看不見高胡蘿蔔通過 (此為違反預期事件,因為高胡蘿蔔的高度比窗洞的邊緣要高),如果嬰兒具備物體恆存 (object permanence) 概念,也就是說,如果嬰兒知道物體通過屏風後面時還是存在的,就會對這違反預期事件注視的比符合預期事件來得久;反之,如果嬰兒並不具備物體恆存概念,對這兩事件的注視反應應該不會有顯著的差異。Baillargeon 與 DeVos 以此精巧設計顯示,2 個半月到 3 個半月的嬰兒都已經具備物體恆存的概念,成功挑戰了 Piaget 主張嬰兒要到 8 個月大才具備物體恆存概念的研究結果 (Baillargeon & DeVos, 1991)。

(4) 操作制約典範

　　此方法的基本程序是先測量嬰兒特定行為的基線 (baseline),然後在嬰兒表現此特定行為之後,馬上呈現一個具有增強 (reinforcement) 性質的刺激。此方法的預設是,如果嬰兒了解行為與增強物之間的關聯性,行為表現的頻率自然就會增加;反之,不會有改變。前節所提 DeCasper 與 Fifer (1980) 的研究就是一個很好的例子。Rovee-Collier 與 Shyi 也利用此方法,研究嬰兒的記憶力 (Rovee-Collier & Shyi, 1992)。首先,在新生兒能表現的有限行為中,他們選擇踢腿行為做為反應指標。其次,必須建立行為的基線標準,結果測量到嬰兒平均 3 分鐘踢腿一次。接著進入實驗階段,他們將一條線的一端綁在嬰兒腿上,一端連到嬰兒頭部上方的轉動式玩具上。只要嬰兒一踢腿,就會牽動這條線,使得玩具轉動,玩具轉動的速度、時間與嬰兒踢腿動作成正比,踢得愈用力,轉得愈快,踢得愈快,轉得愈久。實驗階段是 9 分鐘的增強期 (因此又稱訓練階段),玩具隨嬰兒踢腿的強度與密度而或快或慢地轉

動。接著，研究者將線從嬰兒腿上解開，以 3 分鐘時間測量嬰兒踢腿的頻率，這 3 分鐘內嬰兒踢腿速率高於基線標準，表示嬰兒不僅了解踢腿行為與玩具轉動之關係，且學習到以自己的踢腿來控制玩具的轉動。

測量記憶的程序則是在一段時間 (幾小時或幾天) 之後，將相同的轉動式玩具擺在嬰兒上方，再以 3 分鐘時間測量嬰兒看到玩具後的踢腿行為是否有增加。若增加，代表嬰兒仍記得學習到的行為；若與基線行為無差別，代表嬰兒並不記得學習到的行為。當然，研究者也能夠操弄玩具的樣式，來測試嬰兒如何看待相似而不相同的玩具，以確認嬰兒的「分類」「類化」概念。此方法運用廣泛，只要設計得當，從嬰兒到成人都是很有用的實驗法。

(5) 尋找法

對嬰兒記憶的研究法中，有一種重要的方法──尋找法 (search technique)，其實是源自於 Piaget 對於嬰兒物體恆存概念的實驗 (Piaget, 1951)。他將一個玩具放在嬰兒可以拿得到的地方，當嬰兒對玩具感興趣想要伸手去拿時，用一塊板子隔在嬰兒與玩具之間，然後看嬰兒會不會想去「找」玩具，例如，嘗試將隔板撥開，或伸頭去看玩具。8 個月以下的嬰兒通常並不會嘗試尋找突然失蹤的玩具，Piaget 認為是因為嬰兒沒有物體恆存概念，以為看不見的東西就不存在。後來的研究者利用這種方法來研究嬰兒的記憶力，例如，他們先在桌上放了三個杯子，並將一個玩具在嬰兒注視下放到其中的一個杯子裡，隔短暫時間後，鼓勵嬰兒去拿玩具 (Reznick, Fueser, & Bosquer, 1998)。或者，他們在嬰兒注視下，將玩具從第一個杯子移到另一個杯子裡，然後看嬰兒會到哪一個杯子去尋找玩具 (Ahmed & Ruffman, 2000)，以測驗嬰兒是否記得玩具的位置。此方法以嬰兒的主動找尋做為反應指標，十分有創意，但是它在證明特定能力的存在上比否定能力的存在更有利，因為嬰兒「不找」的行為可以有許多不同的解釋。

(6) 延宕模仿法

延宕模仿法 (deferred imitation) 是另一種常被使用來研究嬰兒記憶的方法，其程序是先讓一位示範者在嬰兒面前表現出一系列的行為，延宕一段

時間之後 (通常是一天或幾天後)，在相同的情境下，測試嬰兒是否能模仿出示範者的行為。根據 Piaget 的研究，延宕模仿的能力要在 1 歲半之後才會出現，但是 Barr 與其同僚以精巧的設計證明，嬰兒在 6 個月大時就已有延宕模仿的能力 (Barr, Dowden, & Hayne, 1996)。他們的實驗程序是這樣的：

A. 示範者取下一隻戴在玩偶手上的手套。
B. 示範者搖晃手套，同時手套裡的鈴鐺發出聲音。
C. 示範者將手套戴回玩偶手上。一天之後，實驗者將戴手套的玩偶拿給嬰兒，然後觀察嬰兒：
   (i) 是否會重複其中任一項行為；
   (ii) 是否會重複行為的順序性。

結果發現，6 個月大的嬰兒當中，有四分之一的嬰兒能夠「依序」表現其中兩項行為，有四分之三的嬰兒至少表現了其中一項行為。此方法在提供嬰兒內在表徵的資訊上，操作容易且十分有效。

三、發展研究的倫理議題

任何研究都應該以照顧到研究參與者的利益為原則，個體發展研究中最常以嬰兒或兒童為對象，除了應獲得監護者的同意之外，還有許多審慎的考量。關於以兒童為對象的倫理考量，兒童發展研究學會 (The Society for Research in Child Development, SRCD) 詳列了研究倫理的指導項目 (SRCD Ethical Standards for Research with Children)，讀者可在其網頁上讀到全文 (www.srcd.org)。其中最重要兩個原則是：評估研究程序對兒童的影響，以及獲得監護者同意的方式。

(一) 評估風險與利益：最佳化原則

所有的人都會同意，我們不應讓兒童在研究中受到身體或心理上的傷

害。因此，Watson 當年讓幼兒受驚嚇以證明人們對小動物的恐懼是受環境制約而來的經典研究 (Watson, 1919; Watson & Rayner, 1920)，已經被認為是違反倫理，也因此是不應該進行的研究。他們曾經將一隻小狗丟進 6 個月大女嬰的嬰兒車裡，觀察女嬰的反應。結果原來不怕任何小動物的女嬰，因為被嚇到而開始對小狗甚至會動的玩具動物產生恐懼感，直到一年後，這個女嬰仍然對地板上溫馴的小白鼠有強烈的害怕反應。

　　有些研究方法也許不是那麼極端，但是在研究過程中任何可能造成兒童自尊受損、困窘或特殊化的程序，都應該被排除。例如，研究者想研究兒童抵抗誘惑的能力，於是，告訴兒童如果他能正確回答實驗者給他的題目，就會給他一個禮物，在兒童開始作答時，實驗者刻意讓兒童知道正確答案就在實驗室後方的櫃子裡，然後藉故離開實驗室，並使用隱藏式攝影機，錄下兒童的反應。這樣的研究是否違反誠信原則？再例如，研究者想了解攻擊行為的示範效果，於是安排一個班級觀看暴力影片，另一個班級觀看一般影片，然後觀察並記錄這兩個班級的學生在師生互動與同儕互動中的攻擊行為是否增加。這樣的研究設計是否違反倫理原則？研究者想研究影響大學生人際互動的因素，他可能採取請大學生參與者列出班上他最喜歡與他最不喜歡的同學的名字的方法，這樣的方法是否會使本來不受歡迎的同學未來更不受歡迎，以致違反道德原則？

　　即使一般的訪談，兒童也可能會有一些問題是不想回答的 (例如，「你喜歡你弟弟嗎？」)，但是因為成人的權威壓力，使得他必須忍受不自在的經驗。或者，兒童必須回答一些他不想讓父母或老師知道的事 (例如，「你在學校被同學欺負過嗎？」)，研究者可能基於善意，希望藉由通知父母或老師而讓他們提供協助，但是兒童必須經歷隱私不被尊重的經驗。再或者，即使只是一般的實驗作業，無法如期完成作業的參與者總會經歷一段或多或少的挫折經驗。

　　總之，個體發展的研究不像醫學研究，對於參與者生理或健康上的影響可能較小，但是由於它對參與者心理層面的影響十分幽微、細緻、複雜，因

此不容易預測，也不容易評估，從而傷害可能更大。針對這樣的風險，現在各級學校或學會、研究機構大都成立倫理審議委員會 (Institutional Review Board, IRB) 來為個別的研究計畫評估研究的風險與預防之道。委員會基本上是根據風險與利益的相對比例 (risks-versus-benefits ratio) 原則做審議，也就是將研究對參與者可能造成的不自在、干擾以及心理或生理上的危害，與研究結果可能帶來的知識上或生活上的貢獻做相對衡量，在儘量減少損害與增加利益的最佳化原則 (optimizing risks and benefits principle) 下，做出對研究是否應該進行或如何進行的判斷與建議。

(二) 參與者本人或父母的同意

所有的研究都應該獲得參與者本人的同意，並且允許參與者在研究中途選擇退出。但是，由於兒童可能對於研究的理解有限，因此研究若是以兒童為研究對象，則除了兒童本人的同意之外，還需要獲得監護人或教師的同意，才能進行研究。成人的同意主要在提供保護的機制，兒童的同意主要提供兒童表達個人意見的機會。研究者不只必須說明要求兒童參與的作業形態，而且必須完整說明研究的目標與預期的可能反應。在研究對象是嬰兒的時候，如果嬰兒在研究過程中持續表現出不舒服或者不安的狀態，研究者應該立刻中止研究程序，並且將嬰兒的資料剔除。

(三) 付費或給禮物的倫理考量

IRB 在審度研究計畫的倫理議題時，最大的焦點必然是研究程序對參與者所可能帶來的風險，其中還包含研究者提供的金錢或物質報酬，所可能給參與者或研究本身帶來的影響。通常研究者所提供的報酬分成兩種性質：一種是補償性報酬 (reimbursement payment)，通常是用來彌補參與者因為參與研究所造成的自費損失，例如，交通費、停車費等。換句話說，補償性報酬的目的在減少參與者參與研究的障礙，因此補償性報酬的合理金額容易估算，而且比較屬於象徵性的感謝。另一種則是誘因性報酬 (inducement payment)，是用來提高參與者參與研究的動機，因此通常高於參與者實際為研究付出的費用。在以嬰兒或兒童為研究對象時，由於報酬的給付對象是父母或監護者，因此在評估誘因性報酬的額度時，必須特別考慮下列幾項因素。

1. 研究中參與者可能面臨的風險

如果是一般、無風險性的研究，報酬金額的多寡可能影響不大，但是研究者仍然必須注意，報酬金額不能高到讓父母或監護者將小孩當作獲取報酬的工具。尤其是有風險的生理研究中，高金額的報酬可能使父母或監護者忽視小孩必須面臨的風險。由於不想以高金額造成動機上的扭曲，許多研究者以最低工資的工時計算參與研究的報酬，但是這又不可避免地面臨另外的問題：最低工資的報酬可能使得應徵的參與者多半來自社會的中下階級，這不僅有取樣偏差的問題，而且會有社會正義性的問題。因為取樣的同質性使得研究結論可能不具普遍性，而讓社會中下階層的嬰兒或兒童承受較大的風險則顯然是違反社會正義的。在無法消除誘因性報酬給兒童參與者可能帶來的危害這一問題前，有些研究者主張只能給補償性報酬，有些學會乾脆禁止研究者給付誘因性報酬 (Moreno, 2001; Reznik, 2001)。

2. 給付報酬的時間點

許多發展研究常常需要研究者重複參與研究，因此研究者常常是每完成一次階段性實驗或調查，就給付參與者報酬，然後在完成所有研究程序後，再給一次獎勵性的報酬，感謝參與者完成所有的研究。在研究過程中，只要參與者付出心力與時間來參與研究，給予補償性報酬是合理且必要的，但是，如果預告完成所有研究程序就會有獎勵性報酬，可能使得原想中途退出研究的參與者或監護人，會受到鼓勵繼續留在研究中，因此，不應該有「完成研究」的獎勵性報酬，以確保參與者所獲得的報酬是一樣的，同時不會因為報酬而影響參與與否的決定。

3. 給付的對象與報酬的形式

報酬給付應該考慮報酬的直接對象而決定報酬的形式。在以成人為對象的研究中，直接付給成人應有的報酬當然是合理的，但是在以兒童或嬰兒為對象的研究中，成人付出的通常是時間、勞力與交通費，在這部分給付補償費給成人雖然是合理的，但是實際參與研究的是兒童與嬰兒，研究的報酬主要是補償兒童在研究中的配合與忍耐，自然應該以兒童或嬰兒為對象，從而，比起金錢報酬，給予兒童能使用的玩具、書本、影音產品等做為答謝的禮物，可能比較符合報酬的性質與目的，也比較不會扭曲監護者對參與研究的決定。不過，禮物的給付仍然必須考量到父母的狀況，免得造成困擾。例如，如果家裡沒有光碟機，給兒童 CD 就會讓父母很尷尬。

4. 支付報酬的訊息

假設 IRB 已經認可研究者所提報酬的給付、金額與方式，研究者最後必須決定的是，在研究開始前，關於報酬的訊息該告知到何種程度。美國小兒科學會的建議是，如果報酬是給兒童的，在研究進行前最好不要讓兒童知道參與研究會有報酬，以確保兒童的參與是出於他自己的意願，而非受報酬或禮物的吸引。然而，對研究者而言，事後給的報酬事實上就會失去做為誘因的性質了，同時，即使研究者不說，父母或監護者也可能會問，或者從其他參與者那裡知道。因此，若想讓報酬的訊息既能提高參與研究的動機，又不會扭曲參與者的動機，就必須注意將報酬設定在較低的、可預期的水準範圍，同時，不要將報酬設定為完成所有程序才能夠獲得的「全程」報酬。如此，則可以在參與研究同意書上將此訊息事前告知參與者。

參考書目

王震武、林烘煜、曹峰銘、林文瑛* (2011)。〈「人觀」拼圖：它的概念架構、注意偏向與發展趨勢〉。《中華心理學刊》，53，255-273。(*通訊作者。)

Ahmed, Ayesha, & Ruffman, Ted (2000). Why do infants make A not B errors in a search task, yet show memory for the location of hidden objects in a nonsearch task? In Darwin Muir & Alan Slater (Eds.), *Infant development: The essential readings* (pp. 216-235). Malden, MA: Blackwell.

Baillargeon, Renée & DeVos, Julie (1991). Object permanence in young infants: Further evidence. *Child Development, 62*, 1227-1246.

Baltes, Paul B., Reese, Hayne W., & Nesselroade, John R. (1977). *Life-span developmental psychology: Introduction to research methods*. Monterey, CA: Brooks/Cole.

Barr, Rachel, Dowden, Anne, & Hayne, Harlene (1996). Developmental changes in deferred imitation by 6- to 24-month-old infants. *Infant Behavior and Development, 19*, 159-170.

Collins, Linda M., & Sayer, Aline G. (Eds.) (2001). *Best methods for the analysis of change*. Washington, DC: APA.

Collins, Linda M., & Sayer, Aline G. (Eds.) (2001). *New methods for the analysis of change*. Washington, DC: APA.

Christophe, Anne, & Marton, John (2002). Is Dutch native English? Linguistic analysis by 2-month-olds. *Developmental Science, 1*, 215-219.

DeCasper, Anthony J., & Fifer, William P. (1980). Of human bonding: Newborns prefer their mother's voices. *Science, 208*, 1174-1176.

Fantz, Robert L. (1961). The origin or form perception. *Scientific American, 204*, 66-72.

Fantz, Robert L. (1963). Pattern vision in newborn infants. *Science, 140*, 296-297.

Flynn, Emma, Pine, Karen, & Levis, Charlie (2006). *The microgenetic method: Time for change? The Psychologist, 19*, 152-155.

Gabrenya, William, Lin, Wen-ying, Hue, Chih-wei, Kao, Chien-hui, & Na-er, A. (2010). *Are Taiwanese becoming (ever more) modern?* A 21-year longitudinal study. Paper presented in XXth Congress of International Association for Cross-Cultural Psychology, Melbourne, Australia.

Goren, Carolyn C., Sarty, Merrill, & Wu, Paul Y. K. (1975). Visual following and pattern discrimination of face-like stimuli by newborn infants. *Pediatrics, 56*, 544-549.

Gottman, John M. (Ed.) (1995). *The analysis of change*. Mahwah, NJ: Erlhaum.

Grigorenko, Elena L., & O'Keefe, Paul A. (2005). Dealing with change: Manifestation, measurements and methods. In Andreas Demetriou & Athanassios Raftopoulos (Eds.), *Cognitive developmental change: Theories, models and measurements* (pp. 318-353). Cambridge University Press.

Harris, Margaret (2008). *Exploring developmental psychology: Understanding theory and methods*. Los Angeles: Sage Publications.

Hartmann, Donald P., & George, Thomas P. (2005). Design, measurement, and analysis in developmental research. In Marc H. Bornstein & Michael Lamb (Eds.), *Developmental psychology: An advanced textbook* (5th ed.) (pp. 326-329). Mahwah, NJ: Lawrence Erlbaum Associates.

Hesketh, Sarah, Christophe, Anne, & Dehaene-Lambertz, Ghislaine (1997). Non-nutritive sucking and sentence processing. *Infant Behavior and Development, 20*, 263-269.

Kagan, Jerome (1997). Temperament and the reactions to unfamiliarity. *Child Development, 68*, 139-143.

Kodish, Eric (Ed.) (2005). *Ethics and research with children: A case-based approach*. USA: Oxford University Press.

Lavelli, Manuela, Pantoja, Andréa P. E., Hsu, Hui-chin, Messinger, Daniel, & Fogel, Alan (2005). Using microgentic design to study change process. In Douglas M. Teti (Ed.), *Handbook of research methods in developmental science* (pp. 40-65). Malden, MA: Blackwell.

Lerner, Richard M., Dowling, Elizabeth, & Chaudhuri, Jana (2005). Methods of contextual assessment and assessing contextual methods: A developmental systems perspective. In Douglas M. Teti (Ed.), *Handbook of research methods in developmental science* (pp. 183-209). Malden, MA: Blackwell.

Lin, Wen-ying, Wang, Jenn-wu, Lin, Hung-yu, & Tsao, F. M. (2010). Development of person perception. Paper presented in 27th International Congress of Applied Psychology, Melbourne, Australia.

Milgram, Jeannette, Westley, Doreen T., & Gemmill, Alan W. (2004). The mediating role of maternal responsiveness in some longer term effects of postnatal depression on infant development. *Infant Behavior & Development, 27*, 443-454.

Miller, Scott A. (1998). *Developmental research methods* (2nd ed.). Upper Saddle River, NJ: Prentice-Hall.

Moreno, Jonathan D. (2001). It's not about the money. *American Journal of Bioethics, 1*, 46-47.

Overton, Willis F. (1998). Developmental psychology: Philosophy, concepts, and methodology. In Richard M. Lerner (Ed.), *Handbook of child psychology* (5th ed. Vol. 1, pp. 107-188). New York: Wiley.

Piaget, Jean (1951). *Play, dreams, and imitation in childhood*. New York: Norton. (Originally published 1945.)

Resnik, David B. (2001). Research participation and financial inducements. *American Journal of Bioethics, 1*, 54-56.

Reznick, J. Steven, Fueser, J. Josephine, & Bosquer, Michelle (1998). Self-corrected reaching in a three-location delayed-response search task. *Psychological Science, 9*, 66-70.

Rovee-Collier, C., & Shyi, G. C. W. (1992). A functional and cognitive analysis of infant long-term memory. In Mark L. Howe, Charles J. Brainerd, & Valerie F. Reyna (Eds.), *Development of long-term retention* (pp. 3-55). New York: Springer-Verlag.

Savage, Robert, & Carless, Sue (2005). Phoneme manipulation not onset-rime manipulation ability is a unique predictor of early reading. *Journal of Child Psychology and Psychiatry, 46*, 1297-1308.

Schaie, K. Warner (1965). A general model for the study of developmental problems. *Psychological Bulletin, 64*, 92-107.

Schaie, K. Warner (1994). Developmental designs revisited. In Stanley H. Cohen & Hayne W. Reese (Eds.), *Life-span developmental psychology: Theoretical issues revisited* (pp. 45-64). Hillsdale, NJ: Lawrence Erlbaum Associates.

Schaie, K. Warner (2004). *Developmental influences on adult intelligence: The Seattle longitudinal study*. New York: Oxford University Press.

Schaie, K. Warner, & Strother, Charles R. (1968). A cross-sequential study of age change in cognitive behavior. *Psychological Bulletin, 70*, 671-680.

Schaie, K. Warner, & Willis, Sherry L. (2002). *Adult development and aging* (5th ed.). New York: Prentice-Hall.

Siegler, Robert S., & Crowley, Kevin (1991). The microgenetic method: A direct means for studying cognitive development. *American Psychologist, 46*, 606-620.

Sroufe, L. Alan, Egeland, Byron, Carlson, Elizabeth A., & Collins, W. Andrew (2005). *The development of the person: The Minnesota study of risk and adaptation from birth to adulthood*. New York: The Guilford Press.

Sroufe, L. Alan, & Fleeson, June (1986). Attachment and the construction of relationship. In Willard W. Hartup & Zick Rubin (Eds.), *Relationships and development* (pp. 51-71). Hillsdale, NJ: Erlbaum.

Teti, Douglas M. (Ed.) (2005). *Handbook of research methods in development science*. Malden, MA: Blackwell.

Watson, John B. (1919). *Psychology from the standpoint of a behaviorist*. Philadelphia, PA: J. B. Lippincott.

Watson, John B., & Rayner, Rosalie (1920). Conditioned emotional responses. *Journal of Experimental Psychology, 3*, 1-14.

延伸閱讀

1. Teti, Douglas M. (Ed.) (2005). *Handbook of research methods in developmental science*. Malden, MA: Blackwell.
   本書共分五部分，每部分各有五章。第一部分介紹發展的各種研究設計及其優缺點；第二部分介紹發展研究的測量方法及相關議題；第三部分介紹發展性介入的方法；第四部分介紹發展研究的分析方法與問題；第五部分介紹發展研究的新方向。
2. Harris, Margaret (2008). *Exploring developmental psychology: Understanding theory and methods*. Los Angeles: Sage.
   本書以 13 篇期刊論文當作實例，說明發展研究的設計與方法，隨時在論文中做出提醒與補充說明是其特色。全書共六章：(1) 發展的本質；(2) 發展的研究；(3) 觀察法與問卷；(4) 嬰兒與幼兒的實驗法；(5) 較大兒童的實驗研究；(6) 非典型發展的研究。
3. Kodish, Eric (Ed.) (2005). *Ethics and research with children: A case-based approach*. Oxford University Press.
   本書除緒論外，分三大部分，分別闡述以健康正常兒童或青少年、高風險兒童及發展異常或生病兒童為研究對象時，研究者該特別留意的倫理議題。以實例做為說明的基礎，讓讀者容易掌握抽象的倫理原則。

7

抽樣調查研究法

一、前　言

　　早在 1950 年代,在臺灣就有報社從事民意測驗,甚至有一個民意測驗協會,但是不論在調查方法上以及調查倫理上,都還不是真正的抽樣調查 (sampling survey)。比較合乎抽樣調查標準的,還是到 1960 年末期之後的少數學術調查和 1980 年中期之後的民意調查。不過,不管抽樣調查研究在過去的歷史如何,在臺灣社會已經成為政治、經濟、社會乃至生活的一部分。由學術機構、民間公司、媒體和各級政府從事的各式各樣抽樣調查幾乎無日無之。調查的結果產生廣泛的影響,民意調查常常影響到政治領導者。例如,民意調查顯示民眾對總統的不滿意度一直居高不下,不僅大眾都會感受到,連總統也感受得到,就要想盡辦法來提振聲望。

　　抽樣調查研究法一直是現代社會科學研究最主要的資料蒐集方法,是社會科學學生所必修。包括面訪、電訪、郵寄問卷調查或是網路調查等蒐集資料的方法和不同的抽樣方式,以及一般的調查研究程序等,已有許多調查研究方法的專書,更是社會科學研究方法教科書不可或缺的一章 (如瞿海源,2007)。在這部社會科學研究方法專書中,本章不擬重複各種研究法甚至調查研究方法 (教科書已經詳加介紹的內容),而是側重探究抽樣調查的問題與如何提升調查的品質。本章將探討抽樣誤差、資料推估與加權、調查訪談成

功的因素、調查訪談品質的控制與提升以及調查倫理。文中也盡可能針對在臺灣社會進行抽樣調查的狀況和問題提出討論。

二、抽樣過程中的誤差來源

根源於抽樣設計與執行的緣故,以致於調查樣本不能代表母體,造成母體推估的誤差,統稱為抽樣誤差。抽樣誤差多半由抽樣底冊 (sampling frame,近似母群體的抽樣架構) 的母體涵蓋率偏低、抽樣設計與樣本無回應率偏高引起。

(一) 抽樣涵蓋率

無論哪一種抽樣方法,完整的抽樣底冊是成功進行抽樣的第一步。在臺灣,戶籍資料和電話號碼是主要的抽樣底冊來源,地址或地理小區亦是可行的底冊來源。利用戶籍資料抽取樣本,常面臨母體涵蓋正確性的問題,主要是約有 20% 的成年民眾並不居住在戶籍地 (李隆安等,1996)。「籍在人不在」與「人在籍不在」兩種現象,造成涵蓋率僅約八成的問題,至今未獲有效解決。

電話號碼相關的涵蓋誤差與電話普及率有關。除此之外,由於難以根據電話號碼區辨住宅、公司、傳真機或商業電話,亦是誤差的另一來源。一戶擁有多個電話或手機號碼的比例愈來愈高,會造成重複樣本。這些現象是世界各國依賴電話號碼進行抽樣調查時共同面臨的困難,而採用的補救辦法亦大致相同。例如,解決無法涵蓋到非住宅電話號碼的策略是對住戶電話號碼進行末尾二到四碼的隨機撥號 (Random Digital Dialing, RDD),但也因此產生了另一種涵蓋誤差,亦即有一定比例的空號與不合格的電話樣本。目前並沒有更好的解決對策。

(二) 樣本回應

面訪在臺灣雖然常發生戶籍登記不實而無法找到真正受訪者的問題，根據經驗，只要能接觸到名單上的受訪對象，見面三分情，仍然是完訪率最高的調查方法。接觸到樣本名單的受訪者是成功訪視的第一步。本段將討論抽樣執行如何有可能影響到對樣本的接觸機會。

我們認為最重要的觀念是，抽樣設計不能停於室內作業，因為抽中的地區、訪問的工具和訪員，都有可能影響到接觸樣本的機率，進而影響樣本回應的機率，以致於改變原有抽樣設計的樣本機率，產生抽樣誤差。所以調查執行負責人需要對抽樣地區的特性有所掌握，同時考慮如何調配訪員以配合訪問方法和地區特性，以期達到高接觸率和高完訪率。具體而言，在臺灣的全國大型調查中，以政大選舉研究中心於 1986-1998 年間進行的 11 項各種選舉的面訪調查來看，接觸率則在 70% 左右變化 (鄭夙芬、陳陸輝，2001)。由中央研究院調查研究中心執行的臺灣社會變遷基本調查 (面訪)，接觸率多在 85% 以上 (杜素豪，2003；2007)，接觸到受訪名單的比率能穩定，其關鍵在於前置作業對於抽中的受訪地區特性的掌握，並搭配合適的訪員和各種激勵措施。中央研究院調查研究中心累積多年全國性訪問調查經驗後，清楚地知道有些地方是「超級戰 (艱困) 區」，雖然受訪者集中，但成功敲開受訪者大門的機率較低，訪員很容易受挫而流失，需要派資深訪員擔綱；有些地方是地理位置偏遠，受訪者居住點分散在遼闊的山區，各戶間的距離遠，然而，一旦到達該址，被拒絕的機率極低。訪員的時間和精力成本極高，特別需要吃苦耐勞，加上特別加給，才能完成任務。因應低受訪率須在調查執行前對各地樣本回應率做適切的估計，進而調整樣本數，這是抽樣規劃非常重要的一環。

至於電話訪問，因著各種民意調查、市場調查和選舉調查愈來愈多，民眾配合訪談的意願也可能因此降低。電話答錄機或來電顯示功能更方便一般民眾過濾電話、傳真機愈來愈多，都是大幅降低電訪接觸率的重要因素。郵寄或網路調查不必透過訪員直接與受訪者交談，屬於自願性的調查參與，其

完訪率更低 (Shih & Fan, 2008)。

三、抽樣調查資料的推估與加權

調查結果是否能有效且正確地回推到母群體，是抽樣調查的核心課題。加權這個動作是為確保調查結果能正確地進行母體推估 (population estimation) 的必要步驟，可以從抽樣加權和成功樣本加權兩個軸線分開討論。

抽樣加權指的是依中選機率而計算權數。抽樣調查中，除了立意抽樣無從計算權數而無法加權外，大部分的機率抽樣並無法確保樣本個案被抽中的機率相等。當樣本個案被抽中的機率不相等時，推估抽樣調查結果則需考慮以加權處理。以從每一電話家戶中選取一位成員進行訪談的戶中抽樣為例，由於家戶人數可能從一人到多人不等，不同家戶中哪一位被抽中的機率會有所不同。中選機率的計算會因採用的戶中抽樣方法而異。若採用無隨機原則

參考方塊 7-1：不等機率加權

假設有一個「臺灣地區國小學童營養健康狀況調查」的抽樣設計進入了各抽中的學校中需再以簡單隨機法抽出 24 名學生的階段。表 7-1 列出五個學校示範不等機率加權。其中，每一學校學生的權數即是其中選機率的倒數。

表 7-1　不等機率加權學校編號

學校編號	學生人數	抽中人數	抽中機率	權數
1	1,440	24	0.017	58.82
2	1,200	24	0.020	50.00
3	480	24	0.050	20.00
4	960	24	0.025	40.00
5	720	24	0.033	30.30

的「任意成人法」與「配額法」是無法計算中選機率的。常用的戶中抽樣法是依據人口結構及戶中抽樣表進行。戶中抽樣表最早是美國密西根大學 Kish 教授依隨機原則而發展的。在臺灣，由洪永泰教授根據本土狀況，將之延伸而成「洪氏戶中隨機抽樣表」。綜上，因為得以計算個別被抽中的機率，故可用中選機率的倒數作為中選樣本的權數，以代表其他未中選的樣本。

樣本資料回收之後，必須檢查失敗樣本與成功樣本在人口特徵上的分佈特性，並利用成功樣本進行代表性檢定。常用在代表性檢定的變項有地理區域、性別、年齡層與教育程度。檢定後即可運用不同的加權方法，使樣本在這些變項上的分佈接近於母體。加權的結果可能是擴大或縮小成功樣本個案的權重，調整後即得到可以代表母體的加權樣本，也因此可解決母體涵蓋率過低或過高，以及樣本回應率過低的問題。常用的成功樣本加權方法有事後分層加權 (post-stratification)、多變項反覆加權 (raking) 或其他延伸的模式加權法。

(一) 事後分層加權

「事後分層加權」主要是將幾個人口特徵變項進行交叉分類，交叉分類後得數個交叉格，每一個交叉格即是一個分層。然後計算每一分層樣本數佔總成功樣本數的比例以及每一分層中母體數佔總母體數的比例。最後將所佔總母體數的比例除以所佔總成功樣本數的比例即得每一分層的權數。

(二) 多變項反覆加權

事後分層加權的限制是，經幾個人口特徵的交叉分類後的任何一個分層中的樣本數不能太小或等於零；當母體在各人口特徵上的交叉分佈資料有缺值時亦不適用 (Srinath et al., 2009)。此時可採用多變項反覆加權法，只需靠每一人口特徵的分佈數據。亦即，選擇第一個人口特徵以事後分層法產生第一套權數，然後對經此套權數經加權處理後的第二個人口特徵分佈進行樣本代表性檢定。若不通過檢定，則需產生第二套權數，第二套權數是第一套權

參考方塊 7-2：事後分層加權

假設一項抽樣調查回收的有效樣本數是 1,225，所欲推估之母體總數是 17,336。我們要用性別與五個年齡層進行事後分層加權。首先，需先確定樣本與母體的性別與年齡層交叉後十個分層的樣本數與對應的母體數，見表 7-2 中每一分層的數字包含樣本數與樣本比例以及母體數與母體比例。其次是計算樣本比例與母體比例。請詳見表 7-2 中男與女兩欄中的每一年齡層中的樣本比例與母體比例的計算式，例如，男性 70 歲以上者的樣本數是 92，除以總樣本數 1,225 後得其所佔總樣本的比例是 0.0751。母體比例的算法與樣本比例相同。最後，每一分層的權數即是母體比例除以樣本比例，例如，男性 70 歲以上者的權數是 0.9214。

表 7-2　以性別與年齡進行事後分層加權

	男			女			總計		
	樣本數÷1,225=樣本比例 (A)	母體數÷17,336=母體比例 (B)	權數 (B)÷(A)	樣本數÷1,225=樣本比例 (C)	母體數÷17,336=母體比例 (D)	權數 (D)÷(C)	樣本數÷1,225=樣本比例 (E)	母體數÷17,336=母體比例 (F)	權數 (F)÷(E)
70歲以上	92 .0751	1,200 .0692	.9214	130 .1061	1,800 .1038	.9783	222 .1815	2,857 .1648	.9080
50-69歲	140 .1143	1,190 .0686	.6002	116 .0947	1,300 .0750	.7820	256 .2090	2,661 .1535	.7344
40-49歲	130 .1061	1,700 .0981	.9246	100 .0816	1,600 .0923	1.1310	230 .1878	3,720 .2146	1.1427
30-39歲	100 .0816	1,846 .1065	1.305	145 .1184	2,100 .1211	1.0228	245 .2000	3,639 .2099	1.0495
20-29歲	150 .1124	2,500 .1142	1.0161	122 .0996	1,800 .1038	1.0422	272 .2220	4,459 .2572	1.1586
總計	620 .5061	8,736 .5039	.9957	605 .4939	8,600 .4961	1.0045	1,225	17,336	

> **參考方塊 7-3：多變項反覆加權**
>
> 　　同樣利用參考方塊 7-2 事後分層加權所用的範例資料。假設我們沒有母體在性別與五個年齡層交叉的分佈數據。其步驟如下：
>
> 1. 先選擇一個人口特徵進行事後分層權數調整。此例中我們選擇年齡。調整的結果即表 7-2 最後一欄總計的權數 [即是 (F)÷(E)]，這是反覆加權所產生的第一套權數，以變數 Wt1 來表示。
> 2. 以 Wt1 產生加權後性別分佈，並對性別進行樣本代表性檢定，若未達統計顯著性表示通過檢定，即可採 Wt1，不必再進行反覆加權。
> 3. 若檢定未通過，則需對以 Wt1 加權後的性別分佈進行事後分層加權，產生第二套權數——Wt2。Wt2 事實上等於未加權之性別分佈經事後分層的權數 (亦即表 7-2 最下面一列，總計中的男生權數 0.9957 與女生權數 1.0045) 乘以 Wt1 的結果。
> 4. 檢定 Wt2 加權後的樣本年齡與性別分佈，若通過即可停止多變項反覆加權，否則再對以 Wt2 加權後的年齡同樣進行加權與樣本代表性檢定，產生第三套權數——Wt3。直到統計檢定證實這兩人口特徵的樣本分佈與母體分佈一致為止。

數乘以第二個人口特徵經事後分層產生的權數。再對第二套權數加權後的第一、第二與下一個人口特徵分佈進行樣本代表性檢定。是否需要以相同原理與方法繼續對所有需加權處理的人口變項進行反覆加權，端視檢定通過與否 (Berry et al., 1996)。

(三) 線性加權

　　除了以上兩種加權方法之外，尚有 GREG 法 (generalised regression estimation) 和線性加權法 (linear weighting)。GREG 法與線性加權法的原理源自事後分層或多變項反覆加權，只是增加了迴歸模型建立的步驟。需要選定

用來預測要推估之目標變項 (target variable) 的輔助變項 (auxiliary variables)，依據是迴歸推估的結果，對輔助變項進行權數調整 (就是需加權處理的人口特徵變項)。權數的計算完全依照模型推估的結果，與目標變項沒有關係。事實上線性加權法是 GREG 的特例，其差異是前者的輔助變項只能是類別形式，而後者則不限 (Bethlehem & Keller, 1987; Bethlehem, 1988; Kalton & Flores-Cervantes, 2003)。

(四) 入選機率值調整法

　　以上的加權法仍有所不足。最主要的問題在於權數調整人口特徵的結果只是將樣本的人口特徵上的分佈比例接近於母體，其他尤其是行為或態度相關的變項，可能仍與母體相距甚遠。例如，劉從葦與陳光輝 (2005) 利用選舉研究的實證資料分析就發現，面訪調查經加權處理後，其投票率與政黨得票率和母體參數相距還是很大。針對以上的問題，晚近學者提出入選機率值調整法 (propensity scores adjustment, PSA)，納入非人口特徵，做更準確的母體推估 (洪永泰，2006)。這是一種利用邏輯迴歸模式預測回應機率 (response probability)，進而將回應機率做樣本與參考樣本 (或參考母體) 的配對、分群或其他方式來調整成功樣本個案的權數。PSA 的步驟源自於生物實驗研究，其原理是利用前面提到的共變項 (輔助變項) 加以預測相對於控制組時，個案入選於實驗組的機率值 (propensity scores, PS)。將此機率值用配對、分群或其他方法加以調整實驗組中每一個案的權重。文獻中最方便的方法是分群法，將每一分群則分別包含一定數目的實驗組與控制組的個案，透過對實驗組與控制組在每一分群之權重的調整，得以推估實驗效果 (Ros enbaum, 2005)。此法的關鍵在於將入選機率值平均分佈在各分群中 (balancing propensity scores)，每一分群中無論來自實驗組或控制組的個案均有相似的共變特徵，因為這共通的特性而可獲得準確的推估。應用在樣本加權則是將研究樣本與參考樣本共有的人口與非人口特徵 (例如：認知、態度與行為變項) 納入迴歸模型中，產生相對於參考樣本時預測研究樣本的入選

參考方塊 7-4：入選機率值調整法

利用杜素豪、羅婉云、洪永泰 (2009) 的研究部分結果，說明要調整電訪調查中總統選舉投票意向的推估時，以入選機率值調整法的基本步驟：

1. 選定理想的參考樣本或擬母體。
2. 合併研究樣本與參考樣本：產生可以分析相對於參考樣本 (此例中是面訪樣本) 之電訪入選機率值的資料。
3. 產生入選機率值 (propensity score, PS)：來自對合併樣本進行邏輯迴歸模型 (logistic regression model) 所推估的結果。
4. 產生次樣本分群的修正係數 (fraction of correction, fc)：將入選機率值由小到大排序，按排序結果再將樣本平均地分為五個次樣本分群。例如在表 7-3 中的面訪參考樣本第一群為 97 案，電訪樣本第一群為 103 案，故第一群的修正係數 (fc)＝(97/200)/(103/800)＝3.76699。
5. 以修正係數 (fc) 調整電訪樣本「投票行為」估計值：例如表 7-3 中，第一分群中投陳呂人數的估計值是 33×3.76699＝124.31，投連宋人數估計值是 24×3.76699＝90.41。

表 7-3　入選機率值調整法對總統投票意向的估計值電訪樣本

次樣本分群	面訪參考樣本數	電訪樣本數	分組的修正係數 (fc)	$y1$ 投陳呂 (人數)	$fc\times y1$	$y2$ 投連宋 (人數)	$fc\times y2$
1	97	103	3.76699	33	124.31	24	90.41
2	55	145	1.51724	67	101.66	24	36.41
3	30	170	0.70588	63	44.47	58	40.94
4	14	186	0.30108	56	16.86	66	19.87
5	4	196	0.08163	37	3.02	114	9.31
總計	200	800		256	290.32	286	196.94
y 估計值 (第一次模擬結果)			0.32	0.36	0.36	0.25

資料來源：杜素豪、羅婉云、洪永泰 (2009)。

6. 加總各分群的估計值即樣本估計值,例如表 7-3 中「投陳呂」($fc \times y1$) 為 0.36 (調整前估計值為 0.32),「投連宋」($fc \times y2$) 為 0.25 (調整前估計值為 0.36)。

機率值,將此機率值做次樣本分群,依據每一分群中研究樣本與參考樣本的比例進行最後案數的調整,加總後即得研究樣本的估計值 (Lee & Valliant, 2008)。

PSA 的優點是要推估的依變項 (如總統投票回答) 與入選機率值是無關的,因為 PSA 只是間接地透過選定之共變項所預測出的入選機率值加以分群,藉此平均分群的結果也因此不受迴歸模式之共變數的影響,不必靠依變項與共變數的關係來了解某些個案為何被分到某一分群中 (Zanutto, 2006)。換言之,研究個案是否該被涵蓋到研究樣本中 (相對於參考樣本),不會受到共變項的影響 (Lee & Valliant, 2008)。

應用此法需有幾個前提。因為在現實中可以包含人口與非人口特徵的完整母體不易尋得,選擇理想的參考樣本變成關鍵。好的參考樣本需至少比研究樣本:

(1) 有較高的母體涵蓋率與回收率;
(2) 有較理想的抽樣設計;
(3) 是透過嚴密調查執行所得的高品質的調查資料;
(4) 包含與研究樣本相同,而且用相同模式分析入選機率值的共變項,亦即前面說明的輔助變項 (Lee & Valliant, 2009)。

除此之外,為了能精準推估,納入邏輯迴歸模式的共變項需足以代表未被納入的其他變項,而且無論研究樣本或參考樣本均需來自非零機率抽樣。入選機率值調整法在美國已經引起熱烈討論,其主題多是透過模擬分析或電訪與網路調查的比較,檢驗此法是否可超越傳統的加權方法,解決樣本代表性只考慮人口特徵而仍失真的問題。

四、成功訪談：接觸機會與訪員能力

一般而言，面訪的完訪率最高，電訪次之，郵寄最小。訪談成功率逐年下降的趨勢在世界各國都一樣 (洪永泰，1989；Smith, 1995; Tourangeau et al., 2000)。完訪率下降主要是因為接觸率降低及拒訪率升高。鄭夙芬與陳陸輝 (2001) 指出，政大選舉研究中心於 1986-1998 年進行的 11 項各種選舉的面訪調查來看，完訪率在十二年內從超過 60% 降到剩下三成左右，拒訪率則從 5.3% 升到 13.9% 之多。杜素豪 (2003，2007) 以「臺灣社會變遷基本調查」為例，亦指出類似趨勢：1995-2001 年完訪率在 45% 到 55% 之間，而拒訪率則從 1995 年的 8.9% 升到 2001 年的 13.5%。臺灣學術性調查確實觀察到完訪率下降以及拒訪率增加的趨勢。

(一) 影響成功接觸的因素

要進行問卷調查訪問必須先經過接觸，而陌生人間的接觸有一定的困難度。影響接觸難易以及接觸成功與否的因素大體上包括：(1) 接觸次數 (或稱拜訪次數與追蹤次數) 與接觸困難度；(2) 訪問時段與受訪者在家模式；以及 (3) 社會環境、受訪者特徵與訪員特質。

第一次接觸互動是影響受訪者是否接受訪問的關鍵，可以預測後續接觸或訪談可否成功 (Groves & Couper, 1996)。在美國的研究發現，電話訪問在第一次接觸家戶時，戶中抽樣後馬上能找到受訪者的比例近五成 (Morton-Williams, 1993)。第二次接觸後的完訪率會大幅降低 (Kveder & Vehovar, 1999)。在無法完訪者當中，約有八成在第一次接觸時就可預期得到 (Groves & Couper, 1998)。接觸次數的多寡也是重要的因素，尤其在電話訪問中特別明顯。文獻建議要有效提高完訪率時的最適撥號次數少則三次即可 (Kulka & Weeks, 1988)。臺灣大型調查顯示，面訪拜訪最適次數大約是三次，第四次之後的效率便大大的減低。而電訪的最適撥號次數則是約五次，第六次之後

電話撥通率增加得很有限 (杜素豪，2003)。

美國的研究顯示受訪者於星期一到五傍晚在家的比例最高 (Piazza, 1993)，最容易找到受訪者的時間是下午 6 到 7 點。星期日、星期一與星期二下午 5 點到晚上 8 點、星期三晚上、星期六整天到晚上 8 點進行訪問調查較理想。幾乎一半以上的完訪數是在星期日，比任何其他一天都要理想。在臺灣的面訪下午以後找到人的機率較大，尤其晚上。週末下午比較容易找到人。若從完訪率來看，晚上成功完訪的比例較高。週休二日實施之後，週末兩天下午的完訪率比較高。在電訪方面，週三晚上的接觸率最高，其次是週日下午，然後是週四晚上。在完訪率方面，週三、四的完訪率最高，其次是週一、二、五晚上 (杜素豪，2003)。

一般來說，高都市化地區的接觸率會比較低 (Weeks et al., 1987)；沒有工作或工作時數較少者、女性、寡居、老人、已婚夫婦、家中人口較多或有小孩的家戶、配偶沒工作者比較容易被找到 (Keeter et al., 2000)。臺灣的經驗顯示，在面訪中，受教育程度愈高者、年齡愈低者、有工作者需要多次拜訪才能成功。男性與未婚者也較不容易接觸到。至於電訪調查亦有類似的狀況：需要多撥幾次電話才容易找到男性、年輕、受教育程度較高者或有工作者 (杜素豪，2003)。除了受訪者特質之外，訪員的特徵、經驗與技巧以及工作態度也與接觸成功與否有密切關係。年紀較大或訪談經驗較多年，對說服愈有信心或愈不給受訪者太多自願空間的訪員成功找到受訪者的機率比較高 (Tu, 2008)。

(二) 誰是合作的受訪者

能否成功訪談主要在於受訪者的合作意願。然哪些人比較願意合作、容易接受訪問呢？文獻指出通常是女性、年齡較大或受教育程度較高的受訪者比較有意願接受訪問 (李隆安等，1996；黃毅志，1997)。少數或弱勢的族群合作意願比較低。至於社經地位與合作意願，屬於中產階級或白領階級的受訪者的合作意願最高 (Johnson et al., 2002)。受訪者的人格、態度與過去經驗

亦影響參與問卷調查的意願：利他人格傾向的人，比較樂意助人，因此較樂於接受訪問；自我防衛性高，較在乎隱私權者則較容易拒絕訪問 (Groves, 1999)。

受訪者對訪問的主題的有所了解或有所注意時，較自信有能力回答，則拒訪的機率愈小。相反，不了解調查訪問的目的、對於內容不以為然、問卷主題會造成受訪者回答的負擔、無法與訪員用共同的語言溝通，則合作意願會降低。對於調查抱持負面態度或者曾經被訪問時有不愉快經驗的人會拒訪的機率比較大。以臺灣政治性議題為例，與「兩岸關係」主題比較時，「選舉」主題的拒訪率相對較低，且此趨勢多年來不變 (鄭夙芬、陳陸輝，2001)，多少因為一般民眾對「選舉」主題較為熟習所致。

居住地區的特性亦影響受訪意願。近年最常碰到的狀況是設有警衛的社區或大樓，住戶管理委員會通常以安全理由，要求警衛管理進出，因而較難接觸到住在有管理員的大樓中的家戶，進而降低成功完訪的比例。一般而言，住在都市地區、社區的治安較差、社區環境紊亂、較擔心治安問題或對人沒有信任感，因此較容易拒訪。鄉村居民接受訪談的成功率通常比都市居民還要高。

(三) 有助於提高成功訪談率的因素

受訪者的人口、心理或是居住地區的特性以及調查的主題內容，是所有調查研究者在執行調查時必須面對的狀況，調查者可以思考及可以介入的是，如何撤除受訪者的心防，提高受訪者的受訪意願。根據相關文獻以及作者們的經驗，可從以下三個大方向著手。

1. 增強訪員的專業能力和說服力

完訪與否決定於受訪者和訪員雙方的互動品質。不同文化背景的人由於互相溝通的模式不同，這種類似社會距離的因素，對於受訪者決定是否參與訪問調查有明顯的影響。良性的互動基本上與訪員特徵、受訪者特徵、問卷的性質、長度與難度以及採用的調查方法息息相關。在此互動黑箱中，以種

> **參考方塊 7-5：影響訪談成功的因素**

根據臺灣社會變遷基本調查(第二期第五次)，在都市化程度愈高的地區，訪談成功率愈低，男性願意配合訪談的比例較低，40 歲以上者比 40 歲以下者的訪談成功率還要高。

	訪談成功率 (%)	失敗率 (%)
都市化等級 (高＝都市化)	
1-2 級	48.2	51.8
3-4 級	46.5	53.5
5-6 級	40.9	59.1
7-8 級	40.5	59.5
受訪者性別	
男	39.5	61.5
女	45.0	55.0
年齡	
50-64 歲	43.6	56.4
40-49 歲	44.4	55.6
30-39 歲	41.7	58.3
20-29 歲	39.3	60.7

資料來源：黃毅志 (1997)。

族敏感的問卷訪問為例，訪員與受訪者之間種族差異愈大，完訪率愈低。尤其是教育程度會與種族產生交互作用。例如，低教育程度的黑人與高教育程度的白人較易因訪員的種族不同而拒訪 (Weeks & Moore, 1981)。文獻指出，女性、年輕、已婚或工作經驗較豐富的訪員能成功完成訪問的機會較大 (Blohm et al., 2006)。訪員對所參與問卷的了解、意見或期待愈正面，則所得到的完訪率愈高 (Singer, 1983)。

2. 調查執行單位的聲望與合法性

訪員面對最大的挑戰在於要獲取陌生人 (樣本名單上的受訪者) 的信任，同意撥出時間，提供個人的資訊和態度看法。除了訪員應受的訓練外，如何將訪員介紹給受訪者亦是一大學問。訪員不僅身上要有個人身份證明 (訪員證)，包括訪員的大名、調查的計畫名稱和執行單位。訪員手上還需要帶有說明為何需要進行這個調查、如何處理資料並保護受訪者的個人隱私、受訪者有疑問時可以如何聯絡到計畫主持人和其所屬機關等之信函。相關的資料亦同時給地方警政單位和所屬機關，以備受訪者聯絡時，警政和所屬機關能確認調查的合法性。這種鋪天蓋地似的安排，目的就是為了協助訪員取得受訪者的信任，能順利進入田野，進行調查訪問。

3. 調查設計的因素

受訪者決定是否參與訪問是一種理性的抉擇 (rational choice)，亦即是考慮了利弊得失之後才願意接受訪問，若受訪者覺得參與的成本太高 (例如，太花時間、沒什麼實質報酬等) 會傾向拒絕接受訪問 (Goyder, 1987)。研究也發現，禮品或禮金的價值或金額愈高，面訪的完訪率愈高 (Singer & Bossarte, 2006)。不過在針對非面對面調查的研究卻顯示禮金的效用不如假設預期。預付給電訪受訪者的禮金從 5 美元提高到 10 美元有利於提高完訪率，但僅增加 4% (Curtin et al., 2007)。在郵寄問卷調查中預付禮金 1 美元的回收率比不提供禮金者高出 11%，也比預付 5 美元的禮金高 7% (Petrolia & Bhattacharjee, 2009)。提供學生樣本回答網路調查的研究則顯示，無論是針對男生還是女生，抑或是用學校 e-mail 帳號或其他 e-mail 帳號的調查對象中，有提供抽獎機會時的回收率均比較高 (Heerwegh, 2006)。

五、影響調查訪談回答品質的因素

受訪者回答問卷之問題是一個複雜的心理和社會互動的過程。受訪者對訪員所問的問題經過認知／理解、搜尋／回憶、判斷／調整和決定／回答等

一系列的心理歷程,最後的答案品質好壞取決於訪談心理歷程各個系列階段的狀況。Cannell、Miller 與 Oksenberg (1981) 從認知心理學觀點提出雙軌並行的訪答歷程。在第一軌心理歷程中,受訪者會經歷五個可能的回答階段,包括:(一) 對問卷題目的充分了解;(二) 回答內容的認知、為了回答的資訊搜尋、評估與選擇以及可能回答方式的整理;(三) 評估可能回答內容的正確性;(四) 對可能回答內容是否符合預期的評估,以及 (五) 決定最後提供的回答內容。

第二軌心理歷程是指在第一軌心理歷程的任一階段中,受訪者可能會根據訪問情境 (包括第三人在場,訪員的外表、舉止與行為)、問卷題目與前一題的關聯性以及自己的信念、價值觀與態度,直接修改本來要回答的內容。最後提供不正確或不完整的答案。

現實中的訪答歷程並不如前述那麼複雜,因而不完全能依據雙軌心理歷程的階段性預測回答行為。Tourangeau、Rips 與 Rasinski (2000) 因而將回答歷程簡化為四個基本步驟:(一) 對問卷題目的理解;(二) 思索回答所需的相關資訊;(三) 充分利用相關資訊進行必要的判斷,以及 (四) 決定最後的回答內容。在這較簡單的認知心理歷程中允許兩步驟之間發生的行為是可以重疊的,例如,在搜尋幫助回答之資訊的同時,受訪者可能仍然處在理解題目的階段。換言之,這四個步驟不見得會依序發生,在任何步驟都有可能回到更早的步驟或跳到更後面的步驟。這個新修改的回答歷程較能解釋受訪者也許不理解或不知該如何回答,但是仍然回答,或是受訪者一開始抱著拒絕卻仍勉強合作的心態,則很可能回答時不假思索或敷衍了事。

不過,Cannell 等人提出的第二軌心理歷程,強調受訪者會因外在的其他人或環境隨時調整原定的回答,仍然值得注意。受訪者最後的回答除了可決定於自我認知與態度之外,也可能受到他人特質與態度及非人因素 (如地點) 的影響改變自己的行為與態度。從另一角度來看,受訪者也可能依據其對成本效益的理性評估做抉擇,除了依據個人主觀喜好與態度之外,也受到訪問溝通的順暢、訪問情境的配合與社會環境的暗示。若受訪者認為真實回

答的代價高時則容易降低其回答或正確回答的意願。

根據雙軌的心理訪談歷程的提醒,絕大部分的調查訪問都因此依據一些特定規則進行一問一答的標準化訪談。訪員必須經過嚴謹的訓練,在訪談時逐題依序詢問受訪者,不得任意更動問卷用字。訪員必須確定單獨的訪談情境,選擇適當的訪談時間和地點,訪談時保持客觀中立,營造並掌握良好的訪談氣氛與和諧的訪答關係。訪員也必須遵循調查的專業倫理和規範,保障受訪者隱私並忠實記錄受訪者的回答。

標準化的訪談歷程是在確保每一個受訪者都被問到完全一模一樣的題目。目的是獲得高品質的回答結果,就是減少如不知道、拒答、無意見、遺漏等無回應反應 (item nonresponse)、多報或少報 (over report, under report) 以及包括社會期望回答 (social desirability)、制式回答 (response set) 與回答模式 (response style) 等之回答偏誤 (response bias)。其中,制式回答與回答模式理論上是心理歷程深淺不同而產生的兩種表象。制式回答是比較透過理性思索後的回答。最常發生在敏感、威脅或道德規範性的題目上,受訪者的回答是為了符合社會預期的方向。相對而言,回答模式則屬於較淺意識,較不是理性思考的回答結果,亦即無論問卷題目內容是否敏感或社會規範暗示,受訪者總是傾向於選擇某一個回答選項。不過,這兩種回答行為常被混淆著用,尤其是在心理學文獻中討論到默許的產生與控制時 (Ray, 1984)。

(一) 影響訪答品質的因素 (I)

訪答品質會因受訪者個人背景及接受訪問的動機與態度而有所不同。教育程度較低、年紀較大、女性與農林漁牧或無業待業者的無效回答比例較高。在臺灣,客家和原住民受訪者也有類似情況 (盛治仁,2000)。以在政治敏感性題目為例,低教育程度的受訪者由於對政治問題的認知無論在廣度或深度上都很有限,而傾向於回答不知道。通常女性對政治議題較無興趣,因而回答不知道的比例較高。不同政黨支持者之間拒答或無意見比例有顯著的差異,國民黨支持者無回應的比例較無黨籍或其他黨籍支持者為低 (劉

義周，1985)。此外，不透露政黨傾向者多半不願意在選舉民調中表態 (盛治仁，2000；鄭夙芬、陳陸輝，2001)。

心理學者很早就研究發現受訪者的回答模式影響訪談品質至巨。通常回答模式有「極端回答」、「中立回答」和「默許」三種。通常比較無法忍受事情模糊狀態的人會傾向於選擇極端回答的選項，因為他們比較希望其回答是有較明確意涵的。默許 (acquiescence) 的產生可以從動機與認知兩心理歷程加以解釋。默許可被視為偏離正常之回答歷程的結果，容易默許的人多為理解問卷題目之後無法進一步思考該如何回答的人，因此默許者通常比較不表態、敷衍或沒耐心回答，不過為了配合訪員，這群人的回答速度較快且會尋找容易的內容作答。女性、低教育程度者、低家庭收入者與弱勢族群也都容易有極端回答和默許的傾向。

(二) 影響訪答品質的因素 (II)

訪答品質也受到以下四大類因素的影響：(1) 問卷的設計與使用方法；(2) 與訪員相關的因素；(3) 訪問關係；以及 (4) 訪談情境。這些因素的影響可能發生在訪答心理歷程中任一階段的任何時間點。

1. 問卷的設計與使用方法

在調查設計相關的因素中，會影響訪答品質的問卷題目通常有三大類。第一類是敏感性題目，例如，受訪者在投票行為或投票對象的表態上會有被暴露給陌生人的疑慮而扭曲回答 (Tourangeau et al., 2000)。第二類是威脅性題目，例如，由於題目所問及的行為不合法或不尋常 (如吸毒)，而容易引起受訪者的焦慮與防衛心理。第三類是社會規範暗示性題目，亦即牽涉受訪者有社會道德上心理預期的題目，例如，墮胎與婚外情這類題目。

2. 與訪員相關的因素

訪員對訪問工作的了解、表現與態度，包括性別、省籍、婚姻狀態、教育程度、年齡、訪問經驗、訪員的用語與對訪談的態度以及訪員對問卷的了

解程度等。由於一般人多有基本的防衛心理，遇到自己在乎而不願讓人知道的事，通常會拒絕表達。因此訪問中確保受訪者無隱私侵犯之虞的責任首先落在訪員身上。

受訪者會有選擇某一特定回答選項的行為，除了受到本身的人格特質、認知能力或所處的社會地位的影響之外，受到訪員特徵影響的機制可以從調查訪問中受訪者回答的訪問情境來解釋 (Cannell et al., 1981; Reinecke, 1993；杜素豪，2004)。當受訪者觀察到訪員訪問時表現出應付的態度，因此隨之敷衍，選擇容易且不太花時間溝通的回答選項。由於調查訪問是由訪員提問與主導，受訪者在訪談過程中通常處於被動狀態，除非面對的是非常有經驗、不隨便引導問題、能保持客觀中立態度的訪員，受訪者的作答難免會受到訪員特徵、表情或態度的影響。

3. 訪問關係

1960 年代末期有些研究將「訪問關係」定位為友好關係的研究，但因友好關係的定義分歧難以釐清，而且訪問友好關係不見得會降低回答偏差。研究逐漸轉向以社會距離為研究的架構。實證研究中，受訪者和訪員的社會距離，是以在性別、年齡層、種族 (美國)、社會地位、婚姻狀態或日常語言等面向來衡量。目前的研究指出社會距離對訪答品質、有效回答、回答偏差等都造成相當的影響，而在敏感調查議題上，影響尤為顯著。舉例而言，面對不同種族的訪員與種族相關主題的問卷時，受訪者會為了免於恐懼會傾向於一般人對某一種族刻板印象的那個方向回答；社會地位的差異會造成受訪者在回答政治經濟方面的問卷題目時，偏向於表達較保守的不激進或反種族隔離的態度；在藥物濫用或肢體或性虐待方面的隱私題目中，受訪者的回答可能受到訪員特徵的影響而會有回答不誠實的情形。

年輕女性訪員訪問年輕女性時，性別相關的問題上有效回答比例最高；比例最低者發生在年輕男性訪問年輕男性的情況下。在女性避孕知識方面的題目中，同性訪問同性的回答品質優於異性訪問的組合 (Becker et al., 1995)。近期的研究則發現在性態度與性行為題目中無效回答的總次數較多

者，多發生在：(1) 訪員與受訪者均已婚 (相對於其他婚姻狀態的配對)；(2) 省籍距離愈大；以及 (3) 受訪者比訪員年輕或者教育水準比訪員高時 (Tu & Liao, 2007)。同性配對的有效回答比例比較高且回答被扭曲的比例也比較低 (Webster, 1996)。

再從回答偏差來看，雙方女性的訪問組合中較多比例的回答是傾向於現代化的性別角色態度 (Huddy et al., 1997)。而針對家庭教養態度的研究則發現，訪員與受訪者之間教育與職業特徵的差異愈大時，受訪者默許的比例愈大。Fendrich 等人 (1999) 利用針對美國 12 個城市青少年的問卷調查資料分析的結果顯示，若受訪者與訪員都是西班牙後裔時，回答有吸食大麻的比例明顯高於當西班牙後裔被白人訪問時。但是，這種較誠實回答的傾向卻不見得發生在黑人訪問黑人時。

關於政治敏感題，屬於低收入的受訪者在接受高收入訪員的訪問時傾向於表達保守而非自由解放的政治態度；但他 (她) 們面對與自己一樣是低收入的訪員時則比較敢於表達被政治或種族隔離的感覺。美國研究證實接受黑人訪員訪問的黑人傾向於多報 (overreport) 投票參與行為；而接受黑人訪問的白人則傾向於回答將會投票給受到較多白人支持的候選人 (Finkel et al., 1991)。在政治意識與態度方面，美國黑人比較會對白人說謊或表示沉默。在接受白人訪問者中，黑人比白人有扭曲回答的傾向，對異族情感較親近、種族距離或衝突感較低 (Campbell, 1981)。

4. 訪談情境

訪談情境指的是問卷執行方式、訪問地點、訪問時間與第三者在場等。研究證實問卷執行方式 (如：訪填與自填) 與訪員以外的第三人在場對訪談都有明顯的影響。當被問及投票對象與政黨傾向時，比起自填的受訪者，接受訪填的受訪者拒答或回答不記得的比例較高，而所回答的收入金額也相對比較低 (田芳華，1996)。

在敏感或社會規範性題目的訪談中有訪員以外的人在場時，回答有效性可能降低而回答偏差可能提高。偏偏在現實中第三人在場並不是隨機發生

參考方塊 7-6：影響訪答品質的因素

在選舉與收入兩類敏感性題目中，回答品質在不同受訪者性別、訪問執行與訪問情境之間有明顯的差異。女性回答不知道的比例高於男性 10% 之多。訪填時拒答與回答不記得者的比例也高出約 10%。在訪談時，受訪者平均的個人月收入低約 7,000 元；而訪問情境中有任何一類型第三人在場時，個人月平均收入可低約 7,000-11,000 元不等，其中以只有小孩在場的受訪者月收入最低。

	選舉意向：不知道 (%)[1]	立委選舉政黨投票：拒答或不記得 (%)[2]	個人平均月收入 (NT$)[2,3]
男	7.67		
女	17.98		
訪填		21.5	24,310
自填		9.4	31,406
無第三人在場			41,200
有小孩在場			29,500
有成人在場			30,800
有小孩與成人在場			32,800

資料來源：1：劉義周 (1985：71)；2：田芳華 (1996：71)；3：杜素豪 (2001：91)。

的，多半是在訪問無職業者、已婚者、有偶者或有小孩的成人時。在場者是小孩或是成人亦會造成不同的影響。例如，有小孩在場時，受訪者在家庭觀念上的態度比較保守，若是配偶在場則回答的傾向正好相反；當有配偶在場時，受訪者所回答的配偶每週的工作時間比配偶不在場時還要高約 2-3 小時；年紀較大的第三人在場時，若有配偶或小孩同時在場時，受訪者也比較會有不實回答的傾向。當在場第三人不是配偶時，亦有類似的影響，例如，過去文獻發現，訪問中有其他的成人在場時，在較具威脅性題目上，所得到的拒訪率較高；沒去投票的受訪者較有不實回答的傾向；個人或家庭

收入都比無他人在場時為低；對愛滋病的態度的答題品質也有不良的影響 (Hartmann, 1994)。值得注意的是，學者亦指出第三人在場效應不如預期的顯著，在婚姻關係、自我健康評估、人際互信相關的題目上的第三人在場效應較顯著 (Smith, 1997)。

六、如何控制訪員訪談的品質——訪員訓練的必要性

大體上抽樣調查從研究問題的提出、問卷主題的確定、問卷題目的擬定、訪員的實地訪談、資料的整理與建檔，在這一系列完整的研究調查過程中每一個過程或階段都攸關抽樣調查的成敗。在每一個階段研究者都必須以嚴謹的態度和優良的技術做出最佳的結果。在研究問題的提出到問卷擬訂的過程，研究者的學識、對相關研究主題的全面和深入的理解與掌握，以及思考問題的功力，乃至智慧與靈感，再加上擬訂問卷的技術，是擬訂良好問卷的必要條件。一份問卷必須經過研究者募得有能力，經過良好訓練，可以有效執行標準化訪談的訪員實地一個一個跟個案接觸，努力完成訪談，記錄下正確的討論結果，才能在最後提供可資研究分析的資料。訪員訪談本身就是一個重要的社會互動過程，在與受訪者實際互動下，獲得問卷每一題的答案。這個訪談過程只能有一次，不能重來，即使訪員訪談中有影響訪談結果的不良或不利狀況，產生有問題的訪談結果，也都無法補救。因此要努力提升訪員的素質才能確保我們可以獲得良好品質的問卷資料。

不論是面訪或電訪的訪員都不是專職的，訪談工作大部分都是由兼職者擔任。但是抽樣調查不論是在對研究主題和問卷題目的理解、依抽樣找到正確的受訪者、開始說服受訪者接受訪問、實際的問卷訪談，乃至於與陌生的受訪者合作來完成訪談，以及正確記錄受訪者的答案和意見，都需要專業性的技巧和遵守專業倫理規範，這些技巧和規範並不是不學就會的。訪員必須經過訪員訓練才能學會訪談的種種技巧，才能了解並遵守訪談的專業規範。訪員訓練的重要性顯而易見，但做好訪員訓練並不是容易的事。到目前為

止，研究訪員因素對問卷調查影響的研究非常多。然而，對訪員訓練本身從事實際經驗性深入的研究極少，大約只有 Fowler 與 Mangione (1990) 研究訪員訓練與督導對資料的影響。

(一) 訪員訓練的效果

訪員訓練的內容相當多，一個調查計畫往往需要一天以上的訪員訓練課程。Fowler 與 Mangione (1990) 比較了一天、兩天、五天與十天四種訓練課程之間訪員在六項指標上的表現。如果就「訪員表現優良或令人滿意」而論，最重要的發現是訓練兩天在各種指標上，除了記錄封閉性答案以外，都比只訓練一天的顯著地好很多。在「逐字唸出題目」上，只接受一天訪訓者只有 30% 獲得肯定，而接受兩天訪訓的訪員就突然增加到 83%，比參加五天訪訓的還高 11%，而和接受十天訓練的相差僅僅 1%。在「無偏誤的人際關係」上，接受兩天訪訓者表現最佳，在「記錄開放性題目」上，兩天的訓練也不比五天以上者差多少。唯獨在「追問開放性題目」上，兩天的訓練不如五天的將近 8%，比十天等差 25%。「追問開放性題目」顯然需要更好的技巧，需要多一點時間的訓練。綜合各個指標，兩天的訪員訓練應該是最佳的。在現實面，兩天的訪訓也是很理想的，因為它不比更多天訓練的效果差，而時間又少了許多。相對地，臺灣針對一般性社會議題或政治議題的面訪調查，多規劃一到兩天的訪員訓練。訓練的時間其實是不夠的，因為「很難給可能毫無經驗的訪員足夠的知識和心理準備」。這可以從劉義周 (1996) 的研究發現訪員拜訪樣本時按電鈴的焦慮得知。

Fowler 與 Mangione 在研究訪員訓練的影響時，進一步探討在訪員訓練之後，訪員在前後不同時間所做的訪談有沒有差異，原來預想訪員到後來愈來愈有經驗，應該會做更好的訪談，結果卻發現並非如此「……訪員在整個研究中，其訪問的技巧並無多大的改進」。因此，「在結束訓練時訪員所表現的能力水平就是他們會有的最佳狀況」。這也更凸顯訪員訓練本身的重要性，尤其是在訪訓中對訪談技術的訓練是正式訪談成功的最重要的基礎。

Fowler 與 Mangione 甚至引用 Bradburn 與 Sudman (1979) 的研究，指出訪員愈有經驗，愈有自信，反而容易偏離標準化的要求，即愈不會逐字唸出題目。

(二) 訪員訓練的內容

根據 Oishi (2003)，「訪員身負三大重任：提高回答率、說服受訪者樂意接受訪問以及進行適切的訪談」。據此，訪員的三個主要角色是找到受訪者並取得受訪者的合作，訓練受訪者作為一個好的受訪者，能依研究目標問問題、記錄答案以及有效追問不完整的答案。訓練的內容中尤其重要的是如何說服受訪者接受訪問且繼續接受訪問，在進行敏感性問卷調查時尤其需要注意。總之，訪員需要能夠有耐心、有毅力地面對交通的勞累、問卷的單調與民眾的反感；能夠降低拒訪率；掌握好人際接觸以及自我介紹的技巧；在面對陌生人時能不討人厭地說服樣本個案並引發其接受訪問的意願。一旦進入訪談階段時，訪員還需要能夠保持中立客觀的態度與受訪者交談；懂得保護受訪者回答內容的隱私；忠實地傳達問題的原意以及記錄受訪者的回答。訪問結束之後，訪員需要有文書記錄的能力，切實地記錄樣本拜訪的結果以及簡單描述訪問過程等 (杜素豪，2007)。

中央研究院調查研究中心的《面訪員訓練手冊》和《電訪員訓練手冊》(中央研究院調查研究專題中心，2006a，2006b) 對訪員訓練課程有詳細的規劃，主要包括抽樣說明、研究主題與問卷的說明、訪問的基本原則、訪問技巧、答案的記錄，還包括了訪員酬勞、督導評估、訪員契約等事務性的事項說明。在訪問基本原則方面，面訪和電訪並沒有什麼不同。在表 7-4 中，可以看到兩者都強調「找到正確的受訪者」、「完全依照問卷上的文字唸出題目」、「遵照問卷題目及選項的順序逐一詢問」、「保持中立立場」、「堅守訪員職業道德和倫理」和「尊重受訪者拒訪的權利」。歸納起來，就在於依抽樣找到正確的受訪者，以中立的立場遵守專業倫理進行「標準化」的訪談。在手冊中又另有專章強調訪問的技巧 (面訪) 或接觸技巧及應對方法 (電

第 7 章 抽樣調查研究法

表 7-4 中央研究院調查研究中心訪員訓練內容

面訪	電訪
訪問的基本原則	
1. 找到正確的受訪者	找到正確的受訪者
2. 完全依照問卷上的文字唸出題目	完全依照問卷上的文字唸出題目
3. 遵照問卷題目及選項的順序逐一詢問	依照問卷題目及選項的順序逐一詢問，不可任意跳答
4. 保持中立立場	保持中立立場
5. 儘量單獨訪問且不記錄非受訪者意見	
6. 堅守訪員職業道德和倫理	電訪員的學術倫理
7. 尊重受訪者拒訪的權利	尊重受訪者拒訪的權利
訪員的工作態度	
1. 出發前的準備	正確的工作態度
2. 了解調查內容與目的、自我介紹與訪問說明的預習、訪問前多複習問卷、做好心理準備、檢查裝備、規劃訪問路線、了解風俗民情	對調查研究計畫及問卷內容瞭若指掌
3. 注意自身安全	
4. 注意自己的服裝和儀容、先到訪問處探查、告知家人行蹤、自備飲料、自備防身器材	不疾不徐、從容不迫
5. 維持禮貌、誠懇的態度	理智禮貌的態度，維持執行單位的形象
6. 克服受訪者的疑懼心理	
7. 四德：保密、誠實、負責、準時	
8. 三態：中立客觀、親和有禮、堅持到底	
如何找到個案	
1. 請村里長、鄰長協助、帶公文至警局、村里辦公室	無戶中抽樣、需戶中抽樣、指定受訪者
2. 請求確認姓名住址、一時找不到受訪者要設法請家人、鄰居、管理員幫忙	
3. 開場：先說明身份、來意，出示證件，訪員自我介紹要簡短、積極及自信，強調受訪者不可取代性	簡單明瞭的開場白——音調有精神、態度有禮貌
4. 為什麼要做這項訪問？	推辭受訪 (太忙、沒時間、不懂、沒興趣)
5. 我們老師……	
6. 誰告訴你我們的姓名及地址？	為何知道我家電話？
7. 依內政部規定取得……	電話號碼抽樣
8. 這個我不懂，去問別人！	質疑是詐騙集團
9. 想知道每個人的想法……	可打電話查詢……
10. 我很忙，你去問別人！	為何要問年齡、收入……？
11. 不能隨便換人、不會耽誤你太久、等會或明天再來、你的意見很重要、約下一次	不能隨便找其他人、不會耽誤太久、等會兒或明後天再來、想知道一般人的想法……
面對題目	
1. 受訪者不願回答某些題目	
2. 受訪者在題目未唸完時搶答	受訪者在題目未唸完時搶答
3. 答案明顯前後矛盾	答案明顯前後矛盾
4. 批評或質疑問卷內容	批評或質疑問卷內容
5. 高談闊論或離題太久	高談闊論或離題太久

訪），在表 7-4 中我們摘錄了大部分項目，至於具體的技巧讀者可以進一步參閱手冊。

七、調查研究倫理

學術界從事抽樣調查取得可靠而真實的資料，據以研究分析建構學術論述和理論；從事民意調查和市場調查也需要經由調查獲得可靠而精確的資料，作為評估乃至預測民意或市場的依據。要取得具有信度和效度的調查結果，參與調查者就必須要有從事調查研究的專業能力，而在所有的調查裡，參與研究的人員都必然要與受訪者有直接和間接的互動，於是調查研究人員就必須尊重受訪者的權益。抽樣調查的結果多要向公眾公佈，或是必須向委託者報告，在公佈和報告時也必須遵守一些規範。為了維護調查研究的公信力，從事調查研究的機關和團體乃至個人，先進國家已組織聯合性的自治組織，訂定和執行調查的倫理原則。例如，美國民意調查研究協會 (American Association for Public Opinion Research, AAPOR) 訂有專業倫理與實作守則 (AAPOR, 2010)；美國調查研究組織聯合會 (Council for American Survey Research Organization, CASRO) 訂定了調查研究標準與倫理守則 (CASRO, 2010)；歐洲市場調查組織 (European Society for Opinion and Marketing Research, ESOMAR) 訂有國際市場及社會調查守則；而世界民意調查協會 (WAPOR) 則和歐洲市場調查組織 (ESOMAR) 聯合訂定了國際調查倫理守則。

大體上，調查倫理規範應該包括三個部分：第一部分就是調查研究者必須具有專業能力；第二則是要尊重調查相關人士的權利，包括受訪者和委託者；第三部分則在規範如何詮釋資料並公佈調查結果。

美國民意調查研究協會在訂定的《調查倫理守則》，開宗明義指出：

> 我們誓言在執行調查、分析和報告調查資料時維持高水準的科學專業能力、誠正和透明；建立與維持與調查受訪者和委託者良好

關係；以及與可能使用調查研究做決策者和一般公眾有效溝通。我們進一步宣誓拒絕接受與本協會調查倫理守則有違之所有工作和委託 (AAPOR, 2010)。美國調查研究組織聯合會也宣稱要嚴格遵守該會所訂定的調查倫理守則以強化調查研究的形象，並保護公眾的權益和隱私，要維護調查業界的自律，要強力支持優質的調查研究機構並使危害調查業聲譽的劣質的調查機構邊緣化 (CASRO, 2010)。

在專業能力的要求上，這些國際調查倫理守則都強調調查研究者必須盡其專業之所能保證調查結果的信度與效度，對調查的方法和調查發現做精確詳盡的說明。就調查專業而言，長期以來，抽樣調查研究就一直經歷不斷的創新與改進，不論就抽樣的理論與方法、問卷設計還是問問題的科技、分析與預測，甚至於調查倫理本身有大量嚴謹、具創意的研究持續不斷地在進行。調查研究者必須具備與時俱進的隨時改進專業調查的能力。

在對待與調查研究相關的對象上，最主要的是對受訪者的尊重和個人資料的全面衛護。至於和委託者之間，大體上是以保證專業研究能力與產出，以及簽約而和約定事項的遵守。幾個國際民意調查倫理守則就保障受訪者權益提出下列幾項：

(一) 絕不傷害、危害、羞辱或嚴重誤導受訪者；
(二) 尊重受訪者的意願，不勉強受訪者回答某些問題；
(三) 調查者必須提供充分的資訊讓受訪者知道調查計畫的目的，以便自由選擇是否接受訪問；
(四) 不利用調查從事其他的活動；
(五) 絕不以欺騙或偽裝從事調查；
(六) 即使在法律要求下也不可提供有關受訪者個人的資料；
(七) 要儘量採用或發展技術減低受訪者的不便與不適。

大多數民意調查和部分學術抽樣調查研究都會公佈調查結果，許多媒體也都會加以報導，甚至成為影響社會的重大新聞。例如，大選和政府首長聲

望的民意調查，都是常常上媒體而且很受注意的。除了要公佈有關調查的訊息本身就應該合乎倫理規範外，更由於公佈調查結果對公眾乃至國家社會的影響至鉅，調查研究機構宣佈調查結果資料時就必須嚴守相關的倫理守則。

我們特地將 AAPOR、CASRO 和 ESOMAR 所訂定的有關守則整理並列在表 7-5 中。對照上述七項最低限度必須公佈的，三個組織都要求公佈的還有訪問方式、指示語和任何解釋、抽樣架構、選取樣本過程、訪問完成率以及結果精確性的討論 (包括抽樣誤差、加權或推估過程)。有些是要加強有關樣本取得的程序，大體上應該可以包括在樣本說明項下，也就是公佈時最好對抽樣有詳盡的交代。至於調查者若能就結果進行更精確的分析，和討論對公眾了解調查結果的意義，應該是值得鼓勵的。但調查者，尤其是受委託進行調查者，可能也不一定有能力做到。至於有一些 (只有一、兩個調查聯合

表 7-5　國際重要調查聯合組織關於公佈調查結果的要求

公佈調查結果上的要求	AAPOR	CASRO	ESOMAR
1. 調查的支助者或業主	✓	✓	✓
2. 訪問的目的、日期、方式	✓	✓	✓
3. 抽樣架構、取樣母體、樣本大小、選取樣本過程	✓	✓	✓
4. 完整問卷、指示語和任何解釋	✓	✓	✓
5. 調查執行者、訪問完成率、篩選標準和過程	✓	✓	✓
6. 結果精確性的討論，包括抽樣誤差、加權或推估過程	✓	✓	✓
7. 訪問地點	✓	✓	
8. 確保抽樣設計可執行的步驟		✓	✓
9. 訪員及過錄員的特質與訓練		✓	✓
10. 分清楚調查結果本身和研究者的解釋和建議		✓	
11. 委託調查和參與工作之顧問		✓	✓
12. 樣本的地理分佈			✓
13. 控制調查品質方法		✓	✓
14. 差異的統計顯著水準			✓

資料來源：http://www.aapor.org/AAPOR_Code.htm, http://www.casro.org/codeofstandards.cfm; http://www.esomar.org/index.php/codes-guidelines.html.

組織) 要求，在公佈調查結果時需列出有關調查進一步的資訊，倒不是完全必要。相較之下，還是前述七項最起碼要提出說明的比較重要，是不可或缺的。

歐洲市場調查組織亦提出七項最起碼必須公告的內容，包括：

(一) 調查研究的委託者或出資者。
(二) 調查研究的目的。
(三) 樣本說明及樣本大小。
(四) 資料蒐集的時間。
(五) 執行調查研究的機構。
(六) 問卷題目本文。
(七) 任何其他一般人要評鑑該調查所需的資訊。

在國內，雖然自 1980 年代中各種調查日益增多乃至蓬勃發展，但至今未有聯合性組織訂定並執行調查倫理守則。原則上，調查研究者就應遵守國際的調查倫理守則，而民眾也可以依據這些國際倫理守則來檢驗國內的各種調查。然現實上，由於從事調查研究者並沒有一個共同遵守的規範，更沒有聯合性的專業組織來監督，不時會有調查者違反專業調查倫理的現象。在可見的未來，我們可以採取幾個國際調查組織所訂定的倫理守則來規範和檢驗國內的各種調查。由於調查多需經過媒體報導，各個媒體，不論是報紙、電視還是電臺應該可以參酌國際重要的調查倫理守則，尤其是在調查研究結果的發佈方面，就七項最起碼的項目進行檢驗，只報導合乎調查倫理規範的調查結果。

八、總　結

抽樣調查是社會科學主要的研究方法，整個調查研究的過程都必須非常嚴謹，每一個步驟都要遵守嚴格的標準。由於國內外有關抽樣調查研究方法的專書，包括各級教科書和學術專書都不少，在這一章就不重複其他有關調

查研究書籍中的內容，我們試圖整理有關抽樣調查研究本身的研究，再考量國內的需求，特地就抽樣誤差和加權、訪問成功率、訪談品質的控制與提升，乃至調查倫理進行討論。根據大量的有關研究，我們提出以上的報告和論述。在這裡，我們就有關研究的發現以及在臺灣從事抽樣調查所碰到的問題，提出一些建議。

在抽樣方面，研究者必須就研究需要選擇適當的抽樣方法，要確定抽樣底冊是否接近於母體，以及確定抽樣的機率是多少。若屬全國性的大型抽樣調查，免不了需採用複雜抽樣方法，這時對於何時該採分層或叢集抽樣，甚或更複雜的抽樣方法，均需有基本的認識。抽樣底冊的選擇也需慎重考慮到涵蓋率。若要執行面訪調查且利用戶籍資料，由於其最多只能涵蓋到八成的民眾，那麼面臨的問題是要不要繼續引用或有何解決辦法。若不引用，以地址資料再進行戶中抽樣是辦法，但因屬不等機率抽樣，需事後加權處理；若繼續引用，則需花更多時間與經費以樣本追蹤的方式，找到遷移樣本加以訪問。不論是學術性的調查研究或是民意調查都必須是經過機率抽樣的調查，依抽樣原理做好抽樣工作是很重要的基礎工作。調查研究者最好自己能做好以上幾點，若自己無法確定做好抽樣工作，應請教統計學者。

即使抽樣做得很好，也一定會有抽樣誤差，在進行抽樣調查資料分析時需要進行加權。尤其是要確定成功樣本與母體在人口特徵上的差異，若差異小而不顯著，表示樣本代表性高，資料分析可不用加權處理；但若發現有顯著差異，即表示樣本單位之間的抽中機率不相等，在進行資料分析前就需先做抽樣加權。失敗樣本與成功樣本通常會有差異，因此需再進行成功樣本加權。大體上，傳統的加權方法多只考慮客觀的人口特徵，許多研究變項仍然沒有因加權而有較佳的代表性，研究者就需考慮利用非人口特徵來進行加權，也就可採用 PSA。

抽樣調查必須找到被抽到的對象進行訪談，不可更換樣本名冊內的受訪者。調查研究者要儘量在以下幾方面努力提升訪談成功率。在研究問卷設計上控制問卷題目的困難度，所有題目都應該適合受訪者回答。在敏感性與具

威脅性的題目上要做更細膩的研擬，以減低受訪者的心理壓力與抗拒。此外，研究者需選擇適當的禮品或禮金，以降低拒訪率。

訪員是直接與受訪者互動而獲得受訪者回應的關鍵，訪談成敗的重要影響因素是訪員。研究者必須施行嚴格的訪員訓練，訓練訪員對問卷充分了解進行標準化的訪談，也要訓練訪員維護與受訪者適當的友好關係，要有能力說服受訪者配合回答。根據研究，在造訪受訪者時，選擇適當的時間與地點進行訪談也是很重要的，訪員應該儘量做最好的安排。一般來說，訪談經驗較豐富、工作態度良好、個性正面積極又有耐性的訪員有較高的接觸率與完訪率，研究者要特別加強甄選有這些特質的訪員。

接下來，調查研究者就要盡力提升調查訪談回答品質。在實際訪談中，研究設計、訪員特質與訪談能力，以及受訪者的特質都是決定訪談品質的關鍵因素。問卷題目與選項應該儘量口語化、結構化、簡短與易讀、順序合邏輯。問卷題目要儘量少引導性、敏感性，侵害隱私的問法或難懂的專有名詞，態度量表題目的設計需注意是否會造成受訪者無意識或刻意的扭曲回答。在訪談過程中訪員必須遵循標準訪問方法，亦即保持中立態度，不提示回答方向，逐字唸題目，必要時重唸題目但不任意離題，需要時適當追問以便釐清回答的正確性。訪談時，訪員要跟受訪者維持一定的友好關係，用心拿捏互相的距離；儘量減少受訪者以外的其他人在場，以免誤導受訪者的回答。至於受訪者，雖然受訪者特質會影響到訪談結果，但研究者沒得選擇，訪員只能就受訪者狀況儘量調適，盡可能減少受訪者因素的不良影響。

要能找到受訪者成功地做好高品質的調查訪談，調查設計固然重要，更重要、更關鍵的是「訪員」。一般而言，調查研究的訪員大多不是專業專職的，所以訪員訓練就格外重要。訪員必須充分了解問卷和抽樣，學會訪問的技巧，調整好工作的態度，確實遵守調查專業倫理。

最後，抽樣調查研究經歷研究主題的擬訂、抽樣、問卷設計、招募訪員、訪員訓練與實習、訪談、整理資料一系列的程序。每一個程序都影響到研究調查的成敗和品質，於是參與各階段的研究工作人員必須恪盡專業職責

並恪遵調查專業倫理規範。國內現在以及在可見的未來並無調查研究的聯合組織訂定並執行調查倫理規範，調查研究者應遵從國際重要調查研究聯合組織的倫理守則，媒體和大眾也可參照這些守則來檢驗國內的各種調查研究。

參考書目

中央研究院調查研究專題中心主編 (2006)《面訪員訓練手冊》。臺北，南港：中央研究院人文社會科學研究中心調查研究專題中心。

中央研究院調查研究專題中心主編 (2006)《電訪員訓練手冊》。臺北，南港：中央研究院人文社會科學研究中心調查研究專題中心。

田芳華 (1996)〈自填與訪填對答題效應之影響〉。《調查研究》，2，59-88。

李隆安、黃朗文、潘忠鵬 (1996)〈臺灣地區社會變遷基本調查計畫訪視失敗原因之探討〉。《第一屆調查方法研討會》。臺北，南港：中央研究院調查研究工作室。

李隆安、韓成業 (2008)〈The study of weights by the raking method〉。《2008 年度中國統計學社學術研討會》。臺北：中國統計學社。

杜素豪 (2001)〈問卷訪問中的第三者在場的訪答效應〉。《調查研究》，9，73-102。

杜素豪 (2003)《調查訪問的接觸次數與完訪率：訪問時段、接觸難度與訪問方法效應之分析》。國科會專題研究計畫執行報告。

杜素豪 (2004)〈投票意向問題不同類型項目無反應之分析：以 2000 年總統大選為例〉。《選舉研究》，11(2)，111-131。

杜素豪 (2007)《失敗樣本的訪員效應：面訪與電訪的比較 (I)》。國科會專題研究計畫執行報告。

杜素豪、羅婉云、洪永泰 (2009)〈以入選機率調整法修正調查推估偏差的成效評估〉。《政治科學論叢》，41，151-176。

洪永泰 (1989)〈抽樣調查中訪問失敗問題的處理〉。《社會科學論叢》，37，33-52。

洪永泰 (2006)〈臺灣地區電話訪問調查資料加權處理之探討〉。《第六屆調查研究方法與應用國際學術研討會》。臺北：中央研究院人文社會科學研究中心暨調查研究專題中心。

盛治仁 (2000)〈總統選舉預測探討：以情感溫度計預測未表態選民的應用〉。《選舉研究》，7(2)，75-105。

黃毅志 (1997)〈抽樣調查中訪問失敗的問題之探討：以臺灣地區社會變遷調查為例作說明〉。《調查研究》，4，113-129。

劉義周 (1985)〈調查研究中『不知道』選項問題之分析〉。《國立政治大學學報》，52，65-90。

劉義周 (1996)〈測不到的誤差：訪員執行訪問時的偏誤〉。《調查研究》，2，35-58。

劉從葦、陳光輝 (2005)〈Is weighting a routine or something that needs to be justified?〉。《選舉研究》，12(2)，149-187。

鄭夙芬、陳陸輝 (2001)〈臺灣地區民眾參與調查研究態度的變遷：1986-1998〉。《選舉研究》，7(1)，115-138。

瞿海源 (主編) (2007)《調查研究方法》。臺北：三民書局。

AAPOR (2010). http://www.aapor.org/AAPOR

Becker, Stan, Feyisetan, Kale, & Makinwa-Adebusoye, Paulina (1995). The effect of the sex of interviewers on the quality of data in a Nigerian family planning questionnaires. *Studies in Family Planning, 26*(4), 233-240.

Berry, Chareles C., Shirley Flatt, W., & Peirce, John P. (1996). Correcting unit nonresponse via response modeling and raking in the California tobacco survey. *Journal of Official Statistics, 12*(4), 349-363.

Bethlehem, Jelke G. (1988). Reduction of nonresponse bias through regression estimation. *Journal of Official Statistics, 4*(3), 251-260.

Bethlehem, Jelke G., & Keller, Wouter J. (1987). Linear weighting of sample survey data. *Journal of Official Statistics, 3*(2), 141-153.

Blohm, Michael, Hox, Joop, & Koch, Achim (2006). The influence of interviewers'contact behavior on the contact and cooperation rate in face-to-face household surveys. *International Journal of Public Opinion Research, 19*(1), 97-111.

Bradburn, Norman M., & Sudman, Seymour (1979). *Improving interview method and questionnaire design*. San Francisco: Jossey-Bass.

Campbell, Bruce A. (1981). Race-of-interviewer effects among southern adolescents. *The Public Opinion Quarterly, 45*(2), 231-244.

Cannell, Charks F., Miller, Peter V., & Oksenberg, Lois (1981). Research on interviewing techniques. In S. Leinhardt (Ed.), *Sociological Methodology*. San Francisco: Jossey-Bass.

CASRO (2010). http://www.casro.org/codeofstandards.cfm.

Curtin, Richard, Singer, Eleanor, & Presser, Stanley (2007). Incentives in random digit dial telephone surveys: A replication and extension. *Journal of Official Statistics, 23*(1), 91-105.

ESOMAR (2010). http://www.esomar.org/index.php/codes-guidelines.html.

Fendrich, Michael, Johnson, Timothy P., Sgakugran, Chitra, & Wislar, Joseph S. (1999). The impact of interviewer characteristics on drug use reporting by male juvenile arrestees. *Journal of Drug Issues, 29*(1), 37-58.

Finkel, Steven E., Guterbock, Thomas J., & Borg, Marian J. (1991). Race-of-interviewer effects in a preelection poll. *Public Opinion Quarterly, 55*(3), 313-330.

Fowler, Jr. Floyd J., & Mangione, Thomans W. (1990). *Standardized survey interviewing: Minimizing interviewer-related error*. Newbury Park: Sage Publication.

Goyder, John (1987). *The silent minority*. Boulder, Colorado: Westview Press.

Groves, Robert M. (1999). Survey error models and cognitive theories of response behavior. In Monroe G. Sirken et al. (Eds.), *Cognition and survey research* (pp. 235-250). New York: Wiley & Sons.

Groves, Robert M., & Couper, Mick P. (1996). Contact-level influences on cooperation in face-to-face surveys. *Journal of Official Statistics, 12*(1), 63-83.

Groves, Robert M., & Couper, Mick P. (1998). *Nonresponse in household interview survey*. New York: John Wiley & Sons, Inc.

Hartmann, Petra (1994). Interviewing when the spouse is present. *International Journal of Public Opinion Research, 6*(3), 298-306.

Heerwegh, Dirk (2006). An investigation of the effect of lotteries on web survey response rate. *Field Methods, 18*(2), 205-220.

Huddy, Leonie et al. (1997). The effect of interviewer gender on the survey response. *Political Behavior, 19*, 197-220.

Johnson, Timothy P. et al. (2002). Culture and survey nonresponse. In Robert M. Groves et al. (Eds.), *Survey nonresponse* (pp. 55-70). New York: John Wiley.

Kalton, Graham, & Flores-Cervantes, Ismael (2003). Weighting methods. *Journal of Official Statistics, 19*(2), 81-97.

Keeter, Scott et al. (2000). Consequences of reducing nonresponse in a national telephone survey. *Public Opinion Quarterly, 64*, 125-148.

Kulka, Richard A., & Weeks, Michael F. (1988). Toward the development of optimal calling protocols for telephone surveys: a conditional probabilities approach. *Journal of Official Statistics, 4*(4), 319-332.

Kveder, Andrej, & Vehovar, Vasja (1999). *An elaborated calling strategy does it make enough difference?* Paper presented in International Conference on Survey Nonresponse.

Lee, Sunghee, & Valliant, Richard (2008). Weighting telephone samples using propensity scores. In James M. Lepkowske et al. (Eds.), *Advances in telephone survey methodology* (pp. 170-183). New York: John Wiley & Sons.

Lee, Sunghee, & Valliant, Richard (2009). Estimation for volunteer panel web surveys using propensity score adjustment and calibration adjustment. *Sociological Methods & Research, 37*(3), 319-343.

Morton-Williams, Jean (1993). *Interviewer approaches*. Cambridge, Dartmouth Publishing Company Ltd.

Oishi, Sabine M. (2003). *How to conduct in-person interviews for surveys*. London: Sage Publication.

Petrolia, Daniel R., & Bhattacharjee, Sanjoy (2009). Revisiting incentive effects: Evidence from a random-sample mail survey on consumer preferences for fuel ethanol. *Public Opinion Quarterly, 73*(3), 537-550.

Piazza, Thomas (1993). Meeting the challenge of answering machines. *Public Opinion Quarterly, 57*, 219-231.

Ray, John J. (1984). Reinventing the wheel: winkler, kanouse, and ware on acquiescent response set. *Journal of Applied Psychology, 19*(2), 353-355.

Reinecke, Jost (1993). Explanations of social desirability and interviewer effects. In Dagmar Krebs and Peter Schmidt (Eds.), *New directions in attitude measurement* (pp. 315-337). Berlin: Walter de Cruyter & Co.

Rosenbaum, Paul R. (2005). Observational study. In Brian Everitt S. and David Howell C. (Eds.), *Encyclopedia of statistics in behavioral science* (Volume 3:1451-1462). New York: John Wiley & Sons.

Shih, Tse-hua, & Fan, Xitao (2008). Comparing response rates from web and mail surveys: A meta analysis. *Field Methods, 20*, 249-271.

Singer, Eleanor et al. (1983). The effect of interviewer characteristics and expectations on response. *Public Opinion Quarterly, 47*, 68-83.

Singer, Eleanor, & Bossarte, Robert M. (2006). Incentives for survey participation: When are they coercive? *American Journal of Preventive Medicine, 31*(5), 411-418.

Smith, Tom W. (1995). Trends in non-response rates. *International Journal of Public Opinion Research, 7*(2), 157-171.

Smith, Tom W. (1997). The impact of the presence of others on a respondent's answers to questions. *International Journal of Public Opinion Research, 9*(1), 33-47.

Srinath, Pavan K. et al. (2009). Compensating for noncoverage of nontelephone households in random-digit-dialing surveys: A comparison of adjustments based on propensity scores and interruptions in telephone service. *Journal of Official Statistics, 25*(1), 77-98.

Tourangeau, Roger, Rips, Lance J., & Rasinski, Kenneth A. (2000). *The psychology of survey response*. U.K.: Cambridge University Press.

Tu, Su-hao, & Liao, Pei-shan (2007). Social distance, respondent cooperation and item nonresponse in sex survey. *Quality & Quantity, 41*, 177-199.

Tu, Su-hao (2008). *The effects of interviewer attitudes toward surveys on unit nonresponse: A model comparison*. Paper presented in Interims Meeting of the ISA RC33 on Logic and Methodology in Sociology, September 1-5, Naples Italy.

Webster, Cynthia (1996). Hispanic and Anglo interviewer and respondent ethnicity and fender: The impact on survey response quality. *Journal of Marketing Research, 33*(1), 62-72.

Weeks, Micheal F., & Moore, Paul R. (1981). Ethnicity-of-interviewer effects on ethnic respondents. *Public Opinion Quarterly, 45*(2), 245-249.

Weeks, Michael F., Kulka, Richard A. et al. (1987). Optimal call scheduling for a telephone survey. *Public Opinion Quarterly, 51*(4), 540-549.

Zanutto, Elaine L. (2006). A comparison of propensity score and linear regression analysis of complex survey data. *Journal of Data Science, 4*, 67-91.

延伸閱讀

1. Groves, Robert M. et al. (2009). *Survey methodology*. New York: John Wiley & Sons.
   本書介紹調查執行過程中各步驟的內容與注意事項，全書不僅提供深入理論性的說明，而且利用經驗研究加以佐證，每一章節中也提供具體的範例與練習。最後更闢了專章，列出執行調查研究者常面臨的問題以及其解決辦法。
2. 瞿海源 (2007)，《調查研究方法》，臺北：三民書局。
   本書根據學理對調查研究的每個正規過程做完整的敘介，也特別闢專章說明認知訪談、資料檔建立以及調查資料庫。
3. Levy, Paul S. (2008). *Sampling of populations: Methods and applications*. New York: John Wiley & Sons.
   本書說明幾種主要常用的抽樣設計，以及每一抽樣設計中的加權與母體推估方

式。著重在加強應用與練習的說明，並介紹相關的統計軟體與程式。本書也討論資料遺漏與調查無回應對推估的影響，以及針對電訪抽樣與技巧的說明。

4. Särndal, Carl-Erik, & Lundström, Sixten (2005). *Estimation in surveys with nonresponse*. New York: John Wiley & Sons.

本書系統性地介紹可能可以解決無回應誤差問題的推估方法，包括樣本加權與資料插補。內容包括確定可以用來推估之輔助變項的選定原則、理想的推估方法、針對無反應的加權與分析方法、母體推估的實例。

8

調查資料庫之運用

一、前　言

　　各種形式的問卷調查資料是社會科學量化研究最重要的素材。為了符合統計上的基本需求，並配合人口特性的考量，至少都需要一千以上的樣本數，如果希望某些特定類別的人口也可以達到一定的樣本數，動輒兩千以上的樣本是相當基本的要求。推動一個調查計畫，從問卷設計、預試、正式施測、資料過錄，乃至於建立可以進行後續分析的資料檔，不論是在研究經費還是操作技術上，都非一般的研究，可憑藉個人或少數人之力所能達成。雖然有不少專書或論文，係親身參與調查計畫所獲致的成果，不過我們也可以看到，有許多學者或博士班研究生，是利用既有的資料檔完成他們的學術論文。之所以能夠這樣，主要是因為許多國家都開始推動以「學術界公共使用」為目標的調查研究計畫，並建置儲存、釋出與管理這些調研資料的學術研究單位，在資料使用的層面上，更是日益開放與便利。

　　過去要找到一筆適合自己分析的調查資料，並非等閒輕易之事，但是在電腦軟硬體的快速發展之下，各大重要資料庫都紛紛建立性能良好的檢索系統，甚至還開發出線上分析的軟體。有的資料庫可供免費使用，有的則是在索費甚低的情況下，即可提供申請者所需的資料。有時候，大家會質疑資料檔已經過時，慨嘆資料檔中的調查資料，並不完全符合自己的需求，不能充

分滿足自己原先設定的理論架構。但不可否認的是，二手資料不但可以作為前導研究，也可以用其比較不同社會與時間點之社會現象的異同，往往不是個別研究者窮其一生，就能夠透過單打獨鬥的方式獨力蒐集而得 (Steward, 1993/2000；胡克威，2007)。再者，由於是運用既有的資料，更需在概念上有所創新，才能提出足以服人的研究成果。因此，具備量化能力的研究者，若可以充分且恰當地利用既有的調查資料庫，就可以做出別具意義的研究。本文分成兩大部分：首先介紹資料庫的發展與概況，並簡介歐美與東亞的重要資料庫；其次則透過具體的研究案例，說明資料庫的使用方式與相關注意事項。

二、調查資料庫的發展與概況

(一) 社會科學資料庫的建立與發展

最早的社會科學資料庫出現於 1940 年代，Elmo B. Roper (現代民意調查開創者之一) 將他累積了十幾年的調查資料在威廉斯學院 (Williams College，位於美國麻州) 建立庫藏，並在 1946 年於該校正式設立羅波民意研究中心 (The Roper Center for Public Opinion Research)。其他的民意調查機構主持者，如 George H. Gallup 與 Archibald Crossley，也相繼貢獻其調查資料給羅波民意研究中心 (Rockwell, 2001)。目前該中心設置於康乃迪克大學。

緊接著在 1960 年之後，歐美設置調研資料庫的熱潮風行。首先是創設於德國科隆的經驗社會研究中央資料庫 (The Central Archive for Empirical Social Research, ZA)；接下來則是美國密西根大學社會研究所 (Institute for Social Research, ISR) 建置的大學校際政治研究聯盟 (Inter-University Consortium for Political Research, ICPR)，以及荷蘭阿姆斯特丹的史坦麥茲資料庫 (Steinmetz Archive)，1970 年代也另有幾個資料庫在歐洲設立 (Rockwell, 2001；胡克威，2007)。特別值得一提的是，歐洲亦有設立和美國 ICPR 性質相近的歐洲政治研究聯盟 (European Consortium of Political Research)，它是以

英國的艾塞斯大學 (The University of Essex) 為總部，艾塞斯大學也同時設置系統化的訓練課程及極具規模的資料庫 (Miller, 1989)。於是，在 1960-1970 年代歐美社會科學界的合作氛圍下，國際社會科學界彼此共享資料的共識逐漸形成，各國資料庫的正式建立與運作，更嘉惠諸多國內外的量化研究學者。

美國當前聞名於世的大學校際政治社會研究聯盟 (Inter-University Consortium for Political and Social Research, ICPSR)，其前身即為 ICPR。最初，ICPR 之設立，一方面奠基於美國政治學界在選舉調查研究方面累積的成果，率先推展訓練課程；另一方面則是密西根大學的調查研究中心採用了瑞典學者 Stein Rokkan 在 1957 年提供福特基金會報告中，對建立有助於比較研究的調查資料庫的建議。1950 和 1960 年代，密西根大學在社會科學研究委員會資助的兩次研討會中，除了有關調查研究分析的課程之外，歐美社會科學界的重要學者也匯聚一堂，針對資料的蒐集和資料庫的建立密切交換意見。再者，國際政治科學協會 (International Political Science Association, IPSA) 的政治社會學委員會 (The Committee on Political Sociology) 和國際社會學學會 (International Sociological Association, ISA) 也匯聚歐美政治與社會學界的重量級學者，針對此一議題加以討論。在這種國際交流的氛圍之下，各國學者開始產生共識。由於高品質的調查成本高、獲得補助的機會有限，學者想要使用這樣的資料並不容易，國際學界必須正視當時大型調查研究資料得之不易的困境；此外，大家也同時深刻體會到，如果大型調查研究計畫的主持人和參與者，無法充分利用這些大費周章取得的調查資料，而且在資料分析的一、兩年之後就將其束諸高閣，十分可惜 (Crewe, 1989; Kasse, 1989, 2001; Miller, 1989; Rockwell, 2001)。於是在推動各項調查之外，以公共財的觀點促成調查研究資料的共享，隱然已成為時勢所趨，調查資料庫的設置也因此應運而生。

亞洲社會調查研究資料庫的發展，多少都受到歐美學界的影響。在臺灣，中央研究院的學術調查研究資料庫 (Survey Research Data Archive, SRDA)

的建置,目前是中研院人文社會科學研究中心下轄調查研究專題中心 (The Center for Survey Research, Academic Sinica) 的主要工作之一。中研院民族學研究所於 1984 年和 1985 年間,執行首次全臺代表性樣本的臺灣社會變遷基本調查,建立臺灣第一個公開釋出的資料檔。為推動社會變遷基本調查,中研院於 1993 年成立調查研究工作室,設有調查組和資料組,資料組除了釋出社會變遷基本調查的問卷資料之外,亦透過學者自願捐贈的方式,逐步建立並累積學術調查資料庫的內容。隨後,它更與國科會人文處具體簽訂協議,凡由國科會資助的問卷調查資料,都必須以非專屬授權的方式,無償提供給調查研究工作室。經過多年的努力,政府各部門 (包含環保署、主計總處和內政部) 也授權釋出其所屬的調查資料庫。

調查研究工作室在 2004 年改名為調查研究專題中心,目前隸屬於人文社會科學研究中心,其學術調查資料庫可說是亞洲最具規模者。日本和韓國在推動綜合性社會調查之後,同時亦考量到建置調查資料庫之必要性,於是日本在 1996 年設立社會科學日本資料庫 (Social Science Japan Data Archive, SSJDA) (章英華,2001),韓國則在 1983 年成立其學術界共同支持的社會調查資料庫,並於 2006 年與韓國社會科學圖書館合併為韓國社會科學資料院 (Korean Social Science Data Archive, KOSSDA)。

在 1950-1970 年代,社會科學資料庫在歐美國家逐漸推展之際,電腦仍處於大型處理器的時代,資料是以卡片處理,需要透過資訊中心的專業人員協助,才能順利取得資料。在那樣的年代,社會科學家們願意建立資料庫,就是因為大型資料蒐集計畫的推動,需要投注大量的人力與財力,而這些資料必須提供給眾多學者共同使用,才能發揮資料的功能和實用價值。在 1980 年代以後,電腦個人化、儲存與運算功能的大幅進步,使資料庫建置的門檻為之降低不少,再加上電腦網路的無遠弗屆,線上傳輸與資料取得也日趨便利,世界各地社會科學資料庫的發展更是一日千里,甚至還進一步發展出線上分析的功能 (胡克威,2007)。透過歐洲社會科學資料庫委員會的網站 (http://www.cessda.org/) 中的「其他資料庫」中的資訊,可以瀏覽主要學術資

> **參考方塊 8-1：歐洲社會科學資料庫委員會**
>
> 　　1970 年代，歐洲各國的社會科學資料庫為了增進教學研究人員和學生取得研究資料，組成了歐洲社會科學資料庫委員會 (Council of European Social Science Data Archives, CESSDA)。截至 2010 年中，會員包括奧地利、捷克、丹麥、立陶宛、芬蘭、法國、希臘、德國、匈牙利、愛爾蘭、義大利、盧森堡、荷蘭、挪威、羅馬尼亞、斯洛維尼亞、瑞典、瑞士和英國等國家的資料庫。
>
> 　　透過其資料目錄 (包括主題、關鍵字或資料發行者搜尋)，可以確認並取得各會員國資料庫的資料檔。點選「其他資料庫」(other archives) 欄位，就可以鏈結全球其他地區的主要資料庫。該委員會歡迎教學研究人員將資料檔掛上其目錄。該委員會提供資料建置與管理的諮詢，讓資料提供者，在建置資料時，能夠採用合乎規範的管理計畫，讓掛上的資料易於使用。該委員會每年都舉辦社會科學調查資料建置、管理與應用的研討會，並提供歐洲各地開設有關社會科學方法與資料分析研習營的資訊。此外，該委員會亦長年以研究計畫進行調查資料的後設處理 (metadata management) 及線上統計分析。

料庫在世界各地的分佈情形；參考方塊 8-3 亦提供了一些重要調查資料庫的鏈結訊息。接下來將分別介紹三個歐美和三個東亞的重要資料庫。

(二) 歐美與東亞重要調查資料庫之概況

1. 美國：大學校際政治社會研究聯盟

　　大學校際政治社會研究聯盟 (Inter-University Consortium for Political and Social Research, ICPSR) 成立於 1962 年，以社會科學研究資料的提供，以及量化研究方法夏令課程聞名於世，早期在「福特基金會」的資助下成立，隸屬於美國密西根大學的社會研究所。目前擁有超過 7,500 種的研究資料，50

萬筆資料檔。每年都會增加四、五百種的新資料，全球共有 10 萬左右的使用者，每年約有 800 位學生參加其量化研究方法的夏令課程。

ICPSR 擁有的資料涵蓋社會學、政治學、犯罪學、歷史學、教育學、人口學、老年學、國際關係、公共衛生、經濟學與心理學等的課題。在其總目錄之外，也有某些特殊議題的專題資料檔，並將某一專題下的資料匯集起來，提供使用的技巧，甚至是分析的工具。這些主題檔包括：兒童照顧與早期教育研究鏈結 (Child Care and Early Education Research Connections)、人口研究資料分享 (Data Sharing for Demographic Research, DSDR)、健康與醫療照顧資料庫 (Health and Medical Care Archive, HMCA)、老年電子資料國家檔案 (National Archive of Computerized Data on Aging, NACDA)、犯罪司法資料國家檔案 (National Archive of Criminal Justice Data, NACJD)、少數族群資料資源中心 (Resource Center for Minority Data, RCMD)、藥物濫用與心理衛生資料庫 (Substance Abuse and Mental Health Data Archive, SAMHDA) 等。

另外幾個長期調查計畫，亦有其專屬網頁，除了收入動態固定樣本追蹤調查 (Panel Study of Income Dynamics, PSID; http://psidonline.isr.umich.edu/)，以及所得與福利方案參與調查 (Survey of Income and Program Participation, SIPP; http://www.census.gov/sipp/) 之外，還包括自 1972 年開始進行的年度綜合社會調查 (General Social Survey, GSS) 和美國全國選舉研究 (American National Election Study, ANES)，以上兩種調查資料皆可透過美國加州大學柏克萊分校 (University of California, Berkeley) 所建置的 SDA 資料庫 (Survey Documentation and Analysis; http://sda.berkeley.edu/archive.htm) 取得。

ICPSR 採會員制，除了個別機構之外，美國國內的數所大學或學術機構可以集結在一起成為聯盟會員 (federations)；其他國家的學術機構，亦可結合其國內需要此一調查資料庫的大學或研究機構，共同繳費註冊，申請成為國家會員 (national memberships)。截至 2009 年，大約已有 700 個大學、學術機構和政府機關加入會員。臺灣只有「中央研究院」為其會員，由歐美研究所為代表。會員機構內的成員可以透過 ICPSR Direct，直接從線上下載所需

> **參考方塊 8-2：大學校際政治社會聯盟 (ICPSR) 世界重要調查資料目錄與臺灣資料**
>
> ICPSR 建置了全世界重要調查資料檔的資訊，清楚標示這些資料是否能夠從 ICPSR 下載。一進入其網站，即有「發現與分析資料」(Find & Analize Data) 欄位，有「線上分析、主題、調查者、地區」及「系列」等欄位。點選地區，再以附圖點選亞洲、臺灣，我們可以看到和臺灣有關的 51 筆資料檔的說明，有許多是包含臺灣的國際比較資料，包含調查或次級統計資料，清楚標示是否可由 ICPSR 下載；不能下載者，亦有鏈結指示關聯的網站。其中列舉的資料包括臺灣社會變遷基本調查 (Taiwan Social Change Survey)、亞洲民主動態調查 (Asian Barometer)，此兩者都無法直接從 ICPSR 下載。除此之外，臺灣省家庭計畫研究所 (目前則為衛生署國民健康局) 所執行的生育率調查 (Knowledge, Attitudes, and Practice of Contraception in Taiwan, KAP)，以及蓋洛普機構的調查 (Gallup International Association) 等，則可從其系統下載。
>
> 最值得一提的是，澳洲天主教大學 (Australian Catholic University, ACU) 的名譽教授顧浩定 (Wolfgang L. Grichting)，在臺灣訪問輔仁大學和臺灣大學社會學系時，曾於 1970 年執行「The Value System in Taiwan, 1970」研究計畫，進行了可能是在臺灣最早由學術界進行的全臺抽樣調查，在臺灣除了說明該調查結果的專書《臺灣的價值體系，1970》(*The Value System in Taiwan, 1970*) 之外，未見其原始資料檔，但是卻可以在 ICPSR 下載取得。

的資料。不過中研院的會員資格權限，尚無法直接使用 ICPSR Direct，必須在歐美研究所透過特定連結取得資料 (在歐美研究所的網站填寫 ICPSR 檔案資料借用申請書，才能取得相關資料)。

除了種類繁多、主題龐雜的各色資料庫以外，ICPSR 還開設量化研究方法的夏令課程，課程內容涵蓋研究設計、統計、資料分析、一般的社會

科學方法,以及特定領域的研究方法,從初階到進階的課程皆有提供,並在量化方法的引介中配合實際的研究議題。其授課教師來自世界各地,均係一時之選,具備豐富的研究經驗,授課時間由 3-5 天以至四個星期,這樣有系統而完整的量化研究方法課程,不是單一大學所能獨力提供的。有興趣報名參加者,可以直接進入社會研究量化方法夏令課程 (Summer Program in Quantitative Methods of Social Research) 的網站 (http://www.icpsr.umich.edu/icpsrweb/sumprog/),進一步了解課程大綱、師資與申請方式。

2. 德國:GESIS—萊布尼茲社會科學資料庫

GESIS—萊布尼茲社會科學研究所 (GESIS—Leibniz Institute for the Social Sciences),成立於 1996 年,其前身為經驗社會研究中央資料庫 (ZA),是儲存與釋出德國調查研究資料最重要且規模最大的學術機構。ZA 成立於 1960 年,時間還早於 ICPSR,都是在學者交流討論的激盪下,最早成立於歐美的資料庫之一。2008 年,ZA 正式轉型為研究中心 ZA-EUROLAB。而 GESIS 也歷經調整,下設六個部門,其中包含社會科學資料庫部門 (Dept. Data Archive for the Social Sciences),以 ZACAT 為其調查研究資料的主要入口網站。

此一資料庫以搜羅社會和政治相關之「全國與國際比較調查資料檔」為其任務,資料都經過加工,以利進行跨時間或跨地域的比較。所儲存的資料,包括歐洲的各項選舉研究,如歐洲選舉研究 (European Election Study, EES)、選舉體系比較研究 (Comparative Studies of Electoral Systems, CSES)、東歐選舉研究 (Election Studies from Eastern Europe) 和歐洲選民研究 (European Voter Data Base),以及一些重要的跨國研究,如國際社會調查研究計畫 (International Social Survey Programm, ISSP)、世界價值調查 (World Values Survey, WVS)、歐洲價值調查 (European Values Survey, EVS)、歐洲測候 (Eurobarometers) 的各次調查等。特別值得一提的是,四十幾個國家同步進行的國際社會調查研究計畫 (International Social Survey Program, ISSP) (臺灣自 2003 年起也是會員之一),是以 ZACAT 為其資料儲存與釋出的基地。在 GESIS 的社會資料庫中,另有 ALLBUS 入口網站,主要蒐集德國綜合社

會調查 (Germany General Social Survey) 的資料。

　　ZACAT 的資料都可在線上下載，其資料檔都以資料管理軟體 NESSTAR 加以處理，提供瀏覽問卷、過錄編碼簿和次數分配以及線上進行迴歸分析等功能。有興趣者可以線上註冊，無需繳交註冊費，但若要下載取得資料，必須支付特定金額的費用。其資料檔依釋出的條件分為四類：

(1) 0 類別：對所有的人釋出。
(2) A 類別：對學術研究與教學目的者釋出。
(3) B 類別：對學術研究與教學目的者釋出，但分析的結果不能出版，如果要出版論文，或是想針對分析結果做任何進一步的處理，必須獲得資料庫主管者的同意。
(4) C 類別：經資料儲存者同意之後，資料才能提供學術研究與教學。資料使用者在其計畫執行完成之後，必須告知資料庫當局，資料是否需要刪除或將其設定為唯讀檔，如果仍需再度使用該筆資料，也必須重新申請。

3. 英國：聯合王國資料庫

　　聯合王國資料庫 (UK Data Archive, UKDA; http://www.esds.ac.uk/) 於 1967 年在艾塞斯大學 (The University of Essex) 成立，是英國最重要且最具規模的資料庫，除了問卷資料檔之外，同時諸存相關的質性資料。此一資料庫是由英國的經濟與社會研究委員會 (The Economic and Social Research Council, ESRC)、高等教育撥款委員會的聯合資訊系統委員會 (The Joint Information Systems Committee, JISC) 及艾塞斯大學共同資助而成。該資料庫的任務包括以下兩者：

(1) 整合並經營經濟與社會資料服務 (The Economic and Social Data Service, ESDS) 提供的各項資料，並致力於資料的加工、保存和釋出。
(2) 直接經營質性資料庫 (ESDS Qualidata) 和縱貫資料庫 (ESDS Longitudinal)。

　　ESDS Qualidata 蒐集的資料，包括當代以純粹質性或混合方法產生，以英國為對象之經典研究的資料。凡是政府補助的研究計畫，主持人都必須將

研究資料交付 ESDS 保存與釋出。該資料庫會與研究人員密切合作，以力求產生高品質且記錄良好的質性資料。ESDS Qualidata 有建置相關的資料目錄 (Data Catalogue)，讓研究者能夠快速找到所需的資料。它同時也保存重要的紙本資料，並將之電子化。這些電子資料檔經過整理之後，就會一併列出重要的背景說明，並提供線上公開使用。UKDA 也同時提供訓練課程，讓學術研究人員和學生能夠充分利用其豐富的資料。

ESDS Longitudinal 是由 UKDA 與經濟和社會研究委員會轄下的聯合王國縱貫研究中心 (The UK Longitudinal Studies Centre, ULSC) 共同經營。主要蒐集的資料包含：英國 1970 年出生人口追蹤調查 (1970 British Cohort Study, BCS70)、英國家戶固定樣本追蹤研究 (British Household Panel Survey, BHPS)、英國老化縱貫研究 (English Longitudinal Study of Ageing, ELSA)、家庭與兒童研究 (Families and Children Study, FACS)、英格蘭青年縱貫研究 (Longitudinal Study of Young People in England, LSYPE)、千禧年出生人口追蹤調查 (Millennium Cohort Study, MCS)、全國兒童發展研究 (National Child Development Study, NCDS) 等。

這些資料經過加工處理後，會創造出一些樣本檔 (sampler files)，讓使用者透過 NESSTAR 軟體了解該項資料的內容。除了清理資料之外，系統也會進行加值的工作，包括加權、缺失值的說明以及一些統計上的調整，讓研究者能夠迅速上手，很快就能運用這些資料。這些資料都可以透過線上取得，「ESDS Longitudinal」也提供相關的訓練課程，介紹其搜羅整理的資料，並訓練對特定資料的運用方法。

此外，UKDA 所架構的 ESDS International 上，還提供了方便的鏈結：第一是國際總體資料檔 [International Aggregate (macro) Datasets]，藉此鏈結就可迅速取得國際能源總署 (IEA)、國際貨幣基金會 (IMF)、國際經濟合作組織 (OECD) 和聯合國工業發展組織 (UNIDO) 等單位的統計資料。第二是國際調查資料檔，使用者可以透過鏈結，直接取得某些重要的國際調查資料檔，如歐洲測候 (Eurobarometers)、歐洲選舉研究 (European Election Study)、歐洲

社會調查 (European Social Survey) 等調查計畫資料。另外，也提供與歐洲資料庫 (European Data Archives)、北美資料庫 (North American Data Archives)，以及世界各國資料庫的鏈結。

ESDS Government 提供大規模的政府調查資料，包括一般家戶調查 (General Household Survey) 與勞動力調查 (Labor Force Survey)。另外，UKDA 也是英國歷史資料服務 (Historical Data Service) 以及普查資料檔 (http://Census.ac.uk) 的基地，保有普查資料檔、教區登記資料以及地方或商務指引 (directories)。

閱覽 UKDA 的資料目錄或線上文件 (如問卷等)，不需要註冊登記，英國以外的使用者也可以申請帳號，但是非英國高等教育或進修教育機構成員，則無法使用「國際總體資料」與「普查資料檔」。

4. 日本：社會科學日本資料庫

東京大學社會科學研究所於 1996 年設立日本社會情報研究中心 (Information Center for Social Science Research on Japan, ICSSRJ)，其下的調查情報解析部門 (Research and Information Analysis)，其任務之一，就是與大阪商業大學聯合推動日本綜合社會調查 (Japanese General Social Survey, JGSS)；其二則是經營日本社會科學資料庫 (Social Science Japan Data Archive, SSJDA)，蒐集日本調查訪問的電子資料檔，整理保存並提供學術界公開使用。日本綜合社會調查自 1999 年預試以來的各筆資料檔，均由 SSJDA 釋出。相對於歐美已開發國家，日本在社會科學資料檔的公開流通方面較為落後。在設立之初，所蒐集的資料檔，大部分是財團法人研究機構所執行的計畫成果，罕有學術機構或政府機關所提供的資料 (章英華，2001)。即便如此，SSJDA 的成立及日本綜合社會調查資料檔的公開釋出，已可以說是日本學術界資料共享的重要里程碑。

在 2000 年時，該資料庫大約擁有 409 筆資料，時間橫跨 1960-1990 年代，直至 2009 年時，已經有超過 1,000 筆的資料。綜合資料檔的目錄中，包含 625 筆資料，主題涵蓋家庭、職業與工作狀況、企業概況、青少年和選

舉等項目。比較重要者如全國家族調查 (日本家族社會學會)、職業與生活經歷調查 (勞動政策研究所)、1995 年社會階層與社會流動調查 (SSM Survey)、全國高齡者固定樣本追蹤調查 (東京老人總合研究所與密西根大學)、日本綜合社會調查、1996 年日本選舉與民主研究、2000 年日本社會資本與民主認知研究，以及二十一世紀全國投票行為長期調查研究，2001-2005 等。社會科學研究所目前執行以下三項固定樣本的追蹤調查：高中畢業生、青年與壯年，將來的資料檔亦將同步納入 SSJDA。此外，還有主題調查資料檔：包括「小學生、國中生和高中生觀念態度與行為調查」資料檔，共計 90 筆，以及神戶大學名譽教授三宅一郎，自美國羅波民意研究中心收藏的日本調查資料中，所整理公開的政治意識調查資料檔，此項資料的蒐集時點，大致都在 1950-1970 年代間，計有 169 筆。

　　SSJDA 免費提供資料給以下幾類對象：包括大學或研究機構的研究人員、研究生，以及進行學術研究又有教授推薦的大學生。原本規定每次只能申請兩筆資料，但在 2009 年已廢止此一限制，若需申請大量資料則需提出說明。計畫使用以一年為期，一年之後必須將資料銷毀，但是有少數的資料 (如「日本綜合社會調查」) 就不受此限。日本以外的使用者，必須透過書面的方式提出申請，並支付國際回郵的相關費用。

5. 韓國：韓國社會科學資料院

　　2006 年成立的韓國社會科學資料院 (Korea Social Science Data Archive, KOSSDA)，是一個非營利的社會科學資料庫。1983 年起，Esquire 學術文化財團 (Esquire Foundation) 開始資助以下兩個獨立營運的單位：韓國社會科學圖書館 (Korea Social Science Library) 與韓國社會調查資料庫 (Korean Social Survey Data Archive)，合併成韓國社會科學資料院。該機構與一般圖書館或資料中心相比，另有提供兩項特別且專門的服務。首先，它專門蒐集韓國國內外和韓國社會科學研究相關的資料 (包含量化、質性及文獻等資料)。其次，透過線上檢索服務，也可以讓使用者即時取得這些珍貴的資料。

　　為了讓這種結合「圖書館」與「資料中心」的複合式服務，能夠更有效

率地整合起來，韓國社會科學資料院與韓國國內許多蒐集資料的研究機構，進行密切的合作結盟 (包括各大學研究單位、政府研究機構及法人研究所等)，並將各單位的調查資料，建構成數位化的資料庫。在 KOSSDA 的組織內，設有「量化資料小組」、「質性資料小組」、「文獻資料小組」、「服務開發小組」及「資料系統管理室」等五個工作小組，能提供專門且有效率的服務。

韓國社會科學資料院所蒐集的資料，涵蓋政治、經濟、社會、心理、文化等各大領域，與韓國國內或韓國相關的各種量化、質性及文獻資料。至 2008 年 6 月為止，該機構總共蒐集量化方面的統計與調查資料約 700 筆。重要的調查檔包括：「韓國綜合社會調查」(KGSS)、「韓國犯罪與被害的相關調查」、「青少年綜合狀況調查」、「轉型期韓國社會調查」、「不平等與公平性調查」、「國民意識調查」、「經濟危機與家族相關調查」以及「外國人勞動力調查」等。

在 KOSSDA 資料的使用及取得方面，在該機構的網頁上，可以進行不分資料類別的統合資料檢索，亦可依照不同資料類型，例如量化、質性或文獻等，進行個別項目的檢索，可以針對不同的檢索用語，依主題、調查資料名稱或調查變數等分類方式，進行專門的檢索。透過檢索搜尋到的量化資料，KOSSDA 皆可提供免費的資料概要、問卷、編碼方式等檔案的下載服務。但是若想使用線上統計分析系統 (NESSTAR) 以及完整的檔案下載服務，則要先行註冊，登錄成為「機關會員」或是「個人會員」。「個人會員」分為「一般會員」及「學生會員」兩種；「一般會員」的年費為 10 萬韓幣，「學生會員」則為 5 萬韓幣。「機關會員」則按機關人數多寡 (全職研究生及全職研究員的人數)，收取 20 萬到 300 萬韓幣不等的年費。雖說可透過註冊的方式，下載取得相關完整資料，不過下載的資料件數也是有所限制的。KOSSDA 規定一年最多只能下載 30 件，如果預計會超出此一數目，就必須先向 KOSSDA 提出請求協議。下載資料的使用期限為一年，如果想要繼續使用的話，必須再次提出申請。

6. 臺灣：學術調查研究資料庫

中央研究院「人文社會科學研究中心」轄下的「調查研究專題中心」，設有「資料管理組」，負責維護學術調查研究資料庫 (Survey Research Data Archive, SRDA)。此一資料庫於 1994 年開始建置，同時為「調查研究工作室」的兩項重點工作之一，收錄的內容是以「臺灣社會變遷基本調查」之資料，及其他受贈資料為基礎。1997 年起，與國科會簽訂「專題研究計畫檔案授權開放合約」，凡國科會補助之調查研究計畫，都應於商定年限內授權給「學術調查研究資料庫」，接著它又與環保署簽約，並逐步爭取到內政部、主計總處、原民會、教育部、研考會、交通部光觀局、司法院、勞工委員會以及衛生福利部 (特別是國民健康局) 的重要調查資料。

SRDA 蒐集的資料可區分為以下兩種類型：第一是「學術調查資料」，截至 2012 年 12 月止，計有 1,400 筆以上的資料檔，包含國科會補助之調查計畫的資料檔，領域涵蓋經濟、社會、教育、心理、管理、政治、區域研究、公共衛生等。重要的調查資料，包括「臺灣世界價值觀調查」、「臺灣社會意向調查系列」、「臺灣社會變遷基本調查系列」、「臺灣青少年成長歷程研究系列」、「臺灣高等教育資料庫」、「臺灣基因體意向調查」、「臺灣選舉調查資料系列」、「國民營養狀況變遷調查系列」、「華人家庭動態資料庫」以及「臺灣教育長期追蹤資料庫」。

第二是「政府抽樣調查資料」，截至 2012 年 6 月約有將近 1,200 筆的資料檔。重要的資料包含「主計處人力資源及附帶專案調查」、「家庭收支調查」、「社會發展趨勢調查」、「各項受雇調查」、「工商普查」、「農林漁業普查」與「戶口與住宅普查」，以及衛生福利部國民健康局的「臺灣家庭與生育率調查系列」等。政府單位之調查資料，都因申請過程不易，無法得到良好的運用，此一政府抽樣調查資料庫的設立，為國內學界建立十分利便。

原有的「報社民意調查資料」，由於報社另有考量，未能持續提供後續的各項資料。鑑於資料不夠完整，而各新聞機構都有自己的釋出管道，目前

參考方塊 8-3：世界各國主要調查研究資料庫一覽表

國別	資料庫縮寫	資料庫名稱	網址
澳洲	ANU	Australian National University, Canberra Coombsweb: ANU Asian and the Pacific Studies Server	http://www.coombs.anu.edu.au/
	ADA	Australian Data Archive	http://ada.anu.edu.au/
加拿大		University of Alberta Data Library	http://www.library.ualberta.ca/datalibrary/
	BCIRDC	British Columbia Inter-University Research Data Centre	http://data.library.ubc.ca/rdc/
	TDR	TriUniversity Data Resources	http://tdr.uoguelphon.ca/
	DRL	Data Resources Library (The University of Western Ontario)	http://www.lib.uwo.ca/madgic
丹麥	DDA	The Danish Data Archive	http://www.dda.dk/
法國	CDSP	Centre for Socio-political Data	http://cdsp.sciences-po.fr/
德國	GESIS	Data for the Social Sciences (Leibniz Institute for the Social Sciences)	http://www.gesis.org/en/services/data/
香港	DCS	Databank for China Studies 中國研究數據庫	http://www.usc.cuhk.edu.hk/
以色列	ISDC	Israel Social Sciences Data Center	http://isdc.huji.ac.il/
日本	SSJDA	Social Science Japan Data Archive	http://ssjda.iss.u-tokyo.ac.jp
韓國	KOSSDA	Korea Social Science Data Archive	http://www.kossda.or.kr
	KSDC	Korean Social Science Data Center	http://www.ksdc.re.kr
荷蘭	NARCIS	The Netherlands Institute for Scientific Information Services	http://www.narcis.nl/
挪威	NSD	Norwegian Social Science Data Services	http://www.nsd.uib.no/
菲律賓		Social Weather Station	http://www.sws.org.ph/
南非	SADA	South African Data Archive	http://sada.nrf.ac.za
瑞典	SND	Swedish National Data Service	http://www.ssd.gu.se/enghome.html
英國	MIMAS	Manchester Information & Associated Services	http://mimas.ac.uk/
	UKDA	UK Data Archive	http://www.data-archive.ac.uk/
美國	ICPSR	Inter-university Consortium for Political and Social Research (Michigan)	http://www.icpsr.umich.edu
	NDACAN	National Data Archive on Child Abuse and Neglect	http://www.ndacan.cornell.edu
	DISC	Data & Information Service Center	http://www.disc.wisc.edu
	SSDC	San Diego Social Science Data Center	http://libraries.ucsd.edu
	HMDC	Harvard-MIT Data Center	http://projects.iq.harvard.edu
	IHIS	Integrated Health Interview Series	http://www.ihis.us/ihis
	Roper Center	The Roper Center for Public Opinion Research	http://www.ropercenter.uconn.edu/
歐盟	CESSDA	Council of European Social Science Data Archives	http://www.cessda.net/
法國		Réseau Quetelet	http://www.reseau-quetelet.cnrs.fr/
臺灣	SRDA	Survey Research Data Archive 學術調查研究資料庫	http://srda.sinica.edu.tw/

資料來源：中央研究院學術調查研究資料庫，2009 年 9 月製表，作者 2014 年 9 月更新。

已無釋出，讀者可以洽詢各相關新聞機構的民意調查部門。

　　SRDA 於 2003 年開始建立會員制，目前的會員類別與資格：「一般會員 (二年期)」，國內外教研究機構之專兼任教師或專任研究人員、政府機構專任研究人員、捐贈資料之個人或單位代表；「一般會員 (一年期)」(國內外大院校學生，以及國內外研究機構研究助理人員、政府機構之研究助理人員)；「院內會員」，中央研究院專任研究人員；「網站會員」，不限資格之個人。「院內會員」每兩年固定校正會籍資料一次，只要確認就可以延續會員資格；「一般會員」則在會員資格到期前，由 SRDA 主動通知，會員可在期限前提出證明文件，即可延長使用資格。國內外符合以上資格者皆可上網登錄，申請時需要提供「會員約定條款同意書」(含簽名) 及「在職在學文件影本」，此二項書面資料可以郵寄正本，或以傳真和掃描電子檔的方式傳送。

　　SRDA 釋出之資料分為三個等級：公共版、會員版與限制版，所有會員都可以下載公共較資料，而會員版與限制較只有一般會員與院內會員可以下載或申請使用。限制版因涉及隱私與敏感變項，只有在申請後提供現場或遠距使用各項資料都可直接線上下載。「學術調查資料庫」提供欄位檢索、概念詞檢索和全文檢索的功能，也建立 NESSTAR 平台提供線上分析。資料庫的各項資料都可以線上瀏覽問卷、報告書和次數分配。

三、資料使用的方式

(一) 一般使用

1. 教學使用

　　很多研究方法或資料分析的課程都會要求學生親自找一份資料實地分析，這是資料分析相當重要的啟蒙儀式。部分統計軟體有時也會附加一些實例，以便使用者作為練習之用。但是最好的方式仍是讓學生就現代的社會現象，找尋其深感興趣的議題，由之發展出一些命題，再根據實際的資料進行分析。Babbie 等人在編寫教導人們使用 SPSS 的專書 (Babbie et al., 2000)，

就根據 1998 年的「綜合社會調查資料」建立兩套資料檔，以供讀者練習之用。陳正昌等人 (2003) 編寫的《多變量分析方法──統計軟體應用》中的多元迴歸分析 (Multiple Regression Analysis) 單元，他們就以 1999 年「臺灣社會變遷基本調查」中的幾個變項為例，教導人們如何使用這樣的資料進行分析。在主成分分析 (Principal Component Analysis) 和因素分析 (Factor Analysis) 的應用章節中，更是以公共秩序題組的十個題目為資料，示範如何透過 SPSS 軟體進行統計的過程。在目前網際網路發達的年代，教科書可以直接取用資料庫中的資料檔作為例證，在相關的課程中，更可以讓學生直接進入資料庫，根據自己感興趣的主題出發，尋找適合的資料檔。從下載資料，到建立自己的資料檔，最後再實際進行統計分析，有些學生從中發展出學士、碩士或博士論文，甚至還可以衍生發展另外的調查研究議題。

2. 背景與佐證資料

　　曾經有一位傳播學者想要提一個研究計畫，探討「網際網路的使用」與「孤獨和寂寞感」之間的關聯。他就在「臺灣社會變遷基本調查」資料庫中，尋找過去是否曾經詢問過與「孤獨和寂寞感」相關的問題。正好在三期三次的「網絡組」題組中，問及填答者「過去一週的生活感受」，就包含：「感到孤獨？1. 經常有 2. 有時有 3. 偶爾有 4. 沒有」的題幹與答項；四期二次的「家庭組」問卷中，在類似的題組中，也有題幹與答項是：「覺得很寂寞 (孤單、沒伴)？1. 沒有 2. 很少 (只有一天) 3. 有時候會 (2-3 天) 4. 經常或一直 (四天以上)」。於是，這位傳播學者可以先檢視兩個不同年代中，具孤獨感者的次數分配各自為何，衡量孤獨感是否可能進行後續的統計分析。如果次數分配顯示有相當比例的人口皆為孤獨感所盤據時，可以藉此強調其研究的可行性。若他覺得這樣的研究議題還不夠反映實際感受的話，可以針對原來的問項與次數分配，討論其不足或不當之處，據此提出他個人認為比較恰當的問卷題幹與答項，並用在自己的問卷調查中。

　　而且，不只是在擬訂研究計畫的層面，在撰寫議論性的文章時，也經常需要相關的經驗研究資料，來鋪陳資料分析時點的現狀與趨勢，然後再進行

深入的討論。譬如，就貧富差距而言，我們可以藉由主計總處的家計調查和勞動力調查，分析高所得與低所得者之間的比值變化，而在「臺灣社會變遷基本調查」的綜合性調查問卷，以及有關階層和社會問題的問卷中，另有受訪者對貧富差距的主觀評估，如果加上這樣的經驗資料，先具體討論所得差距與感受的連帶變化之後，再切入議題的討論，應該會使文章的整體鋪陳更為生動有力。

再者，某些質性研究往往因為樣本數太少的緣故，而備受「樣本偏誤」的質疑，如果可以適度從資料庫中，找尋並截取相關的經驗資料，對研究對象加以清楚定位，或可解除這樣的疑慮。在比較美國和法國中上階層文化時，Lamont (1992) 就強調雖然侷限於特定職業類屬的有限樣本，但其研究發現應可作為了解兩國文化差異的最終根據。只要可能的話，就會以全國性的資料來進行比較，以呼應她的論點。全國性的資料，除了可以從先行研究中獲得之外，也可以仰賴既有的調查資料庫。Lamont 在全書第二章分析道德邊界 (moral boundary) 時，就多處引用 1981 年的歐洲價值調查資料 (European Value Survey) 和美國天主教應用研究中心 (The Center for Applied Research in the Apostolate, CARA，附屬於喬治城大學) 的調查資料。譬如，當從訪談資料中發現，美國受訪者在誠實的內涵上，很重視十誡中有關男女關係的戒律，而法國的受訪者則不甚在意時，她就引用調查資料，來說明法國的樣本中，有為數 31% 的受訪者認為十誡中的戒律已經過時，而美國則只有 5%。而且在法國男性專業人士、經理和企業人士的樣本中，45% 認為這些戒律適用於自己，但美國的相應樣本卻高達 80%。她在同一章也運用調查資料，來證明法國人的工作取向不如美國人那麼強烈；法國人不太強調工作的彈性以及與同事的合作關係，法國人參與志願組織的比例也遠不及美國人高。

3. 特定現象的分析

問卷調查的種類和議題各異，但都有其針對的特殊現象。譬如，「臺灣社會變遷基本調查」是五年期的計畫，在第一年的綜合性調查問卷之後，接

下來的四年,每年分別執行兩個主題,四年總計八個主題的問卷調查,其目的就在於為學界提供了解重要社會現象及其變遷的基本素材。利用第一期和第二期資料撰寫論文,並在研討會之後所出版的兩部專書(張苙雲、呂玉瑕、王甫昌,1997;楊國樞、瞿海源,1988),都是運用這些資料的具體範例。

過去有許多問卷調查計畫的執行和參與者,都利用其所蒐集的問卷資料完成相關主題的學術論文,但是這些資料卻非僅限於「一次性的使用」,仍有供後學者繼續使用的潛力。譬如「臺灣社會變遷基本調查」,最初的設定雖然是「非經濟的調查」,但是經濟學家同樣也可以自由運用這類素材。鄒孟文與劉錦添(Tsou & Liu, 2001)便運用二期五次的兩份問卷,分別探討「生活整體快樂感」(宗教組)以及「對生活不同面向之滿意感」(文化價值組),其關懷重點涵蓋婚姻生活、親子關係、工作狀況、財務狀況、休閒生活與文化活動。他們以年齡、教育程度、婚姻狀況、個人收入、健康狀況與社會關係作為變項,探討影響個人快樂感與生活滿意度的因素為何,並對照晚近西方同類型的研究發現,這樣的研究設計不僅別出新意,也證明有些研究議題可能並非調查資料庫與問卷原始設計者所能預先設想。此外,有一篇傳播學的博士論文(Chen, 2001),則是利用三期一次問卷一的題目,討論傳播行為對國家認同的影響。由於每期第一年的綜合問卷,包含了跨學科的主題,在原初設計時,旨在提供各種重要社會現象發展的趨勢。國家認同通常是「政治文化或政治參與」主題問卷中的子題之一,傳播方面的變項並非其焦點所在,而在傳播主題的問卷中,卻很少出現涉及國家認同的題組。綜合性的問卷不只讓跨學科的議題得以同時呈現,當研究者想探討「傳播行為」與「國家認同」之間的關聯時,剛好也可以在跨學科的問卷設計中,找到支持其研究架構的數據,「臺灣社會變遷基本調查」第三期四次的兩份專題問卷(「政治組」和「大眾傳播組」分別施測),反而無法提供足以佐證的資料。

4. 特定類別人口的分析

問卷調查產生的各種資料都可以將樣本區分成許多特定類別的人口。譬如，不同年齡層的人口、族群和職業類別，甚至是有手機和沒有手機者、使用網際網路和不使用網際網路者，以便進行後續的比較分析。比較不同類別人群之間的異同，本來就是社會科學問卷資料分析的重點，有時候還可以針對某些特殊類別進行深入的分析。譬如，臺灣的不同族群之間，在教育取得、職業取得及社會關係上的差異，一直是社會學研究的重要課題，「臺灣社會變遷基本調查」針對此一議題深入探討的相關論文可說甚多 (蔡淑鈴，1988；Tsay, 1996；陳婉琪，2005；黃毅志、章英華，2005；謝雨生、陳怡蒨，2009)。我們也看到運用「臺灣社會變遷基本調查」及其他調查研究資料來討論特定人群的研究發現，如女性 (Tsai et al., 1994; Yu, 1999)、小頭家 (熊瑞梅、黃毅志，1992；許嘉猷、黃毅志，2002)，甚至是中小學教師 (賴威岑，2002)。

在問卷設計之初，設計者應該從來沒有想到過，這些問卷的資料竟然可以用來探討中小學教師的心理幸福特質，只可惜樣本數目太少，這樣的主題多少仍侷限於探索性的研究。若是研究者在樣本數充足的情況下，使用「臺灣社會變遷基本調查」的題組問卷，另外進行有關教師特質的調查，並同時運用變遷資料庫所取得的資料，來對照彰顯中小學教師的特質，就可以針對此一主題進行更為細緻的分析。瞿海源 (2006) 就曾以 1999 年臺灣社會變遷基本調查「宗教組」的問卷為基礎，於 2000 年用之於新興宗教團體成員的調查，他並且合併變遷與新興宗教團體成員的問卷資料 (共計 2,463 個樣本)，經過統計分析之後，討論不同新興宗教團體成員間，在宗教行為和宗教態度上有何具體差異。

5. 跨國比較

調查資料庫之所以在歐美廣為建置，政治行為和選舉行為的跨國研究，可說是非常重要的促因，相關的跨國調查計畫不但隨之而生，臺灣的調查研究也逐漸被納入此一國際調查的學術網絡之中。從 1995 年開始，「世界價

值觀調查」(World Values Survey) 就包含臺灣的代表性樣本。「臺灣社會變遷基本調查」曾在 1996 年三期二次的「東亞組」問卷中，以工作史為主軸，和中國大陸與韓國皆採用同一問卷施測；自 2001 年參加國際社會調查研究計畫 (International Social Survey Program, ISSP)，自 2002 年開始，以同一問卷題組，與其他 38 個會員國，在各自國家同步進行 15 分鐘的問卷訪問，這當然為我們提供進行國際比較的基礎。同一時期也與日本、韓國和中國，一起建立東亞社會調查計畫 (East Asia Social Survey, EASS)，每隔兩年皆會以同樣的主題問卷，在此四國施測，這些資料也會透過各大資料庫公開釋出，讓學者申請使用。這些跨國性的問卷調查計畫，因為是以相同的問卷題組展開施測，自然可以為跨國比較提供相當便利的基礎。研究者可依照個人的興趣，在資料庫中尋找雖然來自不同國家或地區，但主題近似的調查資料，從而進行跨國的比較分析。除了這些同步進行的跨社會調查研究計畫之外，學者還是可以找尋其他地區的問卷資料，與臺灣相似的資料進行比較討論。

例如，喻維欣 (Yu, 1999) 的博士論文，就針對日本與臺灣的「兩性階層化」，以不平等就業與事業途徑 (career path)，做為其跨國比較的主軸。她利用三期二次「東亞組」的問卷資料，以及日本 1995 年「社會階層與社會流動」(SSM) 調查的資料，兩者都包含現職、過去的各項職業、謀職的方法、工作責任與熱忱、家務分工與兩性態度等變項。在她撰寫博士論文的期間，1995 年日本 SSM 的問卷檔，還需要透過特殊的管道才能順利取得，目前則已可以直接從「社會科學日本資料庫」(SSJDA) 取得。本文介紹的幾個歐美和東亞的重要調查資料庫，其他國家的學者都可以透過一定的申請管道取得資料，這使得利用調查資料進行跨國比較研究的潛力大為增加。

(二) 多種資料的使用

1. 合併樣本的分析

一般的面訪調查，若能夠有 2,000 個左右的樣本就已經可說是頗具規模，如果可以蒐集到四、五千個樣本，就可以算是大規模的調查研究了。

「臺灣社會變遷基本調查」每份問卷的樣本數，大約都在 2,000 份上下，對於進行一般的統計分析而言，應該已經相當足夠。但是由於某些類別的人口，在樣本中所佔據的比例甚少，因此，若希望在統計分析時，也能同時呈現這些類別人口的某些行為或特質，研究者可以在盡可能的情況下，嘗試合併多次的樣本。

我們可以看到臺灣社會科學界在分析族群差異時，往往必須合併多筆資料才能夠滿足分析的基本需求。不妨以教育程度、職業和婚配的分析為例，當我們想了解臺灣不同族群在教育程度、職業與婚配態度上的差異，閩南人佔總體人口的七成五左右，可以有 1,500 份左右的樣本，在分析上並無困難。可是因為外省籍與客家籍者佔人口的比例各只有 12% 上下，在 2,000 份樣本中，也才有 200-300 個樣本。若還要進一步區分成不同年齡和教育程度的類別，往往在「年長者的高教育程度類別」或「專業人員類別」中，只有十幾個樣本而已，在分析的過程中，很可能會因為樣本數太少的關係，而無法獲得可靠的結果。由於大多數人，其最高學位與生命中的第一個職業，往往在 25 歲時已經獲得，而每個人的職業在兩、三年之內，變化的可能性應該不大，再加上每個人第一次婚姻的時間點，也多半都與特定的時間點有關，因此，研究者可以合併具有教育程度、初職、現職與初婚的問卷資料，做進一步的統計與分析。

譬如，章英華、薛承泰與黃毅志 (1996) 三人有關「分流教育」的研究，在教育機會的分析中，合併了二期三次與二期四次的三份問卷資料，合計共 6,287 份樣本；在初職與現職的分析中，合併了二期一次至二期三次不同份的問卷資料。蔡淑鈴 (Tsai et al., 1994) 在探討臺灣女性教育變遷時，合併了 1991 年的兩份問卷資料，得到 2,866 份有效樣本。陳婉琪 (2005) 為了探討教育成就的省籍差異，合併了 1990-2002 年的 15 筆資料，選擇包含 15 歲或 18 歲居住地及父親職業的樣本，共得 26,207 份樣本。謝雨生與陳怡蒨 (2009) 有關跨族群婚姻的研究，則是合併了 1992-2005 年的九個資料檔，經過特殊條件的考慮，最後使用的樣本數為 11,275 份。

2. 對「社會現象長期變遷」與「社會整體變遷」的觀察

若單以個人之力，想要親自取得不同年代的橫剖面資料，不是一件容易的事，當研究者需探討某種社會現象的長期變遷，必須建構複雜的指標時，單一類別的調查資料，很難滿足這類研究者的需求。美國政治學家 Robert D. Putnam (2000) 的《保齡獨戲》(Bowling Alone) 一書，利用大量長期的橫剖面調查資料，探討美國 1950 年以來的社會變遷，即為此種嘗試的經典性範例。

Putnam 透過「社會資本」的概念，描述美國社會自 1950 年以來的變遷趨勢，在 1950-1970 年代呈現上升的趨勢，但之後卻逐漸衰退。「社會資本」的理論核心要點之一，就是「社會網絡」是有其存在價值的，人與人之間的契約會影響個人與團體的生產力。「社會資本」涉及人際關聯，包括「社會網絡」、相互關係的規範以及伴隨前二者而生的信任感。社會關聯與網絡，意味著相互的責任，我會為你這麼做，是期望你也會這樣回報我。在此一概念的引導之下，他觀察的現象包括公共領域、社區活動與非正式活動的參與，以及信任與利他模式等變項。

《保齡獨戲》探討的課題，單一研究者很難獨力蒐集到適當的資料，而必須仰賴過去的各種問卷調查資料，Putnam 運用四筆重要的資料檔才完成這項研究。他首先考慮到美國兩個重要的長期調查——全國選舉研究 (NES) 和綜合社會調查。全國選舉研究只提供一些選舉行為的數據，綜合社會調查則提供「正式團體成員身份」、「教會參與」與「社會信任」等變項的相關數據。但是和生活型態或日常活動有關的資料，就非以上兩個資料庫所能提供。

很幸運的是，他在研究的過程中，發現羅波民意研究中心的「社會政治趨勢」資料檔，可以提供公民參與的縱貫資料。該調查採取面訪的方式，每年調查 2,000 份樣本，共累積達 41 萬受試者的資料。此外，他也同時發現「DDB Needman 生活型態調查」資料檔，該調查自 1975 年開始進行，每年完成 3,500-4,000 份樣本，至 1999 年為止，大約累積了 87,000 份樣本的資

料。這個調查問卷所涵蓋的主題，包括媒體使用、經濟困擾、社會與政治態度、自尊、閱讀、旅行、運動、休閒活動、家庭生活與社區參與等。對「DDB Needman 生活型態調查」而言，這些數據有助於規劃行銷策略、界定市場對象以及草擬廣告策略，但是 Putnam 卻用以建構具「社會資本」意涵的社區與非正式活動參與。

3. 特定對象的綜合分析

以下是另一個運用多種資料完成研究的例子。謝宇與 Shauman (Xie & Shauman, 2003) 進行女性科學家的研究時，採取生命歷程的研究取徑，想得知男女高中生是否存在數學與科學成績上的差異。在他們進入大學科學與工程系所、取得學士與碩士學位，抑或在職業生涯上，男女究竟有何不同；在進入學術職場之後，學術生產力又是否會因不同性別而異。面對此一連串的議題，這類的研究絕非使用一般的固定樣本追蹤調查，就可以輕易達成。原因在於科學家屬於人口中極少數的一群，很難取得足夠的樣本數，而兩位作者的因應方式，則是應用不同年齡別的相關調查資料，建構出以生命歷程作為理解基礎的理論架構。

對男女教育軌跡的鋪陳，有關大學以前，特別是高中階段數學與科學的表現，他們大量使用「1972 年全國高三學生縱貫研究」(NLS-72)、「高三生及其高中後研究」(HSBSr)、「高二生及其高中後研究」(HSBSo)、「美國青少年縱貫研究：十年級」(LSAY1)、「七年級」(LSAY2)、「1988 全國八年級生縱貫研究」(NELS) 的資料；對於進入大學科學與工程學系的期望，運用 National Education Longitudinal Study (NELS) 的資料；對取得科學學士學位的分析，根據的是「高二生及其高中後研究」的資料。對職業生涯的軌跡，以及在取得工程或科學相關學、碩士學位之後的工作發展，則是以新進人員調查 (NES) 和學士及學士之後縱貫研究 (B&B) 的資料為根據；有關科學與工程師的人口特性和勞動力概況，是以 1960-1990 年普查公共使用之個人資料 (Public Use Microdata Samples) 和 1982-1989 年自然與社會科學家及工程師調查 (SSE) 的資料，來觀察其概況與變遷；學術生產力的長期趨勢則

運用「1968-1969 年卡內基全國高等教育」(Carnegie-1969)、「1972-1973年美國教育委員教學人員研究」(ACE-1973)、「1988 與 1993 年全國後中等教育教師調查」(NSPF-1988 和 NSPF-1993) 的資料；在了解科學家與工程師的地理流動，和自外國移入的科學家或工程師方面，則根據 1990 年「普查公共使用之個人資料」。

利用這類來源各異的大量資料進行分析，他們的研究發現是：男女學生數學成績的差異不大，同時差距還一直在縮減當中；男女在數學科目上的平均成就，或高成就上的差異性，都不足以解釋男性較女性更可能進入數學與科學系所；女性和男性參與數理課程的情況相近，女性在這方面的成績甚至還優於男性；女性科學家地理流動性較低或學術生產力較低，並不是因為婚姻的關係，而是因為生子。透過良好的資料分析和佐證，這些發現駁斥了學術界和一般民眾習以為常的看法，針對哈佛大學校長 Lawrence Summers 對女性教員語帶歧視的宣稱，提供全然不同的說法，並且強調家庭生活對女性的關鍵影響力，此研究對福利政策因此亦有直接的貢獻。

四、資料使用的注意事項

各大資料庫儲存的資料檔，對使用者而言，由於並不是依據自己的研究目的或概念架構而發展，很容易覺得欠缺自己想要的變項，或變項的測量距離並不完全符合自己的需要。胡克威在介紹資料庫的發展與應用時，引用國際社會科學資料庫聯盟 (International Federation of Data Organizations for Social Science, IFDO) 執行長 Ekkehard Mochmann 的說法：

> 自己擁有的資料不是自己所想要的資料，而想要的資料又不是研究上最適合的資料，而最適合的資料又都是得不到的。
>
> (Mochmann & De Guchteneire, 2002，轉引自胡克威，2007)

很多二手調查資料的使用者可能都有著同樣的感受，研究者有時的確會受限於資料的類型，而被迫改變自己的研究架構，甚至必須放棄原來的研究

發想。但是，擁有全新的概念構想，想對過去的社會現象做進一步的探討，想要了解某些現象的長期發展趨勢，這些關照都和歷史研究一樣，善用前人既有的豐富資料，可說是無可避免之事。就像 Bourdieu (1984) 為了了解法國不同階級的生活型態與慣行，除了使用自己問卷調查的結果外，還採用法國許多重要調查的成果。Putnam (2000) 在《保齡獨戲》的前言中提到，他的研究「就和氣象學家研究『暖化現象』一樣，雖然知道應該要什麼樣的資料，但卻無法回到過去。想要了解自己身處的社會和父輩社會的異同，只能從所有可能發現的事證中做出不完美的推論。」其實在社會科學的研究中，想要得到全然完美的資料，幾乎是不可能的事，何況是應用別人執行的調查資料呢？我們只能在知道資料有所限制的情況下，進行適當的研究。以下就提供一些運用二手調查資料時，所應該特別注意的事項。

(一) 樣本架構的了解

每一項問卷調查，都有其選取樣本的特殊考量，使用這些資料時，必須對抽樣的架構有所了解。首先要考慮樣本的代表性。例如，美國是一個可以自由買賣槍枝的國家，如果一項以「全國來福槍協會」會員為主的抽樣調查，發現 80% 的受訪者反對槍枝管制，這樣的結果是很難推論到全部人口的。某些調查雖然是以全體民眾作為研究的對象，但卻並非以隨機抽樣方式取得 (Steward, 1993/2000)。在 Putnam (2000) 使用「DDB Needman 生活型態調查資料」時，就面對抽樣上的難題。該調查是根據商業郵寄名單仲介公司所提供的名單 (來自交通監理處、電話簿和其他來源)，公司就其原來的名單，以郵寄方式詢問名單中的民眾，是否願意接受郵寄或電話問卷調查。經過檢視之後，這樣的樣本只能反映居中 80%-90% 人口的特質，但是對少數族群、窮人、富人和經常流動的人口，就可能有樣本比例偏低的情形。Putnam 發現，DDB 和美國「綜合社會調查」大約有十多個問項是相似的，且在相同年次施測，於是他針對這些題項，細部比較兩項調查研究的結果，得到幾乎是近似的比例分配。在這樣的基礎上，他決定用 DDB 的資料進行

某些生活型態項目的趨勢分析。

以上雖然可能是比較極端的例子，但是對一些聲稱是代表性抽樣的調查，也必須特別注意。有些調查雖然整體上是代表性的樣本，但是因為某些特殊的考量，卻給予部分特殊人口群超過其人口比例的樣本。以 1970 年「臺灣價值體系調查」為例，臺東地區的樣本數就有特別增加的情況。在美國「綜合社會調查」或「收入動態調查」中，少數族群抽樣的比例也超過其人口的比例。再者，各項調查可能有著不同的年齡範圍，像「臺灣社會變遷基本調查」已行之多年，每次調查樣本的年齡範圍都不盡相同，有以 20-64 歲民眾為受訪者，最高年齡也曾經改為 70-75 歲，最後則改為沒有年齡的上限。雖然每年度所完成的調查，都具有相當程度的代表性，但是如果要使用不同年度的相同題目，來了解某一社會現象的長程發展趨勢，仍然要考慮年齡分佈不一致的情形。碰到這類型的樣本，研究者必須事先說明處理的方式，讓讀者能夠加以判斷，評估其研究據此加以推論，究竟是否適當。

(二) 問卷內容、問項與答項的了解

若想運用資料庫中的資料檔進行分析，第二步就要對問卷設計的目的、主題以及整體內容有所了解。某些長期推動的大規模調查研究計畫，從抽樣、問卷設計、實地訪談的推動到簡單的次數分配，都會有詳細的說明。一些特殊的變項，如調查點、居住地代碼、行職業代碼等相關資訊，每一次「臺灣社會變遷基本調查」計畫出版執行報告，都會包含以上的資訊。此外，若先前已有學者利用同樣的檔案進行分析，事先審閱這些文獻，對於進行後續的資料分析，可謂是研究的基礎功夫。由於研究者分析的目的，和問卷的原始設計往往並不相同，若能深入了解問卷設計的背景資訊，當能有助於決定是否必須對變項進行重新調整。

以臺灣政黨的歷史發展為例，身處臺灣的研究者可能對這二、三十年來的政黨變遷瞭若指掌，當問卷對於政黨的詢問，從加入國民黨與否，轉變到國民黨與民進黨，然後又加上了新黨和親民黨，最後新黨和親民黨卻又消失

在問卷中,而且在政黨黨籍的詢問之外,往往也會詢問受訪者究竟傾向泛藍還是泛綠。這些題組和問項對一位外籍研究者,或二、三十年後的研究者而言,可能就必須先透過問卷的說明,並閱讀其他學者的相關著作,才能正確進行解讀分析。

在進行跨國比較研究時,也經常遇到問項與答項分類適當與否的難題。以喻維欣 (Yu, 1999) 對日本、臺灣的「兩性階層化」研究為例,她同時使用日本 1995 年「社會階層與社會流動」(SSM),以及 1996 年「臺灣社會變遷基本調查」(東亞組) 的資料。職業發展的軌跡是其研究的核心,但是兩地在「工作變換」上的記錄不盡相同。日本的問卷包括在同一單位內的職位變遷,而臺灣的問卷僅涉及轉換工作單位的情形,對在同一單位工作者,會記錄其進入時的職位和離開時的職位。最後,她決定以「變換工作單位」來作為「工作變換」的指標。如果未曾經過這樣的摸索和深入了解,一開始就貿然以兩地「工作變換」的記錄去進行統計和分析,所獲得的結果應該就會大不相同。

在社會科學的問卷中,經常會碰到不同的問卷,雖然問項完全或幾乎相同,但是在答項上,有的較為複雜,有的卻較為簡單,研究者若要同時使用這幾份問卷資料,就必須進行併項的工作,上述日本和臺灣問卷在「工作變換」此一問項上的差異,就是透過併項的方式處理的。像教育程度的題目常會因為教育體制的變化,在不同時期的問卷就會有不同的答項。在使用問卷資料處理長期教育變遷的議題時,研究者就必須透過併項,來建構適用於不同時點問卷的教育類別。再者,在社會科學的問卷中,大部分都採用李克特量表 (Likert scale),要求受訪者以「同意與否」、「贊成與否」、「符合與否」、「重要與否」的程度來設計答項,有時是三點:「贊成」、「不贊成」或「無意見」,有時是四點:「很贊成」、「贊成」、「不贊成」、「很不贊成」,有時再加個「無意見」或「很難說」,就可以成為五點量表,也可增加到七點或八點。有時則要受訪者打分數,從 1 到 10 分或 1 到 100 分。經常碰到的問題是,問項完全或幾乎相同,但答項都不盡相同,當

運用幾種不同的問卷資料進行比較時，就會碰到這樣的問題，這個困難也必須事先處理。有的只要將答項較多的部分進行併項即可，但是當有些問卷的答項有中點，有的卻沒有中點時，顯然就很容易陷入困境。

筆者比較特殊的經驗是，在分析 2002 年日本與臺灣「國際社會調查計畫」(ISSP) 有關性別角色態度的問題時，發現在五點量表中，日本第五點的百分比遠高於第四點，或者第一點的百分比遠高於第二點，意味著極端值大於中間值，並非趨似「常態分配」的情況；臺灣的資料則是中間值大於極端值，日本受訪者的回答，顯然與一般的經驗不符。我們再進一步檢視日本的問卷，發現其答項為：「我這麼認為」、「我比較 (大概) 這麼認為」、「很難說」、「我比較 (大概) 不這麼認為」、「我不這麼認為」；臺灣則是與英文近似的「非常同意」、「同意」、「無意見」、「不同意」、「非常不同意」。日文的極端值並沒有那麼極端的意味，且比較近似一般的日常用語，因此回答的比例高於中間值，也不足為怪。因此在深入了解之後，我們只能將答項區分為同意、無意見和不同意三類。以上的例子意味著，同樣是從英文翻譯的答項，但意義都很有可能極不相似。此一事例也同時提醒我們，當發現不同問卷中的相同問題，卻有不相對等的答案時，必須重新檢視問卷題目，或考慮是否有其他因素的影響。在確認可能的因素後，才能進一步分析和推論，避免直接使用原始數據，倉促且不經審視地提出解釋。

(三) 概念建立與資料的調整

運用既有的調查資料進行研究時，我們不能單只是自我宣稱發掘了新的現象，或以資料的新穎度來彰顯研究的特性，反而應該強調的是尚未為人注意的趨勢或現象，並從新的理論觀點或概念框架，來詮釋已然發生的社會現象。在使用調查資料的過程中，從自己的概念或理論架構出發，如何找到適當的變項或調整答項，是很基本的學術訓練。

以《保齡獨戲》一書為例，作者想要以「社會資本」的概念來理解 1950 年代以降，美國社會凝聚力與凝聚模式的變遷。他從「社會資本」的概念出

發，找出某些可以反映「社會資本」概念的現象以及相關的指標：

1. 公共領域的參與：選舉參與、政黨活動、地方公共事務、投書與請願等。
2. 社區制度中的參與情形：親師會、俱樂部、社區社團、宗教團體與工作相關的組織(工會或職業結社)等的參與，以及擔任各種團體幹部的比例。
3. 非正式活動參與：橋牌會、保齡球會、酒友會、球賽、野餐會、派對。
4. 信任與利他模式：慈善活動、志願工作的參與以及人際信任。

各種參與公共事務的現象及其可以轉成指標的各種活動，就成為 Putnam 運用各種調查資料庫(如稍前說明的)的依據。在分析之後，他指出各種指標所反映的活動參與及人際關係模式，在 1950-1970 年代達到高峰狀態之後，便持續下降衰頹。1970 年代以後，美國人彼此之間的相互關聯度日漸疲弱，雖然對公共事務仍然保持關心，但是旁觀多於實際參與。而且在公共討論的場合，也很難見到朋友或鄰居，不若過去那麼慷慨捐輸時間與金錢，也不再熱情善待陌生人。但是這一切並不意味著所有的社會網絡都隨之減弱，只是反映出「單線、表面的互動」，逐漸取代了「緊密、多重且經常維持的關係」、「地緣基礎」的社會資本，也同時為「功能取向」的社會資本所取代。

以上是研究者以自己的概念架構出發，並從資料庫中尋求適當資料的研究例證。上述謝宇與 Shauman 有關女性科學家的研究 (Xie & Shauman, 2003)，是以科學家生命歷程的觀點出發，以之作為其選擇相關資料的依據，我們再以此項研究，具體說明問卷答項究竟應該如何調整，才能符合研究的需求。在討論女性科學家時，雖然已經限縮到自然科學與工程的領域，但還必須考慮到不同類型女性科學家的境域可能會有所不同。在大學或碩士主修學門方面，可以區分成生命科學 (Biological Science)、工程 (Engineering)、數學與資訊科學 (Mathematical and Computer Science) 及物理科學 (Physical Science)。當作者們在以普查資料檔分析女性科學家的職業生涯時，發現 1960-1990 年四個不同時段的普查，有著不同的職業分類，他們

必須進行重新組合。於是在該書附錄中，提供四大類別所包含每年度各項小類別的職業名稱，一方面這是他們併項的依據，另一方面也告訴讀者他們是如何進行併項的。讀者可以據此了解他們如何建構分析變項，以便檢證他們的研究發現是否妥切無誤。

本文舉此為例是企圖提醒大家，有些複雜的答項通常不會在問卷中出現，而且在實際調查時，往往都只呈現在調查或督導手冊中。當檢視二手調查資料的過錄碼時，要特別注意某些複雜變項的附加說明或表列，如果缺乏這樣的資料，就無法根據變項的內容重新分類了。

五、總　結

當調查研究資料庫在歐美各國陸續建立之時，資料的電子化雖已日見可能，但網際網路尚不發達，調查資料庫的使用亦非如此容易。像 Bourdieu (1984) 在 1970 年代撰寫 *Distinction* 一書時，很多既有的調查研究資料，都是由原調查機構提供表格，他再據此討論或進一步分析，並不是根據原始資料檔分析的。而 Putnam (2000) 在 1980 年代開始其美國「社會資本」的研究之時，他已能使用 ICPSR 和羅波民意研究中心的資料檔，來配合其理論觀點與概念框架，最後再加上 DDB 消費行為的資料檔，就可以根據這些原始資料，來作為分析討論的主要基礎。謝宇與 Shauman (Xie & Shauman, 2003) 在 1990 年代有關女性科學家的研究，更可以直接從 ICPSR 資料庫中獲取他所需要的調查資料檔。

在二十世紀後半葉，隨著時間，資料庫的整理與公開釋出也愈見友善，利用調查資料庫來從事學術研究，也可說日趨便利。研究者有其理論構想時，也不必侷限於自己國家的資料，而是可以從世界各地的主要資料庫中，尋找最適合自己的資料檔來進行分析。雖然不是根據自己構想出發的既存調查資料，一定會有其資料上的限制，不見得能完全符合個人的需求；但是了解社會長程變遷的現象與潮流已成為大勢所趨，導致我們必須學會如何善用

二手調查資料，並且在了解其資料限制的情況之下，進行不完美的推論，這也是當前的社會科學研究者所不得不面對的具體課題。

參考書目

胡克威 (2007)〈調查資料庫的發展與應用〉。瞿海源 (編)《調查研究方法》(頁 407-453)。臺北：三民。

張苙雲、呂玉瑕、王甫昌 (編) (1997)《九〇年代的臺灣社會：社會變遷基本調查研究系列二》。臺北：中央研究院社會學研究所。

許嘉猷、黃毅志 (2002)〈跨越階級界線？兼證黑手變頭家的實證研究結果及與歐美社會的一些比較〉。《臺灣社會學刊》，27，1-59。

陳正昌、程炳林、陳新豐、劉子鍵 (2003)《多變量分析方法──統計軟體應用》。臺北：五南。

陳婉琪 (2005)〈族群、性別與階級：再探教育成就的省籍差異〉。《臺灣社會學》，10，1-40。

章英華 (2001)〈東京大學社會科學研究所及其日本社會研究情報中心〉。《調查研究》，9，125-131。

章英華、薛承泰、黃毅志 (1996)《教育分流與社會經濟地位──兼論對技職教育改革的政策意涵》(教改叢刊 AB09)。臺北：行政院教育改革委員會。

黃毅志、章英華 (2005)〈臺灣地區族群交友界限之變遷：1970 年與 1997 年的比較〉。《臺灣社會學刊》，35，127-179。

楊國樞、瞿海源 (1988)《變遷中的臺灣社會：第一次社會變遷基本調查資料的分析》。臺北：中央研究院民族學研究所。

熊瑞梅、黃毅志 (1992)〈社會資本與小資產階級〉。《中國社會學刊》，16，107-138。

蔡淑鈴 (1988)〈社會地位取得：山地、閩客及外省之比較〉。楊國樞、瞿海源 (編)《變遷中的臺灣社會》(頁 1-44)。臺北：中央研究院民族學研究所。

賴威岑 (2002)《臺灣地區中小學教師心理幸福特質之探討──與其他職業做比較》。國立臺東師範學院教育研究所碩士論文。

謝雨生、陳怡蒨 (2009)〈跨族群婚姻之代間影響與變遷〉。《臺灣社會學刊》，42，1-53。

瞿海源 (2006)〈臺灣新興宗教信徒之態度與行為特徵〉。《宗教、術數與社會變遷：一》(頁 189-222)。臺北：桂冠圖書。

Babbie, Earl R., Halley, Fred, & Zaino, Jeanne (2000). *Adventures in social research: Data analysis using SPSS for Windows 95/98*. Thousand Oaks, CL: Pine Forge.

Bourdieu, Pierre (1984). *Distinction: A social critique of the judgement of taste*. Trans, Richard Nice. Cambridge, MA: Harvard University Press.

Chen, Pin-hao (2001). *National identity and media*. Unpublished doctoral dissertation, College of Communication, Pennsylvania State University, College Park, Pennsylvania.

Crewe, Ivor (1989). Innovation: Individuals, ideas, and institutions. In Heinz Eulau (Ed.), *Crossroads of social sciences: the ICPSR 25th anniversary volume* (pp. 161-165). New York: Agathon Press.

Grichting, Wolfgang L. (1971). *The value system in Taiwan, 1970: A preliminary report*. Taipei: W. L. Grichting.

Kasse, Max (1989). Infrastuctures for comparative political research. In Heinz Eulau, (Ed.), *Crossroads of social sciences: The ICPSR 25th anniversary volume* (pp. 166-174). New York: Agathon Press.

Kasse, Max (2001). *Data base, core: Political science and political behavior*. In Neil J. Smelser & Paul B. Baltes (Eds.), *International encyclopedia of the social and behavioral sciences*. (pp. 3251-3255). Oxford: Elssevier Science Ltd.

Lamont, Michèle (1992). *Money, morals, & manners: The culture of the French and the American upper-middle class*. Chicago: University of Chicago Press.

Miller, Warren E. (1989). Research life as a collection of intersecting probability distributions. In Heinz Eulau (Ed.), *Crossroads of social sciences: The ICPSR 25th anniversary volume* (pp. 147-160). New York: Agathon Press.

Putnam, Robert D. (2000). *Bowling alone: The collapse and revival of American community*. New York: Touchstone Book.

Rockwell, Richard C. (2001). Data archives: International. In Neil J. Smelser & Paul B. Baltes (Eds.), *International encyclopedia of the social and behavioral sciences* (pp. 3225-3230). Oxford: Elssevier Science Ltd.

Steward, David W. (1993/2000)《次級資料研究法》(*Secondary research information sources and methods*) (董旭英、黃儀娟譯)。臺北：弘智文化。

Tsai, Shu-ling, Chiu, Hei-yuan, & Gates, Hill (1994). Schooling Taiwan's women: Educational attainment in the mid-twentieth century. *Sociology of Education, 67*, 243-263.

Tsay, Ray-ming (1996). Who marries whom? The association between wives' and husbands' education attainment and class in Taiwan. *Proceedings of the National Science Council: Humanities and Social Sciences, 6*(2), 258-277.

Tsou, Meng-wen, & Liu, Jin-tan (2001). Happiness and domain satisfaction in Taiwan. *Journal of Happiness Study, 2*, 269-288.

Xie, Yu, & Shauman, Kimberlee A. (2003). *Women in science, career processes and outcomes*. Cambridge, MA: Harvard University Press.

Yu, Wei-hsin (1999). *Unequal employment, diverse career paths: Gender stratification in Japan and Taiwan*. Unpublished doctoral dissertation, Department of Sociology, the University of Chicago, Chicago, Illinois.

延伸閱讀

1. 胡克威 (2007)〈調查資料庫的發展與應用〉。瞿海源 (編)《調查研究方法》(頁 407-453)。臺北：三民。

    該文介紹了資料庫的發展情形，特別是針對「社會科學後設資料」系統的建立給予很好的說明，並以 ICPSR 為例，說明經過後設資料處理之後，所提供的線上查閱與分析的功能。

2. 章英華 (2007)〈調查設計〉。瞿海源 (編)《調查研究方法》(頁 93-131)。臺北：三民。

    該文對調查設計給予系統性的說明，並簡單介紹了歐美、東亞及臺灣幾個重要的「橫剖面長期縱貫調查」與「固定樣本追蹤調查計畫」。

3. Bourdieu, Pierre (1984). *Distinction: A social critique of the judgement of taste*. trans., Richard Nice. Cambridge, MA: Harvard University Press.

    該書的附錄一 (頁 503-518) 名為〈對方法的反思〉(Some Reflections on the Method)，除了介紹自己的調查資料之外，對其使用的其他主要資料檔的限制也給予說明。配合該書的前言，可以作為使用多種調查資料的例證。

4. Putnam, Robert D. (2000). *Bowling alone: The collapse and revival of American community*. New York: Touchstone Book.

    該書的附錄一 (頁 415-424) 名為〈測度社會變遷〉(Measuring social change)；附錄二則是對圖、表資料來源的詳細對照。作者對其探討社會變遷，在資料品質上的一些考量，以及如何證明資料的可靠性，給予相當實際的說明。配合其前言的閱讀，對應用調查資料檔的量化研究，提供很好的範例。

9

焦點團體研究法

一、前　言

(一) 焦點團體研究法的歷史與發展

焦點團體研究法 (Focus Group) 是一種質性研究法，在過去的二、三十年中，受到國外學術界廣泛的注意與應用，然而此一研究方法的起源，卻可以追溯到 1930 年的晚期。根據記錄，當時美國社會科學界對於傳統問卷訪談方法的精確性產生質疑，認為問卷訪問僅提供受訪者限定之選項，而且也可能因為訪員的疏失而對結果造成影響，有必要思考另外一種可行的研究方法，於是一種研究者退居較不具支配性及主控性角色的研究策略，而讓受訪者能夠對於他們認為最重要的領域發表自己意見的研究方法逐漸形成，稱之為非支配性訪問 (nondirective interview) (Krueger & Casey, 2000)。

1941 年，美國哥倫比亞大學教授 Robert K. Merton 與 Paul Lazarsfeld 接受美國軍方的委託，研究聽眾對一些鼓舞士氣的廣播節目的反應。此項研究的作法是一次找來大約 12 名聽眾，請他們在收聽節目時，聽到他們認為是正面或負面的內容時，分別按下不同顏色的按鈕，然後再請問他們如此反應的原因。後來，Merton 又接受軍方委託，以團體訪問的方式，研究軍人對一些特別的訓練影片及士氣影片的反應。許多焦點團體的程序，是在這個計畫以及 Merton 與 Frank Capra 等人後續在應用社會研究處 (Bureau of Applied

Social Research) 的工作中發展出來的。1943 年時，Merton 等人又將團體訪問的方法，應用在一項集體行為與大眾勸說的社會系絡之研究上。Merton 等人的研究是社會科學家將非支配性訪問技巧用於團體訪談的開始，也是焦點團體研究法發展的開端。1956 年 The Free Press 將 Merton、Fiske 與 Kendall 等人油印本的 *The Focussed Interview—A Manual* 正式出版。在這本書中，團體訪談的一些重要概念、基本程序及闡述的原理已經確立 (Merton et al., 1956/1990; Merton, 1987; Krueger & Casey, 2000)。

但是由於當時對量化方法的熱衷以及相信數字的社會傾向等因素，焦點團體研究方法並未廣為社會科學界所接受。雖然學術界對焦點團體沒有太大的興趣，然而強調實用的市場行銷研究社群，於 1950 年代開始採用焦點團體研究法。Greenbaum 指出，在 1960 年代晚期，焦點團體研究法已普遍應用在市場行銷研究上，而且逐年更加受到歡迎 (Greenbaum, 1998:167)。焦點團體研究法之所以廣為市場行銷研究者所接受的主要原因，在於這個方法能以合理的成本得到可信的結果，符合成本及資料品質的考量，而且許多對於產品的設計、包裝或廣告等策略的修正，可以由焦點團體的資料中得到 (Krueger & Casey, 2000; Bloor et al., 2001)。到了 1980 年代，學術界開始重新探索的焦點團體研究法，反而是學習自市場研究。不過，因為一些商業上慣用的方式，在學術領域上的應用情況不甚理想，有些學者如 Richard A. Krueger、David L. Morgan 與 Edward F. Fern 等人，開始將一些引用自市場行銷研究的技巧，回歸到 Merton 等人所設定的方式，從而發展出較符合學術需求的程序與分析方法，並嚴謹地將焦點團體的應用及詮釋置於理論脈絡中，讓焦點團體研究法成為一種科學性的研究方法 (Stewart & Shamdasani, 1990; Krueger, 1994; Morgan, 1996, 1997)。Morgan 即指出，現代焦點團體研究法的歷史，同時兼具了借用與創新 (Morgan, 1997:2)。

(二) 焦點團體的定義

焦點團體研究法是由社會科學家所發展出來，但卻由市場行銷研究加以

發揚光大，不過在 1980 年代後期學術界重新發展的焦點團體，與實務的市場行銷有所不同。市場研究的焦點團體在參與人數、主持方式、參與型式、資料處理與分析等各方面，都與學術性焦點團體有所不同。對於學術性的焦點團體研究法，Barbour 與 Kitzinger (1999) 的定義是：「以團體討論的方式探索一組特定的議題。」(頁 4)；Beek 等人對焦點團體的描述是：「由經過選擇出來的人士，針對眼前情境有關的主題，彼此進行非正式的討論。」(轉引自 Vaughn et al., 1996/1999:5) Krueger 與 Casey (2000) 則較為完整地定義了焦點團體研究法的型態、特點、執行與目的為：

> 一群具有某些特定特質的人們，於一個輕鬆舒適的環境裡，在主持人帶領之下，透過團體討論的方式，提供與研究主題相關之質性資料的一種研究方法，其目的是去探索人們對某個特定主題的態度或感覺，從而了解隱藏在其行為背後的原因。(頁 4)

從上述的定義中，可以將焦點團體歸納為一種「具有特定目的、大小、組成份子及程序的特殊型態團體」。

同時，學者們也特別指出，焦點團體必須將討論聚焦在設定的主題之上，並進行團體的「討論」，若缺乏討論的過程，則僅是一種「團體訪問」；而且焦點團體的目的是蒐集資料，因此在焦點團體執行時，強調鼓勵每位參與的個人表達觀點及意見，但主持人不能對個人的意見進行道德或價值判斷；另外「達成共識」並不是焦點團體的目的，這是焦點團體與一般「會議」的最大區別 (Morgan, 1998a; Vaughn et al., 1996/1999)。

(三) 焦點團體的特質與功能

由焦點團體研究的定義，更進一步而言，焦點團體研究法的特質在於：參與者必須具有某種相同的特質 (例如人口學特徵、性格特徵、經驗、態度、信仰或行為)，以營造心理上可以分享經驗及意見的舒適環境；而團體主持人 (moderator) 不是參與者，其工作是依照設定的討論主題，提出問題

讓參與者討論，而且必須注意將討論維持在研究所設定的主軸與方向上；再者，焦點團體必須是一種團體討論的形式，研究者方能觀察意見的形成過程及擷取團體互動的效果；同時，團體討論產生的資料是質性資料，必須經過仔細謹慎且系統化的分析，這些資料才能提供一個意見、態度如何形塑的過程，及發現探究其內在的解釋因素 (鄭夙芬，2005；Vaughn et al., 1996/1999)。

焦點團體研究方法的精神在於透過討論的集體行為，來蒐集與人們意見及行為有關的資訊。學者指出，焦點團體非常適合用於探索人們的經驗、意見、期望及關心的事，而在以焦點團體蒐集資料的過程中，焦點團體讓研究者得以觀察參與者如何回應問題、人們彼此間的互動，也可以看到意見形成或變化的過程 (Byers & Wilcox, 1991; Kitzinger & Barbour, 1999)。Morgan 則認為由焦點團體參與者直接的互動結果所產生之資料，除了可以探索及了解人們複雜的行為之外，甚至可以了解其動機；而團體成員間的互動，也為理解參與者間的一致性或差異性，提供有價值的資料；再者，研究者可以經由所提問的問題，讓參與者依自己的經驗及觀點，提供比較參與者之間是否有所差異，以及提供解釋因素，而不僅是研究者由資料中所做的詮釋 (Morgan, 1996)。因此，以焦點團體研究法所蒐集的資料，相當符合質性資料在發現探索新事物 (exploration and discovery)、了解意見態度的背景脈絡及深度 (context and depth) 以及提供詮釋事件之資訊 (interpretation) 等三方面的特長 (Morgan, 1998a)。

(四) 焦點團體的適用範圍與型態

近年來，焦點團體研究法受到學術界的廣泛注意與應用，許多關於焦點團體研究法的書籍與文章都指出，焦點團體是學術界最經常用來蒐集質性資料的研究方法之一 (Byers & Wilcox, 1991; Morgan, 1996; Greenburm, 1998; Barbour & Kitzinger, 1999; Krueger & Casey, 2000)。Morgan 也曾經指出，僅僅在 1994 年一年之中，在 *Sociological Abstracts*、*Psychological Abstracts* 與

Science Citation Index 等期刊目錄中，便有超過一百篇使用焦點團體研究法的實證性文章；而他對於 *Sociological Abstracts* 的內容分析研究也發現：「在過去的十年中，超過 60% 使用焦點團體的實證性研究，也合併使用其他研究方法，但近年來純粹使用焦點團體的研究也在逐漸增加當中。」(Morgan, 1996:130)。

焦點團體研究法在應用上的多元性，也是此一研究方法受到歡迎的原因之一。由於焦點團體是一種適用性很強的研究方法，可以滿足多種領域的需求，但其用途基本上端視研究目的而定。Morgan 列出了焦點團體在四種領域中不同研究階段的基本用途，如表 9-1 所示。

同時，Morgan 認為焦點團體研究法在應用上有三種不同的層次：其一，可以是一種獨立 (self-contained) 的資料蒐集方式，即研究的資料蒐集完全藉由焦點團體的訪談取得，而成為一個完整的研究之基礎，研究成果則完全基於焦點團體的資料。其次，焦點團體研究法可以是一個補助性

表 9-1　焦點團體的四種基本用途

	學術研究 (Academic Research)	產品行銷 (Product Marketing)	研究評估 (Evaluation Research)	品質提升 (Quality Improvement)
問題的確認 (Problem Identification)	研究問題的產生 (Generating Research Questions)	產生新產品的概念 (Generating New Product Idea)	需求評估 (Needs Assessment)	確認機會 (Identifying Opportunities)
籌備 (Planning)	研究設計 (Research Design)	開發新產品 (Developing New Products)	計畫發展 (Program Development)	籌劃介入方法 (Planning Interventions)
執行 (Implementation)	資料蒐集 (Data Collection)	測試顧客的反應 (Monitoring Customer Response)	程序評估 (Process Evaluation)	執行介入方法 (Implementing Interventions)
評估 (Assessment)	資料分析 (Data Analysis)	提升產品行銷 (Refining Product of Marketing)	產出評估 (Outcome Evaluation)	評估的重新設計 (Assessment Redesign)

資料來源：引自 Morgan, 1998a:14。

(supplementary) 的資料蒐集方法，經常在以量化方法為主的研究中，做為一種提供輔助性資料的來源，例如，提供調查研究問卷設計所需的資料，或為發展應用計畫及發明提供所需之具體內容；也可以做為一種為主要研究方法提供後續資料的來源，例如可以在對調查結果了解甚少時，做為繼續追查的方法，或以之評估一個計畫或發明的成果。再者，焦點團體研究法可以是一個採用多重研究法 (multimethod) 蒐集資料的研究案中，所採用的研究方法之一。因為採用多重研究法的目的，在於擷取各種研究法對於幫助研究者了解研究中的各種現象，所能提供的個別貢獻，而焦點團體在此一混合性方法的研究中之相對地位，取決於研究者對資料的需求、研究環境的情況與限制等因素 (Morgan, 1997:2-3)。

Fern 則更進一步指出，焦點團體研究法可依其研究目的、所產生的資訊及知識型態、科學地位 (scientific status) 以及方法論的因素而區分為探索型 (exploratory)、經驗型 (experiential) 及診斷型 (clinical) 三種不同型態的研究設計。每一種型態可以再分為理論性 (theory applications) 及效用性 (effects ap plication) 焦點團體，因此總共可以組合成六種不同的團體組合。探索型焦點團體的研究目的主要在於創造、蒐集、辨別、發現、解釋、引發見解、情感及行為。經驗型焦點團體是讓研究者可以去觀察我們日常生活中視為理所當然的行為，以對人們的語言、知識及經驗有好的理解，從而可以用來對策略、程序、概念或習慣進行評估。診斷型焦點團體則通常用於動機研究，其主要研究興趣在於那些個人隱藏或未知行為的動機，目的則在於由交談中帶出這些資訊 (Fern, 2001:5-9)。

(五) 焦點團體研究法的優缺點

由焦點團體研究法的本質與執行過程來看，此一研究法大致有下列六種優點 (Stewart & Shamdasani, 1990; Byers & Wilcox, 1991; Morgan, 1996; Edmunds, 1999)：

1. 參與者可以較不受限制地發表意見：通常焦點團體鼓勵參與者公開及自由

地發表其觀點、經驗及態度，讓研究者得到更深入的資訊。

2. 主持人有較大的彈性：相較於個別訪問，焦點團體的主持人可以就列舉的主題去傾聽、思考、探索、發掘及形塑參與者的直覺及意見；主持人也可以視團體討論現場之情況，若有問卷上所列之外的重要問題出現時，臨場反應再深入加以探索。

3. 研究對象及主題的廣泛性：焦點團體可以針對各種不同背景的參與者，探討各種範圍主題，也是少數可以從兒童或不識字者等特殊背景的研究對象，得到研究資料的研究方法之一；甚至一些主題較為敏感性(如性行為)或研究對象較為特殊(如同性戀者)的研究，焦點團體參與者同質性的特質，有時反而較能得到參與者的合作與得到較可靠的資料。

4. 節省時間：同時找來多位參與者在一至兩個小時的時間內進行訪談，比起個別訪談同樣數目的受訪者，在時間上較有效率。

5. 資料的可詮釋性：雖然焦點團體資料通常包含相當廣泛的回答，可以提供研究者理解參與者意見、立場及其可能的原因，有時也能得到解釋一致性及差異性的寶貴資料；而研究者也可以透過與團體的直接互動或觀察，探索意見的形成或改變的過程與原因。

6. 提供基本的探索性資訊：對於所要研究的對象所知甚少時，藉由研究對象本身在焦點團體中提供的資訊，可以讓研究者作為建構研究問題及假設的基礎。

至於對焦點團體研究法的批評，集中在：

1. 成本問題：進行焦點團體的支出，包括了參與者的出席費、提供的餐飲費用、錄音錄影耗材、錄音資料轉換成書面資料的費用，甚至可能還需支付主持人的費用、場地的租用費、資料處理及分析費等，也需要相當的經費。

2. 主持人對團體討論的影響：在焦點團體的討論中，主導討論議程及主題的是主持人而不是團體本身，有時主持人對於焦點團體討論的控制，可能會過度主導討論方向或干擾團體的互動；但主持人若未能有效掌握研究的主

軸，而使團體的討論偏向不相干的方向，或淪為無意義的閒聊時，所得到資料會過於片斷，甚或完全無法使用。

3. 團體效應的產生：參與者可能因為團體產生的規範，而比較傾向符合社會道德的回應，或者因為團體中多數人持同一意見，即使自己有不同的看法，也轉而附和多數人的意見；此外，參與者的態度也有可能會因團體的討論而改變、強化或兩極化。

4. 分析結果不適合用於推論：焦點團體的參與者是自願性的，有可能比一般以抽樣而來的受訪者具有較為外向、坦率或較喜愛與人交際的特質，若以焦點團體資料的分析結果來進行推論，會有偏差的結果產生。

5. 不適用於某些主題之研究：團體的互動有時須涉及參與成員之間互相的「自我暴露」，所以不可否認的，有些主題並無法被參與者接受為討論的項目。

二、規劃焦點團體

(一) 確定焦點團體是否為適用的研究方法

　　焦點團體研究法固然是一種適用性相當廣泛的研究方法，但是如同所有的研究方法一般，焦點團體研究法也有其長處及弱點，因此在決定是否採用此一研究法的考慮上，則必須視此一研究法的優點是否能使研究有最佳化的效果，或者應如何減少其缺點對研究可能造成的損害，就是考量的重點 (Stewart & Shamdasani, 1990; Morgan, 1998a; Krueger & Casey, 2000)。當研究目的為想獲得某種主題或某些人們的一般性背景資料、探討人們對於某些事物或主題的不同看法與意見、探討不同類型的人們對某些觀點的差異及原因、探討較複雜的行為及其動機、探索新的想法或其他創見，或者評估某些新政策、計畫或作法，焦點團體研究法可以是一種選擇。

　　然而，在研究主題對參與者過於敏感、可能會傷害參與者或超乎他們的能力範圍、參與討論的團體成員，可能因為彼此的身份背景或立場，而無法

自在地交談，還是可能因為發表的意見而對個人產生不良的後果、研究對象期待研究結果可以為他們發聲，但研究者可能沒有此種能力、研究者無法承諾確保資料或參與者身份的保密性，或者研究者需要量化的統計資料等的情況下，焦點團體研究法可能較不適用。

(二) 考慮研究資源是否充足

進行研究時，通常必須考量研究設計與研究資源之間的平衡，最理想的狀況是以有限的研究資源，達到最大的效果。在規劃焦點團體的執行時，研究者必須考慮研究的時間、經費及人力等因素，依研究主題之複雜程度妥善規劃研究時程、依研究經費的多寡決定納入多少類型的團體，以及每種類型應該進行多少場次，以得到研究所需的資料；同時也要仔細調配可以應用的研究團隊人力，以進行各階段的研究工作。

(三) 確認參與者類型及其來源與數量

參與團體討論的參與者是資料的提供者，因此如何找到可以提供研究者所需資料的參與者，是研究者的重要任務，也通常是研究者最常遭遇的困難。在規劃的階段，研究者就必須考量如何明確定義參與者的特質及類型、如何找到所設定的參與者，以及研究對象的數量是否足夠。尤其是研究牽涉敏感性主題或對象時，可能不容易找到適當的參與者，數量可能也不多，參與意願可能更是問題，這些問題都必須加以克服，研究才能繼續。

三、焦點團體的研究設計

(一) 動態的研究過程

焦點團體研究法的特點之一，就是在執行的過程中，可以就資料蒐集的實際情況，隨時彈性地修正各項研究設計，所以焦點團體研究法的執行過程是一種「動態」的過程 (如圖 9-1 所示)，可以在研究進行當中，依實際討

論之情況,對研究設計進行修改,例如有團體分類不恰當、團體數不夠、問卷不夠周延、問卷效度不彰等情況發生,或各團體之討論內容產生飽和 (saturation) 時,彈性地修改討論問卷或改變研究設計以得到其他的資料。其方式是在研究進行的過程中,將資料的蒐集工作分為幾個階段進行,在第一階段先進行幾個場次的團體討論,每一個團體討論完畢,也同時進行資料處理及分析,如果分析結果顯示第一階段的研究設計之中,有任何需要加以修正的部分,則可以隨時加以修改;修正後就進入第二階段的資料蒐集工作,同樣地,也是一面討論一面分析資料,並依分析結果決定有沒有需要再進行修正。此一動態的進行程序可以協助研究者得到更適當及更豐富的資料。

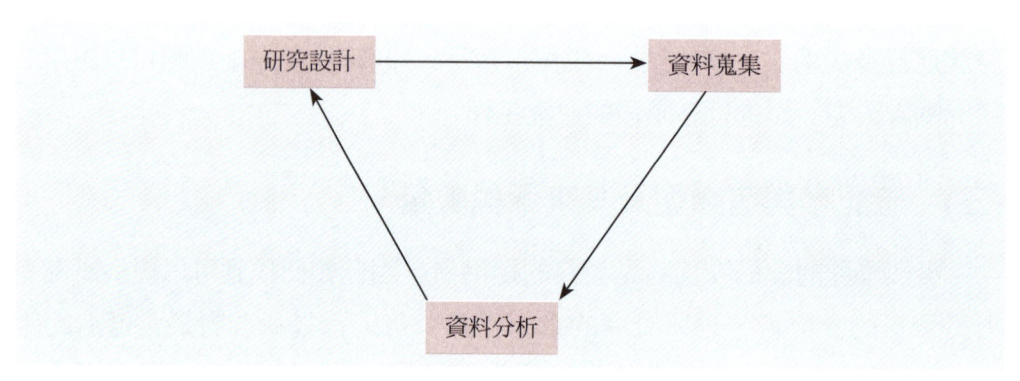

圖 9-1　焦點團體研究法的動態過程

(二) 團體結構的決定

團體的結構決定產生的資料之方向與類型,也和研究的目的息息相關。Morgan 就焦點團體的形式及目的,將團體的結構分為下列三種 (Morgan, 1998b:43-53):第一種是低結構性團體 (less structured group),此種團體著重於從參與者的討論中,探索參與者對研究主題的看法並產生新的見解。此種團體的主持人通常沒有條列式的問卷,僅有一些與研究目的相關之討論主題,通常稱為「提問主題」(topic guide),依臨場討論的狀況及內容決定後續的討論方向。採用低結構團體的優點是可以得到廣泛的資訊,但其缺點也在於不同團體的討論焦點可能相當分散,而增加分析及比較的困難。第二種是

結構性團體 (structured group)，此種團體著重於研究者的考慮及興趣所在，將討論完全集中於研究者想要參與者討論的事物上面。結構性團體必須設計一份問卷，通常稱為「結構性提問」(questioning route)，讓主持人依問題順序逐一提出討論。採用結構性團體的優點是所蒐集的資料較集中於研究者的目標，但缺點是可能會限制可蒐集的資料方向與數量。第三種是混合性結構團體 (moderately structured group)，採用此種形式的目的在於研究者希望同時探索參與者對某些問題的看法，以及討論一些研究者希望參與者討論的問題。混合性結構有部分問題是事先設計好的題目，部分則是由主持人就臨場討論情況提出問題。採用混合性結構，可以兼具上述兩種結構的優點，但也可能同時產生兩種結構的缺點，研究者必須有妥善的規劃。

> **參考方塊 9-1**
>
> 提問主題 (topic guide)：
>
> 　　參與者對臺灣民主政治實行的滿意程度及原因。
>
> 結構性提問 (questioning route)：
>
> 　　如果用 0 到 10 來表示您對臺灣目前民主政治實行的滿意程度，0 表示非常不滿意，10 表示非常滿意，請問 0 到 10 您會給多少？您給這個分數的主要原因是什麼？

(三) 團體的分組原則

　　如何妥善進行焦點團體的分類，是研究者經常遭遇的問題。不正確或不適當的分類方式，除了可能使討論的過程窒礙難行，也可能無法得到可以分析或比較的資料。團體分類最重要的原則在於：同一團體中的同質性及不同團體間的異質性。研究者在決定團體內成員的組合時，最關鍵的考慮因素是相容性 (compatibility)。因為影響焦點團體討論的最重要因素是參與者是否能夠舒適地與其他人談話，因此必須創造一個舒適且有建設性的討論環境。團體內的同質性不僅有助於創造參與者願意對談的環境，同時也使研究者可

以進行團體間的比較。團體間的異質性則是讓研究者可以聽到不同面向的意見，強調的是由研究者的角度，來決定需要聽取多少不同類型的參與者之意見、想要了解何種相似點及差異處、遺漏某種類型可能導致的後果，因此，在決定團體的類別時，必須周延地選擇符合研究目的的類型。

至於經常用來做為團體分類 (group segment) 的標準包括：

1. 人口變項：如性別、年齡、教育程度、籍貫、居住地區、職業、收入、婚姻狀態、家庭形態、就讀科系等。
2. 參與者對某些事物之經驗或行為：如有沒有參加過某種社團、有沒有參加過社會運動、有沒有去過某個國家或地區、有沒有購買或使用過某種產品、有沒有投票給某個政黨或候選人等。
3. 參與者對某些事物的態度、意見、偏好或信仰：如支不支持環保運動、支持臺灣獨立還是與中國統一、支不支持同性戀婚姻、支持哪個政黨、信仰什麼宗教、贊不贊成死刑等。

參考方塊 9-2

政黨偏好研究以政黨傾向 (泛藍、泛綠、中立三分類) 及地區差異 (南、北二分類) 做為團體分類標準，政黨與地區交叉合計六個討論團體。此種分類方法除了可以探討不同政黨支持者之間的差異，同時也可以探討不同地區的民眾對政黨是否也有不同看法。因此，以此種分類方式可以同時進行不同地區及不同政黨支持者的差異性分析。

團體分組表

團體別
北部泛綠民眾
北部泛藍民眾
北部中立民眾
南部泛綠民眾
南部泛藍民眾
南部中立民眾

(四) 團體數及團體大小

一個研究應該進行多少場焦點團體，是研究者必須思考及規劃的重要問題。當場數太少時，可能會遺漏重要資訊，場數太多則可能造成時間及經費上的浪費。Morgan 建議一個典型的研究只需 3-5 個團體，然而如何決定場數，並沒有定論或一定的原則，大致上可以依下列幾種狀況來決定 (Morgan, 1998b:77-83)：

1. 研究主題的複雜性：如果所要探討的主題相當複雜，則必須有較多的團體，以得到更多的資訊。
2. 「團體分類」是重要的決定因素：每一種類型至少應進行一場的討論，因此通常需要進行 3-5 場團體討論，然後再依資料蒐集實際情況決定是否增加或刪減場數。
3. 研究的資源：如有多少經費與時間、有沒有適合的場地、有沒有足夠的主持人等問題，必須將所有的資源做最有效的分配，來決定最合宜的場數。
4. 意見的飽和 (saturation) 程度：在進行了幾場討論之後，仍然有新的意見不斷產生時，就必須考慮再增加場數；但如果發現討論已經不再有新的意見或資料時，可以依原訂計畫結束討論，甚至可以考慮減少預定的場數 (Morgan, 1998b; Krueger & Casey, 2000)。

至於焦點團體的成員數通常是 6-10 人 (Morgan, 1998b)，也有人認為是以 8-12 人為宜 (Merton et al., 1956/1990)，有時也會見到少至 5 人或多到 20 人的團體 (Fern, 1982)，通常少於 5 位參與者的焦點團體是為小團體，10 人以上為大團體。團體的參與者人數太少時，資料數量及品質可能較差；但參與人數太多時，現場情況將較難掌控，而且會減低每位參與者的責任感 (例如可能認為反正有別人會發言，自己就不一定要發表看法) 及談話的機會 (Fern, 1982; Morgan, 1998b)。

Morgan 認為決定團體大小的原則與研究目的及招募的條件有關。通常小團體適用於：參與者對研究主題有較深的參與或理解、參與者可能會對

研究主題有情緒反應、研究主題較具爭議性或較複雜、研究目的為想了解細節或參與者個人的詳細情況以及招募上有所限制 (例如合格參與者很少，或選定的時間很難湊齊人數)。適合大團體的條件則在於：當參與者對主題所知或參與程度不深、研究目的是為了解很多不同類型的簡要看法或建議，但不需要深入的討論意見、或招募上有所限制 (例如以某既存團體為對象，參與者能夠到齊的時間有限，只能選擇多數的參與者能夠同時出席的時間進行訪談)。因此，學術性的焦點團體為了深入探討參與者意見或態度的動機與成因，通常傾向採用少於 10 人的團體，而市場行銷研究或商業用途的焦點團體，為了廣泛蒐集顧客的意見或需求，比較傾向採用大團體 (Morgan, 1998b)。

(五) 焦點團體的問卷設計

焦點團體的進行方式基本上強調參與者的互相討論，因此通常都是由主持人提問，要求參與者表示各自的看法並和他人討論，所以焦點團體的問題設計，和問卷調查及深入訪談之問題有所不同。以下分別就問卷的用語、問題的順序及問題形式加以介紹：

1. 問卷的用語

一般而言，焦點團體的問題用語有下列的原則 (Krueger, 1998a; Krueger & Casey, 2000)：

(1) 問題儘量像是日常會話：儘量不要讓參與者感覺像是在接受訪問，以建立及維持一個舒適的談話環境。
(2) 使用參與者可以理解的語詞：除非參與者都是該研究主題的專家，在問題中儘量避免使用太多的專業術語，而應轉換成一般人通用的說法，或參與者可以理解的語言。
(3) 容易唸：寫起來通順的句子可能不容易唸，問題設計完畢後，必須測試是否能夠流暢地讀出。

(4) 問題必須清楚及簡單：以免主持人必須花費太多時間解釋而減少團體討論的時間，或者解釋太多而限制了參與者的思考。
(5) 儘量使用開放式問題：讓參與者可以提出自己的看法或意見，使研究者得到這些看法或意見的深入解釋因素。
(6) 一次只問一件事情：避免在同一問題中問參與者一件以上的事情，以免參與者無法掌握問題真正的重點何在。
(7) 要求參與者回想過去經驗：此種問題要求參與者回想個人經驗，以針對特定問題做出回應，同時也聽取他人的經驗及意見，以進行信念或觀點的意見交換。
(8) 避免問「為什麼」：「為什麼」的問法聽起來較為尖銳或較像質問，較易讓人們因為不安或防衛心態，而給予一個立即的回應或較沒有經過理性思考過程的答案。若一定要問，可以改成「是什麼 (what) 原因」，或對該事物「覺得如何 (how)」等較間接但卻是研究者想要知道的特定面向之問法，讓人們較詳細描述其想法或意見的成因，研究者從而能夠得到意見或行為背後更深入的動機或解釋因素。例如：將「你為什麼支持某某黨？」改成「是什麼原因使你支持某某黨？」或「你覺得某某黨有什麼特色讓你支持它？」
(9) 舉例必須小心：舉例雖然可以提供參與者一些回答的線索，但也可能引導或限制參與者的思考方向及範圍。
(10) 必須包含清楚及考慮周全的答題指示：如果問題中包含要求參與者進行言語討論以外的行為，如畫圖、看影片、試用產品、填答等，必須同時設計讓參與者容易明白的答題指示。

2. 問題的順序

在焦點團體的問卷中，不論是何種結構的團體，問題的提問順序，原則上應該讓參與者由廣泛的問題開始進入討論的情境，然後再將討論重點逐漸收攏至核心的討論重點。基本上問題的順序通常是 (Krueger, 1998a)：

(1) 開場白：通常是向參與者介紹研究主題及團體討論進行的方式，鼓勵大家參與討論，並請參與者自我介紹，每人約 30 秒至 1 分鐘。
(2) 引言問題：提出一些與研究主題相關，但較為廣泛的問題，主要目的是將討論主題帶出，或讓參與者提供相關經驗之機會。此類問題約 1-2 題，每題討論以不超過 5 分鐘為原則。
(3) 轉換問題：此種問題比引言問題更接近研究主題，其目的是讓參與者比較能夠體會研究主題真正的重點何在，而且這時他們可能也開始察覺其他參與者對此一研究主題的看法。此類問題約 1-2 題，每題討論約 5-10 分鐘。
(4) 關鍵問題：是整個焦點團體討論的重心。大約在團體討論進行到三分之一或一半時，開始進入關鍵問題。這些題目是研究的真正焦點，因此參與者對這些題目的意見，將來也是資料分析的首要重點。此類問題約 2-3 題，每個題目討論時間應較長，每題討論至少 10-15 分鐘以上。
(5) 特定問題：視研究需要，研究者有時會針對某些事項，要求參與者討論在該研究主題上具有特殊意義或研究者特別有興趣的問題。最好不要超過 2 題，討論時間約 10-15 分鐘。
(6) 結束問題：要求參與者再考慮所討論問題的重要性或者總結討論內容並要求參與者確認。此類問題約 1 題，討論 3-5 分鐘。
(7) 最後問題：為避免遺漏，可要求參與者就討論主題提供建議及意見，例如「有沒有什麼您覺得我們應該討論，但卻沒有討論到的事情？」大約 1 題即可，討論時間一般約 3-5 鐘，但可視當時情況決定何時結束。

以此順序提問的問卷，透過問題的特性，讓參與者的討論範圍，從將主題帶出的廣泛性問題，愈來愈集中到研究的關鍵及對該主題的特殊探討，結構上會呈現漏斗狀 (參見圖 9-2)，此種漏斗式訪問結構 (funnel-based interview) 的策略，有助於讓研究者在討論的前半段聽到參與者對研究主題的自身觀點，同時也可以由後半段的討論中，聽見參與者對研究者所關注的研究重點之意見，此一結構尤其在運用於混合性問卷形式的團體時效果最佳

(Morgan, 1997)。

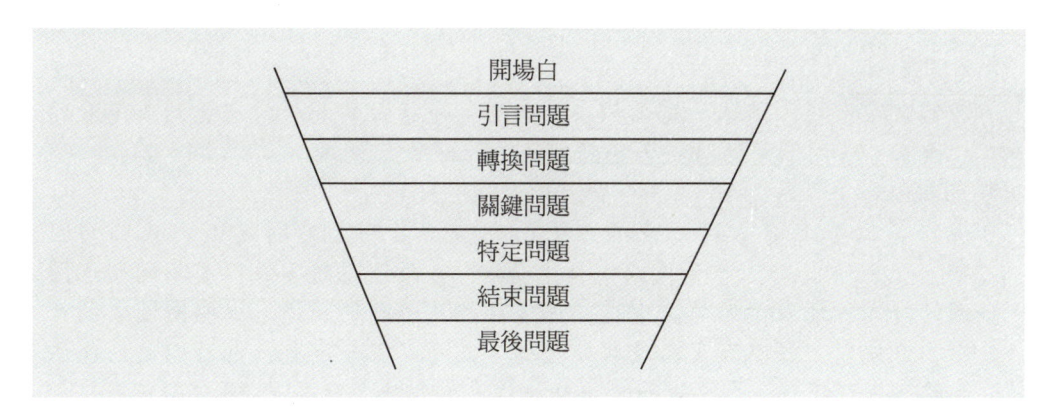

```
開場白
引言問題
轉換問題
關鍵問題
特定問題
結束問題
最後問題
```

圖 9-2　漏斗式訪問結構圖

3. 問題的格式

　　焦點團體問題不見得一定得以語言表示，研究者可以用一些心思，讓問題變得輕鬆有趣，反而經常能產生更豐富多元的資料，例如用圖片、條列或選項等不同的方式提供參與者資訊；回答的方式也可以是透過畫圖、填充、評估、配對、造句、拼圖、選擇 (項目、圖片)、類比、歸類、比喻、想像等方式來呈現 (Krueger, 1998a)。

四、招募焦點團體參與者

(一)　尋找焦點團體參與者的策略

　　適當的團體組成方能產生流暢的討論，提供有用的研究資料；不適當的團體組成，可能會將無法互相討論的人放在一起，或者即使是參與者討論熱烈，但內容卻並非研究者所需的資料。因此，招募「適當的參與者」(right participants) 是焦點團體成功的重要因素之一，因為成功的招募重點不在於可以找到多少人，而在於參與者是否能夠舒適地與其他人相處，並使討論具有

參考方塊 9-3：漏斗式訪問結構問卷——以國家認同與統獨問題研究為例

(引言問題)
1. 我們常常在說「國家」這兩個字，我想首先請教的是：當您聽到或是看到「國家」這兩個字的時候，您想到的是什麼？(5 分鐘)

(轉換問題)
2. 現在各位手上都拿到一張紙，上面有四個名詞，分別是：「我們的國家」、「中國」、「中華民國」和「臺灣」。我們想請各位以畫不同顏色圈圈的方式，來表示您想法中這四個名詞彼此之間的關係。這些圈圈之間可以各自分開，可以有交叉或部分重疊，也可以完全重疊，也可以大的包住小的。待會我想請大家說明一下您這樣畫的想法是什麼？(10 分鐘)

(關鍵問題)
3. 現在大家看一下黑板，左邊有三個名詞：「我國人民」、「中國人」、「臺灣人」，右邊有甲、乙、丙三個圖。甲圖是「包括大陸與臺灣上的人」，乙圖只有「大陸的人」，丙圖只有「臺灣的人」。依您的看法，「我國人民」、「中國人」、「臺灣人」分別指的是哪一個圖？或者如果您覺得這三個圖都不能代表您的看法，也麻煩您說明一下。(10-15 分鐘)

(關鍵問題)
4. 平常在社會上，有人會說自己是「臺灣人」，有人會說自己是「中國人」，有人會說「都是」，各位覺得自己是臺灣人、中國人，還是兩者皆是？您這樣覺得的原因什麼？(15-20 分鐘)

(關鍵問題)
5. 我們社會上對於未來臺灣和中國大陸的關係應該怎樣走，大家的看法不同。有人主張臺灣獨立，有人主張兩岸統一，也有人主張維持現狀，請問您比較偏哪一種？如果您認為這三種看法，都無法充分形容您所主張的未來兩岸關係，那麼也請說明您的意見。(15-20 分鐘)

(特定問題)
6. 剛才各位對於未來的兩岸關係，不管是「臺灣獨立」、「兩岸統一」、「維持現狀」或者「其他」的選擇，都表達了自己的主張。我現在想請教的是：各位大概是從什麼時候開始有這樣的主張？這樣的主張從以前到現在有沒有改變過？如果曾經有改變過的話，那您原來的主張是什麼？您是在哪一種情形下才改變您的主張？(15 分鐘)

(最後問題)
7. 對於我們今天討論的問題，您認為有沒有什麼我們應該討論，卻還沒有討論到的？也請您提出來。(5 分鐘)

建設性。另外，焦點團體的研究目的並不在於以參與者的意見來推論其所代表的母體，而是希望藉由聽取參與者的討論來了解人們的想法與意見，尤其大部分焦點團體的研究設計，參與討論的人數不多，無法用以代表母體。基本上，焦點團體的招募對象為立意樣本 (purposive sample)，即依研究目的招募參與者，以便達到建設性討論的目的 (Morgan, 1998b)。

(二) 焦點團體參與者的來源

Morgan 指出焦點團體的參與者可以有下列五種來源 (Morgan, 1998b:86-91)：

1. 既有之名冊：例如顧客名單、團體會員名冊或因特殊用途所蒐集的名冊等，是焦點團體最常用的招募來源。在使用既有名單時，還必須注意名冊的來源是否有問題、名冊有多新、名冊的資訊有多詳細、是否混合了不想要招募的對象。最好也採取隨機選擇 (random selection) 的方式，由名冊中採用系統抽樣的方法，抽出幾套樣本來招募，以減少誤差。同時，如果重複使用參與者名冊時，必須注意那些以前曾經參與焦點團體者，因為他們先前的參與經驗有可能會有所影響。另外，與參與者接觸時，他們通常都會關心名冊的來源，必須給予合理的解釋。

2. 隨機抽樣：與調查研究的抽樣方式相似，經常是採取電話隨機撥號方式 (random digital dialing, RDD)，直到找到足夠的參與者為止。RDD 雖然涵蓋率較佳，但可能會有許多空號或非住宅電話，尤其當研究對象是特定或稀有族群時，可能必須耗費可觀的預算及時間來進行。

3. 推薦名冊：焦點團體的招募必須根據參與者的某些特質，因此可以請一些已掌握到的參與者，提供可能的名單，例如，滾雪球抽樣 (snowball sampling)，此種方法可以善用社會網絡的優點，透過已找到的參與者，再擴展到其所認識的親友或關係網絡中的其他人。

4. 路上招攬：在焦點團體討論進行的地點，以攔下路人的方式尋找可能的參與者，常用的方式是在百貨公司、購物中心等人潮聚集或某些可能有合格

參與者的地點，設立一個看板，公告一些條件 (如 20-30 歲的女性、某種廠牌手機的使用者、有學齡以下幼兒的家長等)，詢問經過的人們，如果有符合招募條件的人，再邀請他們參與團體討論。

5. 公開招募：在媒體或網路上刊登招募的廣告，也是一種常用的方式，尤其適用於當研究者不知如何才能找到合格的參與者時。使用這種方式的缺點在於這些自發性的參與者，在動機或態度上，有可能會與對公開廣告沒有回應的其他合格者有所不同，因應之道是最好能夠再由其他來源招募參與者，並比較其差異。

(三) 焦點團體成員的組成

團體成員彼此認識或者部分是相識者時，可能會影響保密性，尤其當所討論的主題可能會有後續的影響時，有些人就比較不願表達意見，或者可能產生搭檔 (pair up) 效應──互相附和或者都不發言；但有時相識者一起參加團體，可以因共同的經驗或情境，而引發更多的想法與創意。團體成員是否應該全部選擇陌生人或相識者，並沒有一定的準則，有些主題比較適合採用陌生人團體，尤其是為了讓參與者免於擔心不良後果 (Bloor et al., 2001)；有些主題並不需在意參與者是否互相認識。但真正的問題在於有時研究者沒有選擇，尤其當研究的對象屬於同一個機構或單位時，參與者互相認識的情況無法避免。陌生人團體及相識者團體各有其優缺點，因此，研究者可以依研究目的或研究主題決定團體成員的組合 (Morgan, 1998b)。

(四) 提供參與的誘因

通常在招募參與者時，研究者必須提供一些誘因，以增加參與的動機與意願，誘因的形式可以有很多種，金錢報酬是最常用且最直接的方式，但不見得是最有影響力的因素，因為對某些人而言，時間、隱私或其他因素可能比金錢報酬更重要。研究者可以考慮的另一種報酬形式，是針對參與者的一些特質，提供金錢之外的實質報酬，例如，知名餐廳的餐飲、網路貨幣、特

殊意義的禮物等。此外，有時招募人員所提供的相關研究資訊，會使有些人因贊同研究本身的意義，或者研究結果的成效而願意參加；也可能是因為參與者對研究主題有些想法或經驗，願意提供做為參考或想要和其他人分享。最重要的是研究者在提供誘因時，必須信守承諾，不要因為想要說服人們來參與，而做出無法達成的諾言，尤其當參與者的期待是參與團體討論，會對於自身或他人的情況或政府的政策能有實質的改善或影響時，研究者必須謹慎及誠實地告知可能的結果 (Morgan, 1998b)。

(五) 系統化的招募程序

Morgan 認為招募 (recruitment) 必須是一種系統化的程序，基本上有三個步驟：接觸參與者、寄送確認信及前一天的確認電話 (Morgan, 1998b:85)。通常接觸參與者至少兩個星期之前開始進行，招募人員不僅必須具有良好的溝通技巧，還需要經過訓練，以確認招募人員能正確地向招募對象說明焦點團體的目的及進行方式，如研究目的、什麼樣的人將會參與、需要參與者做什麼、可能提供的報酬，還必須向他們傳達他們的參與對研究的重要性，以說服人們來參與討論。確認信則最好在進行焦點團體之前的一個星期前寄達，確認信內容除感謝參與者的協助之外，另一目的是提供參與者包括討論主題、日期、時間、討論地點 (包括地圖) 的詳細書面資訊，以提醒及協助參與者出席。另一個重要的步驟是在焦點團體召開的前一天再打電話給每一個參與者，除了提醒參與者之外，還可再次確認出席狀況，若出席者可能會太少或太多時，才有足夠的時間做應變的處置。

五、召開及主持焦點團體

(一) 召開團體的準備工作

焦點團體成功與否，可謂需要「天時、人和及地利」的配合。針對不同的團體組合，必須選擇參與者時間許可的時間舉行，例如，以就業人口為對

象的團體,就必須配合工作及生活作息的動態,不能挑選可能影響工作的時間或下班後無法趕上的時間來舉辦。若遇到惡劣的天候情況,如颱風警報等情況可能發生時,應事先擬訂應變的方案。舉辦地點的交通便利性,是影響參與者參與意願的因素之一,同時也會影響討論是否能夠準時開始或結束。除了挑選較便利參與者抵達的地點,也應注意地點是否容易尋獲,最好事先附上詳細地圖,以便參與者容易抵達。再者,不舒適的場地設施與安排,也可能會影響參與者的心情及參與討論的意願,因此準備用品及佈置場地時,也必須注意排除可能會干擾討論或錄音品質的因素,例如,不使用玻璃杯盤及食用時易發出聲音的餐點,或事先置換會發出聲響的桌椅等。錄音及錄影設施是否正常運作,與後續資料的處理及分析密切相關,也應事先加以測試,尤其是如果需要到外地召開團體討論時,必需的用品最好事先列表,逐一檢查後再出發 (Morgan, 1998b)。

(二) 主持人的角色

在焦點團體的討論中,主持人 (moderator) 的態度與技巧,對團體的成功與否,有相當大的影響。在主持團體時,主持人必須營造談話氣氛、提出討論的主題、維繫參與者之間的和諧關係,以及在討論偏離主題時,技巧地將討論導回正題,而且在必要時,對參與者的發言再做追問,以釐清其意見;另外,主持人也應有能力分辨對研究主題有特殊或重要貢獻的意見,必要時應再做進一步的追問 (probe),以增加資料的豐富性及可詮釋性。

此外,大部分的參與者可能沒有參與焦點團體的經驗,主持人在討論開始前,必須很清楚地設立討論規則,以便讓參與者有遵循的依據,除了可以維繫和諧氣氛,也可以避免情況失控。建議可以先為參與者設立規則,強調團體的討論鼓勵參與者發表意見,但為避免錄音受到干擾,必須請參與者不要兩人同時發言;也希望所有參與者對別人的發言有不同意見時應予尊重,等別人發言完畢時再提出自己的看法;另外,可以請求參與者將行動電話或呼叫器關機,以免影響討論的進行。再者,在大部分的情況下,焦點團體必

須進行錄音及錄影，因此主持人有義務向參與者說明其隱私權，最好能夠請參與者簽下同意錄音及錄影的同意書，但主持人可以不必過於強調錄音及錄影設施的存在，以免引起參與者的不安 (Krueger, 1998b)。

(三) 主持焦點團體的原則與技巧

　　焦點團體的主持人是團體討論能否成功的關鍵，有效主持焦點團體的原則，最重要的是表現對參與者的尊重，Morgan 認為焦點團體是一種「傾聽與學習」(listening and learning) 的方法 (Morgan, 1998a:9)，主持人必須相信每一位參與者，不論他們的教育程度、經驗或背景如何，都能提供有用的資料，因此主持人必須願意傾聽每一位參與者的意見，讓參與者覺得主持人重視他們的意見，才能提高參與者表達意見的意願。主持人也應選擇適合主持的團體，因為焦點團體強調的舒適環境，也包含主持人是否能讓參與者願意予以配合，並提出自己的見解或和他人討論。主持人是否適任，不完全是因為主持人的口才、說話方式或外貌，通常與性別、語言、種族、年齡、社經特徵、特殊技術或專業知識等較為有關，例如討論主題若涉及專門技術或知識時，缺乏該項專業背景的主持人，可能無法和具專業背景的參與者充分溝通；或者在種族問題的主題上，與參與者不同種族的主持人，可能會降低參與者發言的意願，或影響真實意見的表達。

　　主持人在焦點團體中的角色，應定位在提出討論的問題及傾聽參與者的討論，但不加入討論或分享觀點，更不可以試圖塑造討論的結果。如同調查訪問中的訪員效應一般，主持人若提出自己的意見，可能會影響參與者的意見或限制他們的思考方向，而且如果主持人涉入討論的程度太深，或提供過多資訊，就比較會有影響討論的危機發生。同時，主持人必須保持中立立場，在聽到與自己立場不同或一些令人不愉快的觀點時，不應有任何表面上或情緒性的反應，尤其是研究人員擔任主持人時，必須特別注意務必要超脫自己的意見，而專注於發掘團體參與者的觀點。

　　再者，做為一個主持人，必須開放心胸接受新觀念，時時提醒自己，不

要受到自己既有的意見或想法的限制，對參與者提出的新概念、方法及建議，應予以鼓勵及接受，才能讓討論產生的資料更為豐富。主持人還必須不斷學習主持技巧及發展自己的風格，基本上，主持的技巧並沒有一個放諸四海皆準的標準，有些技巧適合某些主持人，但不一定適合另一位主持人，成為一位稱職的主持人除了必須經常練習之外，還應該多觀察其他主持人的主持情況，學習他人的長處，並尋找適合自己的風格及技巧，以發展出自身適用的主持策略 (Krueger, 1998b; Krueger & Casey, 2000)。

(四) 如何回應參與者的問題與意見

許多焦點團體的參與者過去並沒有參與焦點團體討論的經驗，因此可能會對討論的進行方式或主題提出問題，對於參與者這類的問題，主持人回答的策略是應盡量提供足夠的資訊，讓參與者可安心參加，但不要提供任何可能造成誤導討論方向的資訊；至於在討論當中，如果參與者提出一些問題，需要主持人釐清題目或概念，或者要求主持人擔任仲裁的角色，主持人可以依問題性質決定是立即回答還是延到後面再處理，有時把問題轉回給參與者們討論是一個很有用的技巧。

主持人應鼓勵參與者發表意見，但對於發言的回應必須有所技巧，重點在於參與者覺得主持人的確專心傾聽及重視其發言的內容，比較好的回應方式是以平和緩慢的語氣說：「好」、「謝謝」或「嗯哼」，應避免使用「正確」、「太好了」、「不對」、「奇怪」等對參與者意見有價值判斷的用語。另外，主持人的點頭回應也必須有技巧，緩慢的點頭代表「我在聽著」，快速的點頭會讓參與者誤以為是一種讚許，而且如果主持人不是對每一個人的發言都點頭，可能會讓其他人以為主持人不贊成他的意見 (Greenbaum, 1998; Krueger, 1998b)。

(五) 召開焦點團體時可能遭遇的突發問題

焦點團體討論的舉行必須有完善的籌備程序，但研究者也必須要有

心理準備，可能會面臨一些突發的狀況，常見的問題有 (Krueger & Casey, 2000:115-119)：

1. 天災或其他緊急狀況：團體的招募通常是在舉辦之前的一個月左右就會開始，但在預定召開的當天，可能會有颱風等天災，或其他緊急狀況 (如主持人等工作人員因交通意外而無法到達會場)，而使得團體無法召開或必須延期時，應明快的處置，儘速通知參與者及相關人士，並在最短的時間內通知後續的處理方式。

2. 場地不適合：如果需要借用他人或外地的場地來進行團體討論，主持人及工作人員應提早抵達會場，以確認場地是否適合，若有任何問題時，必須立刻採取補救措施，若必須更換場地時，也應立刻通知參與者或採取其他方式讓參與者能夠出席。

3. 參與者帶小孩來：此種狀況發生時，主持人首先可以和參與者溝通可能的解決方法，若參與者無法接受，可能就只能請參與者打道回府。接著主持人可以就小孩的年齡來決定是否讓小孩留在會場。通常如參與者帶來的是還不會走路的嬰兒，可以讓嬰兒留在場內，但如果嬰兒哭鬧時，可能必須請參與者暫時離席或回家；如果是已經有行動能力的兒童，讓他們留在場內可能會嚴重干擾討論的進行，解決方式是由工作人員充當臨時褓姆，或事先準備一些童書或玩具。

4. 參與者帶了其他人來：有時參與者的家人或朋友，因為對研究主題有興趣，也想要來參與討論，由於每一個團體的參與者都具有某種特質，因此，如果主持人無法確定參與者所帶來的人是否也具有此一同質性，最好不要同意讓其他人參與，以免影響討論的進行。

5. 討論太投入而不願結束：有時團體因為討論氣氛和諧或者意見豐富，而使參與者忘記時間，如果討論的內容仍具有意義，主持人可以視場地及時間的狀況，讓團體討論繼續，而在必要時才予以結束；但如果參與者的討論已偏離主軸，可以適時介入，謝謝他們的參與，但不願耽誤他們的時間，或者說明因時間及場地有所限制，必須結束討論。

六、分析焦點團體資料

(一) 資料的種類與形式

　　焦點團體研究法的資料，主要是由團體的討論中產生，但焦點團體中的言語應答，甚至肢體語言或情緒也是觀察的重點，而且有些題目的答題方式，可能是文字或圖畫，因此焦點團體的資料有下列幾種來源及形式：

1. 主持人的摘要筆記及記憶：主持人與助理主持人在團體進行中，立即記錄的簡短內容及重點，最好在討論結束時立即整理。
2. 錄音資料：視研究目的決定完全轉換成文字資料，或僅摘錄重點。若決定僅摘錄錄音內容之重點，最好由主持人或研究人員進行，以免遺漏重要之資訊。
3. 參與者的填答紙：應依討論之場次分別與其他類型資料一同置放。
4. 錄影資料：視研究所需決定是否剪輯或保留完整記錄。

(二) 處理資料的方法

　　焦點團體研究法的主要優點之一，就在於團體成員的發言可以提供豐富、複雜及龐大的資料，對於焦點團體資料處理方式，通常學術研究的焦點團體，首先會將每一場團體所有的討論內容轉成書面之文字記錄 (或稱為逐字稿，transcript)，以避免在篩選的過程中遺漏重要資料，或者有選擇性錯誤產生，因為許多資料的潛在優點都因為沒有適當的分析而流失，因此保留完整的書面資料是必要的，方能保證所有的資料都有被進行系統性分析的機會 (Frankland & Bloor, 1990)。

　　在將討論內容轉換成逐字稿的文字記錄時，應儘量保持資料之完整性及真實性，最好能把握下列的原則：

1. 全面性詳實記錄：不僅逐字逐句記錄參與者發表之所有內容，也應包括不

完整的句子、發語詞、語尾助詞、笑聲、插話等。
2. 原「音」重現：當受訪者使用方言或外語時，記錄者也應以方言或外語記錄，以免因翻譯而造成語意失真。
3. 現場情況之描述：記錄現場之特殊情況，如參與者間的互動 (爭論、勸說、妥協、插話等) 或參與者的情緒反應 (激動、憤怒、玩笑等)。
4. 發言不予潤飾或編輯：記錄者不需為了增加流暢性，而對任何發言文句或語詞加以潤飾或編輯，應完整保留發言的真實面貌。

在逐字稿完成後，後續的分析工作，坊間已有許多輔助的電腦軟體可以使用，例如 WinMax、ATLAS.ti、NUD*IST、Ethnography、QSR N6、EndNote8、AQUAD、HyperRESEARCH 等，其中許多軟體也有處理影像及聲音的功能。基本上這一類的軟體通常都具有搜尋、編碼的功能，有一些可以將概念間的關係，以圖形方式建立網路圖。但這類的電腦軟體可能相當昂貴，或是研究者可能必須有相當的電腦功力，或者必須受過訓練才能使用，並非所有人都能夠跨越這些限制。此時，傳統的資料處理方式「長表法」(Long-Table approach) 是一種不錯的選擇。顧名思義，長表法是以一張大表格容納所有重要團體討論內容的方法。長表法主要在於將討論的內容去蕪存菁、找出類別 (categories)，並決定這些論點及主題的比重，以做為比較的基礎。此一過程也可以將之視為一種製作索引 (indexing) 的工作。

具體而言，長表法的工作程序，首先是將資料全部讀過一遍，由內容中重新熟悉重點所在，標記資料中一些重複出現的模式或主題。在閱讀及分類團體討論內容的過程中，必須特別注意 (Krueger & Casey, 2000:136-141)：

1. 頻率 (frequency)：有些事情及意見可能會在討論中一再被提起，但它們卻不見得就是最重要的；Kitzinger 與 Barbour 也認為：「焦點團體不是口述調查 (oral survey)，因此參與者的發言不應予以計分、計數，或在處理資料時與其產生背景脫離」(Kitzinger & Barbour, 1999:17)，但事情或意見的頻率仍然有其解釋上意義。

2. 特殊性 (specificity)：注意參與者是否提及特別的意見或事情，也要注意其發言所提到的細節。
3. 情緒 (emotion)：參與者是否對某些事表現了情緒性、狂熱、激情或強烈的反應。
4. 廣泛性 (extensiveness)：頻率是指某件事被說到的次數 (有時可能是同一個人說的)，但廣泛性則在於多少不同的人說了同一件事。

接著，再讀一次資料，同時開始進行編碼及為每一個編碼定標題的工作。編索引碼的目的是將該特別主題的所有資料 (討論意見) 加以分門別類，並給予不同之編碼，以便進行比較。在剛開始的階段，索引碼應是相當廣泛及普遍的，並不對每一則資料指定一個唯一的編碼，相反地，有些資料有可能會被編成許多個索引碼，因為其所包含的內容，可能可以被歸類到不同的數個分析主題，所以編索引碼時強調的是該編碼類目的包容性 (inclusiveness)，而不是排他性。

參考方塊 9-4：政黨形象研究之民進黨形象編碼表

民進黨正面形象 (DP)		民進黨負面形象 (DN)	
DP01	民主改革	DN01	暴力激進
DP02	本土	DN02	派系多
DP03	清廉	DN03	愛內鬥
DP04	了解人民需求	DN04	支持獨立
DP05	人才好	DN05	沒有執政經驗
DP06	理念好	DN06	反外省人
DP07	重視基層	DN07	沒人才
DP08	清新	DN08	反商
DP09	反黑金	DN09	政策反覆
		DN10	就是不喜歡

編碼的程序應是循序性的，有時在讀到後續的資料時，先前的索引碼可以與後來的資料合併，而形成新的索引碼，研究者此時應回到之前的資料上，將新的索引碼加上，所以在編索引碼的初始階段，每一則資料的索引碼並不一定就是最後的詮釋項目，而僅是一個可能可以分析的項目，最後的詮釋應謹慎地延後到所有帶有相同性質的編碼，都歸納到同一個項目之下，而能和其他類別的索引碼進行系統性比較時 (Frankland & Bloor, 1990)。

上述處理過程都需經過多位研究者的同意後確立，此一過程可以視為對內容效度的交叉檢驗 (cross check)，以減少對資料內容的分類及編碼可能僅是個人主觀認定之偏差。

表 9-2　長表的形式

第 X 題　對某政黨的正負面印象		
團體別	編碼	發言內容
A 團體	**正面印象**	
	P01 理念接近	「我支持黨的理念，因為……」
		「這個黨的理念和我個人比較接近……」
	P02 促進經濟	「這五十年來它有貢獻，把臺灣的經濟拉得很好……」
	負面印象	
	N01 黑金	「就是說黑金方面真的是非常的糟糕……」
		「咱臺灣咱卡早會卡冊國民黨，就是冊黑金嘛……」
	N03 戒嚴	「用強壓或是戒嚴的管制。」
B 團體	**正面印象**	
	P02 促進經濟	「那經濟方面還是算蠻不錯了。」
	P03 人才多	「人才是很多，真正人才很多……」
	負面印象	
	N01 黑金	「黑金，沒辦法，太離譜了，讓這個人反感。」
	N02 腐敗	「長期執政會造成絕對權力及腐敗。」
C 團體		
D 團體		

長表法的原理在於有系統地將資料經過不斷比較及對照的過程，透過將資料加以分割、排序及歸類。藉由此一方法，研究者可以找出每一個團體討論內容的主軸或意見之類別。長表法的另一個優點是可以將資料轉換成一種視覺上可見的程序，此一程序對於後續的分析將會有相當大的助益 (Krueger & Casey, 2000)。

(三) 焦點團體資料的分析

焦點團體研究法所產生的資料，通常在數量上相當龐大，而且多為質性資料，在資料處理的階段，研究者可以運用長表法或電腦軟體，對資料進行初步處理，以去蕪存菁及進行歸類。經過處理的資料，可以比喻為從市場買回來的素材，會因為不同廚師的不同作法，而烹調出各種不同的菜色。同樣地，不同的研究者面對這些資料，也會因為本身的專業背景或研究方向，而有不同的分析結果，因此焦點團體資料的分析，並沒有任何一個特定的方法是最理想的。但在進行分析時，必須注意的是對質性資料的分析與詮釋，通常都涉及相當程度的主觀判斷，因此有許多對焦點團體資料的懷疑，都集中在其主觀性及詮釋的困難上。然而，焦點團體資料分析，其實可以是相當系統化、實證性及具有可驗證性的，甚至可以是量化的 (不過在大部分情況下，量化不是焦點團體研究法的專長與目的)，因此，對於如何分析焦點團體資料的建議，在於從研究的性質、目的以及相關理論著手，以客觀超然的態度及採取科學的方法進行。

七、總　結

焦點團體研究法的起源，來自對量化的調查研究法的反省，試圖以團體訪談的方式，來補充及改良調查訪問的缺點，但其蒐集資料的許多原則與方法，基本上仍是承襲自調查研究法，因此，雖然焦點團體研究法是一種質性研究方法，但也延續量化調查研究法的嚴謹規範，使得焦點團體研究法和量

化方法有良好的融合性，而且又能兼顧質性研究的長處，在二十世紀的晚期，社會科學界量化與質性研究學者開始合作之際，經過學術界再精煉的焦點團體研究法，在許多研究中成功地扮演了量化研究與質性研究二者之間的界面，是少數能與量化研究合作無間的質性研究方法。另外，焦點團體研究法在發展過程中，無心插柳地成為商業上市場研究不可或缺的一種研究方式，此種在學術界與實務界都能發揮的特性，也奠定焦點團體研究法在社會科學研究領域的特殊地位。

參考書目

鄭夙芬 (2005)〈焦點團體研究法的理論與應用〉。《選舉研究》，12(1)，211-239。

Barbour, Rosaline S., & Kitzinger, Jenny (Eds.) (1999). *Developing focus group research*. London: Sage.

Bloor, Michael, Frankland, Jane, Thomas, Michelle, & Robson, Kate (2001). *Groups in social research*. Thousand Oaks, California: Sage.

Byers, Peggy Yuhas, & Wilcox, James R. (1991). Focus groups: A qualitative opportunity for researchers. *The Journal of Business Communication, 28*(1), 63-78.

Edmunds, Holly (1999). *The focus group research handbook*. Lincolnwood, Illinois: NTC Business Books.

Fern, Edward F. (1982). The use of focus groups for idea generation: The effects of group size, acquaintanceship, and moderator on response quantity and quality. *Journal of Marketing Research, XIX*, 1-13.

Fern, Edward F. (2001). *Advanced focus group research*. Thousand Oaks, California: Sage.

Frankland, Jane, & Bloor, Michael (1990). Some issues arising in the systematic analysis of focus group materials. In Rosaline S. Barbour & Jenny Kitzinger (Eds.), *Developing focus group research* (pp. 144-155). London: Sage.

Greenbaum, Thomas L. (1998). *The handbook for focus group research* (2nd ed.). Thousand Oaks, California: Sage.

Kitzinger, Jenny, & Barbour, Rosaline S. (1999). Introduction: The challenge and promise of focus group. In Rosaline S. Barbour & Jenny Kitzinger (Eds.), *Developing focus group research* (pp. 1-20). London: Sage.

Krueger, Richard A. (1994). *Focus groups*. Thousand Oaks, California: Sage.

Krueger, Richard A. (1998a). *Developing questions for focus groups* (Focus Group Kit 3). Thousand Oaks, California: Sage.

Krueger, Richard A. (1998b). *Moderating focus groups* (Focus Group Kit 4). Thousand Oaks, California: Sage.

Krueger, Richard A., & Casey, Mary Anne (2000). *Focus group—A practical guide for applied research*. Thousand Oaks, California: Sage.

Merton, Robert K. (1987). The focussed interview and focus groups: Continuities and discontinuities. *Public Opinion Quarterly, 51*(4), 550-566.

Merton, Robert K., Fiske, Marjorie, & Kendall, Patricia L. (1956/1990). *The focused interview*. New York: The Free Press.

Morgan, David L. (1996). Focus groups. *Annual Review of Sociology, 22*, 129-152.

Morgan, David L. (1997). *Focus groups as qualitative research*. Newbury Park, California: Sage.

Morgan, David L. (1998a). *The focus group guidebook* (Focus Group Kit 1). Thousand Oaks, California: Sage.

Morgan, David L. (1998b). *Planning focus froups* (Focus Group Kit 2). Thousand Oaks, California: Sage.

Stewart, David W., & Shamdasani, Prem N. (1990). *Focus groups: Theory and practice*. Newbury Park, California: Sage.

Vaughn, Sharon, Schumm, Jeanne Shay, & Sinagub, Jane (1996/1999).《焦點團體訪談：教育與心理學適用》(*Focus group interviews in education and psychology*) (王文科、王智弘譯)。臺北：五南。

延伸閱讀

1. Morgan, David L. (1997). *Focus group as qualitative research*. Newbury Park, California: Sage.

   本書是 Sage 的 Qualitative Research Methods 系列中的暢銷書。Morgan 在書中詳盡地介紹焦點團體研究法做為一種質性研究的特性與優缺點，焦點團體研究法的應用、研究設計、執行與分析，以及一些可能的問題與解決之道，是焦點團體研究法必讀的入門書之一。

2. Krueger, Richard, A. & Morgan, David L. (1998). *Focus group kit*. Thousand Oaks,

California: Sage.

這一套書由二位焦點團體研究法大師所撰寫，以六冊的篇幅全面性地包含焦點團體研究法的理論、研究設計、執行過程、資料分析及報告撰寫，內容鉅細靡遺，文字淺顯易懂，並提供豐富的實例以及各種應用技巧；另一特點是在書頁中巧妙地應用各種圖示，指引讀者同時閱讀他冊中的相關內容，或點出關鍵問題及提供有益的提示，是焦點團體研究法使用者必讀的書籍，也是必備的工具書。

3. Morgan, David L. (Ed.) (1993). *Successful focus groups*. Newbury Park, California: Sage.

本書集結了許多學者應用焦點團體研究法的研究心得與經驗，包括對焦點團體方法論的創新及對研究過程的改進，因此有助於讓焦點團體研究法的初學者，較不易犯錯而進行較有品質的研究；對於較有經驗的應用者則可能會因而有許多研究構想的觸發。本書的另一個目的是藉由提供練達的方法論，讓焦點團體研究法在社會科學研究方法上佔有一席之地。

4. Greenbaum, Thomas L. (2000). *Moderating focus groups*. Thousand Oaks, California: Sage.

如何有效地主持焦點團體，是許多應用此一研究方法者的共同問題。本書提供關於團體訪談或個人深入訪談的基本原則及方法、討論主持人的角色及技巧、提供可能遭遇的問題及解決方式。但值得注意的是，本書主要是從商業性訪談的角度出發，有些原則與技巧可能不適用於學術研究。

10

古典測量理論

一、前　言

　　社會科學研究採心理量表或調查問卷蒐集資料十分普遍，是量化研究中蒐集受試或受訪者訊息最方便、直接的方法。量表和問卷都要經過量化才能提供研究分析，量化本身就是一種測量的過程，測量就必須要有理論的依據。心理學者、教育學者和統計學者在 20 世紀初開始建構測量理論，1960 年代發展成熟，並成為研究人類行為和心理的重要基礎，故稱之為「古典測量理論」；直到今日，量化研究仍然是以古典測量理論為基礎。根據古典測量理論假設和模式，研究者可客觀地篩選問卷內容，並設計實用的調查工具[1]。量表或問卷的設計衍生後序資料分析採用的方法及結果詮釋，以臺灣社會變遷基本調查的內容為例，受訪者對生活的滿意度，可採下列不同的方式提問：

1. 想想您的生活，整體來說，您覺得滿不滿意？
    (1) 很滿意　(2) 還算滿意　(3) 不太滿意　(4) 很不滿意
2. 整體來說，您對自己目前的生活滿意嗎？
    (1) 是　(2) 否

---

[1] 作者感謝美國匹茲堡大學教育學院許擇基教授，及臺灣中央研究院社會所瞿海源教授對初稿提供許多專業修改建議，使得本章在論述及分節討論方面得以改進。

3. 整體來說您覺得自己生活滿意的程度可以得幾分 (以 100 分為最滿意)？

原調查問卷採次序性選項標示語如「很滿意、還算滿意、不太滿意、很不滿意」等，但相同提問內容可採名目尺度標示語如「是、否」，或連續性的分數。古典測量理論的假設多適用在量表答對題數或問卷滿意度總分為一連續量，且各題得分和總分的關係，可用線性函數表示。選擇古典理論分析，量表的作答等級以連續性為最佳 (方式 3)，次序性且選項間為等距其次 (方式 1)，名目尺度較不適合 (方式 2)。調查研究藉由選項分析探討次序或名目尺度之間的關係，或透過問卷探討某心理特質屬名目或次序性時，可參考本書「試題反應理論」一章。例如，生活滿意度的量表採次序性選項設計，但名目假設的反應模式較次序性假設或許更能合理解釋受訪者資料 (模式適配度較佳)，也就是受訪者對生活的滿意度出現「是」或「否」的兩極反應，而無程度上的差別。

(一) 探討的課題

量表或問卷設計是否適當，決定研究的可信度及效度。古典測量理論討論的課題包括：試題選項分析及試題的預試及篩選、量表的信度及施測後量表分數的使用 (例如分數等化) 或分數詮釋的效度。發展新量表的流程中，首先必須依據藍圖設計預試的試題，藍圖中清楚的界定施測目標，試題則依據分項目標設計完成。例如教育及心理量表常延用 Bloom 的能力階層設計藍圖 (Bloom, 1956; Krathwohl, Bloom, & Masia, 1964)，在階層下詳列內容目標。預試題數大約為量表題數的十倍，也就是根據預試資料篩選十分之一的試題編製量表。古典測量理論選題的主要原則在拉開高分組及低分組之間的差距，以提升試題鑑別度及量表信度。能力量表中試題的正確選項，必須能吸引高分受試者選答，而錯誤選項，必須能吸引低分受試者選答。量表在預試過程中，可藉修改選項設計達到提升試題鑑別度的目的。但選項修訂的前提為試題間滿足內部一致性假設，否則高分組及低分組無法明確界定。

調查研究使用的量表或問卷並無正確選項，而且測量的內容又多數為多

元的特質，所以和能力量表的編製不同。一般而言，社會調查問卷和量表的編製需有清楚的標示語以及運用因素分析的技術來幫助篩選題目。選項標示語設計及分析可參考文獻、專家意見；試題篩選過程中，專家效度、認知訪談、應用「試題反應理論」進行選項分析，或透過驗證性因素分析觀察量表內部結構等，皆有助於量表或問卷品質的提升。效度為一種客觀證據，佐證實際量測的潛在結構及量表分數的實用性。古典測量理論將效度的證據區分為內容、建構及效標參照三種。

　　內容效度又稱為表面效度 (face validity)，也就是試題內容合乎量表發展的目標。效標參照效度屬相關研究，主要探討量表分數和其他測量相同特質工具之間的關聯；例如學生語文能力分數和教師主觀評分之間的相關。建構效度則直接探討量表潛在能力特質，視為所有效度的基礎 (Messick, 1980; Adcock & Collier, 2001)。任何客觀證據能證明量表量測的特質，皆可視為建構效度的證據，所以內容、專家及效標參照效度皆為建立量表建構效度的手段。由於量表的潛在結構需經過命名 (例如基本智能)，潛在特質的命名直接影響分數的詮釋及將受試者貼上標籤，所以建構效度將分數使用的倫理議題也納入效度範疇。

　　古典測量理論中試題的篩選及選項分析，主要依據內部一致性假設，選項分析的工具也較適合常態的分數分配。目前量表或問卷的發展多藉助「試題反應理論」的模式進行選項分析；此外，反應理論有多種模式可以選擇，適用的量表或問卷種類範圍也較廣。傳統建構效度的分析偏重在計量或統計方法，目前腦科學的研究工具已多元化，採先進的工具可將潛在特質具體化成為大腦運作歷程，所以目前先進的研究工具配合心理或能力量表施測，已成為實驗的典範。例如，文獻中已採功能性磁共振造影探討傳統智力量表的效度 (Yousem et al., 2009)，及採腦電波探討顯性及隱性焦慮量表的效度 (吳孟祐，2010) 等。本章限於篇幅，內容將著重古典理論的假設、模式及兩者衍生的信度估計方法。至於試題篩選及效度的取證過程僅重點提示，對古典理論其他課題有興趣的讀者，可參考本章延伸閱讀中介紹的書籍及文章。

(二) 理論的源起

　　20世紀初期心理學家 Charles Spearman 在研究智能量表時，觀察到量表的測量誤差 (measurement error)，開啟了古典測量理論的發展 (1904; 1927)；早期的工作不僅推動測量誤差的概念，使得原始分數的隨機性獲得普遍認同 (資料分析時，可將原始分數視為隨機變項)，並於 1907 年發表了衰減校正 (correction for attenuation) 公式，該公式修正兩變項相關值，以適當反映變項間校正測量誤差後的潛在關聯強度。Spearman 稍後又發表了折半信度係數，相關理論證明則由 William Brown (1910) 完成；之後的 20 年，心理學家持續採實驗研究驗證折半信度的實用性。Truman Lee Kelley 命名「信度指標」(index of reliability) 為真分數和原始分數的相關，並首次將信度理論納入統計方法學專書中 (1916; 1923)。折半信度的缺點在於量表折半的方式隨量表題數成倍數增長，不同方式得到的信度係數值也不同，George F. Kuder 及 Marion Richardson 建議直接採試題彼此的相關來估計信度，並發表了 KR20 及 KR21 信度係數 (1937)；Louis Guttman (1945) 將「信度係數」定義為真分數變異數及原始分數變異數的比值，並提出六個信度的下限指標 (lower bound)，文獻中多以「內部一致性係數」稱此六個下限指標，其中包含 KR20 及 α 係數 (Cronbach, 1951)。Louis Leon Thurstone (1932) 及 Harold Gulliksen (1950) 撰寫的古典測量理論專書，詳盡介紹早期測量理論的發展及相關研究，為測量理論發展歷史的重要參考。

　　Frederic Lord (1952; 1953) 最早提出和量表真分數對立的能力值，並假設能力和答對試題的機率可以常態肩形 (normal ogive) 函數表示，能力的取值範圍為正、負無窮大，不受樣本及量表題數的限制；Allen Birnbaum 在 1957 年及 1958 年兩篇未出版的技術報告中，建議採邏輯斯函數逼近常態肩形函數，在早期電腦運算不盛行的年代，可解決肩形函數參數的估計問題。Lord 及 Melvin R. Novick 撰寫的測量理論專書，有系統地整理量表分析的統計基礎 (1968)，書中並收集了 Birnbaum 未出版的技術報告；邏輯斯函數的應用往後逐漸發展為「試題反應理論」，並脫離古典測量理論，在試題分析及題

庫適性施測方面，成功地發揮更大的功能。研究古典理論的學者，仍秉持 Lord 及 Novick 規劃的統計模式，拓展古典方法的應用。本章的內容主要也以該書為藍本，並加入新近的發展。

由於古典理論的假設以原始分數為出發點，原始分數可作為分發學校或班級排名的依據，所以現今教育測驗或智力量表仍沿用古典理論分析資料或報告考生成績。社會調查研究多依據受訪樣本進行母體推論，無須解釋或報告個別受訪者態度或意見，所以可選擇「試題反應理論」模式分析選項資料，並將受訪者潛在特質和背景變項做相關分析。古典測量理論的發展源自分析智力量表及教育測驗，本章在敘述及舉例上也以教育測驗及智力量表為主。Roderick McDonald (1999) 將古典理論及試題反應理論歸納為共同因素模式 (common factor model) 的特例；古典理論為線性因素模式，試題反應理論為非線性因素模式。本章將應用 McDonald 理論介紹社會調查研究如何採古典理論，提升問卷工具的信、效度，也將介紹和信度係數有關的組內相關 (intraclass correlation) 及 Kappa 係數。讀者在閱讀本章時，可同時參考本書「試題反應理論」、「因素分析」及「結構方程模型」各章。

(三) 應用限制

古典測量理論假設受試者之間在量測的特質上有極大的差異，所以實用的量表或問卷應能有效地鑑別受試者之間在能力或態度上的差異，原始分數的「變異數」成為選題或鑑別量表品質的主要依據。根據分數的變異

參考方塊 10-1：真分數理論的源起

Charles Spearman 於 1904 年發表兩篇重要論文：第一篇闡明如何藉由受試者資料，探討不同量表是否測量一個共同因素；第二篇則說明如何估計量表分數中測量誤差的部分。前者推動了因素分析理論的發展，後者則奠基古典真分數理論。

數所設計的選題策略或信、效度指標又稱為「心理計量標準」(psychometric dimension) (Carver, 1974)，量表若依照此標準所發展，較適合分辨受試者間的差異。量表若是實驗研究測量依變項的工具，在 ANOVA 分析中受試者間的差異將轉化為組內離均差的主要來源。組內離均差過大時，會影響組間離均差的統計檢定。例如美國著名的「教育機會均等」報告，在比較黑人及白人學校在能力性向測驗上表現的差異時，發現能力性向分數差異最主要的來源，為學校內學生能力彼此之間的差異，而學校之間的差易皆未達統計顯著 (Coleman et al., 1966)；該報告結論為無證據顯示學習機會受種族因素的影響。該研究使用的性向測驗在發展過程中係依據心理計量標準，所以測驗本身對受試者彼此間的差異較敏感，造成較大的組內離均差，反而影響組間 (學校) 差異的檢定 (Carver, 1975)。研究者若要發展對組間差異較敏感的量表工具，可參考較不依賴原始分數變異數的其他量表發展工具 (Hambleton et al., 1978; Subkoviak, 1988)。

二、真分數理論

(一) 弱勢假設

古典真分數理論落實在傾向分配 (propensity distribution) 的假設；所謂傾向分配是對某受試者重複施測同一量表，所觀察到量表總分的分配。施測同一量表多次並無應用上的意義，但此假設意涵受試者原始得分含有誤差的成分，所以每次施測結果可能不同。古典理論中的弱勢假設 (weak assumption) 將誤差視為隨機，且傾向分配的平均數為受試者的真分數 (本章以希臘字母 τ 來代表)。對每位受試者，真分數代表受試者真實的能力或特質，為一常數，傾向分配的變異來自測量誤差，傾向分配的標準差稱為「測量標準誤」(standard error of measurement)。古典理論只定義真分數並假設誤差為隨機；根據此定義及假設，理論上可直接引申出許多量表的理論性質，這些性質在文獻中常被解讀為古典理論的假設；例如，受試者母群體中真分數和誤差彼

此無相關，不同量表的誤差彼此無相關及原始分數和真分數的期望值相等，這些理論性質只能算是真分數假設所引申的定理。

若以 X 代表某量表原始得分，E 代表誤差，古典測量理論中此兩者的關係可表示為

$$X = \tau + E \tag{10-1}$$

式中 τ 為 X 的期望值。由於真分數和誤差彼此無相關，所以 X 的變異數等於真分數變異數和誤差變異數相加，

$$\text{Var}(X) = \text{Var}(\tau) + \text{Var}(E) \tag{10-2}$$

真分數在傾向分配中為常數，但母群體中每個受試者皆有自己的傾向分配及自己的 τ 值，式中 $\text{Var}(\tau)$ 為母群體中 τ 值的變異數。Spearman 早期提出測量誤差的概念，並建議採兩個相似能力量表的相關作為信度指標，所以文獻中有關信度最早的定義為「兩平行量表的相關」。所謂平行量表就是兩個量表皆測量相同的心理特質或能力，而且每個受試者在兩個量表的傾向分配必須有相同的真分數及變異數。假設 X 和 X' 為兩平行量表，其真分數相等且誤差的變異數也相等，所以彼此的相關 ρ 可表示為

$$\rho_{XX'} = \frac{\text{Cov}(X, X')}{\sqrt{\text{Var}(X)\,\text{Var}(X')}} = \frac{\text{Cov}(\tau+E, \tau+E')}{\sqrt{\text{Var}(X)\,\text{Var}(X')}} = \frac{\text{Var}(\tau)}{\text{Var}(X)} \tag{10-3}$$

古典理論假設誤差和真分數無關，並引申出不同量表間的誤差彼此無關，式 (10-3) 中分子的原始分數共變數可簡化為真分數的變異數；也就是 $\text{Cov}(E, E') = \text{Cov}(\tau, E) = \text{Cov}(\tau, E') = 0$。$\text{Var}(X)$ 為母體中原始分數的變異數，變異來源包括兩部分：「受試者傾向分配的變異數在母體中的平均值」，加上「傾向分配平均值在母體中的變異數」；前者稱為「測量變異誤」，後者為真分數的變異數 [見式 (10-2)]。上式說明兩量表之間的共變數僅包含真分數訊息，而量表的變異數才包含誤差的訊息。式 (10-3) 在古典測量理論中稱為「信度係數」(Guttman, 1945)，也就是原始分數的變異數中，真分數變異數所佔的

比率。信度係數理論上等於原始分數和真分數相關的平方 (Kelley, 1916)，或 1 減去誤差和原始分數相關的平方：

$$\rho_{XX'} = \rho_{\tau X}^2 = 1 - \rho_{EX}^2 \tag{10-4}$$

相關係數須取平方後才可解釋為兩變項變異數之間重疊的比率，但信度係數已屬比率量測，應用上勿須再取「平方」；例如 $\rho_{XX'} = 0.8$ 代表原始分數的變異中有 80% 反映受試者真分數的差異，而測量誤的差異只佔 20%。

真分數假設除了估計測量信度外，尚可推廣至其他應用；例如因素分析發展的理論基礎在於假設「共同因素」為觀察變項中較穩定的成分，其訊息主要潛藏在變項的真分數中，所以因素萃取主要依據變項之間的共變數，而變異數包含共同因素、測量誤差及變項特有的成份 (uniqueness)；執行因素分析第一步須先估計變異數中與測量誤差無關的部分 (communality)。另一個例子為遺傳的相關性研究，同卵雙胞胎有相同的遺傳型 (genotype)，但彼此受環境影響出現表現型 (phenotype) 差異。所以雙胞胎表現型的相關 ($\rho_{PP'}$) 代表遺傳型和表現型相關的平方，應用上勿須再對相關值取平方 (Jansen, 1972)，便可直接解釋遺傳的影響力。

Spearman 的衰減校正公式為估計變項間真分數的相關 (1907)，例如 X 及 Y 變項的真分數相關 $\rho_{\tau_X \tau_Y}$ 可表示為：

$$\rho_{\tau_X \tau_Y} = \frac{\text{Cov}(\tau_X, \tau_Y)}{\sqrt{\text{Var}(\tau_X)\text{Var}(\tau_Y)}} = \frac{\text{Cov}(X,Y)}{\sqrt{\text{Var}(X)\rho_{xx'}}\sqrt{\text{Var}(Y)\rho_{yy'}}} = \frac{\rho_{xy}}{\sqrt{\rho_{xx'}}\sqrt{\rho_{yy'}}} \tag{10-5}$$

上式中 τ_X、τ_Y 為 X 及 Y 的真分數，其相關等於原始分數的相關除以 X 及 Y 信度的平方根。由於相關係數取值於 ± 1，下列不等式可由式 (10-5) 的最後一項推算：

$$|\rho_{XY}| \leq \sqrt{\rho_{xx'}}\sqrt{\rho_{yy'}} \tag{10-6}$$

古典理論中效度的量測多數採相關研究，也就是量表原始分數和效標 (工作

表現) 之間的相關。若將 ρ_{XY} 的絕對值視為量表效度係數，也就是將 X 視為量表，Y 視為效標，式 (10-6) 說明測量的效度永遠無法高於信度，所以提升量表效度的首要工作，為改進其信度。校正公式的理論意義大於實際應用，且式中的信度及效度係數必須一致；舉例來說，X 及 Y 變項可能包含的誤差有量表本身的測量誤差、量測特質的穩定度 (stability)，及訪員的信度等。信度係數須真實反映 X 及 Y 的誤差，否則有可能高估或低估真分數相關。

實驗研究中常將量表前、後測的差值視為實驗操作的效果，並檢定此差值的統計顯著性。假設 X_1 為前測，X_2 為後測，其差值為 $D=X_2-X_1$。若將前、後測的變異數設為相等時，此差值的信度可表示為：

$$\rho_{DD'} = \left(\frac{\rho_{X_1X_1'} + \rho_{X_2X_2'}}{2} - \rho_{X_1X_2} \right) / (1 - \rho_{X_1X_2}) \tag{10-7}$$

上式中 $\rho_{X_1X_1'}$ 及 $\rho_{X_2X_2'}$ 為前、後測的信度，$\rho_{X_1X_2}$ 為兩次施測量表的相關，此相關值愈高時，D 值的信度愈低。實驗研究使用的前後測工具多為內容相似的平行量表，所以 D 值為較不穩定的量測。一般採前後測的實驗，可依據前測將受試者分區 (block)，再進行區集設計實驗 (randomized block design)；另一種選擇為將前測視為共變量，並採 ANCOVA 檢定實驗組及控制組後測分數的差異。

相反地，若將兩個量表的值相加為 $M=X_2+X_1$，此相加分數的信度為：

$$\rho_{MM'} = \left(\frac{\rho_{X_1X_1'} + \rho_{X_2X_2'}}{2} + \rho_{X_1X_2} \right) / (1 + \rho_{X_1X_2}) \tag{10-8}$$

倘若 X_1 及 X_2 為平行量表，公式 (10-8) 可簡化為：

$$\rho_{MM'} = \frac{2\rho_{XX'}}{1+\rho_{XX'}} \tag{10-9}$$

此簡化公式又稱為 Spearman-Brown 折半信度，也就是將 X_1 及 X_2 視為兩內

容相似的分量表，將其相關值代入式 (10-9) 後，可得總量表 X_2+X_1 的信度值。由於信度取值在 0 與 1 之間，式 (10-9) 顯示總量表的信度永遠高於分量表的信度，下節討論內部一致性係數時，將折半信度推廣至 K 個分量表，並再次驗證信度隨著 K 值增加而提高。

(二) 強勢假設

真分數理論的假設十分簡單，除了名目尺度的問卷外，幾乎所有教育測驗及心理量表皆可採真分數假設估計信度，只是信度值的參考性隨量測的特質有異。但真分數假設未必能協助處理複雜的應用問題，例如某量表施測後，擬估計每個受試者的真分數及測量標準誤。古典理論中也包含強勢假設 (strong assumption) 的模式，例如「試題反應理論」也屬強假設的模式之一。古典理論中的弱勢假設，僅包含傾向分配的平均數 (真分數) 及標準差 (測量標準誤)，若進一步對傾向分配的密度函數做強假設，則可將真分數理論推廣，配合應用需求。例如假設測量誤差的密度函數為常態分配 (normal density)：

$$f(E \mid \tau) = \frac{1}{\sqrt{2\pi \mathrm{Var}(E)}} \exp\left(-\frac{E^2}{2\mathrm{Var}(E)}\right) \qquad (10\text{-}10)$$

上式中 E 為誤差、τ 為真分數、$\mathrm{Var}(E)$ 為測量誤的變異數，此處並假設不同 τ 值的標準誤皆相等。Lord 及 Novick (1968:500) 對 τ 值在母體中的分配做了簡單假設 (例如一次微分存在)，並證明每個原始分數誤差的期望值 $\mu(E \mid X)$ 為：

$$\mu(E \mid X) = -\mathrm{Var}(E) \frac{f'(X)}{f(X)} \qquad (10\text{-}11)$$

量表的信度若已知，則可採公式 (10-3) 估計 $\mathrm{Var}(E)$，式中 $f(X)$ 為原始得分 X 的比例，$f'(X)$ 為該比例的一次微分，應用時可採平滑函數先逼近 $f(X)$，再計算此函數的一次微分。將估計值代入式 (10-11)，則可預測每個原始分數的

真分數

$$\hat{\tau} = X - \mu(E \mid X) \qquad (10\text{-}12)$$

式 (10-12) 為真分數對原始分數的迴歸預測模式 (regression of τ on X)。

為了說明強勢假設的用途，此處以臺灣「大學入學考試中心」90 年度英文科預試的 60 題測驗原始總分分配為例。圖 10-1 為該分配的直方圖，該測驗共施測了 58,054 位考生，信度估計值達 0.94。圖 10-2 為根據式 (10-12) 估算真分數對原始分數的迴歸線，此迴歸線為一非線性的遞增函數。圖 10-2 中高分考生的真分數較原始分數低，但低分考生的真分數較原始分數高，所以真分數分佈的範圍較原始分數窄。測量信度愈低時真分數愈集中，此現象又稱為「迴歸均值」(regression toward the mean)。圖 10-2 同時顯示原始分數測量標準誤的期望值，此期望標準誤可將式 (10-11) 稍做修改估計：

$$\mu(E^2 \mid X) = \text{Var}(E) + \text{Var}^2(E) \frac{f''(X)}{f(X)} \qquad (10\text{-}13)$$

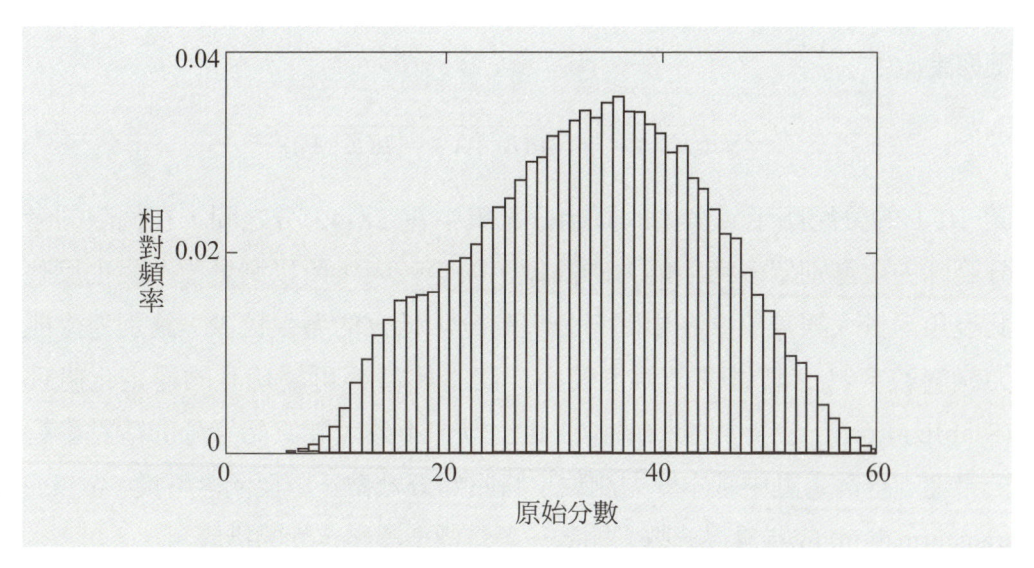

圖 10-1　58,054 位考生在英文語言測驗原始總分的分配

(分配平均數＝33.63，分配變異數＝112.92。)

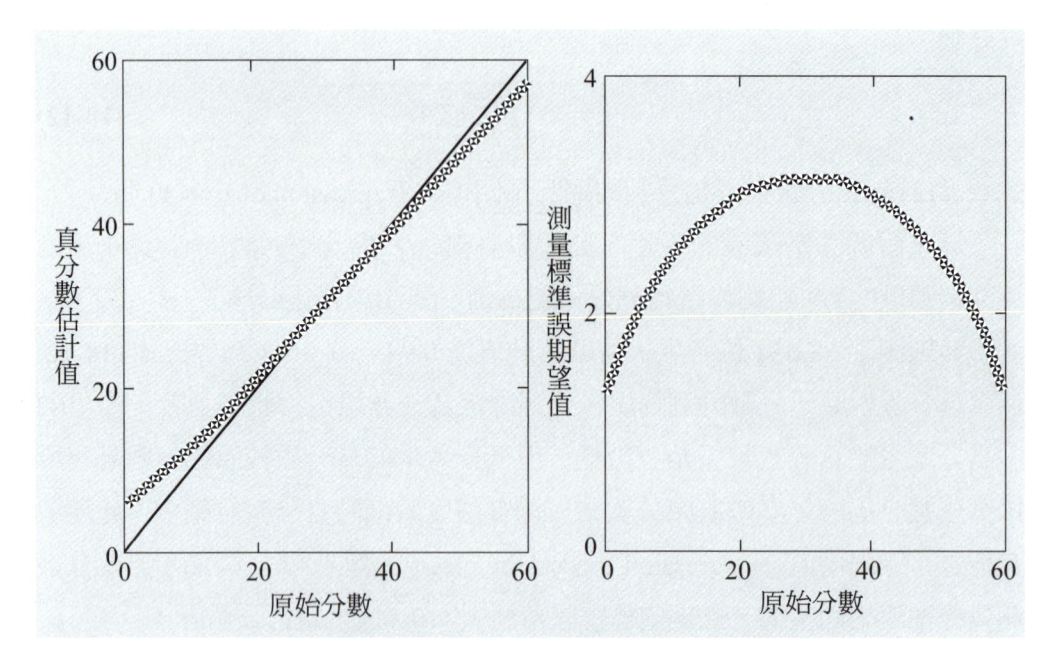

图 10-2 根據原始總分估計的真分數及期望的測量標準誤
(圖中對角直線為標準線，愈接近標準線的原始分數誤差愈小。)

式中 $f''(X)$ 為 $f(X)$ 的二次微分，結合式 (10-11) 及式 (10-12) 可估計下列測量標準誤：

$$\sqrt{\text{Var}(E \mid X)} = \sqrt{\mu(E^2 \mid X) - [\mu(E \mid X)]^2}$$

圖 10-1 的分配顯示，考生的原始分數集中在 28-42 分之間，在侷限的考分範圍內要鑑別眾多考生能力的高低，誤差較大，所以測量標準誤也反映此現象，較大誤差集中在中間考分。高分、低分的考生較少，鑑別考生能力相對較容易，測量標準誤也較小。測量標準誤可經統計的穩定化處理 (Stablization)，使得測量標準誤彼此近似，不致因為原始考分的落點影響公平性，臺灣「國中基本學力測驗」將原始分數做正弦反函數轉換 (arcsine transformation) 成為量尺分數，即為一考量標準誤穩定性的措施。

> **參考方塊 10-2：真分數理論**
>
> 真分數理論提供的是一個架構，無所謂有用或無用，在理論架構下建立的模式，將原始分數、真分數及測量誤差進行特殊的函數連結；吾人可採施測的資料，驗證不同模式何者有用。

三、內部一致性係數

應用上採「平行量表」估計信度缺乏實用性，且兩次施測時間間隔若過長，量表量測特質的穩定性也會影響信度估計。本節介紹的內部一致性係數，在量表施測一次後可直接估計，但多數僅作為信度的下限指標；量表試題若滿足必要的假設，內部一致性係數也可作為信度指標，且有一定的參考價值。本節除介紹內部一致性係數及相關假設外，並討論如何檢定樣本估計的內部一致性係數是否達統計顯著。

(一) 內部一致性假設

假設某心理量表含 K 個分量表 (或 K 個試題)，第 i 個分量表的原始得分可表示為：

$$X_i = \tau_i + E_i$$

設量表總分 M 為分量表總分相加，總分的真分數 τ_M 為分量表真分數相加，誤差則為分量表誤差 E_i 相加。總量表和分量表真分數的關係可假設為線性：

$$\tau_i = \lambda_i \tau_M + c_i \tag{10-14}$$

λ_i 取值在 0 與 1 之間和 c_i 皆為常數項，不受個別傾向分配的影響；此外，為了確認參數值，且在不影響內部一致性係數估計下，可設 K 個 λ 值相加為 1，且 K 個 c 值相加為 0，所以 $\tau_M = \sum_i \tau_i$。根據此假設，分量表的變異數及彼此的共變數可表示為：

$$\text{Var}(X_i) = \lambda_i^2 \text{Var}(\tau_M) + \text{Var}(E_i) \qquad (10\text{-}15)$$

$$\text{Cov}(X_i, X_j) = \lambda_i \lambda_j \text{Var}(\tau_M)$$

式 (10-15) 的分量表模式在古典理論中又稱為同屬性 (congeneric) 假設，內部一致性係數皆為同屬性的特殊例子。同屬性模式中需估計的參數有 K 個 λ_i，K 個 $\text{Var}(E_i)$，及量表總分真分數的變異數 $\text{Var}(\tau_M)$。但式 (10-15) 中，分量表原始分數間的變異數及彼此的共變數僅提供 $K(K+1)/2$ 個已知數，外加一個 λ 值相加為 1 的限制。所以同屬性模式等於採 $K(K+1)/2$ 個已知方程式，估計 $2K+1$ 個未知參數 (c_i 在母體中為常數項，不影響變異數的估計)。已知方程式的個數必須多於未知參數，否則參數無解，所以式 (10-15) 中 K 值必須大於或等於 3。應用上，檢查同屬性假設最直接的方法為觀察分量表之間的共變數矩陣，矩陣中的非對角線元素必須為正；若許多分量表共變數為負值或接近零，同屬性假設應不成立。此節介紹同屬性模式的一些特殊例子及引申的信度係數。

1. 強平行

分量表如果滿足強平行 (strictly parallel) 假設，除量測相同的心理特質外，受試者在分量表的傾向分配必須有相同的真分數，且 K 個分配的變異數也必須相等，所以分量表的信度值必須相等。強平行假設易和互換性 (interchangeable) 假設混淆，前者要求傾向分配的第一、二級動差必須相等，後者則要求所有動差皆相等；如果傾向分配為常態分配，則兩者意義相同。編制平行量表的要求十分嚴格，除每一試題量測的心理特質或能力必須清楚界定外，平行量表的題目也必須有一對一的關係。以算術測驗為例，甲量表若考一題分數相加的題目且分母勿須通分，乙量表中對應的題目包含分母先通分再相加，即使兩試題難度相同，甲、乙量表也無法滿足強平行假設。訪問調查研究應用平行量表的時機較少，但文獻中根據平行假設發展了許多應用的公式，可協助研究者預估適當的量表題數，使得編制的量表可以達預期的信度值。

強平行假設將式 (10-15) 中 K 個 τ 值設為相等 ($\tau_1 = \cdots = \tau_k = 1/K$)，且 K 個 $\text{Var}(E_i)$ 也設為相等，同屬性模式中的未知參數僅剩 $(1/K)\text{Var}(E_i) = \text{Var}(E)$ 及 $\text{Var}(\tau_M)$。強平行模式的未知參數的解並非唯一，例如，將任何兩分量表的共變數代入式 (10-15) 中皆可估計 $\text{Var}(\tau_M)$。此處僅說明 Spearman-Brown 折半信度的推廣係數，

$$\rho_{MM'} = \frac{K\rho_{XX'}}{1 + (K-1)\rho_{XX'}} \tag{10-16}$$

式中 $\rho_{MM'}$ 為總量表的信度，$\rho_{XX'}$ 為分量表的信度。此推廣係數的用途並非估計信度，而是藉此公式表明題數和信度的關係。例如，某心理特質量表含 20 個試題，信度為 0.7；若擬將測量信度提升至 0.9 (將 0.9 及 0.7 分別帶入公式中等號的左、右側，解出 $K = 3.86$)，量表必須再增加 3.86 倍的題數 (約施測 77 題)。式 (10-16) 也可表示為：

$$\rho_{XX'} = \frac{\frac{1}{K}\rho_{MM'}}{1 + \left(\frac{1}{K} - 1\right)\rho_{MM'}} \tag{10-17}$$

由於量表施測題數愈多信度愈高，若欲得知兩個不同題數的量表何者較可靠，可將量表信度 $\rho_{MM'}$ 帶入式 (10-17)，估計平均每一題的信度，或稱為內涵信度 (intrinsic reliability)，並比較兩量表內涵信度是否有異。例如前述 20 題的量表信度為 0.7，內涵信度為 0.10；另有一測量相同心理特質的 50 題量表信度為 0.85，內涵信度也為 0.10，所以兩量表測量該心理特質應該一樣可靠。

> **參考方塊 10-3：量表題數**
>
> 量表題數增加 K 倍後，預估原始分數的平均數將增加 K 倍，原始分數的變異數將增加 $K + K(K-1)\rho_{XX'}$ 倍 ($\rho_{XX'}$ 為原量表信度)，真分數的變異數將增加 K^2 倍，誤差的變異數將增加 K 倍。

2. 等 τ 性

兩個量表如果滿足等 τ 性 (τ equivalent) 假設 (τ 代表真分數)，則受試者在兩個量表的傾向分配必須有相同的 τ 值或真分數，但變異數可以不等，也就是分量表可以有不同的信度值。相較於強平行假設，量表或問卷較易滿足等 τ 性假設。社會科學研究常使用的 α 係數，係根據等 τ 性假設發展的信度指標。該假設將式 (10-15) 中 K 個 τ 值設為相等 ($\tau_1 = \cdots = \tau_k = 1/K$)，但每個 $Var(E_i)$ 可不相等，同屬性模式中的未知參數為 $Var(\tau_M)$ 及 K 個 $Var(E_i)$。當 $K > 3$ 時，等 τ 性模式的未知參數解也非唯一，此處介紹社會人文研究常使用的 α 係數：

$$\alpha \equiv \rho_{MM'} = \frac{K}{K-1}\left(1 - \frac{\sum_i Var(X_i)}{Var(M)}\right) \tag{10-18}$$

式 (10-18) 中括號內分數的分子為分量表共變數矩陣的對角線元素相加，分母為矩陣中所有元素相加。Lord 及 Novick (1968) 一書中詳細證明 α 係數永遠小於或等於量表的信度，所以應用上將 α 係數視為信度的下限指標；係數值高代表量表有較強的內部一致性，量表總分在解釋上較無爭議。但若 α 係數值偏低，則無法直接推論量表不可靠，有可能分量表並非量測單一特質，應用上必須再採其他方法驗證信度。

3. 本質等 τ 性

本質等 τ 性 (essentially τ equivalent) 允許量表的傾向分配可有不同的真分數，但差別僅限於一個常數項，所以式 (10-14) 中的模式可改寫為 $\tau_i = (1/k)\tau_M + c_i$；對母體中所有受試者，此常數為恆等，且傾向分配的變異數可以不等。信度指標係根據變異數所定義，不受加減常數項的影響，所以等 τ 性的信度指標皆可用於本質等 τ 性假設。應用上若分量表的題數不等，但試題滿足內部一致性假設，則本質等 τ 性較適合詮釋量表真分數，且皆可採 α 係數或其他等 τ 性係數估計信度。

4. 同屬性

古典理論中較符合實際應用的假設為同屬性 (congeneric)；一如前述，不論強平行或等 τ 性假設皆為同屬性的特例。當 $K > 3$ 時，同屬性模式的參數也無唯一解，Lord 及 Novick (1968) 一書中並未提出同屬性模式參數的封閉解 (closed-form solution) 及信度係數。理論上分量表夠多時，可採最大概似法或最小平方法估計模式參數。此處僅介紹文獻中最早提出的一組封閉解：

$$\rho_L \equiv \rho_{MM'} = \frac{1}{1-\sum_i \lambda_i^2}\left(1-\frac{\sum_i \text{Var}(X_i)}{\text{Var}(M)}\right) \qquad (10\text{-}19)$$

上式和 α 係數差別僅在估計不同的 λ_i 值，其估計式如下：

$$\lambda_1 = \frac{\sum_j \text{Cov}(X_1, X_j)}{\text{Var}(M)}$$
$$\vdots$$
$$\lambda_K = \frac{\sum_j \text{Cov}(X_K, X_j)}{\text{Var}(M)}$$

上式中每個 λ_i 值係取分量表共變數矩陣中第 i 列的元素相加後，除以總分的變異數；將估計值取平方後代入式 (10-19)，即可估計同屬性係數。試題若滿足內部一致性假設，同屬性係數恆大於或等於 α 係數。同屬性模式中 λ 值相對的大小，代表分量表對總量表信度的貢獻，值愈大貢獻愈大，對同屬性係數的其他封閉解有興趣的讀者可參考 Liou (1989)。同屬性模式也可用來估計評分員信度；例如每個受試者同時由 K 個評分員評分，每個評分員的給分方式不同，評分集中、偏高、或偏低者，λ 值較低，代表評分員無法有效鑑別受試者差異，ρ_L 係數則為受試者綜合得分的信度值。

此處以中文版的智能篩檢量表 (CASI-2.0; Cognitive Ability Screening Instrument) (Teng et al., 1994) 為例，說明內部一致性係數的計算方式。該量表為臨床檢測智能退化的診斷量表，包含的九個分量表分別為：

(1) 舊記憶 (Remote memory，取 0-10 分)；
(2) 新記憶 (Recent memory，取 0-12 分)；
(3) 注意力 (Attention，取 0-8 分)；
(4) 心智操作與心算 (Concentration/mental manipulation，取 0-10 分)；
(5) 定向感 (Orientation，取 0-18 分)；
(6) 抽象概念與判斷 (Abstraction and judgement，取 0-12 分)；
(7) 語言 (Language，取 0-10 分)；
(8) 繪圖 (Visual construction，取 0-10 分)；
(9) 思緒流暢 (List-generating fluency，取 0-10 分) 等。

每個分量表題數不同，所以僅「本質等 τ 性」及「同屬性」假設可能成立；CASI 分量表在多數研究中，皆呈現單一的共同因素 (Tsai, Lin, Wang, & Liou, 2007)。表 10-1 為根據 1,656 個受試樣本所計算的分量表共變數矩陣，由於共變數值皆呈現正值，所以未違背內部一致性假設[2]。各量表估計的 λ 值分別為 0.10、0.13、0.06、0.12、0.22、0.09、0.08、0.11 及 0.10。「定向感」分量表由於試題較多，估計的 λ 值也較高，換句話說，此分量表對信度

表 10-1　中文版的智能篩檢量表九個分量表的共變數矩陣

舊記憶	新記憶	注意力	心智操作與心算	定向感	抽象概念與判斷	語言	繪圖	思緒流暢
6.22								
4.42	14.87							
2.18	2.02	3.95						
4.69	4.54	2.68	9.85					
8.55	14.75	3.78	9.29	29.44				
3.56	3.54	2.47	4.24	6.11	6.13			
3.20	2.17	2.39	4.55	4.95	3.41	5.95		
3.86	2.97	2.45	6.17	7.10	3.97	5.09	12.62	
3.71	4.55	2.25	4.42	8.26	3.49	3.12	3.95	6.73

---

2 感謝榮總神經內科劉秀枝教授提供受試樣本資料。

的貢獻最大；相反地，「注意力」分量表估計的 λ 值最低，該量表有可能較不可靠，或測量的特質和其他分量表不同。根據此共變數矩陣估計的 α 係數為 0.869，同屬性的 ρ_L 係數為 0.886。

(二) 內部一致性係數的檢定

應用上若根據有限樣本估計信度值，該樣本估計值須透過統計檢定以推論母群體真值；文獻中檢定樣本 α 係數的相關研究較多，例如檢定係數值是否顯著大於零 (Feldt, 1969)、兩相依樣本受測不同量表的 α 係數是否相等 (Feldt, 1980)，及多個獨立樣本受測相同量表的 α 係數是否相等 (Hakstian & Whalen, 1976)。讀者若想瞭解不同檢定方法的差別及相對優缺點，可參考 Kim 及 Feldt (2008)。下節討論因素分析和真分數假設的關係時，將介紹如何採共變數結構分析法分析同屬性模式，並估計及檢定信度係數。此處介紹如何採自助重抽法 (bootstrap method) 估計樣本信度的抽樣分配，並計算樣本誤差。應用上採自助法的優點在於適用於任何模式，唯一的限制在於方法依賴電腦產生亂數，並執行重複取樣。以智能篩檢量表為例，重抽法將在原樣本中隨機選取 1,656 筆資料 (九個分量表分數)，並重新計算 α 值或其他內部一致性係數；由於抽樣為置回式 (with replacement)，自助樣本中將出現重複資料。重抽法須循環 B 次 (自助法應用多取 $B=1000$)，每次重新回到原樣本中抽取 1,656 筆資料並計算內部一致性係數。上例中根據 1000 個自助樣本計算的 α 係數，其平均值為 0.869，標準差為 0.006；1000 個估計值分配中第 2.5 分位數及第 97.5 分位數分別為 (0.858, 0.887)。由於此信賴區間未包含 0.00，所以在控制第一類型誤差為 0.05 時，樣本估計值顯著大於零。同樣的自助樣本計算的 ρ_L 係數，其平均值為 0.886，標準差為 0.005；1000 個估計值分配中第 2.5 分位數及第 97.5 分位數分別為 (0.875, 0.896)。由於樣本數夠大，所以估計誤差較小，信賴區間取值的範圍窄，此區間未包含 0.00，所以樣本估計值也顯著大於零。

四、其他相關理論

(一) 真分數因素結構

　　Spearman (1904) 不僅最早提出測量誤差的概念，而且開啟了古典測量理論的發展，早期更探討不同心理量表是否量測相同的特質或共同因素，後者也成功地推動因素分析理論及應用的發展。古典測量理論中分量表之間的共變數僅包含真分數訊息，不受誤差的影響；因素分析理論中，分量表之間的共變數為共同因素的變異來源。由於兩者理論假設一致，McDonald (1999) 將古典測量理論及因素分析結合，並定義古典理論的信度係數為共同因素解釋的變異量和原始分數變異量的比值。上節中總量表的原始分數可以採向量及矩陣的符號表示如下：

$$M = \mathbf{1}'\underline{X} = \mathbf{1}'\underline{\tau} + \mathbf{1}'\underline{\varepsilon}$$
$$= \mathbf{1}'\Lambda\underline{\eta} + \mathbf{1}'\underline{c} + \mathbf{1}'\underline{\varepsilon} \quad (10\text{-}20)$$

上式中 $\underline{X}$ 為分量表原始得分的向量，$\underline{\tau}$ 及 $\underline{\varepsilon}$ 分別為分量表真分數及誤差的向量，$\mathbf{1}'$ 為 K 維的單位向量轉置 (transpose)，主要將分量表分數相加；分量表的真分數為共同因素可解釋的部分，包含因素負載矩陣 Λ，及共同因素向量 $\underline{\eta}$；同屬性假設中包含常數項 $\underline{c}$ 以反映分量表不同試題數。總量表的原始分數的變異數可表示為：

$$\text{Var}(M) = \mathbf{1}'\Lambda\Psi\Lambda'\mathbf{1} + \mathbf{1}'\Theta\mathbf{1}$$

式中 Ψ 為共同因素之間的共變數矩陣，Θ 為誤差之間的共變數矩陣。誤差之間的共變數矩陣多數為對角線矩陣，但如果模式允許相依誤差 (correlated errors)，則 Θ 可為一般對稱矩陣；例如，親子關係量表中，同一個家庭的父親和母親填寫的量表，會出現相依的誤差。McDonald 定義原始總分的信度為：

$$\omega = \frac{1'\Lambda\Psi\Lambda'1}{1'\Lambda\Psi\Lambda'1 + 1'\Theta 1} \tag{10-21}$$

如果分量表只測量單一因素，上式可以簡化為：

$$\omega = \frac{(\sum_{i=1}^{K} \lambda_i)^2}{\text{Var}(M)} \tag{10-22}$$

上式中 λ_i 為分量表在共同因素上的負載值。Lucke (2005) 詳細比較 ω 係數和內部一致性係數的理論性質差異，文獻中也有許多研究探討如何藉由共變數結構分析軟體 (例如 LISREL8.8, Jöreskog & Sörbom, 2006) 估計信度，並做不同樣本之間的差異檢定，有興趣的讀者可參考本書「結構方程模型」及相關文獻 (Raykov & Shrout, 2002)。以表 10-1 中智能篩檢量表九個分量表為例，若假設分量表測量一個共同因素，並採 LISREL8.8 及最大概似法估計因素負載值，代入式 (10-22) 得同屬性係數為 0.801；若假設 λ_i 值相等 (同 τ 性假設)，估計的等 τ 性係數為 0.810。此例中最大概似法估計的同屬性或等 τ 性係數，皆較古典理論估計的 ρ_L 或 α 係數低。模擬資料研究發現，採驗證性因素分析估計信度時，因素模式若界定錯誤 (因素個數過少)，估計的信度值會出現較大的偏誤；但若模式正確，信度估計值則十分正確可靠 (Yang & Green, 2010)。社會科學研究使用的心理量表或調查問卷，多數量測多元特質，上節討論的內部一致性係數在量表選題過程中，可提供一個快速檢測試題品質及量表特性的工具，但研究必須確認問卷量測的為單一或多元特質，並選取正確的因素模式。採因素模式估計信度，可同時檢查相同量表在異質團體中是否量測不同的能力結構效度，也就是同時進行信度及效度檢測。

(二) 組內相關

組內相關 (ICC) 和積差相關不同；兩個變項 (X, Y) 之間的積差相關，考慮是否能將其中之一變項，以線性轉換表示成另一變項，也就是 $Y = aX + b$。組內相關則考慮是否能將其中之一變項，以加成的轉換表示成另一變項，也

就是 $Y=X+b$。如果 X 及 Y 的變異數不同時，會影響 ICC 但不會影響積差相關。表 10-2 列舉兩個量表 (各施測兩題) 和三位受試者之間所形成的得分 X_{ij} 矩陣 (subjects by items matrix)，不論量表甲或乙，兩題得分的積差相關皆為 1 (例子摘自 McGraw & Wong, 1996)。此例子採 ANOVA 估計 ICC，表中全體離均差為表中所有分數偏離總平均數的平方和，此平方和可拆解成受試者間及試題間兩個離均差來源，及兩者之外的殘差。採 ANOVA 估計信度和前述的古典理論估計信度方式早已平行發展 (Hoyt, 1941)，量表甲中兩題的平均分數不等，但標準差相同，殘差值為 0；量表乙中兩題的平均分數相等，但標準差不同，試題之間的均差為 0，但殘差值不為 0。組內相關係數又可再分為一致性係數 (C；consistency index) 及諧和係數 (A；agreement index)：

$$\text{ICC}(C, 1) = \frac{MS_{\text{受試者}} - MS_{\text{殘差}}}{MS_{\text{受試者}} - (K-1)MS_{\text{殘差}}} \quad (10\text{-}23)$$

$$\text{ICC}(A, 1) = \frac{MS_{\text{受試者}} - MS_{\text{殘差}}}{MS_{\text{受試者}} + (K-1)MS_{\text{殘差}} + \frac{K}{N}(MS_{\text{試題}} - MS_{\text{殘差}})} \quad (10\text{-}24)$$

式中 (C, 1) 代表量表平均每一題的一致性係數 (如前述的內涵信度)，K 為量表的試題數，N 為受試者人數。表 10-2 中，量表甲的一致性係數為 1，諧和係數為 0.67；量表乙的一致性係數為 0.385，諧和係數為 0.484。所以當試題的變異數皆相等時，一致性係數和積差相關等價；此時，諧和係數可以反映試題平均數的差異。當試題的變異數不相等時，一致性係數可適當反映此差異；相較之下，諧和係數可同時反映試題平均數及變異數的差異。

式 (10-23) 及 (10-24) 為量表平均每一題的 ICC 係數，K 個試題平均分數的一致性及諧和係數可表示為：

$$\text{ICC}(C, K) = \frac{MS_{\text{受試者}} - MS_{\text{殘差}}}{MS_{\text{受試者}}} \quad (10\text{-}25)$$

$$\text{ICC}(A, K) = \frac{MS_{受試者} - MS_{殘差}}{MS_{受試者} + \frac{1}{N}(MS_{試題} - MS_{殘差})} \quad (10\text{-}26)$$

式 (10-25) 與等 τ 性的 α 係數相等，主要反應試題變異數之間的差異，此和等 τ 性假設一致；所以上節討論的內部一致性係數也可以 ANOVA 的均差來表示。表 10-2 中量表甲的一致性係數為 1，諧和係數為 0.8；量表乙的一致性係數為 0.56，諧和係數為 0.652。應用上，測量變項之間的關聯性，除積差相關之外，ICC 提供另一種選擇。積差相關對變項之平均數及變異數的差異，不夠敏銳；一致性係數對變異數的差異敏銳，但對平均數不敏銳；諧和係數可以同時反映變項平均數及變異數的差異。例如父母及子女 IQ 的積差

表 10-2 受試者在不同量表的得分情況及受試者、試題、殘差值的均差

量表甲			
受試者	題 1	題 2	$X_i.$
1	2	4	6
2	4	6	10
3	6	8	14
$X._j$	12	18	30
平均數	4	6	
標準差	2	2	

量表乙			
受試者	題 1	題 2	$X_i.$
1	0	4	4
2	5	5	10
3	10	6	16
$X._j$	15	15	30
平均數	5	5	
標準差	5	1	

$\sum(X_{ij})^2 = 172 \quad \sum(X..)^2 = 900$
$\sum(X_i.)^2 = 332 \quad \sum(X._j)^2 = 486$
離均差平方和 (SS)
全體 $= 172 - 900/6 = 22$
受試者間 $= 332/3 - 900/6 = 16$
試題間 $= 486/2 - 900/6 = 6$
殘差 $= 22 - 16 - 6 = 0$
均差 (MS)
受試者間 $= 16/2 = 8$
試題間 $= 6$
殘差 $= 0/2 = 0$

$\sum(X_{ij})^2 = 202 \quad \sum(X..)^2 = 900$
$\sum(X_i.)^2 = 372 \quad \sum(X._j)^2 = 450$
離均差平方和 (SS)
全體 $= 202 - 900/6 = 52$
受試者間 $= 372/3 - 900/6 = 36$
試題間 $= 450/2 - 900/6 = 0$
殘差 $= 52 - 36 = 16$
均差 (MS)
受試者間 $= 36/2 = 18$
試題間 $= 0$
殘差 $= 16/2 = 8$

> **參考方塊 10-4：試題與分量表**
>
> 除了試題或分量表之間有強平行、等 τ 性及同屬性假設外，變項之間的關係，也可仿類似假設，皮爾森積差相關適合同屬性假設的變項，組內相關則適合強平行或等 τ 性假設的變項。

相關可高達 0.89，若僅以積差相關呈現遺傳和環境的影響力，則顯示遺傳的影響較大；相反地，若子女的平均 IQ 高於父母一個標準差且諧和係數僅為 0.45，則顯示環境有不可忽視的影響力。研究若是想同時呈現遺傳及環境的影響力，可採 ICC 中的諧和係數，來計算父母及子女 IQ 的相關。

量表施測過程中，測量誤差的來源除量表試題外，尚可能包括評分員信度、測量特質在跨時間施測的穩定度，及施測方式等，設計量表需探討不同誤差來源對信度的影響。概化理論 (generalizability theory) 為 ICC 的廣義理論，當測量誤差的來源增多時，前述的真分數理論所引申的信度係數，將不敷使用，概化理論為分析不同誤差來源的有效工具。概化理論假設試題存在一母群體 (universe)，量表試題為母群體的觀察樣本，不論 ICC 或概化理論，皆假設受試者及試題為隨機樣本，概化係數為估計受試者在量表平均得分和全域平均得分 (universe scores) 相關的平方。當試題為測量誤差的唯一來源時，概化係數等同於 ICC。當來源增多時，可採概化理論估計不同來源的概化係數。限於篇幅，本章將不詳細說明概化係數的計算公式。讀者可參考 Brennan (1992) 所發表的技術報告，該報告詳細刊載不同量表施測情境 (包括受試者、試題、評分員、施測方式等)，及計算不同誤差源的均差或概化係數公式。概化係數的詮釋方式和信度指標相同，取值在 0 與 1 之間，值愈高代表誤差愈小；例如量表預試過程中，發現試題及評分員的概化係數分別為 0.8 及 0.25，則評分員為誤差的主要來源，研究必須透過評分員訓練或篩選，改善評分信度。

(三) Kappa 係數

本章介紹的信度指標適用的情況為量表試題答對、答錯，或問卷試題勾選滿意、贊成的程度均可視為連續量。如果量表選項純粹為名目選項 (例如臨床醫師判別病患為憂鬱症或精神官能症)，則 Kappa 係數可作為信度的參考指標 (Cohen, 1960)。Kappa 係數最早用來量測兩個評分員彼此評分標準的一致性，Fleiss (1971) 將其推廣至多個評分員的一致性。假設 K 評分員同時診斷 N 個受試者，並將受試者依狀況分為 J 個類別組；n_{ij} 為第 i 個受試者被評到第 j 個類別的次數，所有類別的次數加總後為 K，例如表 10-3 中三位臨床醫師對五位病患的診斷結果，第三位受試者的 $n_{31}+1$，且 $n_{31}+n_{32}+n_{33}=3$。一般來說，第 i 個受試者在 $K(K-1)$ 個配對中，評分員彼此診斷相同的比率為：

$$P_i. = \frac{1}{K(K-1)} \sum_{j=1}^{J} n_{ij}(n_{ij}-1)$$

例如表 10-3 中，評分員診斷第三位病患的一致性為 $[1(1-1)+2(2-1)]/6=0.33$，且 N 個受試者的平均值為：

$$P_A = (\sum_{i=1}^{N} P_i.)/N$$

每個類別組佔的比率為：

$$P._j = \frac{1}{NK} \sum_{j=1}^{N} n_{ij}$$

Fleiss 將 Cohen 的 Kappa 係數推廣至多個評分員時，假設各類別組佔的比率對每個評分員皆相同。讀者若不做此假設可參考 Conger (1980) 的公式，該公式在計算上較複雜。如果類別組佔的比率相等，則兩個評分員隨機出現相同類別診斷的機率可表示為：

$$P_C = \sum_{j=1}^{J} P._j^2$$

Kappa 係數為校正此隨機比率後的一致性係數：

$$\text{Kappa} = \frac{P_A - P_C}{1 - P_C}$$

表 10-3 中的 P_A 值為 0.598，P_C 值為 0.36，Kappa 值為 0.372。Fleiss 同時提供 Kappa 係數的樣本估計的標準誤公式，應用上可採常態分配檢定樣本估計值的顯著性。上節討論的內部一致性係數可作為評分員評分標準是否一致的指標，也可作為試題是否量測相同潛在特質的指標；同理，此處的 Kappa 係數除了探討多個評分員評分標準的一致性外，也可用於探討訪問調查問卷試題是否具內部一致，也就是偏向贊成的受訪者，在各題皆偏向勾選贊成，反對的受訪者，在各題皆偏向勾選反對。所以名目選項的量表，可採 Kappa 係數偵測量表試題的內部一致性。

檢定 Kappa 係數是否等於零，並無實質意義，讀者可參考文獻中 Kappa 係數實用性的判定標準。表 10-4 中所列為應用上判定係數強度的參考準則 (Landis & Koch, 1977)。以表 10-3 的 Kappa 係數值 0.372 為例，三位臨床醫師診斷的一致性尚可接受。名目選項也可採不同的加權，並計算加權後的 Kappa 係數 (weighted Kappa)。如果對名目選項做等距加權 (例如 1, 2, ...)，則加權後的 Kappa 係數等同於上節所介紹的組內相關 (Fleiss & Cohen,

表 10-3　三位臨床醫師對五位病患的診斷

病患	憂鬱	精神官能	精神分裂	$P_i.$
1			3	1
2	1	2		0.33
3	1	2		0.33
4	1	2		0.33
5	3			1
總計	6	6	3	
$P.j$	0.4	0.4	0.2	

表 10-4　Kappa 係數強度的判定標準

Kappa 係數	強度
＜0.00	拙劣 (poor)
0.00-0.20	極低 (slight)
0.21-0.40	尚可 (fair)
0.41-0.60	穩定 (moderate)
0.61-0.80	實質 (substantial)
0.81-1.00	近乎理想 (almost perfect)

1973; Rae, 1988)，其他實用的加權值可參考 Schuster 及 Smith (2005)。所以廣義的 Kappa 係數包含積差相關及組內相關。

五、總　結

古典測量理論即為真分數理論，由於理論假設十分簡單，一般文獻皆不明確說明理論背後估計測量誤差的模式。本章主要藉由模式及相關公式，說明古典測量理論中重要的概念，如信度和效度的關係，為何前、後測分數的差值含較大的測量誤差，及信度值和量表題數有直接的關係。古典理論中估計信度的模式包括強平行、等 τ 性、及同屬性等，例如社會科學研究者較熟悉 α 係數，係根據等 τ 性模式。強平行的信度估計式，多用來預測試題數和信度之間的關係，應用上也可採強平行公式，估計量表增加或減少題數對信度的影響。量表內容較易滿足同屬性模式的假設，採同屬性模式估計的信度值一般也較 α 係數值高。

參考方塊 10-5：Kappa 係數

Landis 及 Koch 有關 Kappa 係數的文章，自 1977 年以來被文獻引用，已有超過 12,000 次，可知該係數在應用學界的影響力；本章說明 Kappa 係數、組內相關、及 α 係數三者的關係。

本章也同時說明與古典測量理論相關的課題，包括真分數因素結構、組內相關、及 Kappa 係數。此三課題除應用需求外，也可視為古典理論的延伸。調查研究使用的量表，多數量測多元特質，所以內部一致性係數的假設，易低估量表的信度；採驗證性因素分析可檢定量表的潛在特質結構，也可同時估計不同特質的信度。社會科學常探討異質團體在量表的作答模式上是否有異，即使量表量測單一特質，採驗證性因素分析可檢定異質團體在不同試題的信度，並作為修改試題的參考。試題之間同屬性假設，可推廣至變項之間同屬性假設，受試者在不同變項的觀察值若滿足同屬性假設，則變項彼此的積差相關為 1。但積差相關值無法敏銳地反映變項之間平均數及標準差的不同，研究若希望相關指標能適當反映變項標準差的不同，則可作等 τ 性假設，並選擇 ICC 中的一致性係數估計相關；若希望相關指標能同時反應變項在平均數及標準差的不同，則可採強平行假設，並選擇 ICC 中的諧和係數估計相關。訪問調查中，試題選項也可能屬質性量測，如「贊成」及「反對」，Kappa 係數為量測質性選項試題之間的一致性係數，若選項之間滿足次序關係，如「贊成」、「無意見」及「不贊成」。設定選項的加權值，可得等同於 α 係數的 Kappa 係數值。

　　古典測量理論涵蓋的課題很廣，且以信度及效度為主軸，但一般參考書籍多未將古典理論的相關模式敘述清楚。本章將真分數理論做完整的整理，包括相關假設及引申的模式；讀者瞭解不同假設的實質意義後，可清楚模式的用途及限制，以避免研究中誤用公式或推論超過實質 (over generalization)。真分數理論是古典測量理論的基礎，任何古典理論的課題皆和此基礎有關，本章在延伸閱讀中列了由淺入深的參考書籍及文章，此理論基礎可協助讀者較容易閱讀相關文章，也可清楚不同係數之間的關聯。

參考書目

吳孟祐 (2010)《從臉孔辨識的 EEG 頻譜振盪反應探討外顯及內隱焦慮的加成效果》。佛光大學心理研究所碩士論文。

Adcock, R., & Collier, D. (2001). Measurement validity: A shared standard for qualitative and quantitative research. *The American Political Science Review, 95*, 529-546.

Allen, M. J., & Yen, W. M. (2001). *Introduction to measurement theory*. Long Grove, IL: Waveland.

Bloom, B. S. (Ed.) (1956). *Taxonomy of educational objectives: The classification of educational goals*. Handbook 1. Cognitive domain. New York: McKay.

Brennan, R. L. (1992). Generalizability theory. *Educational Measurement: Issues and Practice, 11*, 27-34.

Brennan, R. L. (2001). *Generalizability theory*. New York: Springer Verlag.

Brown, W. (1910). Some experimental results in the correlation of mental abilities. *British Journal of Psychology, 3*, 296-322.

Carver, R. P. (1974). Two dimensions of tests: Psychometric and edumetric. *American Psychologist, 29*, 512-518.

Carver, R. P. (1975). The Coleman Report: Using inappropriately designed achievement tests. *American Educational Research Journal, 12*(1): 77-86.

Cohen, J. (1960). A coefficient of agreement for nominal scales. *Educational and Psychological Measurement, 20*, 37-46.

Coleman, J. S., Campbell, E. Q., Hobson, C. F., McPartland, J., Mood, A. M., Weinfeld, F. D., & York, R. L. (1966). *Equality of educational opportunity*. Washington: U.S. Department of Health, Education & Welfare. Office of Education (OE-38001 and supp.)

Conger, A. J. (1980). Integration and generalization of kappas for multiple raters. *Psychological Bulletin, 88*, 322-328.

Cronbach, L. J. (1951). Coefficient alpha and the internal structure of tests. *Psychometrika, 16*, 297-334.

Feldt, L. S. (1969). A test of the hypothesis that Cronbach's alpha or Kuder-Richardson reliability coefficient twenty is the same for two tests. *Psychometrika, 34*, 363-373.

Feldt, L. S. (1980). A test of the hypothesis that Cronbach's alpha reliability coefficient is the same for two tests administered to the same sample. *Psychometrika, 45*, 99-105.

Fleiss, J. L. (1971). Measuring nominal scale agreement among many raters. *Psychological Bulletin, 76*, 378-382.

Fleiss, J. L., & Cohen, J. (1973). The equivalence of weighted Kappa and the intraclass correlation coefficient as measure of reliability. *Educational and Psychological Measurement, 33*, 613-619.

Gulliksen, H. (1950). *Theory of mental tests*. New York: Wiley.

Guttman, L. (1945). A basis for analyzing test-retest reliability. *Psychometrika, 10*, 255-282.

Hakstian, A. R., & Whalen, T. E. (1976). A k-sample significance test for independent alpha coefficients. *Psychometrika, 41*, 219-231.

Hambleton, R. K., Swaminathan, H., Algina, J., & Coulson, D. B. (1978). Criterion-referenced testing and measurements: A review of technical issues and developments. *Review of Educational Research, 48*, 1-47.

Hoyt, C. (1941). Test reliability estimated by analysis of variance. *Psychometrika, 6*, 153-160.

Jensen, A. R. (1972). *Genetics and education*. New York: Harper and Row.

Jöreskog, K. G., & Sörbom, D. (2006). *LISREL 8.8 for windows* [computer software]. Lincolnwood, IL: Scientific Software International, Inc.

Kelley, T. L. (1916). A simplified method of using scaled data for purposes of testing. *School and Society, 4*, 34-37, 71-75.

Kelley, T. L. (1923). *Statistical method*. New York: Macmillan.

Kim, S., & Feldt, L. S. (2008). A comparison of tests for equality of two or more independent alpha coefficients. *Journal of Educational Measurement, 45*, 179-193.

Krathwohl, D. R., Bloom, B. S., & Masia, B. B. (1964). *Taxonomy of educational objectives*. Handbook II—Affective domain. New York: McKay.

Kuder, G. F., & Richardson, M. W. (1937). The theory of estimation of test reliability. *Psychometrika, 2*, 151-160.

Landis, J. R., & Koch, G. G. (1977). The measurement of observer agreement for categorical data. *Biometrics, 33*, 159-174.

Liou, M. (1989). A note on reliability estimation for a test with components of unknown functional lengths. *Psychometrika, 54*, 153-163.

Lord, F. M. (1952). A theory of test scores. *Psychometrika Monograph, 7*.

Lord, F. M. (1953). The relation of test score to the trait underlying the tests. *Educational and Psychological Measurement, 13*, 517-548.

Lord, F. M. & Novick, M. R. (1968). *Statistical theories of mental test scores*. Reading, MA: Addison-Wesley.

Lucke, J. F. (2005). The α and the ω of congeneric test theory: An extension of reliability and internal consistency to heterogeneous tests. *Applied Psychological Measurement, 29*, 65-81.

McDonald, R. P. (1999). *Test theory: A unified approach*. Mahwah, NJ: Lawrence

Erlbaum.

McGraw, K. O., & Wong, S. P. (1996). Forming inferences about some intraclass correlation coefficients. *Psychological Methods, 1*, 30-46.

Messick, S. (1980). Test validity and the ethics of assessment. *American Psychologist, 35*, 1012-1027.

Rae, G. (1988). The equivalence of multiple rater Kappa statistics and intraclass correlation coefficients. *Educational and Psychological Measurement, 48*, 367-374.

Raykov, T., & Shrout, P. E. (2002). Reliability of scales with general structure: Point and interval estimation using covariance structure modeling. *Structural Equation Modeling, 9*, 195-212.

Schuster, C., & Smith, D. A. (2005). Dispersion-weighted Kappa: An integrative framework for metric and nominal scale agreement coefficients. *Psychometrika, 70*, 135-146.

Spearman, C. (1904). The proof and measurement of association between two things. *American Journal of Psychology, 15*, 72-101.

Spearman, C. (1907). Demonstration of formulae for true measurement of correlation. *American Journal of Psychology, 18*, 160-169.

Spearman, C. (1927). *The abilities of man: Their nature and measurement.* New York: Macmillan.

Subkoviak, M. J. (1988). A practitioner's guide to computation and interpretation of reliability of reliability indices for mastery tests. *Educational and Psychological Measurement, 25*, 47-88.

Teng, E. L., Hasegawa, K., Homma, A., Imai, Y., Larson, E., Graves, A., Sugimoto, K., Yamaguchi, T., Sasaki, H., Chiu, D., & White, L. R. (1994). The Cognitive Abilities Screening Instrument (CASI): A practical test for cross-cultural epidemiological studies of dementia. *International Psychogeriatrics, 6*, 45-58.

Thurstone, L. L. (1932). *The reliability and validity of tests.* Ann Arbor, MI: Edwards Brothers.

Tourangeau, R., Rips, L. J. & Rasinski, K. (2000). *The Psychology of Survey Response.* Cambridge, UK: Cambridge University Press.

Tsai, R. C., Lin, K. N., Wang, H. J., & Liou, H. C. (2007). Evaluating the uses of the total score and the domain scores in the Cognitive Abilities Screening Instrument, Chinese Version (CASI C-2.0): Results of confirmatory factor analysis. *International Psychogeratrics, 19*, 1051-1063.

Yang, Y., & Green, S. B. (2010). A note on structural equation modeling estimates of reliability. *Structural Equation Modeling, 17*, 66-81.

Yousem, D. M. Yassa, M. A., Cristinzio, C., Kusevic, I., Mohamed, M., Caffo, B. S., & Bassett, S. S. (2009). Intelligence and medial temporal lobe function in older adults: A functional MR imaging-based investigation. *American Journal of Neuroradiology, 30*, 1477-1481.

延伸閱讀

1. Allen, M. J., & Yen, W. M. (2001). *Introduction to measurement theory*. Long Grove, IL: Waveland.
   此為內容淺顯易懂的入門參考書，將測量相關的理論及研究課題做清楚的提示；內容包括古典理論、量表分數的解釋、等化、及效度議題。讀者可自行先閱讀此書，再參考其他較深入的書籍。

2. Crocker, L., & Algina, J. (1986). *Introduction to classical and modern test theory*. Belmont, CA: Wadsworth.
   此書在社會人文領域為一受歡迎的教科書，內容適合碩、博士生參考閱讀。本章所涵蓋的內容，在此書中皆有較詳盡的說明。本書較深入的介紹概化理論、分數等化及試題偏誤等研究課題。

3. Messick, S. (1993). Validity. In Robert L. Linn (Ed.), *Educational Measurement*. Phoenix, AZ: Oryx, pp 13-103.
   本章在導論中已說明收集量表建構效度的手段已趨多元化，潛在特質可透過磁振造影、腦電波等先進儀器，轉化為實質的大腦運作歷程。但效度關心的重點在量表或問卷分數使用及詮釋的合法性，任何使用量表或問卷收集資料的人應清楚效度議題背後的哲學思維及倫理。此外，社會科學研究結果的詮釋也有效度的爭議，所以 Messick 的效度理論是所有社會人文學者必讀的參考資料。

4. Tourangeau, R., Rips, L. J., & Rasinski, K. (2000). *The psychology of survey response*. Cambridge, UK: Cambridge University Press.
   本章較偏重古典測量理論的技術部分，但問卷或量表的受試對象為人，所以受試者心理為影響施測結果的主要因素。無論能力或態度量表，在預試時須透過認知訪談或其他質性分析，收集受試者對試題的意見，作為修題的參考。

11

試題反應理論

一、前　言

　　測量是自然科學和社會科學裡的重要活動。測量有三大元素：被測的屬性、被測物及測量工具。例如，用磅秤量鋼筋的重量，磅秤是測量工具，鋼筋是被測物，重量是被測的屬性。社會科學裡的測量比自然科學複雜，因為被測的屬性是無法直接觀察到的潛在特質 (latent trait)，又稱假設性的建構，如能力、人格、態度、興趣等。這些屬性無法直接觀察，必須透過某些可觀察的事件來推論該屬性特質，測量工具的目的就在於蒐集這些可觀察事件。社會科學所使用的測量工具通常是測驗、量表、問卷、系統性的觀察、晤談等，被測物通常是人。不過有很多例外，例如在烹飪比賽裡，被測的屬性是菜的品質，被測物是各種菜餚，測量工具是一系列的標準 (如色、香、味)；在大學科系的評鑑裡，被測的屬性是教學品質，被測物是科系，測量工具是一系列的標準 (如課程、師資、設備等)。以上社會科學的測量例子是本章涵蓋的內容範圍。

　　測量有兩大目的：一是要反映出個體間的差異，例如誰的能力較強，誰的工作滿意度較高，誰的政治傾向比較開放；另一是反映出受試者內的差異，例如甲現在的數學能力是否比去年好，乙現在的滿意度是否比上個月還高。如果測驗只有一個試題，信度和效度可能過低，沒有實用價值。一般測

驗編製會考慮多道試題，期望能提高測驗的信度和效度。雖然這些試題意欲測量同一建構，但能否真的達到這樣的效果，需要實證資料的佐證，這是項目分析 (item analysis) 的任務之一。

經過項目分析，確認測驗內所有試題量測同一建構，滿足單向度假設，接著是利用測驗分數表示被測物在該潛在特質的程度。最常用的測驗分數是將每個試題得分相加後的原始總分 (或其線性轉換如 T 分數)。例如在能力測驗上，答對每題得 1 分 (或更多分)，答錯得 0 分。測驗的原始總分就是答對的總題數。總分愈高，表示能力愈強。在量表上，常使用李克特式量尺或評等量尺，如非常不同意 (1 分)、有點不同意 (2 分)、有點同意 (3 分)、非常同意 (4 分)。量尺總分代表受試者在該潛在特質 (如焦慮或幸福感) 的程度。總分愈高，受試者傾向同意的特質愈強。如果測驗內的試題不是在測量同一潛在特質，那麼試題的分數就不能加總，因為這樣的總分並沒有任何意義。

為方便溝通，本文以能力測驗為例，並採用「能力」這個名詞取代「潛在特質」，用試題的「難度」取代試題的「閾值」。讀者應該可以將本文的主要概念和做法，類化到非能力的測驗裡。例如「能力」可以被擴大解釋為工作滿意度、政治立場的保守傾向、社經地位；「答對」可以擴大解釋為同意或吻合；答對率可以擴大解釋為同意或吻合的百分比。

傳統上，常用原始分數來定義受試者的能力高低，用答對率來定義試題難度的高低。其實這兩者是互相定義、互相干擾的。因為原始分數的高低，取決於試題難度的高低；答對率的高低，取決於受試者能力的高低。前者稱為測驗依賴 (test dependent)，因為對受試者能力高低的判斷，依賴試題的難度而定；後者稱為樣本依賴 (sample dependent)，因為對試題難度高低的判斷，依賴受試者的能力而定。這顯然無法客觀地量化受試者能力和試題的難度。

自從 1950 年代起，研究者開始認識到測驗資料的分析單位，應該是試題作答反應 (item response) 而不是測驗分數 (test score)。在蒐集受試者在測驗上的數據時，得到的其實是他們在每個試題的反應。以數學能力測驗而言，

數據是受試者在每道試題上的得分 (如 0 或 1 分)；以申論題、計算題或李克特式量尺、評等量尺而言，則是多點得分 (如 0, 1, 2, ...)。試題作答反應是類別資料，不是連續資料，也不是等距量尺 (Stevens, 1946)。試題作答反應的加總 (即測驗的原始總分)，也就不會是連續資料，不是等距量尺。試題作答反應頂多只是順序資料，如得分愈高，表示該能力或特質愈強。有了這個共識 (分析的單位是試題作答反應) 後，研究者們提出一系列的數學模式來分析試題反應資料。這些模式通稱為試題反應理論 (item response theory, IRT；又譯為試題作答理論、項目反應理論等)。這清楚地宣示資料分析的單位，應該由測驗分數改為試題作答反應。

　　首先，逐一介紹適用於二元試題、多分題、多相的各種 Rasch 家族的單參數模式 (Fischer & Molenaar, 1995)，然後引入多參數模式，並比較其與 Rasch 模式的差異。其次，扼要簡介參數估計的方法和軟體，原始總分與能力的關係，模式與資料適配度，試題反應理論對測驗實務上的影響 (效度、信度、常模、試題編寫、差異試題功能、電腦化適性測驗、分數等化)，最後是實例分析和結論。相關的書籍可參閱 Embretson 與 Reise (2000)、Lord (1980)、Rasch (1960)、Wright 與 Stone (1979)、Wright 與 Masters (1982)、王寶墉 (1995)、余民寧 (2009)、許擇基與劉長萱 (1992)，亦可參閱網站，如 http://www.rasch.org、http://edres.org/irt。

二、Rasch 模式與其延伸

　　什麼因素會影響試題反應 (答對或答錯) 呢？Georg Rasch (1901-1980，譯名羅氏，丹麥數學家) 提出了他的想法，通稱為 Rasch 測量模式 (Rasch, 1960)。後來研究 Rasch 模式的學者致力於此模式的推廣，以解決複雜的測驗應用問題。

(一) 二元試題

社會科學裡的試題作答反應很多是二元變項，如「對」或「錯」、「成功」或「失敗」、「同意」或「不同意」、「吻合」或「不吻合」等。這類的試題稱為二元試題 (dichotomous item)。我們可將試題作答反應視為依變項，而後思考影響依變項的重要自變項，以及兩類變項間的函數關係。令 P_{ni1} 表示受試者 n 在第 i 題得 1 分的機率。依照 Rasch 的觀點，P_{ni1} 受到兩個因素的影響：一為考生的能力 θ_n；另一為題目的難度 δ_i：

$$f(P_{ni1}) = \theta_n - \delta_i \tag{11-1}$$

接下來的問題就是函數 f 是什麼。由於 θ_n 和 δ_i 均介於正負無限大之間，因此 $\theta_n - \delta_i$ 介於正負無限大之間。要如何將正負無限大的數值對應到介於 0 到 1 之間的機率？先將 $\theta_n - \delta_i$ 取自然指數：$\exp(\theta_n - \delta_i)$，使得其值介於 0 到正無限大之間。然後再取：

$$\frac{\exp(\theta_n - \delta_i)}{1 + \exp(\theta_n - \delta_i)} \tag{11-2}$$

使得其值介於 0 到 1 之間，則得到所謂的 Rasch 二元試題模式：

$$P_{ni1} = \frac{\exp(\theta_n - \delta_i)}{1 + \exp(\theta_n - \delta_i)} \tag{11-3}$$

圖 11-1 呈現在不同的能力 θ 減去難度 δ 後，答對的機率。當 $\theta - \delta = 0$ (能力和難度旗鼓相當)，答對率為 0.5。當 $\theta - \delta > 0$ (能力高於難度) 時，答對的機率就大於 0.5；反之，當 $\theta - \delta < 0$ (能力低於難度)，答對的機率就小於 0.5。

除了式 (11-3) 外，Rasch 模式還有別的寫法。由於答錯率 (得 0 分的機率) 等於 1−答對率，因此：

$$P_{ni0} = 1 - P_{ni1} = 1 - \frac{\exp(\theta_n - \delta_i)}{1 + \exp(\theta_n - \delta_i)} = \frac{1}{1 + \exp(\theta_n - \delta_i)} \tag{11-4}$$

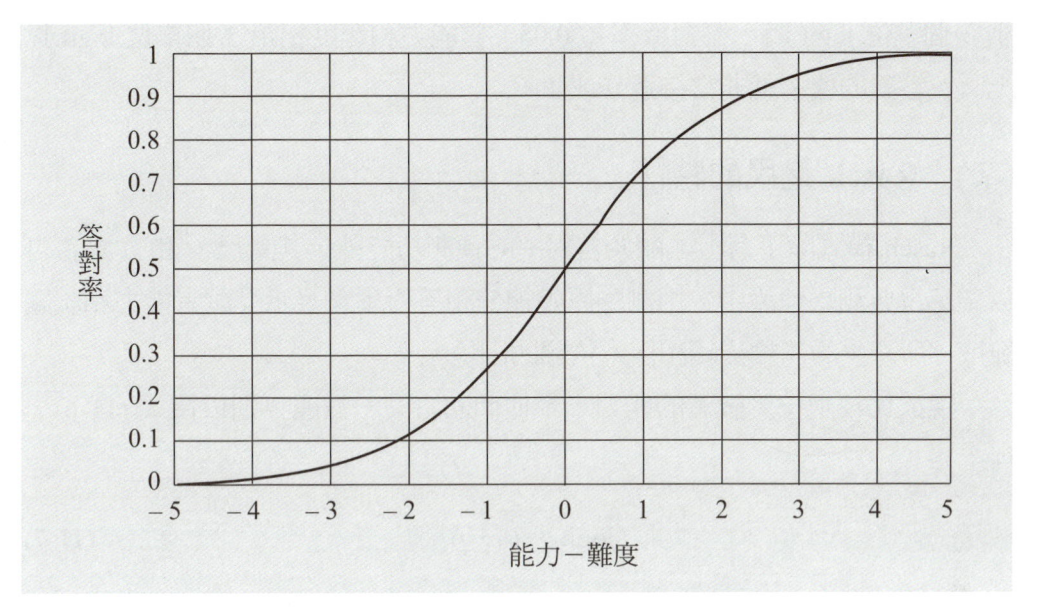

[圖：答對率對能力−難度的S形曲線]

圖 11-1　答對機率與能力 θ 減難度 δ 的關係

定義勝算比 (odds) 為得 1 分的機率除以得 0 分的機率，則：

$$O_{ni} \equiv \frac{P_{ni1}}{P_{ni0}} = \exp(\theta_n - \delta_i) \tag{11-5}$$

式 (11-5) 兩邊各取自然對數 log，得到：

$$\log(O_{ni}) = \text{logit}_{ni} = \log[\exp(\theta_n - \delta_i)] = \theta_n - \delta_i \tag{11-6}$$

log (odds) 簡稱為 logit (勝算比)。式 (11-6) 是式 (11-3) 的另一種表示方法。式 (11-6) 說明能力 θ 和試題難度 δ 可以相加減，這表示它們是同一種單位：logit (勝算比)，因此屬於等距量尺。其數值可介於正負無限大之間，但實際上，大都介於 ±3 之間，或更保守點，±6 之間。由圖 11-1 可以發現，當能力比難度大 1 個單位 logit 時，答對機率為 0.73；大 2 個單位 logit 時，答對機率為 0.88；大 3 個單位 logit 時，答對機率為 0.95。反之，能力比難度小 1 個單位 logit 時，答對機率為 0.27；小 2 個單位 logit 時，答對機率為 0.12；

小 3 個單位 logit 時，答對機率為 0.05。當能力和難度相距 3 個單位 logit 以上時，答對的機率就非常接近 0 或 1。

(二) Rasch 量尺的特性

Rasch 模式除了有上述關於答對率的預測功能外，其量尺 θ 和 δ 是否可以避免古典測驗理論中，用測驗原始總分和答對率來表示受試者能力和試題難度，所產生的測驗依賴和樣本依賴的困境呢？

現欲比較兩位受試者的能力，令他們回答同一試題，則根據式 (11-6)，得：

$$\text{logit}_1 = \theta_1 - \delta \tag{11-7}$$

$$\text{logit}_2 = \theta_2 - \delta \tag{11-8}$$

兩者相減，得：

$$\text{logit}_1 - \text{logit}_2 = (\theta_1 - \delta) - (\theta_2 - \delta) = \theta_1 - \theta_2 \tag{11-9}$$

這可看出 θ 的測量與試題的難度 δ 無關，是測驗獨立 (test free)，是客觀測量。此外，不管這兩位受試者的能力是非常高或非常低，他們兩人能力的差距都等於其 logit 的差距，因此 θ 是等距量尺。

現欲比較兩道試題的難度 δ，令某受試者作答這兩題，根據式 (11-6)，得：

$$\text{logit}_1 = \theta - \delta_1 \tag{11-10}$$

$$\text{logit}_2 = \theta - \delta_2 \tag{11-11}$$

兩者相減，得：

$$\text{logit}_1 - \text{logit}_2 = (\theta - \delta_1) - (\theta - \delta_2) = \delta_2 - \delta_1 \tag{11-12}$$

δ 的測量與受試者的能力無關，是樣本獨立 (sample free)，是客觀測量。不

管當初這兩題是非常困難的試題,還是非常容易的試題,它們難度的差距都等於 logit 的差距,因此 δ 是等距量尺。

由上所述,Rasch 模式的量尺 θ 和 δ 可以分離,因此是測驗獨立和樣本獨立。Rasch 稱這種參數分離 (parameter separation) 的特性為特定客觀性 (specific objectivity)。

(三) 試題特徵曲線

圖 11-2 呈現受試者作答三道不同試題的 Rasch 答對機率,此迴歸線又稱為試題特徵曲線 (item characteristic curve)。由式 (11-3) 可以知道,當能力 θ 等於難度 δ 時,答對的機率為 0.5,因此這三題的難度分別是 $-1, 0, 1$ 單位 logit。此圖顯示:

1. 對任何試題而言,能力愈高,答對的機率就愈高。當能力趨近無限大時,答對機率趨近 1。當能力趨近無限小時,答對機率趨近 0;也就是說,這些試題特徵曲線是單調遞增 (monotonically increasing)。

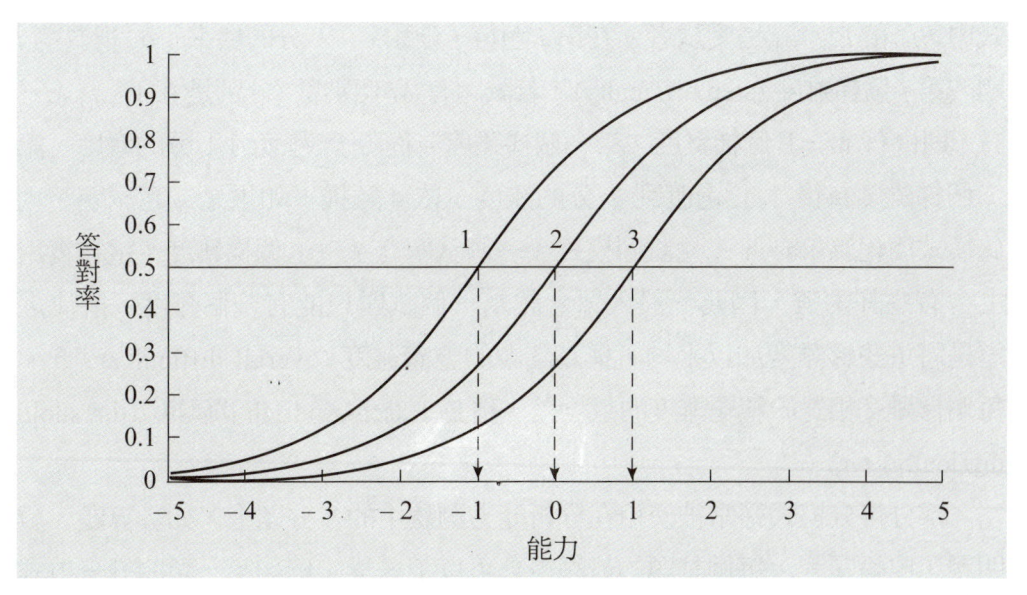

圖 11-2 Rasch 模式之試題特徵曲線

2. 對任何受試者而言，試題愈難，答對的機率就愈低。例如，對所有的受試者而言，答對第一題的機率，永遠都大於答對第二題的機率，而它也永遠大於答對第三題的機率。

(四) 多分題

式 (11-3) 只適用於二元試題，如對或錯、同意或不同意等。在社會科學的測驗或量表中，試題的反應可能不止兩個，如計算題、問答題、評等量尺、李克特式量尺等的多點計分，皆屬多分題 (polytomous item)。以四分題為例，除了全錯為 0 分外，還有部分得分，如 1 分、2 分和全對 3 分。得 3 分者的程度高於 2 分者，高於 1 分者，又高於 0 分者，也就是說，3＞2＞1＞0，屬於順序量尺，但沒有等距的意涵。基於 Rasch 模式的精神，Masters (1982) 提出適用於多分題的模式，稱為部分得分模式 (partial credit model)：

$$\log\left(\frac{P_{nij}}{P_{ni(j-1)}}\right) = \theta_n - \delta_{ij} \equiv \theta_n - (\delta_i + \tau_{ij}) \tag{11-13}$$

式中 P_{nij} 和 $P_{ni(j-1)}$ 是受試者 n 在第 i 題得 j 分和 $j-1$ 分的機率；δ_{ij} 稱為第 i 題的第 j 個梯難度 (step difficulty)。若試題有 M 個點數 (分別是 0, 1, ..., $M-1$)，則會有 $M-1$ 個梯難度。第一個梯難度為從 0 分過渡到 1 分的難度，第二個梯難度為從 1 分過渡到 2 分的難度，依此類推。如果是二元試題，則此模式簡化為 Rasch 二元試題模式。一個試題有 $M-1$ 個梯難度，這在實用上會有些許困難，因為一般大眾會認為一個試題只能有一個難度。解決之道是將這些梯難度加以平均，稱為該題的整體難度 (overall difficulty)，δ_i。每個梯難度相對於整題難度的離均差，稱為 Rasch-Andrich 閾難度 (threshold difficulty)，τ_{ij}。

部分得分模式經常被使用在分析能力測驗中的多分題上，如計算題、證明題、申論題等。每個試題的最高得分可以不一樣，例如第一題的計分方式為 0, 1, 2，第二題的計分方式為 0, 1, 2, 3, 4。在此第一題會有兩個梯難度，

第二題會有四個梯難度。

如果多分題的計分方式是固定的，例如所有的試題作答方式皆採相同的評等量尺，如從未 (0 分)、很少 (1 分)、偶爾 (2 分)、經常 (3 分)；此時可假設試題有各自的整體難度，但所有試題共用一套閾難度 (如從「偶爾」過渡到「經常」的閾難度在各題皆相等)。此為 Andrich (1978) 提出的評等量尺模式 (rating scale model)：

$$\log\left(\frac{P_{nij}}{P_{ni(j-1)}}\right) = \theta_n - (\delta_i + \tau_j) \tag{11-14}$$

其中 τ_j 沒有 i 的下標，這表示所有試題的 τ_j 是一致的。

圖 11-3 呈現四分題 (0, 1, 2, 3) 的試題特徵曲線，其中三個梯難度分別為 $-2, 1, 2$。這三個梯難度的平均數為 1/3，這就是該題的整體難度。三個閾難度分別為 $-7/3, 2/3, 5/3$，閾難度的總和必為 0，因為是離均差。由圖 11-3 可知，得 0 分和得 1 分的機率的交接點的位置就是第一個梯難度 -2，得 1 分和得 2 分的機率的交接點的位置就是第二個梯難度 1，得 2 分和得 3 分的機

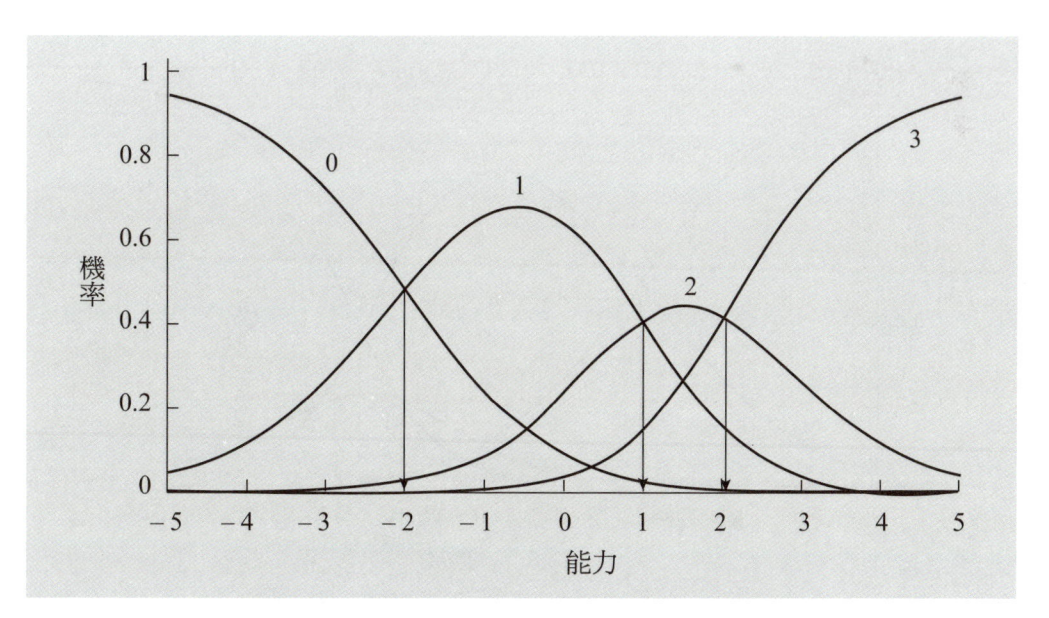

圖 11-3 四分題的試題特徵曲線 (梯難度有順序性)

率的交接點的位置就是第三個梯難度 2。整體難度其實就是得 0 分和得最高分 (在此為 3 分) 的機率的交接點的位置。如果是部分得分模式，則每一個試題的特徵曲線都不一樣。但如果是評等量尺模式，則每一個試題的特徵曲線的形狀都一樣，但整體難度的位置不一樣。也就是說，圖 11-3 會在橫座標上左右移動，但形狀不變。

在圖 11-3 裡，梯難度是愈來愈大，即第一個梯難度小於第二個梯難度，又小於第三個梯難度，也就是具有順序性。此順序性，並不是模式的限定。其實梯難度可以不具順序性，例如第二個梯難度大於第三個梯難度。圖 11-4 呈現梯難度分別為 $-2, 2, 1$ 的試題特徵曲線。由圖 11-4 可以知道，能力在 -2 之下的人，最可能的得分為 0 分。能力在 -2 到 1.5 之間的人，最可能的得分為 1 分。能力在 1.5 以上的人，最可能的得分為 3 分。在能力取值範圍內，沒有受試者最可能的得分為 2 分。這意味著 2 的計分是多餘，如果要精簡計分以達到經濟效益，那麼 2 分這個選項可以捨棄。有些學者如 Andrich 認為一旦梯難度不具順序性，就意味著該題的品質不佳。另有學者如 Wright 則不同意這樣的觀點。梯難度不具順序性，主要是因為某些得分

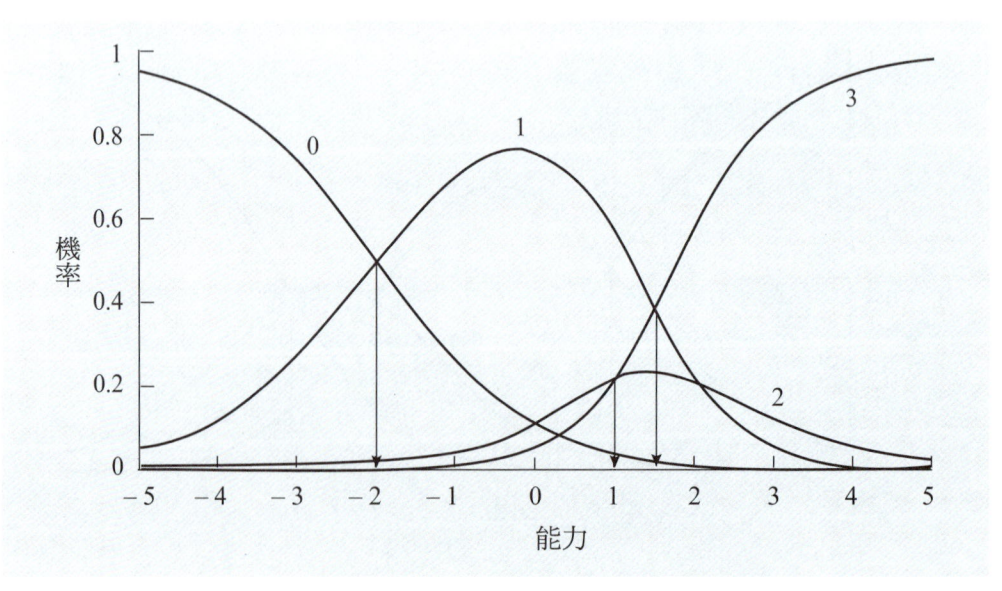

圖 11-4 四分題的試題特徵曲線 (梯難度沒有順序性)

(如 2 分) 的人的比例過小所致。例如，很多人得 0 分、1 分和 3 分，但很少人得 2 分。既然如此，似乎 2 分這個選項沒有存在的價值。例如，四點量尺為從未 (0 分)、很少 (1 分)、偶爾 (2 分)、經常 (3 分)，由於很少人得 2 分，基於精簡原則，可以 (但沒有必然一定要) 將 1 分和 2 分合併。理想上，我們希望梯難度具有順序性，而且其兩兩之間的差距不要太小。比較圖 11-3 和圖 11-4，可以發現當梯難度具有順序性時，而且差距夠大的話，每個反應類別才能發揮區辨受試者能力的效能 (Linacre, 2002)。

(五) 多相或線性化模式

在以上的模式裡，影響試題作答反應的因子只有兩個：受試者與試題，其餘都是隨機誤差，因此可稱為二相 (two facets) 模式。對於某些測驗情境而言，可能還會牽涉到其他「相」。例如考生作答問答題時，除了他的能力和該題的難度會影響得分外，另一個重要因子是「評分者」。評分者在給分時如果過於嚴苛，則分數偏低；反之，若過於寬鬆，分數就提高很多。可將評分者因子納入試題分析，成為第三個相。在教師教學評鑑中，學生針對授課教師的表現依據各項標準 (試題) 評分。此時，影響授課教師得分高低會有三個因子：教師的教學品質、試題難度、學生評分的嚴苛度。老師的教學品質愈高，得分會愈高；試題的難度愈低 (如「準時上下課」遠比「照顧每個學生的需求」來得簡單)，就愈容易得高分；學生愈挑剔，在運動或表演賽裡 (如花式溜冰、歌唱比賽、奧斯卡金像獎等) 就愈不容易得高分。評審們對參賽者依據各項標準 (試題) 評分，此時影響得分高低的因子有三：參賽者的水準、試題的難度、評審的嚴苛度。以上這些例子說明要將評分者的影響力納入考量，才能得到較公平的測量。

Linacre (1989) 將上述的二相模式推擴，提出多相模式 (facets model)：

$$\log\left(\frac{P_{nijk}}{P_{ni(j-1)k}}\right) = \theta_n - (\delta_i + \tau_j + \eta_k) \tag{11-15}$$

式 (11-15) 中 P_{nijk} 和 $P_{ni(j-1)k}$ 是受試者 n 在第 i 題上被評分者 k 評為 j 分和 $j-1$ 分的機率；η_k 是評分者 k 的嚴苛度。該值愈大，表示評分者愈嚴苛，受試者就愈難得到高分。式 (11-15) 涉及三個相：受試者能力、試題難度、評分者嚴苛度。如果評分者確有不同的嚴苛度，但是在資料分析時，卻不予處理，而採用二相模式去分析，那麼 θ 的估計值會產生偏誤；反之，在三相模式中直接納入評分者的嚴苛度，因此 θ 的估計值就較為準確。式 (11-15) 中的三相模式，可以容易地推廣至四相、五相模式等。目前在很多涉及評分者的施測情境中，如申論題、語言測驗等，已經逐漸使用多相模式分析資料。

如果讀者熟悉實驗設計或變異數分析的話，可以將試題反應視為依變項，將受試者能力、試題難度、評分者嚴苛度視為自變項，形成所謂的多因子設計 (factorial design)。模式中三個自變項之間沒有交互作用，只有主要效果。不能有交互作用的原因是為了確保客觀測量。如果出現交互作用 (例如難度隨考生能力而變)，則失去分析難度及嚴苛度的意義，也就無法對受試者進行量測。

多相模式的基本原理係將難度加以線性化。當試題是經由某些因子加以排列組合而成，如在圖形轉換測驗中，試題是由 (1) 線條數目、(2) 形狀複雜度、(3) 轉換角度、(4) 空間維度四因子排列組合而成，因此可以將試題難度變為這些因子的線性組合 (Embretson, 1998)。以二元試題的 Rasch 模式而言，其試題難度可以表示為：

$$\delta_i = \boldsymbol{\beta}' \boldsymbol{X}_i = \beta_1 X_{i1} + \cdots + \beta_p X_{ip} \tag{11-16}$$

其中 δ_i 是試題 i 的難度，$\boldsymbol{\beta}$ 是線性迴歸係數 $\beta_1, \ldots, \beta_p$，$\boldsymbol{X}_i$ 是試題 i 在各因子上的設計向量 $X_{i1}, \ldots, X_{ip}$。因此 Rasch 模式變為：

$$\log \mathrm{it}_{ni} = \theta_n - (\beta_1 X_{i1} + \cdots + \beta_p X_{ip}) \tag{11-17}$$

這就是 Fischer (1973) 的線性勝算比測驗模式 (linear logistic test model)。Fischer 陸續提出適用於多點計分的線性評等量尺模式 (linear rating scale model) (Fischer & Parzer, 1991)，以及線性部分得分模式 (linear partial credit model) (Fischer & Pononcy, 1994)。多相模式強調在原本的二相模式中,加入新的「相」;線性化模式則是將試題「相」分割為數個次相。不過兩者的原理是相通的。

將難度加以分解 (線性化) 的好處在於可明瞭什麼因子會影響試題的難度。例如在圖形轉換測驗裡,如採以 Rasch 二元試題模式分析,頂多只得到每一題的難度,無法具體知道難度的成因。但若使用線性勝算比測驗模式,則可以計算出每個因子的線性迴歸係數。例如,空間維度的迴歸係數遠大於線條數目和轉換角度的迴歸係數,就表示相對而言,空間維度是造成難度的主因。那麼往後在教學上,宜多加強空間維度的訓練。更甚者,只要操弄這些因子,就可以設計出新的試題,其難度可以直接用式 (11-16) 算得,無需經過實地施測,這是測驗發展的理想。目前在測驗實務上,還有很大努力的空間。令人鼓舞的是有個還不錯的例子:(英文) 閱讀理解測驗的 Lexile 架構,只要計算文章內每個句子的長度以及每個字的字頻,就可以計算出該文章的難度。此計算的難度跟實際去施測後所得到的難度是很接近的。如此一來,每篇文章、每本書都可以計算出難度,無需經過實地測試。也就可以根據學生的閱讀能力,選擇適合其難度的文章或書籍。詳細情形可參見 http://www.lexile.com。

三、多參數模式

(一) 二元試題

以上的 Rasch 家族模式僅考慮試題難度參數,因此 Rasch 家族模式又稱為一參數模式。當 Rasch 於歐洲提出他的看法的同時,美國的學者如 Allan Birnbaum 與 Frederic M. Lord 等人也提出類似的模式。例如 Birnbaum (1968) 提出二參數模式:

$$P_{ni1} = \frac{\exp[a_i(\theta_n - \delta_i)]}{1 + \exp[a_i(\theta_n - \delta_i)]} \tag{11-18}$$

和三參數模式：

$$P_{ni1} = c_i + (1-c_i) \times \frac{\exp[a_i(\theta_n - \delta_i)]}{1 + \exp[a_i(\theta_n - \delta_i)]} \tag{11-19}$$

其中 a_i 是第 i 題的斜率參數，c_i 是第 i 題的漸近線參數，δ_i 是第 i 題的位置參數。在式 (11-18) 裡，試題有兩個參數 δ_i 和 a_i；在式 (11-19) 裡，試題有三個參數 δ_i、a_i 和 c_i。如果所有試題的 c_i 都是 0，那麼式 (11-19) 簡化為式 (11-18)。如果所有試題的 a_i 都是 1，那麼式 (11-18) 可簡化為式 (11-3)。也就是說，一參數模式是二參數模式的特例，二參數模式是三參數模式的特例。Lord (1952, 1953a, 1953b) 根據常態肩形函數，也提出類似二參數和三參數的模式。

二參數模式裡的量尺是否有等距特性，是否為客觀測量呢？式 (11-18) 可以改寫成：

$$\log(O_{ni}) \equiv \log(P_{ni1}/P_{ni0}) = a_i(\theta_n - \delta_i) \tag{11-20}$$

現有兩位受試者作答同一試題，根據式 (11-20) 可以得到：

$$\log(O_{1i}) \equiv a_i(\theta_1 - \delta_i) \tag{11-21}$$

$$\log(O_{2i}) \equiv a_i(\theta_2 - \delta_i) \tag{11-22}$$

兩者相減，得：

$$\log(O_{1i}) - \log(O_{2i}) \equiv a_i(\theta_1 - \delta_i) - a_i(\theta_2 - \delta_i) = a_i(\theta_1 - \theta_2) \tag{11-23}$$

$$\Rightarrow \theta_1 - \theta_2 = \frac{\log(O_{1i}) - \log(O_{2i})}{a_i}$$

顯然兩者能力的差距，會因試題的特性 (a 參數) 而變動。也就是說，人的參數和試題的參數，無法分離開來，因此不是客觀測量，也沒有等距特性。

舉例而言，第一題的 a 參數很大，那麼 θ_1 和 θ_2 的差距就很小；若第二

題 a 參數很小,那麼 θ_1 和 θ_2 的差距就很大,因此無法量化兩者能力的差異。要讓 θ 成為客觀測量,式 (11-23) 裡的 a_i 必須是常數。不過如此一來,這不再是二參數模式,而是 Rasch 模式。由於三參數模式比二參數還來得複雜 (多了一個 c_i 參數),因此也不是客觀測量。

在 Rasch 模式裡,θ 和 δ 是有單位的:logit,可以互相加減。我們可以說某位受試者的能力是兩個單位 logit,某題的難度是三個單位 logit。但是在二參數和三參數模式中,θ 和 δ 並沒有單位,因此不能說某考生的能力是兩個單位 logit,而只能說是 2;也不能說某題的難度是三個單位 logit,而只能說是 3。

文獻中談到多參數模式的測驗獨立和樣本獨立特性,指的是在估計參數時的特性,不是參數分離性 (parameter separation)。其實估計參數時可以測驗獨立和樣本獨立,並不是試題反應理論所獨享,即便是一般的線性模式也有。例如,在簡單線性迴歸裡 $\hat{Y} = a + bX$,要估計截距 a 和斜率 b 參數時,不會受到 X 變項的分數範圍的干擾。當受試者們的 X 變項分數很低時,所得到的參數估計值,和當受試者們的 X 變項分數很高時,所得到的參數估計值,基本上是一致的 (在估計誤差範圍之內)。不過,古典測驗理論即便在估計參數時,也無法達到測驗獨立和樣本獨立,這是因為它不像試題反應理論,表明人的參數和試題的參數的函數關係。

(二) 兩種理念

Rasch、Birnbaum 與 Lord 都是在 1960 年代想到如何分析試題的反應,但他們的模式卻大相逕庭,這可能是因為他們的出發點和想要解決的問題並不相同所致。Rasch 試圖建立一個測量模式,以得到客觀量尺;Birnbaum 與 Lord 則是想描述受試者的能力與試題反應之間的關係。Rasch 採用測量取向的觀點;Birnbaum 與 Lord 則採用統計取向的觀點。在統計取向觀點裡,資料不可以更動,資料分析的主要任務就是找一個統計模式來適配資料。從統計取向的觀點來說,單參數的 Rasch 模式是二參數模式的特例,而二參

數模式又是三參數模式的特例，因此 Rasch 模式並沒有什麼重要價值。如果 Rasch 模式與資料的適配度不佳，就換二參數模式；如果二參數模式還是不佳，則改用三參數模式。

Rasch 模式並不只是為了適配資料，而是要診斷資料、去蕪存菁，以發揮測量的功能。任何做資料分析的人都知道，資料含有很多雜訊，必須加以清理，才能呈現有意義的資訊。Rasch 模式以及附帶的分析方法，讓我們可以有效地挑出資料中的雜訊，從而客觀地量化受試者的能力和試題的難度。二參數和三參數模式及其附帶的分析方法，也可以剔除一些雜訊。不過受限於模式本身的特性，並無法像 Rasch 模式一樣得到客觀測量。

由於 Rasch 模式和多參數模式，在出發點上就有根本的差別，在量尺特性上更是截然不同，因此很多的 Rasch 學者並不同意將 Rasch 模式和其他的多參數模式相提並論，通稱為試題反應理論。不過有愈來愈多的人仍然將 Rasch 模式與多參數模式併稱為試題反應理論，畢竟這些模式都在處理試題的反應。在這些模式中，由於 θ 是潛在的，故早期也稱為潛在特質理論 (latent trait theory)。

目前測驗實務上，仍以多參數模式較為普遍，尤其是在美國。不過在歐洲、澳洲則以 Rasch 模式較受到歡迎。國際大型測驗 PISA (The Programme for International Student Assessment；www.oecd.pisa.org) 使用 Rasch 模式來量化考生的數學、科學、語文能力。身為資料分析師，如果測驗已經編製完成，施測完畢，且已經蒐集受試者的試題反應資料，接下來只是分析資料。此時，難免會傾向使用多參數模式，因為希望得到比較好的適配度。但是如果要編製一份新的測驗，或者修改舊的測驗以提升品質，此時一切重新開始，那麼全程使用 Rasch 模式來監控測驗發展，提高測驗品質，得到客觀測量，應該是可以努力的方向。詳細做法可參見 Wilson (2005)。

(三) 多分題與多相

正如同二元試題有二參數模式，多分題也可以有二參數模式。例如將式

(11-13) 和式 (11-14) 分別加上斜率參數 a_i，可以得到：

$$\log\left(\frac{P_{nij}}{P_{ni(j-1)}}\right) = a_i[\theta_n - (\delta_i + \tau_{ij})] \quad \textbf{(11-24)}$$

$$\log\left(\frac{P_{nij}}{P_{ni(j-1)}}\right) = a_i[\theta_n - (\delta_i + \tau_j)] \quad \textbf{(11-25)}$$

式 (11-24) 稱為廣義部分得分模式 (generalized partial credit model) (Muraki, 1992)；式 (11-25) 稱為廣義評等量尺模式 (generalized rating scale model)。多相模式亦可加入斜率參數，稱為廣義多相模式 (Wang & Liu, 2007)：

$$\log\left(\frac{P_{nijk}}{P_{ni(j-1)k}}\right) = a_i[\theta_n - (\delta_i + \tau_j + \eta_k)] \quad \textbf{(11-26)}$$

這裡所謂的「廣義」，指的是加上斜率參數。由於多分題通常不是選擇題，因此沒有必要加入 c 參數。

四、參數估計

　　本節簡單介紹估計受試者的能力和試題的難度最常用的參數估計方法：最大概似估計。假設某受試者作答五題，其難度分別為 ($-2, -1, 0, 1, 2$)，答題組型為 (1, 1, 1, 0, 0)。也就是答對較簡單的前三題，答錯較難的兩題。試問該受試者的能力如何？他的能力也許很低，也許中等，也許很高，這都有可能造成此反應組型，關鍵在哪一個最可能。最大概似估計的原則，在找到受試者的能力在何種水平時，最可能出現 (1, 1, 1, 0, 0) 的答題型態。以下用 Rasch 模式說明：

　　當 $\theta = -3$，在 $\delta = -2$ 時，得 1 分的機率是 0.2689，這可利用式 (11-3) 求得：

$$\frac{\exp(\theta_n-\delta_i)}{1+\exp(\theta_n-\delta_i)}=\frac{\exp[-3-(-2)]}{1+\exp[-3-(-2)]}=0.2689$$

同理,可以求得在 $\delta=-1$ 時,得 1 分的機率是 0.1192;在 $\delta=0$ 時,得 1 分的機率是 0.0474。而在 $\delta=1$ 時,得 0 分的機率可由式 (11-4) 求得:

$$\frac{1}{1+\exp(\theta_n-\delta_i)}=\frac{1}{1+\exp(-3-1)}=0.9820$$

同理,可以求得在 $\delta=2$ 時,得 0 分的機率是 0.9933。

那麼當 $\theta=-3$ 時,得到 1, 1, 1, 0, 0 的概似就是以上五種機率的乘積:

$$0.2689\times0.1192\times0.0474\times0.9820\times0.9933=0.0015$$

接著可以算出當 θ 等於其他數值 (如 -2) 的概似。整理後得到圖 11-5 中的概似分佈圖。該圖顯示最大概似 0.2402 出現在 $\theta=0.6$ (更精確地講應該是等於 0.591) 時,因此該受試者能力的最概估計值為 0.6。

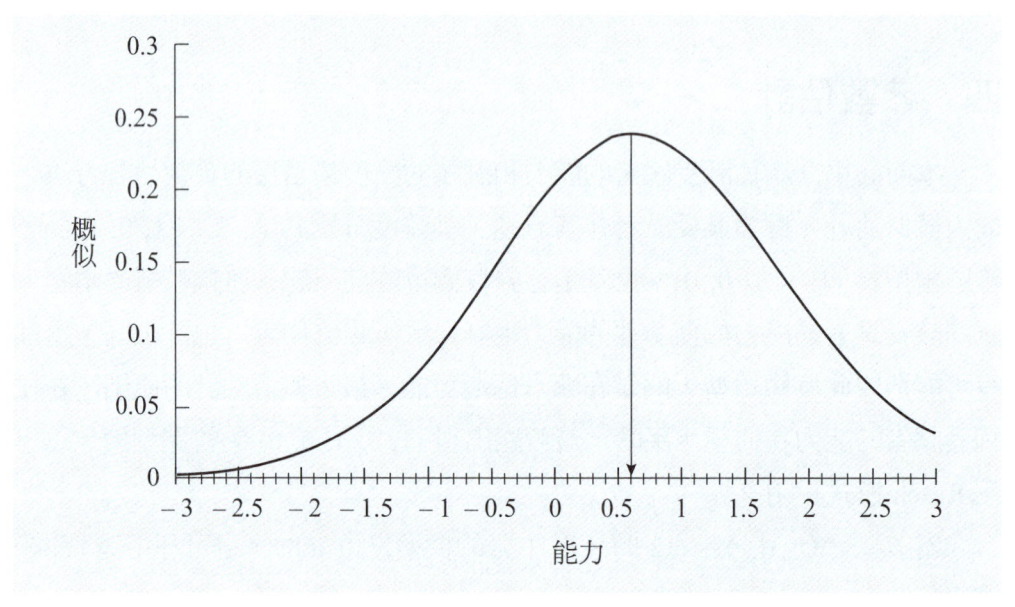

圖 11-5　Rasch 模式下作答五題得分為 (1, 1, 1, 0, 0) 的概似在不同能力值的分佈

其他受試者的能力,可以仿效以上方法估計出來。不過這些能力估計,必須假設試題難度已知。現實中,試題難度是未知的。此時,可以暫時給定試題的難度,如利用 log (P_0/P_1) 暫時來猜測試題難度,其中 P_0 和 P_1 分別是受試者裡答錯和答對該題的比例。然後估計受試者的能力。接下來,在受試者能力已知的情況下,重新估計試題的難度。得到新的試題難度後,又再次估計受試者的能力。然後再次估計試題的難度,直到前後兩次的估計值沒有很大的變化為止。也就是將能力參數以及試題參數寫在同一個概似函數裡,將之最大化。這稱為聯合最大概似估計 (joint maximum likelihood estimation),早期的軟體常使用這種方法。

聯合最大概似估計的優點在於容易撰寫程式進行之;速度很快,可以在幾秒或幾分鐘內完成數萬人的大量資料分析;無需假設受試者來自何種分佈,因此很有彈性。軟體 WINSTEPS 和 FACETS 就是使用此法。不過它有幾項缺點 (Holland, 1990; Embretson & Reise, 2000:210):

1. 聯合最大概似估計的參數估計是偏誤的。
2. 其試題參數的估計缺少統計上的一致性,也就是說,受試者人數增加,並不能使得估計值的分佈愈集中於參數的真值。這是因為每增加一個受試者,概似函數裡就增加一個參數:該人的能力參數。
3. 由於參數估計有偏誤且缺乏一致性,因此估計的標準誤並不恰當,後續的假設檢定和區間估計會有問題。
4. 概似無法用來進行模式的比較檢定 [如概似比率檢定 (likelihood ratio test)]。
5. 無法估計得滿分或零分的受試者的能力,也無法估計滿分或零分的試題的難度。

為解決以上問題,現今很多軟體使用邊緣最大概似估計 (Bock & Aitken, 1981)。其中假設受試者是從某母群體隨機抽樣而得,而且服從某種分佈,如常態分佈。因此只要估計這個分佈的參數即可,如果是常態分佈,只要估

計其平均數和變異數。在聯合最大概似估計裡，如果受試者有 500 人，就要估計 500 個能力參數。每增加 1 人，就要多估計 1 個能力參數。但在邊緣最大概似估計裡，不論受試者是多少人，只要他們來自同一分佈，就只要估計該分佈的參數即可。邊緣最大概似估計有以下的優點 (Embretson & Reise, 2000:214)：

1. 它適用於各種試題反應模式；
2. 可適用於長或短的測驗；
3. 其估計標準誤是恰當的；
4. 能夠估計得滿分或得零分的受試者能力；
5. 可用概似比率檢定進行模式比較。

但它也有以下缺點：

1. 很難撰寫程式進行估計，其估計速度遠慢於聯合最大概似估計，尤其是複雜的模式和多向度模式。
2. 必須假設受試者來自某種分佈 (通常是常態分佈)。如果該假設不恰當，會影響對受試者能力的估計，所幸對試題參數的估計影響不大。軟體 BILOG、CONQUEST、MULTILOG 和 PARSCALE 就是用此法來估計參數。

除了上述的聯合和邊緣最大概似估計外，還可用條件最大概似估計 (Andersen, 1970, 1973)。該原理建立在測驗的總分就是能力參數的充分統計量 (sufficient statistic) 的特性上。由於這種特性只有 Rasch 家族模式才有，多參數模式並沒有，因此條件最大概似估計只適用於 Rasch 家族模式。此估計方法可以得到不偏且具有一致性的試題參數估計，且不受限於受試者能力分佈。不過當測驗很長 (如 60 道二元試題，或者試題不多，但每個試題的選項數很多，如 30 道五分題)，其計算速度會受到嚴重挑戰。軟體 LPCM 和 WINMIRA 就是使用此法估計 Rasch 家族模式的參數。以上這些參數估計方法上的細節可參見 Baker 與 Kim (2004)。

試題反應理論牽涉到非常複雜的統計運算。這些軟體大都還沒擺在大型的統計軟體 (如 SPSS) 之中，而是單獨發行。所幸還有一些免費的軟體可供使用，例如免費軟體 MINISTEPS 與 MINIFAC (http://www.winsteps.com) 適用於 Rasch 家族的模式，包括二元試題和多分題模式、多相模式，不過只是學生版本，只能用於分析少量的資料。ConstructMap (http://bearcenter.berkeley.edu/GradeMap/) 適用於 Rasch 家族模式和多向度 Rasch 模式。PARAM-3PL (http://echo.edres.org:8080/irt/param/) 適用於三參數模式。免費軟體 R 也可執行相關分析 (http://rss.acs.unt.edu/Rdoc/library/ltm/html/00Index.html；http://cran.r-project.org/web/packages/eRm/index.html)。另外還有各種商業軟體，詳見 Assessment Systems Inc. (http://assess.com/xcart/home.php)。SAS 的模組 NLMIXED 可用以分析較複雜的模式 (Sheu, Chen, Su, & Wang, 2005)。

五、原始總分與 θ 的關係

在 Rasch 的家族模式裡，原始總分是 θ 的充分統計量。換句話說，原始總分和 θ 是一對一對應關係 (並不是線性關係)：原始總分相同，θ 的估計值就相同。原始總分愈高，θ 的估計值就愈高。原始總分的排序和 θ 估計值的排序是一致的。同理，試題的得分是該題難度的充分統計量，得分相同，難度就相同。再以上述五題的測驗為例，這五題的難度分別為 $-2、-1、0、1、2$。表 11-1 列出在 Rasch 模式下，各種答題型態的概似以及能力估計值。凡是測驗總分為 1 分，其能力估計值都是 -1.93；測驗總分為 2 分，其能力估計值都是 -0.59；測驗總分為 3 分，其能力估計值都是 0.59；測驗總分為 4 分，其能力估計值都是 1.93。

詳細比對同一測驗總分下，各種答題組型的概似，可以略窺答題組型的合理性。例如同樣只得 1 分，當答對最容易的第一題時，概似為 0.3017；但若是答對最困難的第五題時，概似為 0.0055。基本上，概似愈小，表示答題

表 11-1　在 Rasch 模式和二參數模式裡，各種答題型態的概似和能力估計值

答題型態					Rasch 模式		二參數模式	
					概似	能力估計值	概似	能力估計值
1	0	0	0	0	0.3017	−1.93	0.2758	−2.29
0	1	0	0	0	0.1110	−1.93	0.1673	−2.29
0	0	1	0	0	0.0408	−1.93	0.0507	−0.71
0	0	0	1	0	0.0150	−1.93	0.0069	0.51
0	0	0	0	1	0.0055	−1.93	0.0009	0.51
1	1	0	0	0	0.2402	−0.59	0.2273	−0.71
1	0	1	0	0	0.0884	−0.59	0.1195	0.06
1	0	0	1	0	0.0325	−0.59	0.0265	0.85
1	0	0	0	1	0.0120	−0.59	0.0036	0.85
0	1	1	0	0	0.0325	−0.59	0.0725	0.06
0	1	0	1	0	0.0120	−0.59	0.0161	0.85
0	1	0	0	1	0.0044	−0.59	0.0022	0.85
0	0	1	1	0	0.0044	−0.59	0.0161	1.15
0	0	1	0	1	0.0016	−0.59	0.0022	1.15
0	0	0	1	1	0.0006	−0.59	0.0012	1.71
1	1	1	0	0	0.2402	0.59	0.2289	0.51
1	1	0	1	0	0.0884	0.59	0.0722	1.15
1	1	0	0	1	0.0325	0.59	0.0098	1.15
1	0	1	1	0	0.0325	0.59	0.0833	1.43
1	0	1	0	1	0.0120	0.59	0.0113	1.43
1	0	0	1	1	0.0044	0.59	0.0084	2.01
0	1	1	1	0	0.0120	0.59	0.0505	1.43
0	1	1	0	1	0.0044	0.59	0.0068	1.43
0	1	0	1	1	0.0016	0.59	0.0051	2.01
0	0	1	1	1	0.0006	0.59	0.0092	2.36
1	1	1	1	0	0.3017	1.93	0.3005	1.71
1	1	1	0	1	0.1110	1.93	0.0407	1.71
1	1	0	1	1	0.0408	1.93	0.0412	2.36
1	0	1	1	1	0.0150	1.93	0.0912	2.87
0	1	1	1	1	0.0055	1.93	0.0553	2.87

的組型愈不合理。表 11-1 沒有列出零分和滿分的能力估計值，因為其最大概似落在 θ 為無限小和無限大之處，也就是無法估計。這意味著以現有的測驗無法判斷該受試者的能力所在。此時宜對這類受試者繼續施測較為簡單(或困難)的測驗，直到不是零分或滿分。

在多參數模式裡，原始總分和 θ 並沒有一對一的對應關係。原始總分相同，θ 的估計值不見得相同；原始總分愈高，θ 的估計值不見得愈高。原始總分的排序和 θ 估計值的排序不見得一樣。以上述五題的測驗為例，假設這五題的難度維持不變，但斜率參數分別為 0.5, 0.5, 1, 2, 2。表 11-1 右邊列出在二參數模式下，各種答題型態的概似以及能力估計值。從該表可以看出，測驗總分一樣，但能力估計值並不見得一樣。總分低者，其能力估計值可能會高於總分較高者。例如只答對第五題者，能力估計值為 0.51，但同時答對第一題和第二題者，其能力估計值為 -0.71。

多參數模式的 θ 估計值和原始總分並沒有一對一的對應關係，這在實用上可能會有很大困難。例如，大型入學或國家考試都必須公佈試題和原始分數，如果有人原始總分高而落榜，原始總分低反而上榜；又或者原始總分一樣，某人落榜，某人卻上榜；這恐怕都不易被社會大眾接受。擁護多參數模式的人也許會說，同樣原始總分的甲和乙，其中甲答對的大多是較難的試題，而乙答對的卻多是較簡單的試題，因此甲的 θ 估計值比乙高是合理的。但甲雖然答對了較難的試題，想必也答錯了較簡單的試題，否則他的原始總分不會跟乙一樣。如果答對較難的試題代表能力較高，那麼答錯較簡單的試題代表什麼呢？嚴格來說，答對很多較難的試題，但卻答錯很多較簡單的試題，這就是不合理的現象。例如表 11-1 中，答題型態為 0, 0, 0, 1, 1 者，答錯較簡單的三題，但卻答對最困難的兩題。針對這樣的反應型態，應該探討其原因，而不是貿然地給個數字代表其能力。

六、模式與資料適配度

跟任何一種資料分析一樣，當使用 Rasch 家族模式或多參數模式去適配資料時，一定要進行殘差分析，以檢測模式與資料的適配度。如果適配度佳，所得到的參數估計才有意義。以 Rasch 家族模式而言，如果適配度佳，所得到的量尺才有客觀等距的特性。如果適配度不佳，應該進行後續的探討，期能找出原因加以修正。

當參數估計完成後，也就是每位受試者的能力和每道試題的難度已知時，就可以計算每位受試者在每道試題的作答機率及期望分數。將期望分數減去觀察分數就是殘差。如果殘差很大 (期望分數距離觀察分數甚遠)，意味著模式和資料沒有很好的適配度。進行殘差分析著重在檢驗：(1) 受試者的答題型態是否合理，這稱為 person fit；和 (2) 試題被作答的型態是否合理，這稱為 item fit。舉例而言，某受試者作答了 20 道試題，依照上述做法，就可以計算出他在這每一道試題上的殘差。接下來透過某種統計程序來判斷這些殘差是否很大 (例如，他答錯很多簡單的試題，卻答對許多很難的試題)。如果是，就判定該受試者的反應不吻合模式的預期。

同理可以判定某個試題是否吻合模式的預期。例如有 100 位受試者作答了第一題，因此就有了 100 個觀察分數和 100 個期望分數。計算其殘差，接著透過統計程序判定這些殘差是否很大 (例如很多低能力的人答對該題，但很多高能力的人卻答錯)。如果是，就判定該題不吻合模式預期，可能題幹或選項出現了問題。

在真實資料中，不難發現一部分受試者和試題不吻合模式的預期。原因可能有很多種。例如受試者亂答、作弊，也可能在考試剛開始時非常緊張，以致答錯那些出現在考卷前面的試題 (通常是簡單的試題先出現)，又或者考到後來非常疲倦，無心作答，以致擺在測驗卷後面相對簡單的試題，卻沒答對。受試者也可能因為使用某種特殊的解題技巧，以致可以很幸運地答對高

難度的試題；又或者受試者曾解過相同試題或補習班剛教過類似試題，因此難度降低。總之無論是哪種原因，必須承認該受試者的答題型態跟一般的受試者大相逕庭，因此無法用同一種標準來量化其程度。從實用的觀點來看，這些有著異常反應的受試者非常值得深入追蹤，說不定因而可以看到新的現象，得到新的理論。

　　試題不吻合模式預期的原因也有多種。例如題意不清，以致高能力的人鑽牛角尖反而答錯；又或者這個試題牽涉到其他的能力向度，例如算術的應用題，用字遣詞過於深奧，以致考生因為語文程度不佳，看不懂題意，無法作答，這並不是算術能力不佳所致。就以美國研究所入學考試的 GRE 的邏輯分測驗來說，因為用英文出題，國人的平均分數也就比美國人低很多，但這並不代表國人的邏輯能力遠低於美國人。

　　當發現某個試題不吻合模式預期時，就意味著這個試題跟測驗內的其他試題並不協調。它所量測的潛在特質跟其他試題並不相同，因此不滿足單向度的假設，應該將此一試題修改或排除。不過，這並不表示該試題不重要，而是它跟其他試題沒有同步，不宜置於同一測驗分析。如果該試題所量測的潛在特質真的重要，應該獨立去編製一份測驗，好好地去測量，而不是硬把它跟其他試題湊在一塊，使得分數解讀失去意義。

七、試題反應理論對於測驗實務的影響

　　自 1960 年代起，試題反應理論逐漸風行。截至 2014 年 9 月止，在心理學 PsycINFO 和教育學 ERIC 的資料庫中，已經出現了高達 5,288 筆和 3,300 筆以上的期刊論文摘要，內含「item response theory」或「Rasch」兩名詞；即便在醫學 MEDLINE 資料庫中也高達 3,538 筆以上，碩博士論文 Dissertations and Theses 資料庫也有 2,951 篇以上。試題反應理論備受重視，現已逐漸擴展至健康醫學、護理、管理、體育等凡是使用量表或測驗工具蒐集人類行為的學科。預計這股風潮會愈來愈普遍，甚至不久的將來，試題反

應理論會被納入高等統計學或資料分析相關的教科書，成為一般研究生必修之單元。試題反應理論已經對現今的測驗實務產生革命性的影響。以下列出幾個重要的層面說明之，其他層面可參見王文中 (2004)。

(一) 效度分析

當資料吻合 Rasch 模式的預期時，才能產生客觀等距的量尺，達到測驗的真正目的。在傳統的構念效度分析中，常會使用相關分析、探索性因素分析或驗證性因素分析來探討試題量測的能力或特質因素。相關分析和因素分析必須計算平均數和變異數，這都得用等距量尺才行。但是如前所述，試題得分或測驗總分並不是等距量尺，因此不能計算平均數或變異數，就不宜使用相關分析、因素分析，或其他參數統計方法，如結構方程模型分析。

(二) 信度分析

在古典測驗理論中，常利用再測方法 (test-retest) 來估計測驗的信度，然後利用信度計算測量標準誤。信度愈大，測量標準誤就愈小；反之，信度愈小，測量標準誤就愈大。依照定義，信度是真分數的變異數除以觀察分數的變異數。如果有一群受試者其真分數差不多 (即真分數的變異接近 0)，那麼測驗的信度就會很接近 0；反之，若換一群受試者其真分數的變異很大，同一份測驗所得到的信度就會很接近 1。換句話說，信度取決於樣本的同質性，是樣本依賴。

在試題反應理論中，每道試題都幫助測驗使用者理解受試者的能力落點。假想試題就像是跳高竿子的高度，每種高度可用來測試跳高者的能力。如果竿子是 100 公分，它提供較多的訊息幫助我們估計跳高能力在 100 公分左右的選手，但提供較少的訊息來估計能力離 100 公分很遠的選手。同理，每道試題可以提供較多的訊息，來幫助我們估計能力在難度附近的受試者，但提供較少的訊息來估計能力離難度較遠的受試者。這就是所謂的試題訊息函數 (item information function)。

例如圖 11-2 中的三條試題特徵曲線，斜率最大之所在就是難度所在，離難度愈遠，斜率愈小。換句話說，試題對於能力在其難度附近的受試者有最高的訊息量，可以區辨得比較清楚。離難度愈遠，其估計的精準度愈低，誤差愈大。整份測驗的訊息量，就是所有試題的訊息量的總和。基本上，能力水準不同，其訊息量就不同，測量標準誤就不同。當測驗的整體難度跟受試者的能力水準愈相當，訊息量就愈高，測量標準誤就愈小，因此測量標準誤隨著能力水準而變動。在電腦軟體的報表裡，除了提供受試者的能力估計值外，還會提供標準誤，就是建立在測驗訊息函數上，且每個受試者的測量誤差通常不一樣。由於測量標準誤建立在測驗訊息函數上，這跟受試者的同質性程度無關，因此是樣本獨立。

(三) 常　模

在古典測驗理論裡，測驗分數沒有等距的意義，因此分數的解釋必須仰賴常模，也就是受試者相對於常模團體的排名。因此常模的代表性就非常重要，沒有代表性的常模，會使得排名失真。在物理測量裡，就沒有所謂常模的爭議。例如近年常有流行病，因此到處都要量體溫。量一個人的體溫時，只要知道是攝氏幾度(如 37.5 度)就好，無需問這樣的體溫排名多少。

在 Rasch 模式中，透過 θ 與 δ 的關聯來定義 θ。一旦知道某位受試者的能力，和每一題的難度後，就可以計算他在每一題的答對機率，用此就可以具體表示他的能力的意義。例如，在人際溝通恐懼的測驗裡，詢問受試者在面對哪種情況下會有溝通上的恐懼，如家人、好友、同學、老師、上司、一般朋友、陌生人、曾有過節的人、課堂上發表意見、公開演講等。此時受試者的溝通恐懼程度，就用在面對各種情況下會恐懼的機率來表示。例如甲面對同學時，恐懼的機率為 30%，面對老師為 70%，面對上司時為 90%，面對陌生人時為 99%。乙的溝通恐懼程度為面對同學時，恐懼的機率為 10%，老師為 30%，上司為 40%，陌生人為 60%，有過節的人為 90%，課堂發表意見為 99%。每個受試者的溝通恐懼程度都是由這些試題來定義，因此具有

效標參照 (criterion referenced) 的解釋意涵。不管其他人的恐懼程度，都跟其他人無關。這就像要解釋甲的跳高能力一樣，只需看竿子的高度，無須考慮其他人的跳高能力。也像解釋乙的身高，只需檢視尺上的刻度，無須參照其他人的身高。

不過在測驗實務裡，題目的難度通常未知，必須藉由受試者的反應來估計題目的難度，因此受試者的異質性仍然是必要的，以便較精確地估計題目的難度。受試者的代表性不是必要條件，當然有常模代表性更好，因為這樣可以看出每個受試者在群體中的相對位置，以便進行常模參照的解釋。例如甲的跳高能力為 160 公分，佔全校排名的前 10%。反觀用原始分數來解釋時，必須要有代表性常模，否則分數沒有意義。

(四) 試題編寫

在古典測驗理論的指引下，常會以試題的答對率、鑑別力 (dscrimination power)、Cronbach α 的高低當試題編寫的依據。例如希望試題的答對率在 0.5 附近，鑑別力和 α 係數愈高愈好。如果測驗裡的所有試題的答對率都在 0.5 附近，那麼難度分散不足，對於能力很高或很低者，將無法做有效的區分，因此測驗品質不佳。試題難度的設定，需取決於測驗的目的。如果測驗是用來區分大多數人 (例如 IQ 測驗、學業成就測驗)，那麼難度宜很分散。如果測驗是用來挑選能力極高者 (如給予獎學金)，則試題的難度宜很高，以便有效區別能力極高的一群受試者；反之，如果測驗是用來挑選能力極低者 (如進行補救教學)，則試題難度不宜太難。

傳統上，常以試題得分和測驗總分的相關來當作試題的鑑別力 (如點二系列相關)，鑑別力愈高表示試題愈好。同樣地，α 係數 (見「古典測量理論」一章) 常被測驗的實務工作者用來評斷測驗的品質：α 係數愈高，測驗的信度或內部一致性就愈高。這些看法可能是有問題的。舉例而言，有位老師想測量小學生的「分數加減能力」，但在這個測驗裡，盡是出一些不用通分、約分或進位的試題，如：

$$5/9 - 4/9 = ?$$
$$3/5 + 1/5 = ?$$
$$1/3 + 1/3 = ?$$
$$2/7 - 1/7 = ?$$

以上這四題的作答反應的相關一定相當之高。換句話說，答對第一題大概就會答對其他三題。答錯第一題大概就會答錯其他三題。因此兩兩試題之間的相關幾乎等於 1，每道試題得分和測驗總分的相關也會幾近於 1。這意味著每道試題有很高的鑑別力，整份測驗有很高的 α 係數。但這不是一份好測驗，而是一份只有深度、沒有廣度的測驗。

基本上，α 係數取決於兩項因素：測驗長度 (題數多寡)，和兩兩試題間的平均相關。題數愈多，α 係數愈高。在題數固定的情況下，想提高 α 係數，就得提高試題間的相關。要提高試題間相關的最簡單做法，就是讓試題很相似，如上面的四道試題。在此同時，也就提高了每道試題的鑑別力。

其實上述四道試題，過於相似，實際上只能算一道試題，因此整份測驗的測量誤差還是很大。若是用鑑別力和 α 係數來評價測驗，很可能會高估測驗品質、低估測量誤差。其實這樣的測驗可能沒有效度，因為當初測驗的目的是要評估學生在分數加減上的表現，而分數加減 (理論上) 應該涵蓋通分、約分、進位等。因此一味地追求高的鑑別力和 α 係數，可能會失去測驗的廣度，也就會失去效度。關於 α 係數的使用和誤用，可參見 Sijtsma (2009)。

再以態度問卷的編寫為例，假設現在要測量自尊心。如果以提高鑑別力和 α 係數為目的，就要提高試題的相關，此時編寫的試題可能是：

1. 我對自己滿意。
2. 我喜歡自己。
3. 我覺得自己不錯。
4. 我很差勁 (反向題)。

基本上，如果同意第一題，大概就會同意其他所有正向題。如果不同意第一

題，大概就不會同意其他正向題。因此試題間的相關很高，試題得分和測驗總分的相關就會很高，α 係數也會很高。其實這測驗表面上看似有四道試題，但因為過於重疊，其實只有一道試題，因此測量誤差還是很大。況且這樣的試題並不能反映出自尊心的全貌，缺乏廣度、缺少效度。

在非能力測驗的試題編寫上，還常會出現一個盲點：沒有難度 (閾值) 的概念。如以測量自尊心為例，每個人的自尊心程度不一樣，這就像每個人的數學能力不一樣。在數學能力測驗裡，會有不同難度的試題，以便區分不同數學能力程度的人。在自尊心的測驗裡，理當也要有不同難度的試題，以區辨不同自尊心程度的人。亦即自尊心的測驗裡要有不同閾值的試題。有些試題閾值很低 (絕大多數的人都會同意或做到)，有些試題閾值較高 (約半數的人會同意或做到)，有些試題的閾值很高 (只有自尊心很強的人才會同意或做到)。

在試題反應理論的架構裡，試題難度的設定也應該根據測驗目的而定。由於不同使用者會有不同的目的，因此最有效率的測驗編製方式，就是建立題庫 (item bank)。然後搭配使用者不同的需求 (如要挑選天才，或是挑選學習困難者)，從題庫裡組合出量身訂做的測驗卷。

每道試題都要有其測量的價值，因此所提供的試題訊息要彼此獨立，這才能使測驗的整體訊息是所有試題訊息的總和。要讓一份測驗發揮這樣的功能，試題間不可以產生連鎖效應，例如答對第一題，不可以因而增加答對第二題 (或其他題) 的可能性；答錯第一題，不可以因而增加答錯第二題 (或其他題) 的可能性。如果以試題反應理論來分析上述關於「分數加減」、「自尊心」的試題，可能會發現這類試題過度相似，訊息重疊，因此並不是好試題。若以點二系列相關來分析，卻很可能發現這些試題很有鑑別力。如果試題有連鎖效應的話，即便以試題反應理論來進行分析，也可能會高估斜率參數 (Tuerlinckx & DeBoeck, 2001)。換句話說，不良的試題 (有連鎖效應的試題)，如果用二參數模式去分析，會高估了這些試題的斜率參數。對於擁護二參數模式的人來說，斜率參數愈高，試題的品質就愈好，那麼這類不良的

試題，反而會被認為是高品質的試題。

(五) 差異試題功能

差異試題功能 (differential item functioning, DIF) (Holland & Wainer, 1993) 分析，現今幾乎是試題分析的標準作業程序之一。所謂 DIF 指的是試題對不同的團體有著不同的功能，也就是測到不同的潛在變項。另一種定義是：來自不同團體 (如性別、膚色、地區)，但能力水準相同的受試者，卻有不同的答對機率。理論上，能力相同，答對的機率就應該相同。如果不同，那就表示這個試題對於不同團體的受試者，代表著不同的意涵，也就是有著不同的功能。以下是一道 DIF 試題。在推理測驗裡，有這樣的一道試題：

草莓：紅色相當於下列哪一種關係：(A) 桃子：成熟　(B) 皮革：棕色　(C) 草地：綠色　(D) 柳橙：圓形　(E) 檸檬：黃色

正確答案是 (E)。相對於白人學生而言，西班牙裔的學生有異常低的答對率。這是因為西班牙裔學生通常看到的檸檬是綠色的，很少是黃色的，因此他們傾向於 (C)；但白人學生看到的檸檬大都是黃色的，因此容易選 (E)。這個試題的原意在測推理能力，不是測生活環境。試題顯然對西班牙裔學生而言並不公平。

GRE 的邏輯分測驗算是 DIF 的另一例子。由於是用英文命題來考邏輯推理，因此對於國人而言，常苦於英文能力不足，無法理解題意，因此相對於美國考生，國人的邏輯分數偏低。這難道是國人的推理能力不如美國人？顯然這是因為用英文命題所致。

在古典測驗理論裡，用答對率來表示試題難度。如果發現男生在某題的答對率是 30%，女生答對率是 50%，這道試題有性別的 DIF 嗎？說不定女生的能力本來就較強，因此答對率較高是合理的。傳統的試題分析不容易進行 DIF 檢測，因為試題的難度 (答對率) 和受試者能力互相定義，因此不能直接用答對率來檢測是否有 DIF。在試題反應理論裡，DIF 的檢測就變得比較容

易,因為能力和難度並沒有互相定義。通常只要比對試題對不同團體的受試者是否有著不同的參數,即可判定該題是否有 DIF (Wang, 2008)。目前大型測驗,尤其是高風險 (high-stakes) 的測驗 (如入學測驗、證照考試) 都會詳細地進行 DIF 分析,以確保測驗對不同團體的考生都是公平的。

在能力測驗裡,DIF 分析的重點多在檢測不同種族、性別、居住地區、社經地位的團體是否有功能上的差異。其實,其他人口變項也可以視需要進行 DIF 檢測。舉例而言,很多測驗被翻譯為數種語言,以因應當地需要。我們可以將「國家」、「文化」或「語言」當作人口變項來進行 DIF 分析,以確保不同語文版本的測驗所得到的分數是可以比較的。同理,有些測驗在不同年度重複施測 (如縱貫性研究),此時,為了確保不同年度的分數可以進行比較,可以針對「年度」進行 DIF 分析。

(六) 電腦化適性測驗

電腦化適性測驗具有施測情境標準化、計分快速、試題保存安全性高、施測時較不受時空限制以及試題呈現方式多樣性 (如聲、光和速度) 等諸多優點。如前所述,試題的難度應該貼近受試者的能力,才會有最佳的鑑別力 (訊息量),因此測驗的施測最好是伴隨著受試者的能力而彈性調整,這就是適性測驗 (adaptive testing) 的概念。例如,能力高者填答很多容易的試題,不僅浪費時間和精力,甚至減損作答意願,也就無法有效估計真正能力;反之,能力低者填答很多高難度的試題,也是浪費時間,甚至造成不必要的挫折。電腦測驗的最佳化,就是視受試者的答題情況,彈性調整下一題的難度。在受試者答題之後,立即估計能力。如果該題答錯 (表示他能力可能低於該題的難度),下一題就出現相對簡單的試題;反之,如果答對 (表示他能力可能高於該題的難度),下一題就出現相對難的試題。在實務上要做到這樣的境界就必須仰賴電腦,也就是將電腦和試題反應理論結合成為電腦化適性測驗 (computerized adaptive testing, CAT)。

進行適性施測時要先有題庫。題庫內的每道試題都要經過數百位受試者

的預試，然後利用試題反應理論來估計試題的參數。當新的考生在電腦上作答一題後 (通常是選擇題，以利線上及時計分)，電腦立即估算出他的能力 (估計方法可以是最大概似估計)。接著從題庫中選出一道最適當的試題 (通常是難度最接近其能力的試題)。考生作答完此題後，又立即重新估計其能力，接著選取下一題。這個過程循環多次後，對於考生的能力估計就愈來愈準確。達到某一既定的準確度，或既定的測驗長度後就結束。這種適性做法通常只要一半的題數，就可以達到一般紙筆測驗的信度，可見 CAT 的效率 (Wainer et al., 2000)。目前有些大型的考試已經採用 CAT，例如 TOEFL 和 GRE 測驗。

在 CAT 中，每位受試者作答的試題並不一樣，但是其分數仍然可以比較，這就必須仰賴試題反應理論。透過 Rasch 模式或多參數模式，即便某位受試者作答的試題較難，另一位受試者做較簡單的試題，他們兩人的分數仍然可以比較。有了 CAT，考生可以選擇自己便利的時間和地點接受考試。不過 CAT 的實施必須有良好的題庫做基礎。如果題庫內的試題數量不多，曝光率過高恐失去測驗效度。目前亞洲地區的 GRE 已經取消 CAT。再者，國內目前的考試制度要求考試後要立即公佈考題和答案，除非這種做法能夠改變 (TOEFL 和 GRE 並不立即公佈考題和答案)，試題無法重複使用，而題庫又不可能非常龐大，CAT 就窒礙難行。

(七) 分數等化

在傳統的測驗實施裡，每位受試者都要接受同一份測驗，否則分數無法比較。有的時候，這種做法並不可行。就如 SARS 和 H1N1 流行時，大型集中式的考試很危險。又如要了解成長變化，必須計算前後測的分數變化。如果用同一份卷子施測兩次，恐怕會有記憶的干擾。如果用不同的卷子，分數又難以比較。再者，當受試者有缺失值 (漏答部分試題) 時，將使得分數的比較變得更為困難。如果測驗的施測可以很有彈性，那麼就可以解決很多實務上的困境。例如接受不同測驗的受試者，其分數仍然可以比較；前後測使用

不同的卷子，分數可以相減；即便有漏答，分數仍然可以比較。如此一來，不必將所有的考生集中在同一時段，接受同一份測驗，前後測的問題也可以圓滿解決，漏答試題也沒關係。

　　試題反應理論可以有效地解決這些困境。受試者的水準端看其在試題上的表現。不同的受試者可以作答不同的試題。只要依照他們的作答反應，將其能力水準界定出來即可。既然如此，前後測可以用不同的試題，分數仍可以比較。不同受試者作答不同的題數 (就如有人漏答) 也沒關係，一切變得非常有彈性。要比較作答不同卷子的受試者的能力水準，只要將他們的分數加以等化 (equating)。這個等化的工作在試題反應理論中，變成簡單的參數連結 (linking) 問題 (Kolen & Brennan, 2004)。也就是怎樣將不同測驗的試題的參數連結起來，擺在同一個量尺上，形成一個大的題庫。有了這個等化或連結，測驗的實務變得相當有彈性。上述的 CAT 就是每個受試者接受不盡相同的測驗，但是分數仍然可以比較。

八、實例分析

　　為了了解目前青少年約會行為的衝突因應策略，黃登月與王文中 (2005) 先以質性訪談來蒐集國內青少年的衝突行為與因應策略，據以編寫試題。然後透過較大樣本的施測，並進行 Rasch 分析，建立出具有高信度、效度的「青少年約會衝突因應策略量表」，以作為早期發現篩檢工具，介入輔導處遇以及作為在未來成人時期及婚姻階段，伴侶之間衝突暴力之預測。他們訪問 13-23 歲過去一年內有約會經驗的青少年 22 人，內容包括約會關係、進展及交往狀況。結果發現，約會衝突因應策略可分為理性的解決、口語衝突、心理傷害、肢體 (性) 傷害等四種。青少年約會衝突因應策略具有連續、多向、混合及多變等複雜性。

　　經過分析國外相關之衝突量表，佐以實際訪談之結果，他們編寫「青少年約會衝突因應策略量表」。並經國內測驗專家、青少年心理發展專家、教

育學者、教師對此量表進行內容的效度進行評量，以確定量表涵蓋重要內容，國中生以上程度之學生能夠了解題意。「青少年約會衝突因應策略量表」內含「理性」和「非理性」兩個分量表。受試者為一年內有過約會衝突經驗的青少年 405 人 (男 182 人、女 223 人)。受試者依據自己的因應方式，勾選與自己最符合的情形。該量表採三點量尺：0 分代表從來沒有 (0 次)、1 分代表很少發生 (1-2 次)、2 分代表較常發生 (3 次以上)。在理性分量表上，得分愈高代表其因應策略愈理性；在非理性的量表上，得分愈高代表其因應策略愈不理性。

透過 BIGSTEPS (現改名為 WINSTEPS) 軟體進行 Rasch 評等量尺模式分析，並檢測試題是否吻合評等量尺模式，是否有性別的 DIF，如有則予以刪除。經多次刪題與分析後，最後得到理性分量表 10 題，非理性分量表 62 題。圖 11-6 呈現理性分量表中受試者與試題的線性關係。圖的左邊是這 405 位受試者在理性因應策略上的分佈 (愈上面代表愈理性)，右邊是這 10 道試題的整體難度的分佈 (愈上面代表愈不容易做到)，最左邊的數字是 logit 單位。此圖又稱為 Wright Map，以示對其提出者 Wright 的敬意。在這 10 題裡，「會心平氣和地和他討論」的難度最高，表示最不容易做到。「轉移話題」的難度最低，最常發生。試題難度分佈與受試者理性特質分佈的對應大致良好。不過高理性的試題可以再增多，以便更能區分高理性程度的受試者。

圖 11-7 呈現非理性分量表中受試者與試題的線性關係。愈上面的受試者的非理性程度愈強，愈上面的試題愈不容易做到，也就是不理性的程度愈高。這兩個閾難度分別為 -0.02 和 0.02，雖然具有順序性，但因為相距很近，因此不能非常有效地發揮每個選項 (從來沒有、很少發生、較常發生) 的區辨功能。如果只為了減少選項個數，以利測驗實施，那麼建議可以分為兩個選項：沒有、有。在這 62 題裡，最不理性的前五大策略是「吐痰或吐口水」、「綁起來虐待、侮辱」、「威脅恐嚇傷害親友」、「限制行動」、「拿刀子或致命凶器傷害」。相對而言，最常使用的前五大非理性策略為

logit	受試者	試題
3	#####	
	.####	
	#	
2	.####	
	.#######	
	.########	
1	######	
	.########	會心平氣和地和他討論
	.##	
	########	解釋說明誰對誰錯的理由
	.########	
	#####	做一些可以避免衝突的事　避免說會引起衝突的話
0	#####	建議可以避免衝突的辦法　安靜傾聽並接納他的建議
	.#######	讓步主動道歉儘量取悅他
	######	等他氣消了才和他溝通
	##########	無論自己的想法怎樣，我都會尊重他的意願
	.#	轉移話題
	.#####	
−1	.######	
	.	
	####	
	.##	
−2	.##	
	###	
−3	##	

圖 11-6 受試者理性因應的程度與試題整體難度的線性關係

註：第一閾難度 −0.31，第二閾難度 0.31。每個 # 約代表四位受試者。

logit	受試者	試題
3		
		吐痰或吐口水
2		綁起來虐待、侮辱
		威脅恐嚇傷害親友　限制行動
		拿刀子或致命凶器傷害
		壓在地上、牆上或東西上
1		竊聽電話　自殺威脅　拿東西用力丟
		傷害親友　眾人前嘲笑　控制錢
		抓頭髮或手、腳、耳朵　燒掉丟掉他送的東西　找別人揍他
		喝酒或吸毒　自我傷害
		威脅分手　做勢要打　做事讓他怕　恐嚇毀壞　教朋友對付他　踢他　亂摔東西　撞牆　燒燙
		侮辱輕蔑　電話騷擾　性變態　跟蹤　威脅　咒罵　壓進水裡　破壞事情　勒脖子
0	.#	
	#	說壞話　歸咎　鄙視　強迫接受
	.###	拳頭揍　咬　打　拉扯　拉
	.##	說激怒的話
−1	##	捏　假裝沒發生　拒絕討論　發怒命令走開　瞪
	.###	生氣掉頭或重重跺腳離開　拒絕逃避聯絡
	.#######	不退讓直到道歉　用帶有敵意的語氣說話　沒有任何解決行動
	.########	只會逗笑
−2	##########	
	#########	
	.#######	
	.########	
−3	.#####	
	########	
	#####	
	.####	
−4		
	.#####	
−5	#####	

圖 11-7　受試者非理性因應的程度與試題整體難度的線性關係

註：第一閾難度 −0.02，第二閾難度 0.02。每個 # 約代表四位受試者。

「只會逗笑」、「不退讓直到道歉」、「用帶有敵意的語氣說話」、「沒有任何解決行動」、「生氣掉頭或重重跺腳離開」。絕大多數的受試者的非理性程度都遠低於試題的難度，意味著極端非理性的策略很少發生。換句話說，大多數青少年不至於使用過度激烈的因應策略。

九、總　結

自從 1960 年代試題反應理論提出以來，人們逐漸認識到測驗資料分析的單位在於試題作答反應，而不是測驗總分。試題作答反應是類別變項，因此其分析方法跟一般的連續變項的分析方法 (如變異數分析、相關分析等) 截然不同。試題反應理論就是適用於分析試題作答反應的一套理論體系。測驗的原始分數和試題的答對率互相定義，彼此干擾，因此測驗的原始分數也不適合用來表示受試者的能力水平，試題的答對率也無法表示試題的難度。我們需要一套理論將這兩者分離，使得對受試者能力的估計不受限於試題的難度，對試題難度的估計不受限於受試者的能力，這樣才能達到客觀的量化。

Rasch 模式成功地實現這個理想，其量尺客觀且等距。愈來愈多的學者認知到這是目前唯一可以使得心理測量達到客觀等距的方法。多參數模式雖然在統計公式上，跟 Rasch 模式相當類似，但是其出發點跟 Rasch 模式迥然不同，無法達到客觀等距的目的。這是因為多參數模式採用統計取向，力求適配資料，以致無法達到測量的基本目的。無論如何，試題反應理論已經被重用。無論在效度分析、信度分析、常模、差異試題功能、電腦化適性測驗、分數等化等議題上，試題反應理論已經帶來革命性的影響。五十餘年來，經過多位學者的努力，使得試題反應理論已有相當多元的發展，可以適用於多分題、多相線性化等複雜的測驗情境。這些發展成功地促進測驗產業品質的提升。

本文透過實例分析闡述試題反應理論於量表編製上的應用，這只是眾多應用中的一小部分。讀者可以從專業的教科書、網站上找到更多的資源和相

關的軟體。試題反應理論的研究和應用如雨後春筍,逐漸擴展到教育和心理學以外的學門。國內雖然也有類似的發展,不過速度還是相對緩慢。我們殷切盼望有更多的人投入這個領域的研發和應用。

參考書目

王文中 (2004)〈Rasch 測量理論與其在教育和心理之應用〉。《教育與心理研究》,27,637-694。

王寶墉 (1995)《現代測驗理論》。臺北:心理出版社。

余民寧 (2009)《試題反應理論 (IRT) 及其應用》。臺北:心理出版社。

許擇基、劉長萱 (1992)《試題作答理論簡介》。臺北:中國行為科學社。

黃登月、王文中 (2005)〈青少年約會衝突因應策略量表之發展〉。《教育與心理研究》,28,468-494。

Andersen, Erling B. (1973). A goodness of fit test for the Rasch model. *Psychometrika, 38*, 123-140.

Andersen, Erling B. (1970). Asymptotic properties of conditional maximum likelihood estimators. *Journal of the Royal Statistical Society, Series B, 32*, 283-301.

Andrich, David (1978). A rating formulation for ordered response categories. *Psychometrika, 43*, 561-573.

Baker, Frank B., & Kim, Seock-ho (2004). *Item response theory: Parameter estimation techniques* (2nd ed.). New York: Marcel Dekker.

Birnbaum, Allen (1968). Some latent trait models and their use in inferring an examinee's ability. In Federic M. Lord & Melvin R. Novick (Eds.), *Statistical theories of mental test scores* (pp. 397-479). Reading, MA: Addison-Wesley.

Bock, R. Darell, & Aitken, Murray (1981). Marginal maximum likelihood estimation of item parameters: Application of the EM algorithm. *Psychometrika, 46*, 443-459.

Embretson, Susan E. (1998). A cognitive-design system approach to generating valid tests: Applications to abstract reasoning. *Psychological Methods, 3*, 380-396.

Embretson, Susan E., & Reise, Steven P. (2000). *Item response theory for psychologists*. Mahwah, NJ: Erlbaum.

Fischer, Gerhard H., & Molenaar, Ivo W. (1995). *Rasch models: Foundations, recent developments, and applications*. New York: Springer.

Fischer, Gerhard H. (1973). The linear logistic test model as instrument in educational research. *Acta Psychologica, 37*, 359-374.

Fischer, Gerhard H., & Parzer, Peter (1991). An extension of the rating scale model with an application to the measurement of treatment effects. *Psychometrika, 56*, 637-651.

Fischer, Gerhard H., & Pononcy, Ivo (1994). An extension of the partial credit model with an application to the measurement of change. *Psychometrika, 59*, 177-192.

Holland, Paul W. (1990). On the sampling theory foundations of item response theory models. *Psychometrika, 55*, 577-602.

Holland, Paul W., & Wainer, Howard (Eds.) (1993). *Differential item functioning*. Hillsdale, NJ: Erlbaum.

Hsueh, I-ping, Wang, Wen-chung, Sheu, Ching-fan, & Hsieh, Ching-ling (2004). Rasch analysis of combining two indices to assess comprehensive ADL function in stroke patients. *Stroke, 35*, 721-726.

Kolen, Michael J., & Brennan, Robert L. (2004). *Test equating: Methods and practices* (2nd ed.). New York: Springer-Verlag.

Linacre, John M. (1989). Many-facet Rasch measurement. Chicago: MESA. Linacre, John M. (2002). Optimizing rating scale category effectiveness. *Journal of Applied Measurement, 3*, 86-106.

Lord, Frederic M. (1952). A theory of test scores. *Psychometric Monograph, 7*.

Lord, Frederic M. (1953a). An application of confidence intervals and maximum likelihood to the estimation of an examinee's ability. *Psychometrika, 18*, 57-75.

Lord, Frederic M. (1953b). The relation of test score to the trait underlying the test. *Educational and Psychological Measurement, 13*, 517-548.

Lord, Frederic M., & Novick, Melvin R. (1968). *Statistical theories of mental test scores*. Reading MA: Addison-Wesley.

Lord, Frederic M. (1980). *Applications of item response theory to practical testing problems*. Mahwah, NJ: Erlbaum.

Masters, Geoff N. (1982). A Rasch model for partial credit scoring. *Psychometrika, 47*, 149-174.

Muraki, Eiji (1992). A generalized partial credit model: Application of an EM algorithm. *Applied Psychological Measurement, 16*, 159-176.

Rasch, George (1960). *Probabilistic models for some intelligence and attainment tests*. Copenhagen: Institute of Educational Research (Expanded edition, 1980. Chicago: The University of Chicago Press).

Sheu, Ching-fan, Chen, Cheng-te, Su, Ya-hui, & Wang, Wen-chung (2005). Using SAS

PROC NLMIXED to fit item response theory models. *Behavior Research Methods, 37*, 202-218.

Sijtsma, Klass (2009). On the use, the misuse, and the very limited usefulness of Cronbach's alpha. *Psychometrika, 74*, 107-120.

Stevens, Stanley S. (1946). On the theory of scales of measurement. *Science, 103*, 677-680.

Tuerlinckx, Francis, & De Boeck, Paul (2001). The effect of ignoring item interactions on the estimated discrimination parameters in item response theory. *Psychological Methods, 6*, 181-195.

Wainer, Howard, Dorans, Neil J., Eignor, Donald, Flaugher, Ronald, Green, Bert, Mislevy, Robert J., Steinberg, Lynne, & Thissen, David (2000). *Computerized adaptive testing: A primer* (2nd ed.). Mahwah, NJ: Erlbaum.

Wang, Wen-chung (2008). Assessment of differential item functioning. *Journal of Applied Measurement, 9*, 387-408.

Wang, Wen-chung, & Liu, Chih-yu (2007). Formulation and application of the generalized multilevel facets model. *Educational and Psychological Measurement, 67*, 583-605.

Wilson, Mark (2005). *Constructing measures: An item response modeling approach*. Mahwah, NJ: Erlbaum.

Wright, Benjamin D., & Masters, Geoff N. (1982). *Rating scale analysis*. Chicago: MESA Press.

Wright, Benjamin D., & Stone, Mark H. (1979). *Best test design*. Chicago: MESA Press.

延伸閱讀

一、教科書

1. Bond, Trevor G., & Fox, Christine M. (2007). *Applying the Rasch model: Fundamental measurement in the human sciences* (2nd ed.).
   本書對於 Rasch 模式的理論和應用有相當深入淺出的介紹，也包括很多實例分析，屬於 Rasch 的入門教科書。

2. Wilson, Mark (2005). *Constructing measures: An item response modeling approach*.
   本書闡述如何將 Rasch 模式的理念融入測驗發展，以得到客觀等距量尺和高品質的測驗，這是測驗編製者不可或缺的工具書。

3. De Ayala, Rafael J. (2008). *The theory and practice of item response theory*.

這是比較新的 IRT 教科書，算是因應市場需要，淺顯易懂而實用。

4. Embretson, Susan E., & Reise, Steven P. (2000). *Item response theory for psychologists*.
本書對於 IRT 的理論和實用有著相當精彩的論述，尤其著重於 IRT 對於現代心理測驗之編製、分析、結果解釋的影響，是相當不錯的教科書。

5. 余民寧 (2009)《試題反應理論 (IRT) 及其應用》。臺北：心理出版社。
本書深入淺出，涵蓋 IRT 的基本概念與假設、各種常見模型、參數估計與適配度檢定，並簡介常用的電腦程式，可作為主修心理計量學者之基礎教科書。

二、網　站

1. http://www.rasch.org
這是 Rasch 模式的大本營，含文獻、軟體、學術活動，可免費下載書籍 *Measurement essentials* (by Wright & Stone)，亦可連至 http://www.jampress.org 購買 Rasch 相關書籍和期刊。

2. http://edres.org/irt
這裡有許多關於 IRT 的資訊，包括可免費下載的教科書 *The basics of item response theory* (by Frank B. Baker)、IRT 導覽、免費軟體、其他收費軟體和相關的書籍以及其他網站的連結。

3. http://www.edutest.com.tw/e-irt/irt.htm
這裡有關於 IRT 的學理與應用，共分 16 個單元，深入淺出，由余民寧教授撰寫。

12

社會網絡分析

一、前 言

(一) 社會網絡分析簡介

多數行為科學的基本預設之一，是認為個體的行為部分受制於行動者所處的情境脈絡，不能完全在社會真空的實驗室情境下來理解。所謂的行動脈絡，除了特定時間、空間的實體環境脈絡之外，更重要的是由其他行動者集體所構成的社會結構脈絡。例如，經濟學家分析由個別廠商所組成的市場，對於個別廠商的影響；教育學者分析家庭、學校及社區等環境脈絡對於學生學業成就的影響。對於如何勾勒行動者所處的情境脈絡，雖然因學門領域及分析取向而有所不同，但大多以某種集體組成性質來代表環境脈絡。如經濟學以廠商的家數、規模的分佈來衡量市場結構，將市場分成完全競爭、寡占與壟斷市場；社會學以社區的種族分佈及整體的社會經濟地位，來捕捉社區的環境。網絡分析也是試圖勾勒環境脈絡影響的一種努力，其與傳統社會科學分析最大的不同點，在於它特別強調由個體的互動聯結所形成的社會結構 (social structure)，對於行為的影響 (Berkowitz, 1982)。傳統社會科學的行為分析，大多先根據行動者本身所具有的屬性 (attributes)，或個體從群體得來的衍生屬性 (derived attributes) 來進行社會分類，然後比較這些社會類別之間的差異。例如，社會學家經常按照先天屬性如性別、種族等，將人

群分成不同類別團體 (nominal group)，或是以職業、從業身份、權威等工作衍生面向，將人群分成各種地位團體 (status group)，並分析這些團體身份如何影響個人的行為及機會 (Blau, 1977)。此種分析方法最大的弊病在於研究者按照各種屬性將人群進行分類 (categorization) 時，會有意無意地扭曲了個體所處的原始社會結構；而這些社會結構往往是影響生命機會最重要的脈絡 (Wellman, 1988)。

舉例來說，圖 12-1 虛線上方是由一組複雜人際網絡所組成的小群體。當我們企圖以傳統的統計方法來分析性別對投票行為的影響時，為了統計推論，必須先在原始的社會結構中進行獨立抽樣，然後將受訪者按照他們的性別分組 (如圖 12-1 虛線下方所示)，再比較男性與女性在依變項 (投票行為) 上的差異。上下兩圖的最大差異，在於下圖去除了上圖中的複雜社會網絡結構。此種做法等於將行動者從其所處的情境脈絡中抽離出來進行分析。下圖的分析僅能讓我們知道男性與女性在整體投票行為上是否有差異，但卻無法解釋性別造成投票差異的原因。網絡分析強調研究者應試圖保留個體間互動

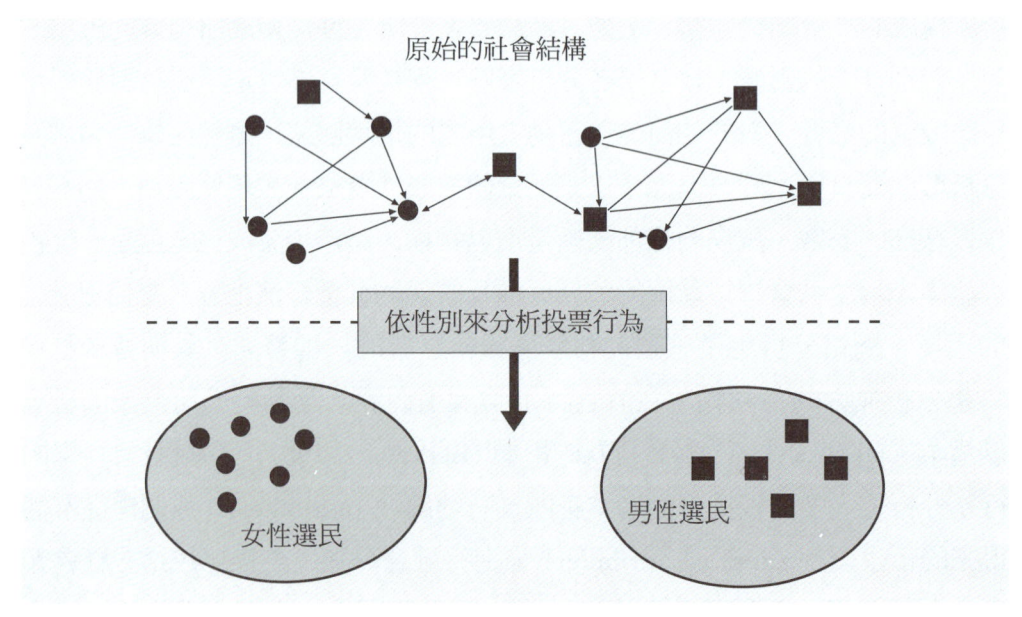

圖 12-1 網絡分析與傳統行為科學分析的比較

模式的完整性，從原始的社會結構中來理解個體的行為。

網絡分析的論點可以用英國社會人類學家 Elizabeth Bott (1955, 1957) 對於婚姻角色的研究來說明。Bott 觀察英國 20 對夫妻的婚姻角色行為 (conjugal role)，提出一個有趣的問題：何以有些夫妻對於家中的事務，大多為共同討論、一起決定的，而有些夫妻則有明顯的性別角色分工現象？Bott 並沒有像過去的社會科學家一樣，從夫妻雙方的個人屬性如人格特質、教育及家庭背景等來解釋這個現象。她將研究的焦點置於夫妻的人際網絡上，發現婚姻角色分工較明顯的夫妻，大多分別擁有一個關係緊密的社交圈 (close-knit network)，丈夫極少參與妻子的社交生活，而且丈夫的朋友通常不認識妻子的朋友。相反，角色分化較不明顯的夫妻，兩人社交圈重疊性較高，且網絡成員彼此間的關係較不緊密 (loose-knit network)。前一種類型的夫妻，丈夫與妻子分屬兩個同質性很高但重疊性很低的性別團體，因此夫與妻分別受兩種不同的角色規範影響，在家中的性別角色分工自然較為明顯。第二種類型夫妻雖仍各自擁有自己的人際網絡，但其成員彼此之間並無緊密的互動，不容易形成性別規範壓力，因此夫妻雙方較不會有特定的性別角色期待。

這個簡單的觀察，呈現出網絡學者對於社會脈絡的基本想法。過去對於社會互動的研究，關注的焦點大多在於行動者本身的屬性或互動關係的特質，對於社會互動的影響。網絡學者認為雙邊關係 (dyadic relationship) 的研究取向忽略了互動關係的情境脈絡，「關係」通常不是單獨存在，而是鑲嵌 (embedded) 於交錯複雜的社會網絡中 (Granovetter, 1995)。個別關係的意義須置於社會整體結構中來理解，無法被單獨分析。兩行動者 A 與 B 之間的互動，不但受 A、B 之間關係的影響，也常決定於 A 和 B 與其他人的關係，只有在個別關係所處的整體關係脈絡中，才能理解關係的意義。

社會網絡分析的目的之一，就是藉由科學工具的幫助，來勾勒社會行動者所處的社會情境。這些社會情境是互動單位 (interacting units) 長期互動所形成的固定關係模式或規則。一般將這種固定的關係模式稱為社會結構。社

會結構的分析有以下幾個基本的預設：

(1) 行動者之間有相互依存的關係，不能將之視為完全自主的個體來進行獨立分析；
(2) 行動者之間的聯結關係通常為資源移轉及流通的重要管道；
(3) 社會結構為行動者之間的持續關係模式，社會結構的位置決定個體的行為動機 (motivation)、行動機會 (opportunities) 及侷限 (constraints) (Burt, 1982; Wasserman & Faust, 1994)。

網絡分析的目標就是發掘社會行動者所構成的複雜社會關係模式，並分析這些關係模式對於社會行動的影響。由於網絡分析將焦點置於關係模式非行動者本身，因此需要一套以「關係」為分析單位的理論分析架構及概念，與特別的測量及計量分析方法。

在概念架構上，結構分析有以下幾個與傳統分析不同的預設：

(1) 結構分析的解釋著重外在結構力量對於行動所產生的影響，比較不從行動者內化的社會規範或自利的理性計算等內在動機來解釋行為；
(2) 結構分析專注於行動者之間的關聯模式，而非根據行動者的屬性來進行社會分類；
(3) 結構分析關心整體的關係模式，而非特定的雙邊關係對於個別行動的影響；
(4) 網絡分析不事先預設一個由界限分明的社會群體所組成的社會結構；社會結構中是否存在次群體，是一個經驗問題，必須透過分析網絡中的互動模式才能決定；
(5) 結構分析不是要取代側重獨立分析單位的主流社會科學方法，而是試圖找出社會結構中的固定關係模式來彌補傳統分析的不足 (Wasserman & Faust, 1994; Wellman, 1988)。

(二) 社會網絡分析的歷史與發展

根據 Freeman (2006) 的研究，社會網絡研究的發展主要可分為三個大的時期。20-50 年代為社會網絡研究的萌芽時期，人類學、社會學及社會心理學分別用社會網絡的概念來從事個案實證研究。50-80 年，社會網絡分析無論在理論還是方法上，都有重大的進展，逐漸成為一個獨立的研究領域。1980 年代之後，在各個不同學科中理論與實證研究蓬勃發展，社會網絡演變為跨領域的研究。

結構分析的古典理論主要來自德國社會學家 Georg Simmel。Simmel 首先指出，社會關係可以因為單純的數量變化，而對社會互動產生很大的影響。他分析單獨的陌生人 (stranger) 所面對的社會情境，以及從兩人世界 (dayds) 變成三角關係 (triads)，在權力、控制、結盟等社會互動模式上所產生的複雜變化。他認為個人在社會生活中以不同身份及角色，參與各類社會團體，對於現代人的自主性有很大的影響 (Simmel, 1950)。同一時期的法國社會學家涂爾幹 (Emile Durkheim) 也發現社會成員彼此之間的聯結程度，不但影響社會分工等宏觀結構，也影響自殺等極度個人的決策 (Durkheim, 1933, 1957)。這些古典理論共同指出社會關係的數量分佈及聯結模式，對社會生活有極大的影響。

社會網絡研究也受到早期來自人類學、社會學的幾個重要實證研究案例的啟發，例如人類學家 Malinowski (1922) 研究幾內亞 (East Guinea) Kula-ring 部落以儀式性的禮物交換行為來建立關係；工業心理學家 Roethlisberger 與 Dickson (1939) 發現組織中的非正式團體壓力影響工作表現；社會心理學家 Moreno (1934) 創立社會關係學 (sociometry) 來研究小團體的互動，他認為社會不單純是由個人聚集而成，而應被視為一種人際聯結的結構，因此個人不是構成社會的基本單位。他是最早以社會關係圖 (sociograms) 來勾勒人群關係的學者。

這些早期零星實證案例，分別引起不同領域的行為學者的注意，從二十世紀開始，有三個重大的研究領域承襲這些早期研究的想法。英國人類學者

開始關注社會結構的影響,其中包含前述英國人類學家 Elizabeth Bott (1957) 以網絡分析來研究婚姻角色;同時一群關注都市化過程影響的學者也開始研究由移入都市之新移民所形成的複雜社會支援網絡。哥倫比亞大學的社會學家 Paul Lazarsfeld 則運用人際網絡的概念來研究溝通 (communication) 及人際的相互影響。從 70 年開始,以 Harrison C. White 為首的一群社會學家,試圖以簡化的數學模型,來捕捉複雜的社會結構,為數學社會學 (mathematical sociology) 的濫觴 (White, Boorman, & Breiger, 1976)。同一時期,George Homans、Blau 與 Emerson 等學者提出社會交換理論 (social exchange theory),認為在現代分工社會中,行動者透過各種資源交換產生關係,而社會結構限制了可進行交易的對象,因此產生依賴、權力等社會關係。承襲韋伯 (Max Weber) 的理性行動傳統,Pierre Bourdieu (1986) 與 James S. Coleman (1988) 則認為社會網絡關係一方面是一種機會的限制,但另方面,自利的行動者也可以透過社會網絡關係來取得各種資源,因此也具有資本的特質。在 70 年代末期,Nan Lin (1982) 與 Mark S. Granovetter (1974) 等人率先以實證研究來證明社會資本在勞動市場中的正面作用,Claude S. Fischer (1982) 的社區人際關係調查,開啟了後續一連串關於社會資本的理論討論與研究。在方法上,Burt (1982) 開始用社會網絡分析的工具來提出策略性行動的理論模型。

(三) 社會網絡分析的應用範疇

社會網絡與社會資本的概念,在各個社會科學領域中應用甚廣,從早期比較微觀的研究,如資訊傳播與人際的相互影響、知識社群網絡的文獻引用、社會資本與地位獲得、精英網絡與統治階級、組織間的交易與合作網絡、社會支持網絡與身心健康的關係、全球貿易網絡與世界體系等,幾乎所有領域都一度興起社會網絡及社會資本的研究風潮。近年來,一群跨領域的學者以數學模擬的方式來研究龐大的網絡及動態網絡 (network dynamics) (Watts, 2004),資訊工程及電信相關領域也開始進行電腦網路及社會網絡的

研究，使得社會網絡的研究變得更為多元。也由於社會資本及社會網絡的概念運用過於廣泛，學者從各領域的研究中逐漸開始反省這些分析模型的理論價值及方法上的問題，如 Mouw (2006) 與 Fischer (2001) 等學者對社會資本的因果論述提出嚴厲的批評。

(四) 社會網絡分析軟體簡介

目前，用來從事網絡分析的軟體十分多元，最主要的有 UCINET、Pajak 與 STRUCTURE 等軟體。UCINET 具備目前常用的大多數分析工具及模型，且使用介面比較接近微軟視窗環境，與其他相關軟體如 EXCEL 的相容性高。不過 UCINET 在處理大規模的網絡時，其繪圖及運算效率則不如 Pajak。Pajak 雖然使用介面不如 UCINET，但其繪圖功能很強，特別是繪製大型網絡圖像，可惜 Pajak 沒有太多統計分析的相關工具，也沒有線上輔助，必須仰賴 Nooy 等人所寫的專書 (Nooy, Mrvar, & Batagelj, 2005)。STRUCTURE 是一個 DOS 介面的軟體，無繪圖功能，但作者 Ronald S. Burt 寫了一本很適合用來教學的使用手冊。關於更多軟體的比較，請參考 Huisman 與 Van Duijn (2005) 的專文介紹。

二、網絡資料的蒐集

(一) 分析單位、研究界域與抽樣

1. 構成網絡的元素

什麼是網絡？一個社會網絡的構成元素至少有以下三部分：(1) 一組行動者 (a system of actors)；(2) 行動者彼此間的網絡關係 (networks of relations among actors)；(3) 由行動者彼此之間的關係所構成的網絡結構 (network structure)。一般而言，行動者為有自由意識或決策能力的個體或群體，例如個人、公司甚至國家。網絡關係包括由社會規範或透過法規定義的正式關係，如親屬、契約、國與國間的邦交等，也包含因長期持續互動而產生的非

正式關係，如友誼、諮詢等。網絡結構為網絡關係之整體構型，這個整體構型定義了行動者在網絡中的位置。網絡分析即是透過行動者、關係及結構的分析來理解結構位置對行動所提供的機會 (opportunities) 及所造成的侷限 (constraints)。

2. 網絡界域與抽樣問題

網絡分析必須從界定網絡的範疇開始。理想上，我們希望能有一個清楚的界域，然後才能勾勒這個特定範圍內的社會結構。但網絡由環環相扣、層層聯結的關係所組成，要界定出清楚的界域並不容易，有時面臨行動者太多無法窮盡的情形，如小世界的研究指出，任何人僅需透過五、六位認識的人，就可與地球上另一人產生聯結；廠商透過上、下游層層相連，也難以追蹤到所有參與全球貿易網絡的相關廠商。有時候因為行動者流動性太高，如研究遊戲網絡的社群，成員進出頻繁，不易掌握。甚至有時候無法決定哪些成員符合納入條件，例如，研究臺灣社會學的知識社群，究竟要不要納入從事社會學相關研究的經濟學家？研究者在蒐集網絡資料時，如何在缺乏明顯網絡邊界的情況下決定研究母體，即是所謂的網絡界域問題 (boundary specification) (Laumann, Marsden, & Prensky, 1989)。

網絡學者經常採用兩種原則來決定網絡界域 (Wasserman & Faust, 1994)。唯實論取向 (realistic approach) 認為行動者對於網絡的界域及其他網絡中的相關行動者，皆有清楚的認知，因此網絡的界域最好由網絡成員自行決定。例如，在研究臺灣社會學者的知識網絡時，除了用系所任職單位或博士學位的專業領域來決定是否納入母體之外，如果多數的社會學者認為某位經濟學者的研究與臺灣社會學知識發展攸關，就應該被納入網絡中。換句話說，是否應納入網絡決定於網絡成員相互的主觀認知。可惜的是，Krackhardt (1987) 對於社會結構認知 (cognitive social structure) 的研究指出，網絡成員對於所處的社會結構不見得會有一致的看法，結構認知的差異本身就是一個值得研究的問題。另一派學者則主張採取唯名論 (nominalist approach) 的方法，認為網絡的界域應由學者根據理論上或客觀經驗上的理由

來判定，而非任由行動者的主觀認知來決定。例如，可以用廠商間的交易頻率或關係強度來界定市場網絡，或用學者彼此之間相互引用文獻的情形來界定學術社群。Laumann、Marsden 與 Prensky (1989) 等學者提出三種界定界域的策略，首先，以正式位置或身份 (positional strategies) 來界定，如以公司的正式雇用身份來界定組織成員，或以學會的會員身份及任職單位來界定專業知識網絡的成員；其次，可以用參與事件或活動 (event-based strategies) 的頻率來作為篩選標準，如以曾經發表社會學相關的專業論著來界定是否屬於社會學社群的成員；第三種策略是以關係 (relational stragtegies) 作為界定網域的標準。例如，可請網絡中的專家提供初始名單，或用滾雪球抽樣的方式，逐步將與初始名單成員有關係的其他成員納入。無論採用何種方式，基本的原則是研究者必須給出具體的論述來說服讀者網絡界域決定的方式。

　　界定母體或網絡界域之後，接下來就要決定如何抽樣。網絡分析試圖捕捉行動者之間的相互關係，但因所欲推論母體的差異，學者對於究竟要蒐集全體資料還是要抽樣的資料，也有兩種不同的取徑。一種取徑依循傳統抽樣方法來取得代表性的樣本，然後針對每一個個別樣本點來建構個體中心網絡、個人網絡 (ego-center network, personal network)。例如，1985 年美國的社會基本調查 (General Social Survey) 首度使用定名法 (name generator) 來捕捉美國人的核心網絡。這種研究方式認為個人網絡為社會結構的縮影，研究者雖然無法看到整體結構的全貌，但可以透過獨立抽樣的個體來推論個人所處的人際網絡環境。另一種研究取徑認為抽樣無法正確描述行動者之間的關係及其所處的結構地位，必須勾勒出網絡的整體結構 (full network, whole-network)，才能看出結構變數 (structural variables) 對行動者的影響。這兩種研究取徑各有優缺點，並非對立不相容，很多網絡學者都同時以這兩種方式來建構網絡的知識。個體網絡的優點是可以研究龐大的網絡，並透過統計推論，來理解個體周遭的重要關係脈絡及其所富含的資源，且如果網絡的密度夠高，樣本數夠大，也可能透過個體中心網絡建構出完整的網絡。社會資本的研究經常採用這種方式。全體網絡分析是從結構中來分析個體所處的結構

地位所隱含的機會與侷限，強調網絡結構本身就是造成資源差異的原因。

　　整體網絡分析與個體網絡分析有本質上差異，個體網絡分析將觀察到的關係視為從母體網絡中觀察到的樣本，企圖以此來推論更大的網絡母體，因此強調統計推論的問題。而整體網絡分析則將觀察到的網絡當成「實際」所有的關係，不只是從母體中觀察到的部分樣本。其論述比較接近數學社會學的分析，比較關心模型的建立，而非統計推論的問題。

(二) 社會網絡資料類型

　　在傳統的行為科學資料中，一般記錄行動者的屬性、態度與行為。而網絡資料則強調行動者與其他行動者的關係。網絡資料的類型包含：

(1) 客觀可測量的直接關係資料 (direct measure)，如廠商間的買賣、專利或書目的引用。Burt (1988) 用產業關聯表 (input-output table) 中各個產業間的交易資料來研究市場競爭；蘇國賢 (2004) 以專業期刊的文獻引用情形來建構臺灣社會學者的知識網絡；鍾碁年 (2003)、李宗榮 (2007, 2009) 等學者以企業集團內各單位的交叉持股資料來研究企業集團。

(2) 透過行動者主觀評估形成選擇關係資料 (choice data)，如謝雨生、吳齊殷、李文杰 (2006) 以問卷方式來研究青少年友誼網絡的演變。選擇資料不僅僅限於友誼、喜好、信任等正向偏好的選擇，同時也可以用來測量負面選擇的敵對競爭關係，如陳明哲等學者 (Chen, Su, & Tsai, 2007) 研究美國國內航空公司的競爭，透過問卷調查請各公司的高階主管選出該公司的前五大競爭者，以此來衡量市場的競爭強度。

(3) 行動者因為共同參與特定活動或事件所形成的共同事件資料 (joint involvement data)。例如，李宗榮用大企業間的董監事重疊跨坐來建構企業間的關係；陳明哲等人用航空公司彼此之間的航線重疊數來測量公司間的競爭強度。

　　除此三大類型之外，還有用大規模問卷調查及日誌記錄所測量的個體中

心網絡 (ego-centric data)，我們將在下一節中詳述。

(三) 社會網絡資料蒐集方法

　　網絡資料的取得方式，與一般行為科學蒐集資料的方式並無太大的差異。但除了蒐集關於行動者本身的資訊之外，網絡資料特別側重行動者之間關係的測量，因此網絡關係的本質與網絡界域 (是否有清楚、有限的界域) 等問題，對於資料蒐集方式的選擇有很大的影響。不同的方法適合蒐集不同的網絡資料，而理論的關懷決定蒐集資料的最佳方式與內容。蒐集網絡資料的方法主要包括問卷 (questionnaire)、面訪 (interviews)、觀察 (observations)、檔案文獻記錄 (archival records)、實驗 (experiments) 等。

1. 檔案文獻記錄

　　網絡分析經常仰賴現成的檔案記錄，如從廠商的訂單與交易記錄、合作與聯盟契約來分析競爭，從訃文 (治喪委員會) 及婚宴名冊來分析名人社交圈，從期刊論文及科技專利引用 (patent citations) 來看知識的累積與創新過程等等。Alexander 與 Danowski (1990) 依據西賽羅的書信中來研究羅馬時代的社會結構。Padgett 與 Ansell (1993) 從歷史文獻中找出文藝復興時代佛羅倫斯幾大家族之間的通婚及借貸網絡。政府單位蒐集的資料也具網絡分析的潛力，例如，從產業關聯表來進行產業競爭的分析 (蘇國賢，1997；Burt et al., 2002)，陳端容 (2004) 從醫生的就業與流動情況來分析醫學院與醫院之間的相互依賴關係。從檔案文獻來分析行動者之間的關係有幾個優點：首先，由於這類資料不需仰賴特定的資訊提供者 (informant)，因此得到的資料比較不受限於資訊提供者的主觀偏誤、遺忘等有限認知能力，也不會如面訪或觀察等會受到訪員或訪問情境的影響。其次，如果檔案有定期記錄，也可以較低的成本整理出網絡的長期追蹤資料 (Marsden, 2005)。例如從董事會名單的更迭可分析組織之間關係的變化。

　　檔案資料並非完美。由於既有檔案記錄大多不是針對網絡分析所刻意蒐集的資料，因此檔案記錄所測量的關係，不一定與研究者所宣稱的關係有相

同的概念意涵，在使用上仍有效度的問題。例如，文獻或專利的引用不一定能測量知識上的正向影響。過去的研究發現，學者引用文獻經常是為了批評駁斥其他研究，且引用文獻也不全然是基於知識上的理由，如為了增加刊登機率、學術政治考量、維護期刊聲譽等其他的目的。董監事名單也可能僅是規避法律限制的「人頭」，並沒有研究者所宣稱的具有影響公司決策的能力。另外，檔案資料也受限於涵蓋的廣度，例如，著名的安隆電子郵件檔案 (Enron E-mail Dataset) 雖然記錄了 150 位高階主管在案發之前，近 400 MB 的電子郵件內容，但這些資訊僅代表這些主管聯繫溝通的一小部分，忽略了更重要的電話交談與面對面溝通，因此不能完全代表所有的溝通。

2. 問卷調查與面訪

在大型調查中，經常使用定名法 (name generator) 與定位法 (position generator) 兩種方式來捕捉一般人的社會網絡。定名法在 1985 年的美國社會基本調查 (GSS) 中被用來測量美國民眾的核心網絡，社會變遷基本調查也從 1997 年開始使用這種方法。這種方法首先透過一個定名問項 (identity question) 來產生核心網絡名單：「請問您最近一年來 (2005 年 8 月到現在) 最常跟哪些人討論對你重要的事情？請寫下最常討論重要事情的五個人的名字或稱呼。」訪員寫下這五位網絡成員的名字後，再接著詢問受訪者關於這五位成員的性別、年齡、受教育程度、認識多久、有多親近等個人及關係屬性問項 (name interpretor)，最後再以一組問題詢問這五位成員彼此之間的關係 (是否認識) (表 12-1)。

定名法的目標是要找出受訪者身邊的核心網絡成員，定名問項的文字敘述內容決定了網絡的對象及界域。例如，上述 GSS 的問法僅能建構出在生活中諮詢重要問題的網絡關係，若要獲得情感、社交、經濟交換等其他社會支援網絡，則必須重新再另問一組定名問項來產生第二個網絡。由於網絡問項比一般傳統問卷問項更為複雜繁瑣，基於成本及受訪意願和耐性的考量，一般很少詢問多重網絡，因此除了少數關於各種社會支持 (social support) 的研究外，定名法大多從受訪者的人際網絡中找出其中一小部分功能特定的核

表 12-1　定名法問卷範例

B4. 請問您最近一年來 (2005 年 8 月到現在) 最常跟哪些人討論對您重要的事情？請寫下最常討論重要事情的五個人的名字或稱呼：						
	(1)	(2)	(3)	(4)	(5)	
人名或稱呼：＿＿＿ ＿＿＿ ＿＿＿ ＿＿＿ ＿＿＿						

問題	(1)	(2)	(3)	(4)	(5)	
a. 是您的什麼人？						□□ 10 □□ 12 □□ 14 □□ 16 □□ 18
b. 現在 (大概) 幾歲？						□□ 20 □□ 22 □□ 24 □□ 26 □□ 28
c. 認識幾年了？						□□ 30 □□ 32 □□ 34 □□ 36 □□ 38
d. 性別 (1) 男 (2) 女						□　□　□　□　□ 43
e. 受教育程度						□　□　□　□　□ 48
f. 有多親近？						□　□　□　□　□ 53

資料來源：臺灣社會變遷基本調查 (2006)。

心網絡，而不嘗試建構出包含多種功能的整體個人網絡。

　　定位法是奠基於職業聲望分數，用來測量個人社會資本的一種方法，此方法率先由林南和 Dumin (1986) 使用，其後由林南、傅仰止及熊瑞梅三位學者共同發展而成 (Lin, Fu, & Hsung, 2001)。定位法先按照職業聲望高低選出十幾類具有代表性的典型職業，然後詢問受訪者是否認識從事該職業的人。依照受訪者的回答，計算出蘊含不同面向社會資本的各種指標，如：

(1) 將受訪者所有認識的人的職業數加總可得到接觸職位的廣度 (extensity)，代表一個人認識各行各業的程度；

(2) 用接觸職位的縱深度 (range) 計算受訪者所認識的人中，最高職業聲望與最低職業聲望分數之間的差距，可用來測量一個人所能觸及的社會地位的高低距離；

(3) 以所認識人中，職業聲望最高者的分數來測量個人所能接觸之社會資本的上限 (upper reachability)。

這些指標將口語中常用的「人面很廣」、「認識高層人士」等形容個人社會資本很豐富的概念加以操作化。除了一般人在社會中所能觸及的職位之外，定位法也很適合用來測量組織成員在組織內部所擁有的社會資本。例如，研究者可以選擇公司內部高低不同的代表性部門及職位，詢問員工是否在各部門職位中有認識人，以此可以衡量組織內部的社會資本。定位法目前已被廣泛使用，主要用來測量與工具性行動如地位取得、就業等有關的社會資源 (表 12-2)。但其缺點是無法捕捉情感性的社會資源，並受限於職業聲望的測量無法正確反映實際職業地位的變化。雖然各國社會職業地位結構不盡然相同，但研究發現變異性不大，因此定位法可利用國際職業聲望表來標準化測量分數，以進行比較研究。

除了以定名法與定位法進行大型抽樣調查之外，訪問或問卷調查也可以用來捕捉小團體的整體網絡。在問卷設計時有幾種不同的考量。舉例來說，研究高中班級內的友誼網絡，研究者可以提供全班的完整名單 (roster) 供受訪者勾選，也可以請受訪者任意提名 (free recall) 他們的好友名單；任意提名可進一步細分成不限名額提名 (free choice) 及固定名額提名 (fixed choice)。例如，請受訪者提供五位好朋友的名單。除了請受訪者指出關係人之外，在關係的測量上，也可以用評比 (ratings) 與完全排序 (complete rankings) 來測量關係的變異度。評比方式是請受訪者針對每一位好友的相處時間、情感上的熟悉程度及課業上的討論等，給予李克特五等尺度量表 (Likert scale) 的配分，而完全排序是請受訪者針對同樣面向，將好友從第一名排到最後一名。美國 GSS 及社會變遷個人網絡是典型固定名額的任意提名問卷。陳明哲等學者 (2007) 發問卷給美國大型航空公司的主管，請他們依序排出前五位的競爭者，是一種結合任意提名與排序的設計。一般來說，回答完整名單或完全排序皆需要較長的時間及心智能力，因此不適用於調查太大的網絡。任意提名的設計可以減輕受訪者的心智負擔，但容易有遺忘及回想錯誤等問題。

3. 觀察法

觀察法不需依靠語言溝通，不但可以減少訪員及面訪效應所產生的偏

表 12-2 定位法問卷範例

	C1 有/沒有認識的？	C2 [他/她]是您的什麼人？	C3 是不是透過您先生/太太/同居伴侶認識的？	C4 [他/她]的性別？	C5 您和[他/她]彼此認識幾年了？	C6 您和[他/她]有多親近？
題目						
選項	(1) 有 (2) 沒有 1, 2	對照本表下方 C2 選項 01-28	(1) 是 (2) 不是 1, 2	(1) 男 (2) 女 1, 2	請直接填寫年數	(1) 很親近 (2) 還算親近 (3) 普通 (4) 不太親近 (5) 很不親近
a 護士						
b 作家						
c 農民						
d 律師						
e 中學老師						
f 褓姆						
g 清潔工						
h 人事主管						

C1. 請問在您所有認識的人裡面，有沒有是現在正在做下列這些工作的？
(以最先想到的那一位為準)
[「認識」是指：可以互相認出及叫出對方的稱呼 (例如：老王、張大同、李小姐、林經理、……等)，如果只有您單方面叫得出對方，但對方叫不出您，這樣並不算認識。]

資料來源：林南、陳志柔 (2004)。

誤，也可以用來觀察非人類行動者的互動網絡。觀察法也經常用來記錄共同參與的事件，或不易調查的特殊族群。不過由於研究者必須花長時間於田野工作，這類型的資料並不容易蒐集。很多著名的經典田野研究如 *Street Corner Society* (Whyte, 1993)、*Tally's Corner* (Liebow, 2003)、*In Search of Respect* (Bourgois, 2002)，都有豐富的社區人際網絡描述。直接以網絡為分析架構的觀察研究，包括 Granovetter (1995) 摻雜面訪和參與式觀察的經典研究 *Getting a Job* 一書，及 Saxenian (1994, 2006) 對於波士頓 128 公路及矽谷的比較研究。更結構性的觀察研究，如 Freeman 等人 (1987) 研究南加州風浪板玩

> **參考方塊 12-1：小世界的實驗**
>
> Stanley Milgram 於 1966 年以連鎖信的方式估計兩個互不相識的美國人在社會網絡中的距離。在最初的實驗中，Milgram 寄信給住在 Kansas 州和 Nebraska 州的 60 名隨機選取的受試者，要求受試者將信直接或間接交給住在 Boston 的收信者。受試者可以將信交給他們認識的人(定義為知道對方的姓名)之中最可能聯繫到目標的人，收到信的人重複此一步驟將信繼續轉交，直到送達目標。在接下來的數次實驗中，約有 21.6% 的信成功寄達目標，所有寄達的信平均經過 5.5 人。在後續的實驗中發現目標的個人屬性會影響信寄達的頻率和路徑長度，例如，如果目標為非裔，則相較於目標為白人時，寄達的頻率會顯著下降。這個研究啟發後續 Duncan J. Watts 與 Mark Buchanan 等人的研究，企圖以簡單的聯結原則勾勒複雜龐大的網絡結構。

家之間的互動，每天觀察兩次，一次半小時，並記錄這些玩家互動的時間。觀察法不需依靠語言溝通，所以可以用來觀察動物的互動網絡。觀察法也經常用來記錄共同參與的事件如到教室中或派對上記錄參與人的互動模式。

4. 實驗法

以實驗法來蒐集網絡資料，最著名的研究大概是小世界的研究 (small-world study) (Travers & Milgram, 1967) 及反向小世界研究 (reverse smallworld experiment) (Killworth & Bernard, 1978)。交換理論學者也經常透過實驗法來研究小團體中的權力網絡及依賴關係。近年來，資訊網絡及網際網絡的研究、疾病傳播的公衛研究也經常使用電腦模擬實驗來推論網絡運作的機制。

5. 日誌法

無論是大規模的問卷調查所蒐集的資料，還是觀察法所蒐集的網絡資料，由於成本的考量，大多僅能捕捉個人的一小部分核心網絡。日誌法是記

錄受訪者所有接觸對象的一種方法。Gurevitch (1961) 最早在其博士論文中使用日誌來蒐集網絡資料，經傅仰止 (傅仰止、林亦之，2005；Fu, 2005, 2007) 發展成為接觸日誌 (contact diary) 法。這個方法要求受訪者以自行記錄的方式，長期記錄每天生活中所接觸或有溝通互動的人，並要求受訪者記錄這些溝通對象的特質、接觸的情境及關係的特質等。邊燕杰 (2001) 也用問卷及日誌記錄中國人吃飯請客的社交網絡。日誌雖然麻煩，但所蒐集的網絡資料最為豐富、完整，是蒐集個人網絡偏誤最少、信度最高的一種方法。若能設計簡便記錄日誌的方法，則可以用來蒐集長期追蹤的網絡變遷資料 (Breakwell & Wood, 1995; Reis & Wheeler, 1991)。日誌法的缺點是需要受訪者及研究者投入大量時間與耐性，因此無法網羅太多的樣本。同意接受實驗者也可能有某種自我選擇的問題，受訪者也有可能因為嫌麻煩而沒有完整記錄所有的人，或迎合社會偏好而選擇性地的記錄特定接觸對象 (Fu, 2007)。

(四) 網絡資料的正確性、信度與效度

網絡的測量須考量測量工具的信度與效度。網絡研究試圖捕捉複雜的互動社會結構，資訊處理能力有限的受訪者，是否能提供關於網絡互動的正確資訊 (informant accuracy)？受訪者自行報告的網絡與用觀察法所觀察到的互動網絡是否一致？Bernard 等學者 (1981, 1984) 認為個人受限於記憶與認知能力，對於日常互動的模式無法提供正確的資訊。他們比較觀察法與自行報告所建構出的社會網絡，發現有一半的誤差。Freeman 等人 (1987) 反駁 Bernard 的說法，認為研究者應區分時空特定的互動情境與長期穩定的社會結構 (long-range social structure)，他們認為一般人在被問及社會網絡關係時，所給的答案多為後者而非前者。

與正確性相關的重要資料測量的問題為效度問題，透過友誼網絡問卷所蒐集到的網絡真的是「友誼」網絡嗎？有沒有可能受訪者混淆「友誼」與「工具性」網絡？更複雜的問題在於受訪者自己報告的網絡，與網絡中其他人的認知是否一致？除了主觀認知的社會結構與客觀測量的結構是否吻合之

外，研究者也關心網絡成員是否對社會結構有共同的認知問題。這方面的研究稱為社會結構認知問題 (cognitive social structure)。例如 Krackhardt (1987) 從每一位經理人的報告，建構出公司內部的諮詢及友誼網絡，然後比對這些網絡圖之間的一致性，並提出解釋主觀認知差異的因素。蔡文斌、蘇國賢、陳明哲等學者 (Tsai, Su, & Chen, 2011) 利用認知社會結構來分析廠商間的競爭關係，發現廠商若能對競爭對手之間的敵對關係有正確認知時，比較能夠成功掠奪對手的市場。

信度的問題與測量工具的穩定性有關。網絡分析一般採用重複測驗來測量網絡的信度。其關心的問題是：「如果重新測量一次，會得到一樣的網絡嗎？」兩次測量得到不一樣的結果，可能起因於測量工具的信度不足，也有可能是網絡起了變化，因此重複測驗的信度分析必須在網絡結構十分穩定或兩次測驗間隔時間很短的情形下才能使用。蘇國賢與林南 (Su & Lin, 2013) 根據社會資本調查兩年的追蹤樣本所做的研究發現，定位法所建構的個人網絡，約有 15% 的網絡成員會不一致，且社會地位較低的人比較容易「忘記」先前提過的網絡他人。他們解釋這種現象可能起因於人們對於「認識」與否所持的標準，會因為對象的相對社會地位而有差別；例如，在上位者對於下屬是否認識他們通常較無疑問，而地位較低的人對於高地位的人是否「記得」他們則較無把握，因此會有「地位差異記憶」的現象。由於地位高的人較容易採用寬鬆的標準來認定「認識」，而地位低的人比較「嚴格」，導致地位高低與社會資本的正相關有被誇大的現象。

(五) 圖論、矩陣與資料結構

網絡分析經常以圖形與矩陣來呈現網絡結構。Jacob Moreno (1934) 最早採用 sociogram 來表示社交網絡關係。隨著圖論 (graph theory) 的發展，目前學者已經逐漸採用更正式的表達方式。一般以圖形中的點來代表行動者，以線來代表關係，當關係具有方向性時，可以用箭頭來標示關係的方向。例如，交易關係可以區分為買方賣方 (A 公司向 B 公司下訂單)，但聯姻關係為

同時發生的關係便不具有方向性。繪製網絡圖之前要準備兩種資料：(1) 儲存行動者彼此關係的關係矩陣 (network data)；(2) 儲存行動者特質的屬性資料檔 (attribute data)。一般以傳統長方形資料格式來儲存行動者屬性特質，以橫列 (row) 儲存「行動者」，以縱欄儲存行動者的「屬性」變數。關係資料為 N×N 的正方形矩陣，一般橫軸列代表關係發送單位，縱欄為關係接受單位。例如，從 Z_{ij} 代表從行動者 i 發送至行動者 j 的一種關係。$Z_i.$ 列向量 (row vector) 代表從 i 發出去的所有關係集合。$Z._j$ 欄向量 (column vector) 代表從 j 接收到的所有關係集合。每一位行動者 i 在網絡中的關係位置，可透過 i 的欄向量與列向量來表達。關係的測量尺度可以是測量關係有無的二元關係，也可以進一步將關係區分成正向、負向及中立的方向關係，例如，喜歡、不喜歡或中立。也可以將關係進一步區分成序列尺度或比例尺度的數量關係 (valued graph)。在蒐集資料時，最好能以最詳細的尺度來記錄關係，因為所有測量都是「從詳入簡易，從簡入詳難」。

(六) 關係的轉換與標準化

矩陣的對角線通常是指行動者與自己本身的關係，一般皆將其忽略。但在某些情況下，對角線具有十分重要的意義。例如，分析文獻的引用時，對角線的關係代表引用自己著作的量，或分析單位為團體時，對角線代表團體成員彼此的互動關係。在分析之前應根據理論或經驗現象的本質考慮是否保留對角線關係，特別是當網絡關係需要標準化時。所謂標準化是根據欄向量或列向量的邊際總量來將關係加以加權的一種考量。我們可以假設行動者的時間與精力相同，根據內向、外向的差異，對一個行動者可以發送及接收的關係進行標準化。例如，同樣是每週一小時的交往，對於一個每天應酬的營業員來說，與一個足不出戶的宅男來說，可能代表很不一樣的意義，在進行分析之前可能必須將關係做列邊際的標準化 (row stochastic)，即是將 $Z_{ij}/(\sum_j Z_{ij})$ 且 $i \neq j$。同樣的道理，對於一個在班上極受歡迎的核心人物，與一個比較孤僻且極為自戀的同學而言，每一種接收的關係也代表很

不一樣的意義,此時可能必須針對關係進行欄邊際 (column total) 的標準化 $Z_{ij}/(\sum_j Z_{ij})$,且可能要將對角線關係納入計算。標準化會將對稱關係變成非對稱關係,例如 i 是 j 的眾多朋友之一,但 j 為 i 的唯一朋友,此時 Z_{ij} 會遠小於 Z_{ji}。關係不對稱常常是造成地位不平等或階層化的主要原因,研究者在進行分析之前必須仔細思考關係標準化的問題。

目前網絡分析軟體可以用更複雜的方式來表示行動者與關係的屬性。例如,可以用線的粗細來表示關係的強弱、用虛線實線來表示關係類型。點的顏色可以用來表示行動者的重要屬性 (如性別),也可以用點的大小來呈現網絡屬性,如居中程度 (centrality) 等。

用圖形表示網絡時,要特別注意呈現網絡圖形的平面座標,通常不具有意義,因此網絡圖形沒有固定的表示方式。任何一個行動者都可以輕易地被置於圖形的中心,但並不代表此行動者居於網絡的中心。網絡繪圖軟體可以讓使用者按照特定的排序來呈現行動者的位置,以方便進行圖像分析。研究者應該選擇最能說明理論及實際意涵的表示方式來呈現網絡圖,同時也要小心不要刻意扭曲或誇大網絡位置來呈現自己想要的結果。

三、社會網絡的測量與模型

(一) 關係的基本性質

網絡分析經常從描述及測量構成網絡的三個基本要素開始,包含測量關於行動者特質的組成變數 (composition variable) 及關於關係及結構構型 (configuration) 的結構變數 (structural variables)。

網絡圖形以線來描述行動者之間的網絡聯結關係,可用來描述關係本質的面向包含:

(1) 關係的類型 (type of relationship):例如親屬、師生、朋友、上司、上下游廠商等。

(2) 關係的多面性 (multiplexity):例如既是以前的同學又是同事的多重關

係。
(3) 關係的強度 (strength of ties)：多常在一起？情感親近度 (emotional closeness)——熟不熟？感情好不好？
(4) 關係頻率 (frequency)：多久見一次面？一年有幾次生意往來？
(5) 實體距離 (physical proximity)：距離多遠？交通時間多久？
(6) 間接關係 (indirect links)：兩個行動者之間無直接關係，必須透過第三者才能聯結。
(7) 關係的穩定性 (stability)：認識時間長短？
(8) 關係的方向 (direction) 及對稱性 (symmetry/reciprocity)：關係是一廂情願的單戀關係，還是兩情相悅的雙向關係。
(9) 關係的本質或內涵 (nature of relationship)：關係內涵包羅萬象，較常見的有：

    A. 一種主觀評價 (evaluation) 所產生的感覺，如喜歡、友誼、尊敬；

    B. 物質移轉與交換 (resource transfer and exchange)，如交易 (transaction)、送禮；

    C. 資源依賴 (resource dependence)，如與上游供應商的關係；

    D. 非物質資源的移轉交換 (transfer of non-material resources)，如技術移轉；

    E. 資訊流通與交換 (information flow)，如謠言、顧問諮詢等；

    F. 正式控制 (formal relation and control) 或權屬關係，如上司下屬關係；

    G. 社會互動與支援 (social interaction)，如談心、友情支助等；

    H. 實體聯結，如交通聯結 (橋樑道路、車次及航班)；

    I. 地區或地位流動 (movement)，如移民、升遷、換工作；

    J. 社團會友及組織成員 (association and affiliation)，如社團、歌友會、民間團體成員；

    K. 血緣與姻親 (kinship)。

(二) 個別行動者所具有的網絡屬性

網絡圖中的一個點 (vertex) 是最小的分析單位，代表一個行動者。關於特定行動者 i 的傳統描述包含：i 是誰？具有哪些屬性特徵 (attributes) (性別、職業、受教育程度等)？i 本身擁有何種資源 (resources) (資訊、技術、資產等)？除了傳統的行動者屬性之外，網絡分析更強調描述個別行動者所具有的網絡屬性，如 i 在網絡中認識誰？i 擁有什麼資源管道？i 在網絡中處於什麼樣的位置？這些屬於行動者的網絡特質，與該行動者所建立的關係及在網絡中的位置有關。有些網絡屬性為行動者本身與其他人所共同擁有 (如朋友關係)，具有可攜帶性 (portable)。有些是因為行動者所處地位衍生出來的屬性，這些屬性依附於網絡的位置，不必然獨為行動者所擁有，例如上司下屬的關係。在分析個體中心的網絡時，我們傾向於將這些屬性歸於行動者，但在分析完整網絡中，我們一般將這些屬性歸於結構性質。究竟這些屬性是屬於個人還是依附於位置，是一個經驗問題。例如一個擁有很多客戶的超級營業員，不一定能在離職之後將所有的客戶帶走；而一個擁有很多朋友的人，無論走到哪裡都有豐富的人際網絡。

網絡研究中經常用來描述屬於個別行動者的網絡屬性包括點度數 (nodal degree)、涵蓋度 (range)、鄰近度 (closeness)、居間度 (betweenness) 等。點度數為一個行動者直接聯結的其他行動者數目，為某一點活動量的衡量。在二元關係的網絡圖中，「附隨」在一個點 i 上的所有線，稱為該點的點度數，表示為 $d(i)$。其極小值為 0，稱為孤立點 (isolate)，極大值為除行動者自己之外，網絡中所有的人數 ($n-1$)。在有向關係中，度數可以進一步區分為內度 (in-degree) 與外度 (out-degree)。設 Z_{ij} 為由行動者 i 至行動者 j 的關係，則 i 的內度為所有指向他的關係 (或 i 從其他行動者「接收」的聯結) 的加總，即欄向量 $Z.i$ 的和。外度 (out-degree) 為從 i「送」出去的關係總和 (i 發出給其他行動者的聯結)。內度數測量一個點的接收度 (receptivity) 及受歡迎程度 (popularity)，外度數衡量一個點的向外擴展度 (expansiveness)。在數量關係 (valued graph) 圖中，可以採用關係值的總和或關係值的平均 (總和除以關係

數目) 來計算度數。例如，將普通朋友給予 1 分，還算熟的朋友給予 2 分，好朋友給予 3 分，則有三個普通朋友的人，與僅有一位好朋友的人的總分相同，此時若取平均值，則前者的平均僅有 1 分，後者的平均值為 3 分。究竟哪一種方法比較好，還是要由理論上的目的來決定。

一個行動者的網絡涵蓋度 (range) 或網絡異質性 (diversity) 指的是與行動者聯結的他人，彼此之間在某些屬性上的差異程度。例如，可以用所有認識朋友的受教育年數、職業聲望分數的標準差，來代表一個人在網絡中的教育及社會地位的異質性程度。若所關心的現象為類別變數，例如想測量一個人網絡的性別或族群的同質性程度，則可計算類別異質性指標 (index of qualitative variation)：

$$\frac{1-\sum_{k=1}^{C}p_k^2}{(C-1)/C}$$

其中 C 為類別數，p_k 為網絡成員佔第 k 類的百分比。異質性指標的極小值為 0，代表所有網絡成員皆來自特定一類團體的成員，如僅有男性朋友、只有白人朋友等，異質性指標愈接近 1，代表其網絡成員在各類別的分佈上愈平均，例如朋友中男女比例各佔一半。

除了點的聯結度之外，我們也可以描述點與點之間的距離。聯結兩個行動者的最短路徑 (path) 的長度稱為最短距離 (geodesic distance)。如果將每一種直接關係的距離設為 1 步，則朋友的朋友與我的距離為 2 步。將直接關係與間接關係都視為同樣的距離不一定合理，此時可以設定關係衰減函數 (decay function) 來「減弱」間接關係，或加長其距離。在數量關係圖中，因為路徑中所包含的每一步的關係強弱不一，因此距離的計算更為複雜，可以同時考量「步數」與「關係數值」來進行複雜的加權 (Yang & Knoke, 2001)。距離的概念對於理解網絡成員的溝通行為很有幫助。一個行動者 i 是否能快速的聯結到網絡中所有的行動者，可由 i 與其他所有 j 的平均路徑距離來衡量，稱為網絡鄰近度 (closeness)。一個四通八達的消息靈通人士，通

常都比高高在上的領導者，與所有人的平均距離都近。一個行動者不一定要有很多的聯結或位居鄰近大家的位置才具有優勢，如果居於溝通路徑的必經橋樑，也會產生過濾、篩選資訊等控制力量。居間度 (betweenness) 是測量一個行動者居於所有網絡成員彼此聯結的最短路徑之中的程度，一般以所有網絡成員彼此之間的最短路徑中，有多少比例必須經過 i 來計算 i 的居間度。

(三) 行動者所處的結構位置：顯著地位、居中度與聲望

顯著地位 (prominence) 或稱為重要位置 (importance)，是用來描述行動者在社會網絡中的位置 (actor location) 參數 (Hubbell, 1965; Knoke & Burt, 1983; Friedkin, 1991)。具有很多網絡聯結的行動者通常都位居於比較好的策略性地位 (strategic location)。早在 1934 年，Moreno (1934) 就已經用明星 (star) 及孤島 (isolates) 等概念來形容行動者的位置。顯著行動者 (prominent actor) 為聯結關係很多的行動者，如果聯結的關係使一個行動者在網絡中的位置特別突出，我們稱此行動者位居顯著地位。依據聯結關係的方向性，顯著地位可區分為居中及聲望兩種不同指標 (Knoke & Burt, 1983)。居中位置不特別區分接收還是發送的關係，重點在於行動者所關聯的關係模式。一般而言，居中者為網絡中擁有最多管道 (access)、控制 (control) 及中介者 (broker)。聲望是因為接收與發送關係的不對稱所形成的地位。具有聲望的行動者為網絡中眾多關係的接收者，但本身發送的關係卻不多。一個高聲望的行動者，通常是網絡中地位崇高、受尊崇，或具有名望或受歡迎的人。

「聲望」一詞的翻譯雖隱含正面的評價，但在負面關係如「討厭或不喜歡」的網絡中，則「聲望」不代表「眾望所歸」反而是「眾矢之的」，因此應該在分析時將之視為中性的名詞。在網絡分析中，研究者經常將居中及聲望直接等同於地位優勢。我們雖然經常用圖形中的居中位置來界定重要性或顯著性，但圖形中的中心點，真的是實質上最重要的位置、最重要的行動者嗎？我們不可以僅用最常「被選擇」一個指標來認定重要性。例如，最受歡迎的老師並不一定為最具有影響力的老師。太受歡迎或太受曯目的行動者，

也會因為受關係的牽制而在行動上喪失自由度及彈性。在分析之前，必須先確定「重要性」「顯著性」的意義，而不要單純地僅依此概念的數量及文字含義就認為必然是「好」或具有優勢的。

依據關係多寡的度數、距離遠近的距離及行動者在他人關係中的居間程度，居中程度的測量可以再細分為度居中 (degree centrality)、鄰近居中 (距離居中) (closeness centrality)、居間居中 (中介居中) (betweenness centrality) (Wasserman & Faust, 1994) 等。居中程度最簡單的指標為度居中，是將 i 的所有關係加總，再除以網絡度數的極大值 ($n-1$)，讓此指標不受網絡人數的影響，以方便比較：

$$\text{行動者 } i \text{ 的居中程度} = \sum_{i=1}^{n} Z_{ij}/(n-1), i \neq j$$

度居中假設具有愈多聯結關係的行動者，有較多的機會及選擇、較不依賴特定的其他行動者，因此自主性較高。

然而，擁有最多關係的行動者，不必然在網絡中位居最中間的位置。顯著性不僅僅是以直接的關係來衡量，同時間接的路徑也很重要。鄰近居中是根據行動者與他人鄰近程度及距離遠近來定義居中程度。與所有人的距離愈短，鄰近居中程度愈高。這種定義方式是基於傳播效率的考量，測量一個行動者是否能迅速與他人互動、是否可以迅速傳遞或接收訊息。鄰近居中程度高的人，雖然不必然與很多人有直接關係，但由於他與所有人的距離都很近，資訊取得容易，影響力高 (Bavelas, 1950; Leavitt, 1951; Friedkin, 1991)，因此仍然能成為權力的中心、眾人矚目的焦點或意見領袖 (Burt, 1982; Coleman, 1983)。鄰近居中程度與距離成反比，因此在計算上，只要將 i 與其他人的平均距離取倒數即可，若 d_{ij} 為從 i 到 j 的最短路徑距離，則鄰近居中可表示為：

$$\frac{1}{\sum_{j=1}^{n} d_{ij}/(n-1)}$$

兩個非相鄰的行動者之間的聯繫，若受到第三者居間的控制，也會讓此第三者的地位變得重要。例如，貿易商可以透過仲介廠商的交易關係得到利益。居於溝通管道橋樑位置的居間者藉由壟斷資訊，不但具有較高的協調能力，同組也可以透過資訊的過濾篩選甚至扭曲來取得控制權力。居間居中測量一個行動者位居其他行動者彼此互動的最短路徑中的程度。假設兩點之間會以最短路徑來溝通，若 g_{jk} 為聯結 j 與 k 的所有最短路徑數目，假設每一條路徑被選擇的頻率相同，都是 $1/g_{jk}$。令 $g_{jk}(i)$ 為包含 i 在內的聯結 j 與 k 的最短路徑數目，則 $g_{jk}(i)/g_{jk}$ 為所有聯結 j 與 k 的最短路徑中，有經過 i 所佔的比例。i 的居間程度即為居於其他所有人溝通路徑中間的頻率加總，其極小值為 0，極大值為除了 i 之外所有其他行動者之間可能存在關係的最大可能數目，可表示為 $(g-1)(g-2)/2$。由於每一個網絡的規模不同，為了使居間程度的指標可以比較，我們以極大值來標準化居間指標：

$$\frac{\sum_{j<k} g_{jk}(i)/g_{jk}}{(g-1)(g-2)/2}$$

比較此三種居中指標，度居中強調直接互動或溝通的機會，鄰近居中與居間居中比較強調控制互動及溝通的能力。前者與直接關係的數量有關，後兩者則取決於所處的位置而非數量。

居中度僅考慮關係的有無，但不考慮方向性。聲望指標強調由於關係的方向性及不對稱性所產生的不平等現象，如上司下屬的權力關係、老師學生之間的諮詢關係等。內度數聲望 (degree prestige) 為聲望最簡單的測量，即將行動者所接收的關係數量加總 (即內度數的和)，除以扣除自己之外的網絡人數：

$$\sum_{j=1}^{n} Z_{ji}/(n-1)$$

有些學認為聲望的衡量，應考量「選擇者」本身的聲望。

一個被少數具有聲望人士選擇的對象，其聲望可能會高於一個被眾多不知名的崇拜者圍繞的對象。地位聲望 (status or rank prestige) 將網絡中的每一個人的聲望納入考量，認為聲望是與其有關係的其他人聲望的函數。與有權或高聲望的人來往是否可以增進自己的地位或聲望？有學者認為處於一群高聲望人士之中會相形見絀，反而會減損自己的聲望。處與低聲望的人中間反而更能襯托或彰顯自己的聲望地位。社會交換理論的學者 Cook 與 Emerson (1978) 指出，與居中度高的權勢人士交往，未必會形成優勢，有時反而是與位居邊陲的人往來比較能增強行動者的議價能力。假設在圖 12-2 的交易網絡中，所有行動者都必須與他人進行交易才能存活，則雖然 A 表面上看起來居於居中位置，但在與 B 或 C 進行交易時，其議價能力可能相對較低。理由是 B 與 C 各有兩位可以予取予求、完全依賴他們的交易夥伴 (EF 與 HG)，而 A 卻缺乏類似的交易對象。因此在議價時，B 可以用兩位非得與 B 交易的 H 和 G 對他的依賴來威脅 A，B 可以輕易斷絕與 A 的交易關係而不致受損，但 A 卻沒有類似的自由度。

　　從以上這個假設性的例子可知，無論是居中度或聲望的指標，本身都是一種客觀中立的結構參數，沒有一成不變的意涵，在使用時應該各別思考每

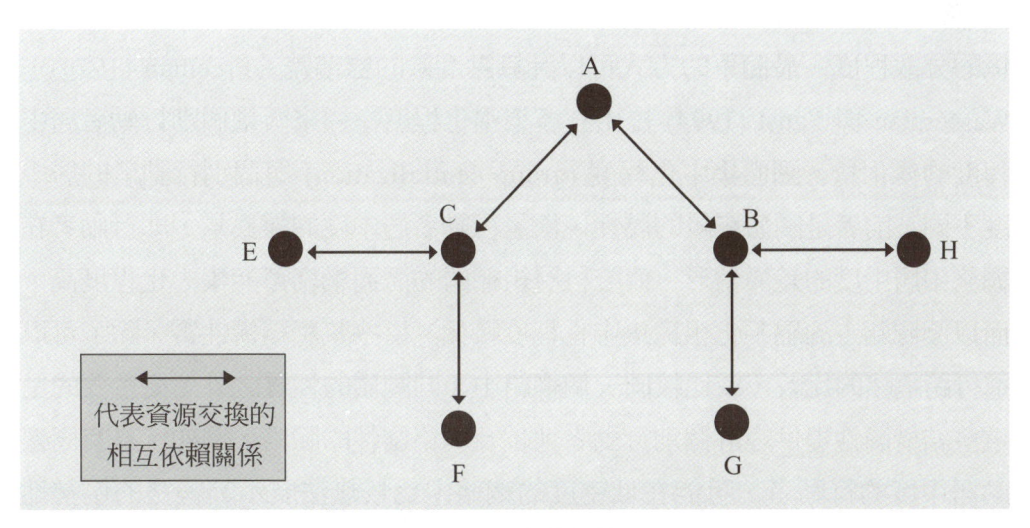

圖 12-2　交易網絡

個網絡指標在不同社會脈絡情境中的特殊意義,不要被名詞或標籤誤導。

(四) 網絡的整體結構性質:密度與集中度

第四類的描述語言是用來描述網絡整體結構 (structural configuration) 的概念。網絡規模指的是整體網絡的行動者總數,在個人網絡中也可以用來指稱受訪者所提名的網絡人數。網絡包容度 (inclusiveness) 為網絡中彼此有聯結的人數 (相對於孤立者) 佔所有人的比例。相聯度或相通性 (connectivity or reachability) 為網絡中行動者可以透過直接或間接關係相互聯結的程度,經常以網絡中任意兩人之間的平均路徑距離來衡量。平均度數 (mean nodal degree) 為網絡圖中每一點的平均度數,度數變異數 (variance of the degrees) 為圖中每一點的度數的變異量。

密度與集中度分別用來衡量一個網絡中,關係的平均量與分散程度。網絡的密度為存在的關係佔所有可能存在關係的比例。其數值介於 0 與 1 之間,數值愈高代表網絡中的關係愈綿密,反之則關係愈稀疏。密度也可以表為標準化點度數 (standardized nodal degree) 的平均值,例如,在 11 個人的網絡中,密度 0.2 代表平均每一個人與兩人有直接關係,平均點度數為 2。在密度相同的網絡中,關係的分佈也可能很不平均,因此還要進一步檢視關係的分散程度。最簡單的方式可以計算點度數的標準差。Freeman (1979)、Wasserman 與 Faust (1994) 提出許多集中化程度指標來衡量個別行動者居中程度的變化量。團體集中化程度 (group centralization) 與個別行動者的居中度不同,前者是團體層級的屬性,衡量行動者居中度的變異量,即行動者在網絡中居中度的差異情形。傳統科層組織內的溝通網絡可能集中化程度高,而以團隊為主的扁平化組織集中化程度較低。這些整體結構性質,除了可以進行跨網絡的比較,或比較同一個網絡中不同團體的性質之外,更重要的是這些結構屬性提供理解個別行動者地位及網絡屬性的脈絡。例如,具有同樣點居中度的行動者,可能在低密度的網絡中比較無法展示其網絡的優勢地位,而在高密度的網絡中則影響力較大。諸如權力、影響力、溝通、交易等

參考方塊 12-2：同類相聚、社會分化與互動機會

個人的社會網絡，除了出自自己的選擇之外，也受限於在日常生活中所能接觸的互動對象。以微觀的層次來分析社會互動，常常會忽略整體社會結構提供的互動機會與侷限。例如，實證研究發現，在美國的社會中，猶太人與非裔人比較有可能與不同宗教或種族背景的對象通婚。導致其外婚率較高的原因並非宗教或種族上的理由，而單純是因為他們的相對人數較少。

從古代哲人如柏拉圖、亞里斯多德，一直到現代的社會心理學者都指出，一般人有比較喜歡與自己「相似」的人來往的傾向。Lazarsfeld 與 Merton (1954) 基於 Simmel 的理論，首先以類聚 (homophily) 這個詞來指出一般人在交友過程中，依循類聚的原則。陳東升與陳端容 (2002) 研究政治討論網絡是否受族群類聚 (ethnic homophily) 的影響，發現客家人與同是客家背景的朋友討論政治的頻率為 77%，閩南人與閩南人討論的頻率為 65%，大陸人與大陸人討論政治的頻率高達 58%。這並不能作為論述客家人有較強的族群類聚傾向的證據。因為人口中族群比例的分佈不均，大陸的受訪者會認識非大陸籍朋友的頻率本來就高於其他族群。而且除了族群比例的分佈之外，族群在空間的分佈也有不同的集中趨勢，因此考慮政治討論網絡，應要控制日常生活中接觸不同族群人士的機會。homophily 的研究就是在探討各種「相似性」或「相近性」是否會造成超過人口相對比例的隨機分配 (random assortment) 所應有的接觸。

Peter Blau 指出宏觀結構對於個人的社會互動與人際關係有極大的影響。Blau 的宏觀社會結構指的是一個社會的人口，在多面向社會空間的分佈情形，例如人口在族群、宗教、階級等面向上的分佈，這種分佈影響彼此的社會關係。團體的相對規模、團體的異質性程度與不平等程度，都會影響與外團體接觸的頻率。他認為從微觀個人層次進行的分析，無法回答社會結構位置如何影響社會關係的問題。社會網絡的微觀分析，根據網絡

中現存關係來界定社會結構中的位置。但這種分析無法處理大量社會群體之間的互動。且一次分析一種網絡(如友誼網絡)的方法,也無法捕捉一個人可以同時位居很多不同的社會位置,如族群、職業、宗教、社區等的複雜社會結構。宏觀結構關心的是各種不同社會位置所形成的關係模式,而不是人與人之間的具體特定關係,更重要的是佔據不同社會位置的人,彼此之間互動及關聯的頻率。

基於物以類聚的原則,一個人比較喜歡與自己相似的人來往。由於每一個人同時擁有各種不同的社會屬性、位居各種不同的社會位置,如果這些位置與屬性的界線彼此重疊,如某個社區的白人都是高受教育程度、高收入的基督徒,而非裔族群都是低受教育程度、低收入的天主教徒,則種族的隔閡會因為社經地位及宗教被強化,不容易有跨種族的互動。若這些位置與屬性彼此交錯而非重疊,基督徒與天主教徒中同時有富人、窮人、白人、黑人,則基於宗教類聚的原則,當基督徒在教會中聚會時,自然產生跨種族、跨社經地位的互動。Blau 認為人口在這些交錯及重疊的社會位置分佈的情形,是社會整合與分化的基礎,也是影響社會互動及社會關係最重要的機會脈絡結構。

社會互動概念,皆同時具有微觀層面(如關係本質及行動者所具有的網絡屬性)及系統層面的性質(如結構地位及整體結構性質)。網絡分析的特色即是同時結合微觀與宏觀的因素,將個別行動者的行動及兩造之間的互動 (dyadic relationship),置於其所鑲嵌的結構脈絡中來檢視。

(五) 界定網絡中的次團體與角色地位

Knoke 與 Burt (1983) 認為社會網絡分析的概念工具主要可分成兩大類:一類概念主要是用來衡量行動者支配及自主行動的能力,如網絡中樞地位、關係的涵蓋領域、中介橋樑地位等;另一類概念為界定社會疆界的原則,如以內凝強度來界定小團體,以相同的關係模式結構同位 (structure equivalence) 來界定角色地位團體。

1. 內聚與網絡次團體

「一個社會如何可能？」是古典社會學理論最基本的關懷。雖然社會整合、社會凝聚、團體等概念在社會學及心理學中普遍被使用，但很少有研究者給予其正式的操作化定義。涂爾幹認為社會連帶的兩個最重要元素為社會成員在理念上必須具有對於社會的共同意識，在互動關係上必須具有向內凝聚的結構力量。內聚次團體的分析嘗試將理論上的社會團體概念予以具體化。內聚次團體為彼此之間具有強、直接、親密、高頻率互動，及互惠正向關係之行動者所組成的子集合。內聚次團體透過緊密的互動及相互影響，使成員彼此產生共同想法、認同及行為。Wasserman 與 Faust (1994) 整理出內聚次團體的四個基本性質：

(1) 團體成員彼此之間具有相互的關係 (mutuality of ties)；
(2) 成員之間具有很高的鄰近性 (closeness) 及相通性 (reachability)；
(3) 每一個成員與其他成員間都有很多的聯結關係 (the frequency of ties)；
(4) 與非成員相比，成員之間的互動密度較高、聯結較多。

內聚模型假設成員之間的正向互動會產生規範行為與態度的壓力。行動者之間的聯結管道愈多，壓力愈大。團體的聯結愈緊密，且團體愈排外或愈封閉，則個人受團體規範的影響愈深 (Coleman, 1983; Friedkin, 1991)。因為透過直接接觸、間接傳遞或是與外界隔絕所產生的社會規範力量 (social forces) 使得內聚團體在理論上十分重要。

一個具有高凝聚力的結構，是能將成員有效「黏著」在一起，不輕易因外力破壞而瓦解的結構。然而，密度高並不保證具有高凝聚力。如果點度數過於集中在少數居中度或居間度很高的行動者身上，則團體很容易在移除一、兩個核心聯結點之後分裂瓦解。例如，集權組織或政權在偉大的領導人死亡之後，常因派系紛爭或割據而崩解。因此，凝聚力不在乎關係多寡，而比較強調聯結方式得宜與否，強凝聚的指標為權力分散、資訊流通且平均分

佈、成員相對平等、不容易因為單一的行動而受影響。

　　網絡分析根據凝聚的基本性質來界定凝聚力程度不一的次團體。成員彼此之間都有相互的直接關係 (complete mutuality) 且與外界隔離的三人以上團體稱為核心團體 (clique)。核心團體的每一個成員都必須與所有其他成員有直接關係，因為定義過於嚴格，一個聯結緊密的團體往往因為缺少一兩個聯結關係就無法符合定義，因此在關係稀疏的大網絡 (sparse network) 中，通常不容易找到核心團體；即使有，也經常是規模小且重疊高的小團體。若在資料蒐集設計上限定了每一個行動者最多可以聯結的數目，例如，採用固定名額提名 (fixed choice) 的資料蒐集方式，則核心團體也不易存在。除此之外，核心團體嚴格區別團體成員與非團體成員，而將所有與部分團體成員有關係的人都排除在團體之外的做法，也缺乏彈性，因此在分析上用途不大 (Wasserman & Faust, 1994)。

　　受到核心團體概念的啟發，後來的網絡學者放寬標準，根據路徑距及點度數來延伸內聚團體的定義。次團體的成員彼此間不一定要直接有關係，很多社會過程如資訊傳播，只要路徑不要太長，還是可以透過間接關係 (intermediaries) 來完成。n-團體 (n-clique) 為團體中任意兩個行動者的最短路徑不超過 n 所形成的團體。例如，2-團體為所有團體成員彼此的路徑不超過 2 所形成的團體。

　　一個內聚團體必須是在聯結度上相對穩固的團體，即不容易因為移除幾條線就分裂成不同團體。Seidman 與 Foster (1978) 指出「n-團體」經常不夠穩固 (robust)，容易因為移除幾個點就分裂，因此在結構上十分脆弱 (vulnerable)。另外有些學者強調某些社會過程只能透過直接的接觸 (direct contact) 才能產生作用。因此將焦點置於鄰近性 (adjacency) 而非距離與路徑。k-核心組 (k-core) 定義每一個行動者必須至少與 k 個其他行動者有直接相聯的關係所形成的團體。由於每一個 k-核心組的行動者都與至少一定數量的其他行動者相聯，因此比 n-團體更為穩固，團體不會因為移除少數行動者而失去聯結。

參考方塊 12-3：平衡理論與弱聯結的優勢

　　網絡分析經常從一些行為互動的基本假設出發，推導出有趣的原則。類聚的原則指出，人有與相似他人互動的傾向。網絡的研究也指出，互動頻率愈高，相處時間愈久，愈容易發展出正向情感，即所謂的「日久生情」。基於這兩個簡單假設，社會心理學家認為正向關係如喜歡、愛等具有遞移性，即若 A 喜歡 B，B 喜歡 C，則 A 與 C 發展出正向關係的頻率會很高。這是同時有「推」與「拉」的作用力導致的結果：從推力來說，1. A 喜歡 B，可能是因為 A 與 B 在價值態度或喜好上有很多交集。B 喜歡 C，也是基於相同類聚的原則，兩人有很多共同點。因為 A、B 相似，B、C 也相似，自然不難找到 A 與 C 的相似點，基於同類相吸引的原則，A、C 會成為好朋友的頻率也很高。2. A 與 B 是好朋友，自然接觸很頻繁，B 與 C 是好朋友，兩人也經常在一起。因此從接觸機會來說，A 遇到 C 的機會也很多。基於類聚相吸、日久生情的原則，及從拉力面來說，A 與 B 感情很好，B 與 C 感情也很好，但 A 與 C 不和睦，則 B 夾在 A、C 兩者的緊張關係之中，如果不設法拉攏 A 與 C 之間的關係，使其和睦，就得選邊站，疏遠與其中一邊的關係，以恢復三人之間的平衡關係。例如，丈夫夾在不和睦的婆媳之間，很難長期處於這種不平衡的關係之中。網絡學者將這種不平衡的三角關係稱為禁忌的三角關係 (forbidden triad)，處於其中的行動者會設法處理這種不平衡的關係，以恢復關係的平衡。

　　將類聚的互動原則 (homophily) 與禁忌三角形的平衡原則加以延伸，假設 A 與 B、B 與 C、C 與 D 分別是三組類聚程度很高的好朋友。A、B 與 C 之間會形成一個禁忌三角形；同理，B、C、D 與 A、C、D 之間也會是一個禁忌三角形。基於上述的推力與拉力，A、B、C、D 最終會成為一個彼此之間皆有友好關係的緊密團體，而且透過彼此之間的相互社會化，其態度行為會愈來愈相似。依循這些互動的原則，大多數的人比較容易處於一個同質性很高的小群體中。

社會學家 Granovetter 基於這些原則，提出弱連帶優勢 (strength of weak tie) 的論述，認為由強關係 (如好朋友) 所組成的同質團體，雖然有較強的凝聚力，但因為成員彼此的同質性甚高，關係緊密，溝通十分頻繁，因此大家的想法、態度與所知道的訊息都會很相似，成為重複性的社會關係。Granovetter 認為不是很熟的關係 (如小學同學、以前的同事)，反而比較容易帶來新的資訊與機會。Burt 運用這些原理，發展出結構洞 (structural hole) 的概念，認為網絡的優勢來自仲介彼此沒有關係的兩個凝聚團體。類似這樣的理論推演，才是網絡分析的核心，並非數學模型與分析技術。

2. 結構同位與角色

對於很多結構社會學家而言，社會角色及社會位置是構成社會結構的基本元素。這些社會學家認為角色與社會位置在本質上是關係性的 (relational) (Nadel, 1957)。與凝聚的概念不同，角色及位置是透過行動者在互動關係模式 (patterns of relations) 上的相似性來界定的，而不是由行動者彼此之間的互動強度、鄰近性來決定，更不是由角色成員本身的屬性來界定。佔據相同角色位置的行動者彼此之間不一定要有直接的互動關係。例如，所有護士皆與醫生及病人有相似的關係模式，但他們彼此之間不一定都認識。社會網絡的位置與角色分析主要包含兩大工作：(1) 依據行動者的互動關係模式找出社會結構中的各種「社會位置」；(2) 描述不同社會位置之間的關係。White 等人 (1976) 的文章首先提出描述行動者位置的方法。隨後又在另一篇文章中提出描述位置之間關係的方法。根據 White 等人的定義，社會位置指的是由一組關係模式十分類似的行動者所組成的子集合。在一個社會網絡中，兩個行動者如果與相同他人有相同的關係，則此兩個行動者在網絡結構中佔據相同的地位，一般稱為結構同位。

圖 12-3 可以更清楚地說明內聚團體及結構同位的意義。圖上半部為由 A、B、C、D 與 E、F、G、H、I 分別構成兩個 n-團體 (n-clique)，團體內成

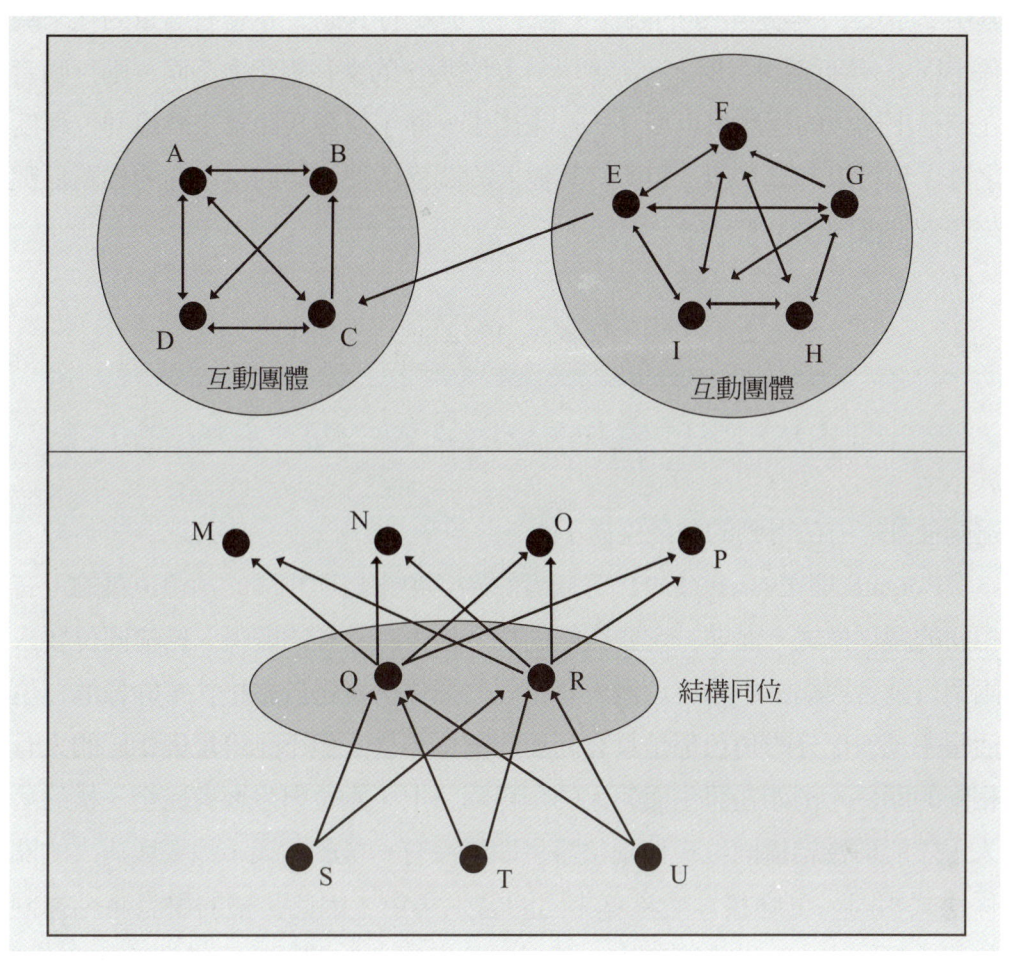

圖 12-3　內聚團體及結構同位

員彼此間的互動關係要高於與系統中其他單位的關係。圖 12-3 中的 Q 和 R 為典型的結構同位，Q 與 R 之間雖然沒有直接互動關係，但他們與網絡中的其他人皆具有相同的互動關係，因此他們居於相同的結構地位。

兩個行動者的結構同位程度可以下列歐氏距離 (Euclidean distance) 來衡量 (Burt, 1982)：

$$d_{ij}=[\sum_{q=1}^{k}(z_{iq}-z_{jq})^2+\sum_{q=1}^{k}(z_{qi}-z_{qj})^2]^{1/2}$$

其中 z_{iq} 代表 i 發送至 q 的關係。若 i、j 與所有其他人 q 皆有等量的往來關係，則 d_{ij} 趨近於 0；反之，d_{ij} 愈大，則 i 與 j 的交往對象愈不同。兩行動者在結構上同位的程度可以用 $1-d_{ij}$ 來衡量。除了以歐氏距離來計算同位程度之外，也可以計算 i 與 j 和所有其他人的關係所形成的向量之間的相關係數來測量結構同位：

$$r_{ij} = \frac{\sum_{q=1}^{k}(x_{iq}-\bar{x}_{i.})(x_{jq}-\bar{x}_{j.}) + \sum_{q=1}^{k}(x_{qi}-\bar{x}_{.i})(x_{qj}-\bar{x}_{.j})}{\sqrt{\sum_{q=1}^{k}(x_{iq}-\bar{x}_{i.})^2 + \sum_{q=1}^{k}(x_{jq}-\bar{x}_{j.})^2}\sqrt{\sum_{q=1}^{k}(x_{qi}-\bar{x}_{.i})^2 + \sum_{q=1}^{k}(x_{qj}-\bar{x}_{.j})^2}}$$

這兩種計算方法得到的結果差異不大。

Borgatti 與 Everett (1992) 等學者認為角色來自與相同的角色位置的人有相同的關係模式，而非一定要與相同特定他人有一樣的關係。結構同位要求兩個行動者與網絡中的特定他人有相同的關係，是過於嚴格狹窄的標準。生活當中，大部分的角色都是具有同型的關係結構，但不見得是與相同的人有相同的關係。例如在醫生與病人的角色關係上，兩位醫生要有完全一樣的病人，才能稱為結構同位。但兩位醫生即使沒有一樣的病人，只要與病人的關係模式相同，也應該算是具有相同的醫生角色。因此後續的學者將結構同位與「相同的人」的標準放鬆，建議只要有相似的關係輪廓構型 (profile of ties) 即可歸為相同的角色地位。有關同型同位 (automorphic equivalence) 及標準同位 (regular equivalence) 的計算，請參考 Borgatti 與 Everett (1992)。

究竟用內聚 (cohesion) 還是同位 (equivalence) 的原則來區分地位團體比較好？為什麼結構同位比內聚次團體更適合用來捕捉角色的概念？答案決定於所傾向回答的理論關懷。結構同位的行動者彼此具有很高的替代性，互為競爭者；內聚團體則強調透過直接接觸所產生的正向影響。這兩種原則對於人際之間的相互影響 (interpersonal influence) 及社會化的機制有很不同的假設。「內聚團體」的原則認為社會化的機制來自團體成員彼此之間的緊密互動。透過頻繁的互動，我們從其他人身上得到新的訊息、知識及價值態度取

向。特別是在不確定性較高的情境下，我們會參照互動頻繁、關係密切的重要他人 (significant others) 的行為，作為自身行為的判準，因此「和誰交往」決定了我們的態度與行為。如果人與人之間的相互影響必須透過直接接觸與互動，則互動愈頻繁的親密團體，其成員的態度、價值觀與行為應較趨於一致。

「結構同位」的原則對於社會化的過程提出了另外一種看法：個體與個體之間的相互影響，不一定要在直接互動中才能產生；在結構中居於相似地位的人，彼此之間雖然不一定有緊密的互動，但仍能影響彼此的態度及行為。其理由有三：第一，結構同位者有共同的往來對象 (如同一位指導教授)，因此受相同的影響，態度與行為自然較為相似；第二，結構同位的人面對相同的機會與侷限，不但有相同的成本效益考量，而且競爭模仿的壓力也較大；第三，遇到不確定的情況時，一般人較常以結構同位的人作為參考架構 (frame of reference) 來模擬適當的角色行為。例如遇到問題時，我們時常問自己：「和我處於相同處境的人，會如何來思考這個問題？」換言之，結構同位的行動者會透過角色揣摩 (symbolic role-playing) 彼此模仿、相互影響 (如研究生比較會模仿其他研究生的行為，而非指導老師的行為) (Burt, 1987)。社會規範的壓力來自結構同位的他人，更甚於與自己有直接互動的網絡成員。至於哪一種機制較能解釋行為與態度的一致性，則是一個經驗的問題。以圖 12-3 為例，如果行為規範主要是來自互動頻繁個體之間的相互社會化，則 A、B、C、D 彼此之間的態度與行為應較為接近；如果行為與態度主要來自個體以結構同位的他人作為其參考架構，則 R 的態度與行為應與 Q 最為接近。

(六) 簡化社會結構：結構縮影

複雜的網絡關係，無論是用圖形的方式還是用矩陣的方式來表達，都不是很容易理解，因此網絡分析工具的任務之一，就是將網絡關係簡化成簡單明瞭的社會結構，以從簡化的圖像或結構縮影 (density table) 中萃取對結構的

深入理解。利用結構同位或其他同位的方法，可以將所有行動者分派到簡化的結構位置上，然後再描述這些結構位置彼此之間的關係。我們以一個例子來說明。表 12-3 是根據美國國內航空公司彼此市場重疊程度所計算出的競爭關係矩陣。由於大公司與小公司的市場規模不同，且與各家公司市場重疊的程度不一，在經過列邊際的標準化之後，形成不對稱的競爭關係。例如，西北航空公司 (NW) 將聯合航空公司 (UA) 視為重要的競爭對象 ($Z_{NW \to UA} = 0.232$)，但聯合航空公司卻不太把西北航空公司放在眼裡 ($Z_{UA \to NW} = 0.076$)。圖 12-4 為三十餘家公司彼此之間的競爭關係圖。

從這個複雜的圖形中，無法直接看出太多的意涵。我們可以進一步將所有公司按照競爭關係模式來進行整理與歸類。首先，必須計算各家公司之間的同位程度。以達美航空公司 (DL) 為例，我們可以將達美航空公司的列向量 (從達美發送給各家公司的關係，即達美與各家航空公司的競爭關係) 與欄向量 (達美從各家公司接收的關係，代表各家航空公司與達美的競爭關係) 堆砌成一個達美與所有其他公司間的關係輪廓 (relational profile)，然後用這個關係輪廓所形成的向量，來計算各家公司之間的歐氏距離 d_{ij} 或關係輪廓相關係數 r_{ij} (如表 12-4)。我們透過集群分析 (cluster analysis) 將所有公司按照結

表 12-3　美國國內航空公司競爭關係矩陣

	DL	UA	AA	EA	US	CO	NW	WN	TW	PI
DL		0.87	.179	.357	.043	.030	.024	.011	.045	.058
UA	.081		.239	.041	.042	.066	.076	.008	.119	.016
AA	.199	.287		.062	.026	.057	.036	.027	.145	.014
EA	.400	.049	.062							
US	.133	.140	.073							
CO	.108	.255	.183							
NW	.069	.232	.091	.058	.038	.016		.004	.034	.010
WN	.056	.043	.125	.002	.002	.059	.007		.013	.000
TW	.089	.254								.005
PI	.215	.065								
PS	.038	.197							20	.000

$Z_{i.}$ ～達美航空公司與各家航空公司的競爭關係

$Z_{.i}$ ～各家航空公司與達美航空公司的競爭關係

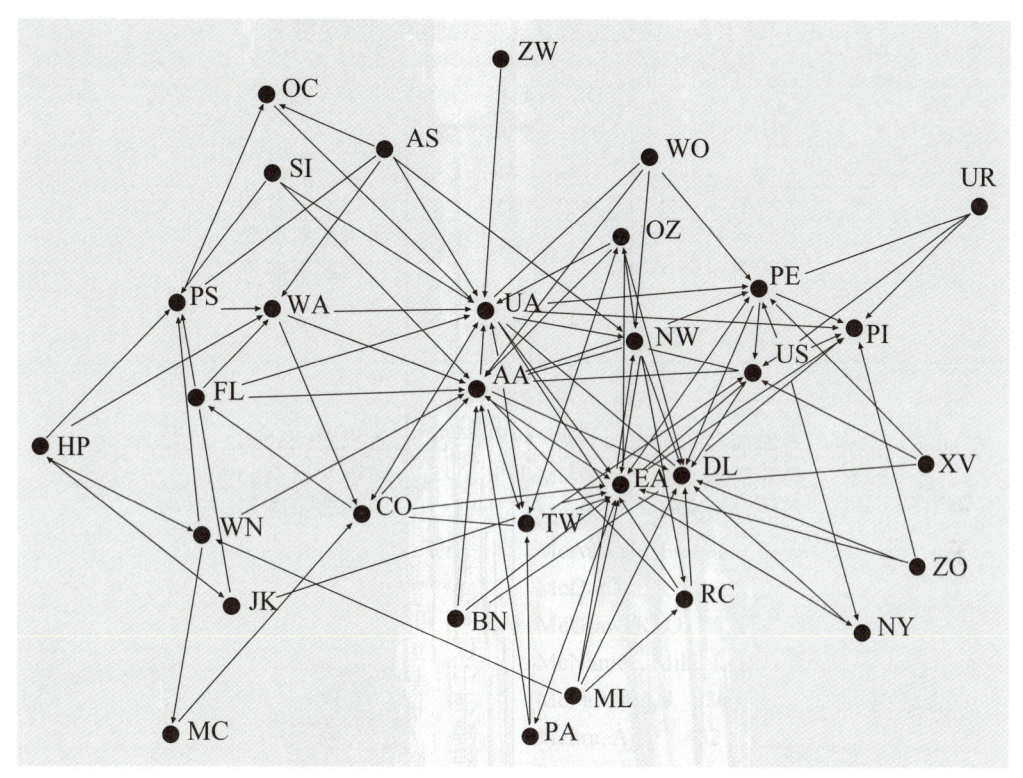

圖 12-4　美國國內航空公司競爭關係圖

構同位的相似程度結合成結構位置。在進行分組時，我們可以透過多向度標示 (multidimensional scaling) 的技術，將所有公司按照結構同位的程度表示在一個平面圖上。圖上愈接近的點，表示兩者的結構同位程度愈高。透過集群分析及多向度標示的圖像輔助分析，結合我們理論及經驗上的知識，找出適當的結構位置。整個程序並非僅依靠網絡分析軟體提供的數據就可以完成，必須透過不斷地嘗試錯誤及敏感度分析 (sensitivity analysis)，才能找出具有理論及實務意涵的結構。

　　圖 12-5 呈現多向度標示的結果，三十餘家公司的複雜競爭關係，被簡化成 A、B、C、D 四個結構位置，表 12-5 為代表這四個結構位置之間的關係的縮影矩陣 (image matrix)，對角線格內的數據代表結構同位的公司彼此競爭的程度。這個縮影矩陣清楚地呈現出航空產業的市場結構。

表 12-4　歐氏距離 d_{ij} 及關係輪廓相關係數 r_{ij}

	DL	UA		
達美航空公司與各家航空公司的競爭關係	.087 .179 .357 .043 .030 .024	.239 .041 .042 .066 .076 .008	AA EA US CO NW WN	聯合航空公司與各家航空公司的競爭關係
	…	…		
各家航空公司與達美航空公司的競爭關係	.199 .400 .133 .108 .069 .056	.287 .049 .140 .255 .232 .043	AA EA US CO NW WN	各家航空公司與聯合航空公司的競爭關係

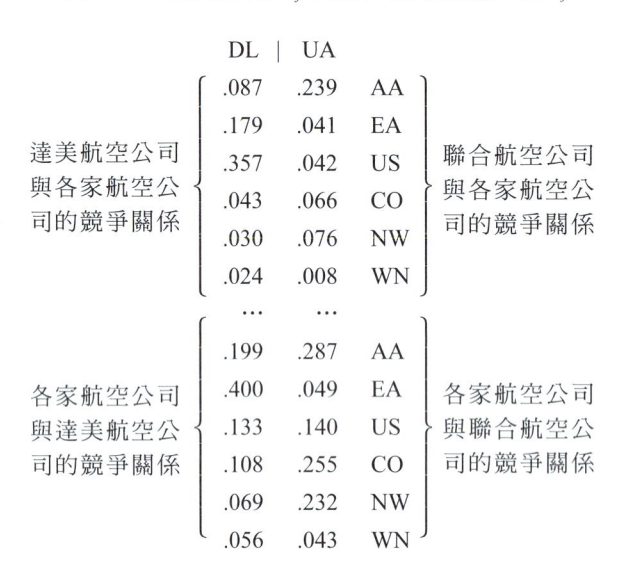

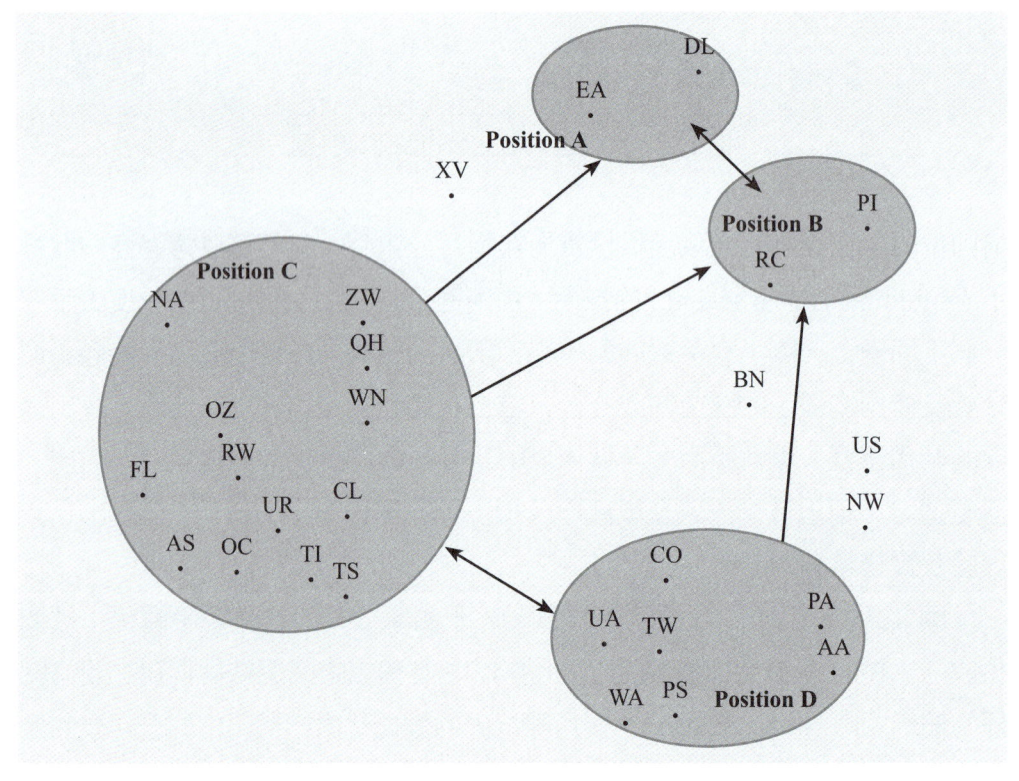

圖 12-5　美國國內航空公司多向度標示的圖像

表 12-5　美國國內航空公司競爭關係縮影矩陣

	A	B	C	D
A	0.8	1	0	0
B	1	0.8	0	0
C	1	0.5	0.9	0.5
D	0	1	0.5	0.3

四、總　結

　　社會網絡分析是一個發展迅速的新興領域。隨著網路資訊科技的發展，已經成為一個受到社會學、經濟學、資訊科學、物理科學及行為科學共同關注的領域，不但新的分析想法與技術不斷更新，而且理論也有重要的突破。這些新的發展都有一個共同的特質，即企圖運用新的眼光來重新理解日趨複雜的社會與人類行為。從事網絡分析的學者宣稱，網絡分析絕不僅是一種方法，更是一個理論的觀點 (White, 2008; Martin, 2009)。這個理論的觀點可以讓研究者同時從行動者與結構的角度來理解行為及社會現象、並釐清微觀、宏觀結構之間的相互影響與動態關係，更重要的是它能以簡單的原則來找出複雜結構的聯結原則，無論是社會結構、網際網路結構還是通訊結構。

　　經過幾十年的發展，網絡分析雖已累積成熟的理論及分析工具，但仍然面對一些基本的挑戰。早期的網絡研究大多從有清楚疆界的小型網絡著手，企圖找出網絡結構的原型。隨著電腦網路聯結日趨複雜，資料探勘技術與網絡分析工具的發展，目前網絡學者逐漸將焦點轉於大型網絡的分析，例如 James Moody (2004) 研究數萬名學者間的合著網絡及高中校園的友誼網絡 (Moody, 2001)。除了引文、專利、合著資料之外，常見的大型網絡的資料還

包括從網際網路上的伺服器所蒐集的 BBS、facebook 等網絡社群、線上遊戲群體、共同購物偏好 (如亞馬遜書店) 群體、電子郵件等網絡。如何描述這些大型複雜網絡的整體結構？如何抽樣及進行統計推論 (Frank, 2005)？由小型網絡建構的分析模型及概念是否可以適用於這些大型網絡？這些都是值得進一步探索的問題。

另一種對於網絡分析最常見的批評，是認為網絡觀點的結構偏見，常常使得它在分析上忽略關係的動態本質 (Emirbayer & Goodwin, 1994; Emirbayer, 1997)。近來網絡分析的另一個重點主題，便是研究社會網絡的形成及變化的動態過程 (Doreian, 1986; Nakao & Romney, 1993; Leenders, 1996; Suitor, Wellman, & Morgan, 1997; Snijders, 2005)。目前有兩種不同的觀點都試圖建構形成社會結構的社會過程：有一派學者奠基於隨機圖 (random-graph) 模型，企圖找出網絡關係形成的隨機過程 (stochastic process) (Wasserman & Robbins, 2005)；另一派學者從成本效益分析、博弈理論等策略行動的觀點來解釋網絡關係的形成。進階的讀者可以進一步參考 Matthew O. Jackson (2008) 的教科書。

總之，網絡分析不但對於行為科學有突破性的貢獻，商業界也開始運用網絡分析來進行策略、行銷、知識及資訊管理方面的研究。除此之外，物理科學家也對社會網絡分析產生極大的興趣，Borgatti 等人特別在最近的 *Science* 期刊上專文介紹社會網絡分析並呼籲跨領域的合作 (Borgatti et al., 2009)，網絡分析是一個充滿挑戰但具有無窮潛力的新興領域。

參考書目

李宗榮 (2007) 〈在國家與家族之間：企業控制與臺灣大型企業間網絡再探〉。《臺灣社會學》，13，173-242。

李宗榮 (2009) 〈制度變遷與市場網絡：臺灣大型企業間董監事跨坐的歷史考察，1962～2003〉。《臺灣社會學》，17，101-160。

林南、陳志柔 (2004)《社會資本的建構與效應：臺灣、中國大陸、美國三地追蹤研

究》。中央研究院主題研究計畫。

陳東升、陳端容 (2002)〈跨族群政治網絡的形成及其影響因素〉。《臺灣社會學刊》，4，119-157。

陳端容 (2004)〈大型醫院主管職的生涯路徑與醫師職場結構〉。《臺灣社會學刊》，33，109-155。

章英華、傅仰止 (2006)《臺灣地區社會變遷基本調查第五期第一次調查計畫執行報告》。臺北：中央研究院社會學研究所。

傅仰止、林亦之 (2005)〈人際接觸測量的一致性與正確性：比較問卷調查與接觸日誌〉。《調查研究》，17，19-63。

謝雨生、吳齊殷、李文傑 (2006)〈青少年網絡特性、互動結構和友誼動態〉。《臺灣社會學》，11，175-234。

邊燕杰 (2001)《華人社會的調查研究：方法與發現》。香港：牛津大學出版社。

蘇國賢 (1997)〈產業自主性與市場績效：臺灣地區產業結構之網絡分析〉。《中山管理評論》，5，315-338。

蘇國賢 (2004)〈社會學知識的社會生產：臺灣社會學界的隱形學群〉。《臺灣社會學》，8，133-192。

Abbott, Andrew (1988). Transcending general linear reality. *Sociological Theory, 6*, 169-186.

Alexander, Michael C., & Danowski, James A. (1990). Analysis of an ancient network: Personal communication and the study of social structure in a past society. *Social Networks, 12*, 313-335.

Bavelas, Alex (1950). Communication patterns in task-oriented groups. *Journal of the Acoustical Society of America, 22*, 725-730.

Berkowitz, Stephen D. (1982). *An introduction to structural analysis: The network approach to social research*. Toronto: Butterworth.

Bernard, H. Russell, Killworth, Peter D., Kronenfeld, David, & Lee, Sailer (1984). The problem of informant accuracy: The validity of retrospective data. *Annual Review of Anthropology, 13*, 495-517.

Bernard, H. Russell, Killworth, Peter D., & Lee, Sailer (1981). Summary of research on informant accuracy in network data and on the reverse small world problem. *Connections, 4*, 11-25.

Blau, Peter M. (1977). *Inequality and heterogeneity: A primitive theory of social structure*. New York: The Free Press.

Borgatti, Stephen P., & Everett, Martin G. (1992). Graph colorings and power in experimental exchange networks. *Social Networks, 14*, 287-308.

Borgatti, Stephen P., Mehra, Ajay, Daniel, J. Brass, & Labianca, Giuseppe (2009). Network analysis in the social sciences. *Science, 323*, 892-895.

Bott, Elizabeth (1955). Urban families: Conjugal roles and social networks. *Human Relations, 8*, 345-384.

Bott, Elizabath (1957). *Family and social network*. London: Tavistock.

Bourdieu, Pierre (1986). The forms of capital. In John G. Richardson (Ed.), *Handbook of theory and research for the sociology of education* (pp. 241-258). New York: Greenwood.

Bourgois, Philippe (2002). *In search of respect: Selling crack in El Barrio*. Cambridge: Cambridge University Press.

Breakwell, Glynis M., & Wood, Peter (1995). Diary techniques. In S. Hammond, C. Fife-Schaw, & G. Breakwell (Eds.), *Research methods in psychology*. London: Sage Publications.

Burt, Ronald S. (1982). *Toward a structural theory of action*. New York: Academic Press.

Burt, Ronald S. (1987). Social contagion and innovation, cohesion versus structural equivalence. *American Journal of Sociology, 92*, 1287-1335.

Burt, Ronald S. (1988). The stability of American markets. *American Journal of Sociology, 94*, 356-395.

Burt, Ronald S., Guilarte, Miguel, Raider, Holly J., & Yasuda, Yuki (2002). Competition, contingency, and the external structure of markets. *Advances in Strategic Management, 19*, 167-217.

Chen, Ming-jer, Su, Kuo-hsien, & Tsai, Wenpin (2007). Competitive tension: The awareness-motivation-capability perspective. *Academy of Management Journal, 50*, 101-118.

Chung, Chi-nien (2003). Managerial structure of business groups in Taiwan: The inner circle system and its social organization. *Developing Economies, 41*, 37-64.

Coleman, James S. (1983). Loss of power. *American Sociological Review, 38*, 1-17.

Coleman, James S. (1988). Social capital in the creation of human capital. *American Journal of Sociology, 94*, S95-S120.

Cook, Karen S., & Emerson, Richard M. (1978). Power, equity, and commitment in exchange networks. *American Sociological Review, 43*, 721-739.

Doreian, Patrick (1986). On the evolution of group and network structure II: Structures within structures. *Social Networks, 8*, 22-64.

Durkheim, Émile (1933). *The division of labor in society*. Glencoe: Free Press.

Durkheim, Émile (1957). *Suicide: A study in sociology*. New York: The Free Press.

Emirbayer, Mustafa (1997). Manifesto for a relational sociology. *New School for Social Research, 103*, 281-317.

Emirbayer, Mustafa, & Goodwin, Jeff (1994). Network analysis, culture, and the problem of agency. *American Journal of Sociology, 99*, 1411-1454.

Fischer, Cluade S. (1982). *To dwell among friends: Personal networks in town and city*. Chicago: The University of Chicago Press.

Fischer, Claude S. (2001). Bowling alone: What's the score? *Social Networks, 27*, 155-167.

Frank, Ove (2005). Network sampling and model fitting. In Peter J. Carrington, John Scott, & Stanley Wasserman (Eds.), *Models and methods in social network analysis* (pp. 31-56). Cambridge: Cambridge University Press.

Freeman, Linton C., Freeman, Sue C., & Michaelson, Alaina G. (1989). How humans see social groups: A test of the Sailer-Gaulin Models. *Journal of Quantitative Anthropology, 1*, 229-238.

Freeman, Linton C. (1979). Centrality in social network: Conceptual clarification. *Social Networks, 1*, 215-239.

Freeman, Linton C. (2006). *The Development of social network analysis*. Vancouver: Empirical Press.

Freeman, Linton C., Roeder, Dougias, & Mulholland, Roger R. (1987). Words, deeds and social structure: A preliminary study of the reliability of informants. *Human Organization, 46*, 330-334.

Friedkin, N. E. (1991). Theoretical foundations for centrality measures. *American Journal of Sociology, 96*, 1478-1504.

Fu, Yang-chih (2005). Measuring personal networks with daily contacts: A single-item survey question and the contact diary. *Social Networks, 27*, 169-186.

Fu, Yang-chih (2007). Contact diaries: Building archives of actual and complete personal networks. *Field Methods, 19*, 194-217.

Granovetter, Mark S. (1974). *Getting a job*. Cambridge: Harvard University Press.

Granovetter, Mark S. (1995). *Getting a job: A study of contacts and careers*. Chicago: University of Chicago Press.

Gurevitch, Michael (1961). *The social structure of acquaintanceship networks*. Massachusetts Institute of Technology.

Hubbell, Charles H. (1965). An input-output approach to clique identification. *Sociometry, 28*, 377- 399.

Huisman, Mark, & van Duijn, Marijtje A. J. (2005). Software for social network analysis. In Peter J. Carrington, John Scott, & Stanley Wasserman (Eds.), *Models and methods in social network analysis* (pp. 270-315). Cambridge: Cambridge University Press.

Jackson, Matthew O. (2008). *Social and economic networks*. Princeton: Princeton University Press.

Killworth, Peter D., & Bernard, H. Russell (1978). The reverse small-world experiment. *Social Networks, 1*, 159-192.

Knoke, David , & Burt, Ronald S. (1983). Prominence. In Ronald S. Burt & Michael J. Minor (pp. 195-222), *Applied network analysis: A methodological introduction*. Beverly Hills: Sage Publications.

Krackhardt, David (1987). Cognitive social structures. *Social Networks, 9*, 109-134.

Laumann, Edward O., Marsden, Peter V., & Prensky, David (1989). The boundary specification problem in network analysis. In Ronald S. Burt & Michael J. Minor (Eds.), *Applied network analysis: A methodological introduction*. London: Sage Publications.

Leavitt, Harold J. (1951). Some effects of certain communication patterns on group performance. *Journal of Abnormal and Social Psychology, 46*, 38-50.

Leenders, Roger (1996). Longitudinal behavior of network structure and actor attributes: Modeling interdependence of contagion and selection. In P. Doreian & Frans N. Stokman (Eds.), *Evolution of social networks* (pp. 165-84). New York: Gordon & Breach.

Liebow, Elliot (2003). *Tally's corner: A study of negro streetcorner men*. Lanham. Maryland: Rowman & Littlefield Publishers.

Lin, Nan (1982). Social resources and instrumental action. In Peter V. Marsden & Nan Lin (Eds.), *Social structure and network analysis* (pp. 131-145). Berverly Hills: Sage Publication.

Lin, Nan, & Dumin, Mary (1986). Access to occupations through social ties. *Social Networks, 8*, 365-385.

Lin, Nan, Fu, Yang-chih, & Hsung, Ray-may (2001). The position generator: Measurement techniques for investigation of social capital. In Nan Lin, Karen S. Cook, & Ronald S. Burt (Eds.), *Social capital: Theory and research* (pp. 57-84). Aldine de Gruyter Pub.

Malinowski, Bronislaw (1922). *Argonauts of the western pacific: An account of native enterprise and adventure in the archipelagoes of Melanesian New Guinea*. London:

Routledge and Kegan Paul.

Marsden, Peter V. (2005). Recent developments in network measurement. In Peter J. Carrington, John Scott, & Stanley Wasserman (Eds.), *Models and methods in social network analysis* (pp. 8-30). Cambridge: Cambridge University Press.

Martin, John L. (2009). *Sociol structures*. Princeton: Princeton University Press.

Moody, James (2001). Race, school integration, and friendship segregation in America. *American Journal of Sociology, 107*, 679-716.

Moody, James (2004). The structure of a social science collaboration network: Disciplinary cohesion from 1963 to 1999. *American Sociological Review, 69*, 213-238.

Moreno, Jacob L. (1934). *Who shall survive?: Foundations of sociometry, group psychotherapy, and sociodrama*. Washington, D.C.: Nervous and Mental Disease Publishing Company.

Mouw, Ted (2006). Estimating the causal effect of social capital: A review of recent research. *Annual Review of Sociology, 32*, 79-102.

Nadel, Siegfried F. (1957). *The theory of social structure*. New York: Free Press.

Nakao, Keiko, & Romney, Kimball A. (1993). Longitudinal approach to subgroup formation: A re-analysis of Newcomb's fraternity data. *Social Networks, 15*, 109-131.

Nooy, Wouter de, Mrvar, Andrej, & Batagelj, Vladimir (2005). *Exploratory social network analysis with Pajek*. New York: Cambridge University Press.

Padgett, John F., & Ansell, Christopher K. (1993). Robust action and the rise of the Medici, 1400-1434. *American Journal of Sociology, 98*, 1259-1319.

Reis, Harry T., & Wheeler, Ladd (1991). Studying social interaction with the Rochester interaction record. In Mark P. Zanna (Ed.), *Advances in experimental social psychology*. San Diego: Academic Press.

Roethlisberger, Fritz, & Dickson, William (1939). *Management and the worker: An account of a research program conducted by the Western Electric Company*. Chicago: Harvard University Press.

Saxenian, Anna Lee (1994). *Regional advantage: Culture and competition in silicon valley and route 128*. Cambridge, MA: Harvard University Press.

Saxenian, Anna Lee (2006). *The new argonauts: Regional advantage in a global economy*. Cambridge, MA: Harvard University Press.

Seidman, Stephen B., & Foster, Brian L. (1978). A graph-theoretic generalization of the clique concept. *Journal of Mathematical Sociology, 6*, 139-154.

Simmel, Georg, & Wolff, Kurt H. (1950). *The sociology of Georg Simmel*. New York: Free

Press.

Snijders, Tom A. B. (2005). Model for longitudinal network data. In Peter J. Carrington, John Scott, & Stanley Wasserman (Eds.), *Models and methods in social network analysis* (pp. 215-247). Cambridge: Cambridge University Press.

Su, Kuo-Hsien & Nan Lin. (2013). "Status-based Differential Memory and Measurement of Social Capital: Recall Errors and Bias Estimates", in Nan Lin, Yang-chih Fu, Chih-Jou Jay Chen (eds.), Social Capital and Its Institutional Contingency: A Study of the United States, *China and Taiwan* (pp. 64-80). London: Routledge Press.

Suitor, Jill J., Wellman, Barry, & Morgan, David L. (1997). It's about time: How, why and when networks change. *Social Networks, 19*, 1-7.

Travers, Jeffrey, & Milgram, Stanley (1967). An experimental study of the small world problem. *Sociometry, 32*, 425-443.

Tsai, Wenpin, Su, Kuo-hsien, & Chen, Ming-jer (2011). *Seeing through the eyes of a rival: Competitor acumen based on rival-centric perceptions*. Academy of Management, 54:4.

Wasserman, Stanley, & Faust, Katherine (1994). *Social network analysis: Methods and applications*. Cambridge: Cambridge University Press.

Wasserman, Stanley, & Robbins, Gary (2005). An Introduction to Random Graphs, Dependence Graphs, and P*. In Peter J. Carrington, John Scott, & Stanley Wasserman (Eds.), *Models and methods in social network analysis* (pp. 148-161). Cambridge: Cambridge University Press.

Watts, Duncan J. (2004). The "New" science of networks. *Annual Review of Sociology, 30*, 243-270.

Wellman, Barry (1988). Structural analysis: From method and metaphor to theory and substance. In Barry Wellman & Scott D. Berkowitz (Eds.), *Social structures: A network approach* (pp. 19-61). Cambridge: Cambridge University Press.

White, Harrison C. (2008). *Identity and control: How social formation emerge*. Princeton: Princeton University Press.

White, Harrison C., Boorman, Scott A., & Breiger, Ronald L. (1976). Social structure from multiple networks. I. Blockmodels of roles. *American Journal of Sociology, 81*, 730-780.

Whyte, William Foote (1993). *Street corner society: The social structure of an Italian slum*. Chicago: University of Chicago Press.

Yang, Song, & Knoke, David (2001). Optimal connections: Strength and distance in valued. Graphs. *Social Networks, 23*, 285-296.

延伸閱讀

網絡分析方法的線上資源十分豐富，大部分重要學習資源如參考書目、重要學者聯結、資料庫、軟體資源等，都可從 International Network for Social Network Analysis (INSNA; http://www.insna.org/) 這個入口網站取得。以下我推薦四本較容易入門的教科書。

1. Knoke, David, & Yang, Song (2008). *Social network analysis* (2nd ed.). Thousand Oaks, CA: Sage.
   2008 年的再版與 1982 年的初版內容上有極大的變化，是最容易上手的入門書之一，雖僅有 100 頁，但內容十分完整，非常適合剛入門的學生閱讀。
2. Wasserman, Stanley, & Faust, Katherine (1994). *Social network analysis: Methods and applications*. Cambridge, Cambridge University Press.
   這是最常被指定的社會網絡分析基本教材，內容詳盡清楚，且有很多說明實例，不過篇幅稍嫌冗長，且因為出版時間較早，比較缺乏動態網絡分析的介紹。
3. Jackson, Mattew O. (2008). *Social and economic networks*. Princeton: Princeton University Press.
   這本書對於網絡形成 (network formation)、傳播 (diffusion)、影響 (influence) 及經濟決策及博弈行為等動態模型有很好的介紹，部分章節需要一點基本的線性代數、微積分及機率等數理基礎知識，比較適合進階的學生閱讀。
4. Hanneman, Robert A., & Riddle, Mark. *Introduction to social network methods*. On-line textbook (http://faculty.ucr.edu/~hanneman/nettext/).
   這是加州大學 Riverside 分校的 Robert A. Hanneman 教授，在其社會網絡分析方法導論課程網頁中，所整理的線上教科書。這本書配合 UNCINET 軟體來說明網絡分析的概念與使用方法，非常適合想要學習軟體操作的學生，另一個優點是這是免費的電子書。

13

質量並用法

一、前　言

　　由於社會現象本質上便兼具個體的獨特性與群體的共通性，因而在研究方法上便逐漸產生質性 (qualitative) 及量化 (quantitative) 兩大研究取向的分野。質與量的研究方法各有其不同的擅長領域與研究議題，綜觀質性研究方法的優點，在於深入了解不同領域研究對象的細部差異特性，但其缺點在於無法大規模地解釋普遍的現象。量化的方法雖得以彌補這方面的缺失，然而在解釋個別分析單位的特性時，無可避免地不若質性研究方法的詮釋來得深入 (黃紀，2007：20)。

　　質性與量化方法之爭，其來有自，且多數社會科學學門都難免戰火。兩個陣營近二十年試圖整合的論辯與交鋒，過程彷彿說書人「話說天下大勢」一般，相當經典，先是量化研究自豪地以其方法論為樣板，號召一統江湖；此舉引起質性研究者的不滿，奮起反擊。在群雄並起的漫天烽火中，隱然有三股力道相互較勁。

(一)　以量統質

　　例如 1994 年政治學者 King、Keohane 與 Verba (1994) 出版 *Designing Social Inquiry* 一書，強調不論質性還是量化研究，背後其實只有一套推論邏

輯，而這套邏輯正是量化研究所建立的架構。該書引發幾波大辯論，其中尤以 2004 年 Brady 與 Collier (2004) 根據質性研究觀點合輯的 *Rethinking Social Inquiry* 一書，對 *Designing Social Inquiry* 進行系統的批判，強調研究的標準容或相通，但工具卻盡可多樣，尤其是質性方法中的案例內 (within-case) 分析透過對因果過程的深入觀察 (causal process observations) (Brady, 2004)，比量化研究更能洞悉事件背後的機制。以量統質的雄心雖壯志未酬，但也激發兩者的密集對話，就連素以計量方法獨霸的 *Political Analysis* 期刊，也在 2006 年出了一期以質性方法探討因果關係的專刊 (Goertz, 2006)，正視質性與量化方法的互補之處。

(二) 以質統量

例如，社會學家 Ragin (1987, 2000, 2008) 則另闢蹊徑，以傳統質性研究的案例取向 (case-oriented) 為基礎，結合了 John S. Mill 的一致法、差異法與數學之集合論 (set theory)，開創出一套質性比較分析 (qualitative comparative analysis, QCA) 的方法，用布氏邏輯 (Boolean logic) 及模糊集合論 (fuzzy-set theory) 等符號邏輯，從少數案例 (small-N or intermediate-N) 之中有系統地篩選出決定現象發生與否的必要條件或充分條件，希望能一方面維持案例研究的豐富內容，同時也兼具量化研究的嚴謹 (Rihoux, 2010)，藉此搭起橫跨質與量的橋樑。這個方法近年影響力漸增，擴及政治學之比較政治、公共政策等領域 (如 Rihoux & Grimm, 2006 等)，得到不少質性研究者的認同 (如 Bennett & Elman, 2006; Mahoney, 2007 等)，部分量化研究的學者雖不認為 QCA 可取代量化方法，但也肯定其與量化互補的貢獻 (如 Achen, 2005; Seawright, 2005 等)。

(三) 質量並用

此一觀點充分理解發展多年的質性與量化方法各有擅長，因此認為問題的癥結不在誰統一誰，而在於如何因研究主題而制宜，有系統地予以整合，

一方面取兩者之長，另一方面又不失內部邏輯的一貫與追求知識的目標。類似的整合努力雖散見於各學門之中 [例如，政治學門之 Fearson 與 Laitin (2008)、Lieberman (2005) 等]，但往往礙於學科的界線而較少跨學門溝通對話，也較難快速累積成長。惟 Tashakkori 與 Teddlie (1998, 2003, 2010) 及 Creswell (2009) 等教育學與教育心理學者自 1990 年代開始提倡的質量並用方法論 (mixed methodology) 與質量並用法 (mixed method)，似已跨出單一學門領域 (Ivankova & Kawamura, 2010)，近年質量整合的架構漸具雛形 (參見 Tashakkori & Teddlie, 1998, 2003; Teddlie & Tashakkori, 2009, 2010; Creswell & Plano Clark, 2011 等)，目前仍在蓬勃發展之中；至 2007 年 *Journal of Mixed Methods Research* 創刊後，更邁入了新的階段，儼然以繼量化與質性兩大風潮之後的「第三波方法論運動」(the third methodological movement) 自居。然而，畢竟崛起較晚，尚未得到普遍的重視，例如在一本 2007 年出版的《社會科學方法論手冊》(*The SAGE Handbook of Social Science Methodology*) 中，僅寥寥數語提到近年「質量並用法」的興起 (Klein, 2007:36-37)，但卻無專章涵蓋此一主題，殊為可惜。

本章的討論，偏重第三個趨勢——質量並用，並且以 Creswell、Tashakkori 與 Teddlie 等人建立的架構為論述之骨幹，不過取材上並不限於這些學者的著作，而仍是以筆者較熟悉之政治學文獻為主。

由於篇幅的限制，本章把論述的重心放在「質量並用法」的研究設計與抽樣等執行層面，因此僅將幾個立論的基本觀念概述如下：

1. 奉實用論 (pragmatism) 為最高原則

在科哲的層次上，質量並用法強調研究的目標在增進我們對政治社會現象的理解或解決實質問題為宗旨，因此重視務實 (practicality) (Tashakkori & Teddlie, 1998)。至於典範之爭，高來高去，「不可共量」(incommensurable) 說甚囂塵上，結果往往淪為隔空喊話式的叫陣。實用論則認為，不同的典範與學派之爭若無助於了解現象、解決問題，便應擱置，一切回歸基本實用面 (Feilzer, 2010; Morgan, 2007)。

2. 視質與量為一連續體 (continuum)

質性與量化毋須是截然二分 (Caporaso, 2009)，而可視為是一個連續體的兩端 (參見圖 13-1，引自 Teddlie & Tashakkori, 2009:28)，各有偏重，也各有擅長。雖然確實有些問題適合採用純質性或純量化的研究，但在這兩端之間，仍有極為寬闊彈性的揮灑空間。研究者衡酌研究問題的特性，「執其兩端而用其中」，實責無旁貸。誠然，當此質性與量化方法雙方仍陣勢拉開、各擁重兵、劍拔弩張之際，想要在兩者間取其中道，往往反成了眾矢之的，落個腹背受敵、兩頭不是人，吃力而不討好。不過，縱有此一風險，仍值得提出呼籲，希望能讓雙方了解：其實彼此非但沒有不共戴天之仇，還有極大的合作互補空間，應攜手共創嶄新的紀元。

3. 以研究問題 (research question, RQ) 為主導

研究的目的在回答研究問題，研究方法不論是純質性、純量化，還是並用，都在於幫助我們解答研究問題，因此一切回歸基本面：理應是依研究問

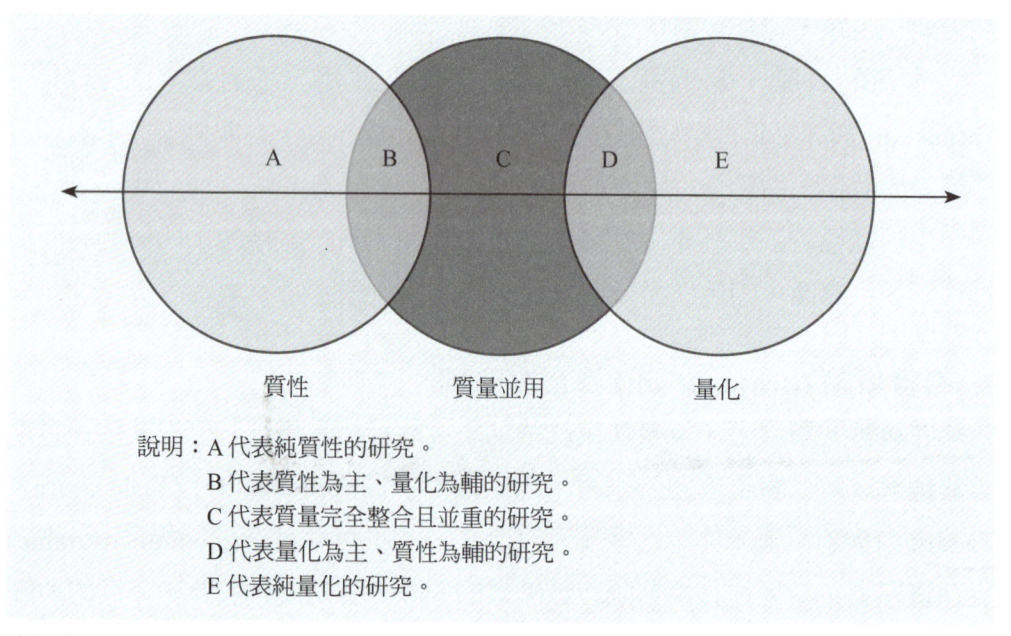

說明：A 代表純質性的研究。
B 代表質性為主、量化為輔的研究。
C 代表質量完全整合且並重的研究。
D 代表量化為主、質性為輔的研究。
E 代表純量化的研究。

資料來源：Teddlie & Tashakkori (2009:28)。

圖 13-1　質量連續體示意圖

題決定適合的研究設計與方法 (黃紀，2000，2013)，而非反其道而行，因形而上的典範而綁手綁腳；至於對研究成果品質的評量，也應取決於回答研究問題的程度。

總之，本文的主要論點簡單而明瞭，就是「超越典範之爭、共塑開闊視野」。

二、研究取向之間的幾個抵換關係

學術圈也像其他社會群體一樣，成員多多少少都受自己的專業養成過程及研究環境和資源的侷限。但如能體認在侷限下做抉擇只是必要之務，就比較不會因而囿於現實、劃地自限，而仍對研究現象的整體持比較開闊的視野，對質性與量化也抱持「允執厥中」的態度。

大多數的社會科學研究，都涉及人、地、時、事、物等錯綜複雜的面向，不過百變不離其宗，人還是政治社會現象的核心。在理想的情況下，研究者應該一方面腳踏實地了解其感興趣之現象的來龍去脈，另一方面也兼顧該現象在抽象學理層次上的意涵。也就是說，必須能同時涵蓋該現象發生的整體脈絡 (context)、分析單位的互動過程，進而透視現象背後的機制，推而廣之 (generalization) 至不同的群體與時空。而所謂的社會機制，歸根結底，還是指人的想法、行為及人所建立的制度規範等。完整的社會科學研究，不僅要以形式理論或實證歸納找出現象發生的模式或規律，還應該將此規律建基於人的行動上，深入探索追尋相關案例中當事人 (agents) 的意向、決定、行動以及彼此互動等環環相扣的過程與結果，並以敘事的體裁呈現 (即所謂「追尋過程」，參見 George & Bennett, 2005)，既彰顯產生該規律背後的微觀與宏觀因果機制，也賦予理論的骨幹以活生生的血肉 (參見 Hedström & Swedberg, 1998; Goldthorpe, 2001; Hedström, 2008 等)。換言之，研究者不但要洞悉當事人的主觀認知與偏好，也要能辨析當事人可能之誤判與未預期的後果及其影響。

然而，在有限的時間與資源的限制下，研究者幾乎都面臨魚與熊掌不可得兼的困境，必須依問題的性質與研究的目的做些拿捏。承上一節「連續體」的觀點，這些困難的抉擇可綜合成以下幾個抵換關係 (tradeoffs)。

(一) 廣度與深度

研究愈重視深度，在一定的時間與資源限制下，涵蓋的範圍愈集中、案例也愈少；反之，愈重視廣度，涵蓋的範圍愈大、案例也必須愈多。

(二) 變數與案例

愈強調廣度與通則化的研究，概念的外延 (extension) 愈廣，抽象層次愈高，故偏重從案例中抽取特徵成為抽象之變數，並找尋其規律關係，故「科學」取向愈重；而愈強調深度與具體化的研究，概念的內涵愈豐富，故偏重具象的單位與案例的整體，愈需要詳細敘述現象發生之脈絡、這些具象單位的思維、行為與互動，以追尋過程的方式發掘背後的機制，其人文取向愈重。

(三) 個體與群體 (微觀與宏觀)

分析單位愈微觀，異質性愈高；分析單位愈宏觀，則往往因個體異質性相消後，同質性愈高。不同的專業領域，往往因研究題材的性質而從不同的分析層次切入，例如投票行為多從個體選民切入，而比較政治與國際關係則多從國家層次切入，但微觀與宏觀間的聯繫始終是社會科學的重要議題。

(四) 因果效應與因果機制

以實驗設計為理想型，研究之實驗設計愈嚴謹，愈能以此黑盒子取代複雜之因果過程，直接推論孰因孰果、效應為何；反之，愈是無法進行實驗的研究主題，距離理想型實驗設計愈遠，愈需要以翔實之脈絡與追尋過程之來龍去脈，來追溯因果機制 (黃紀，2008)。

總之，儘管學術能力之養成過程必須選擇專攻，在有限的時間與資源限

制下，也往往必須鎖定研究的時空範圍，但研究者仍應對其議題與現象維持完整的視野，大可不必因這些不得已的選擇而瞎子摸象、以偏概全。換言之，聚焦與專攻、分工與合作是基於實際的需要，「分工」並不就意味著一定要質量「分邊」與選邊。維持此一開闊的視野，質與量的整合並用不僅可能，還往往十分必要。但基於術業有專攻，質量方法之並用亦毋須限於同一研究者，而更應適用於一個研究團隊，同時廣納質性與量化方法專長的成員，發揮分工合作的綜效。

三、質量並用法的發展

早在 1959 年，Campbell 與 Fiske 採用數個方法研究心理特質，並鼓勵學界以其「多特質－多方法矩陣」(multitrait-multimethod matrix) 交叉檢視以不同途徑蒐集的資料，他們認為若能從多個角度去看同一現象，往往看得更真切。儘管他們當時主要是討論幾種計量方法的並用，但其論點卻對兼採質性與量化方法研究同一現象，也深具啟發。不過，早期的重心多放在交叉比對質與量的資料 (triangulation of data sources) 上，目的在求測量的一致；直到 1990 年代之後，「質量並用法」才逐漸延伸到研究的每個階段，如研究設計、抽樣、資料蒐集與分析等，以追求質性與量化更有系統的全面整合 (Creswell, 2009:14)。

儘管發展的歷史並不長，「質量並用法」的含意卻是眾說紛紜。本文同意 Tashakkori 與 Creswell (2007:4) 比較寬鬆的定義：

> 不論是個別型研究或整合型計畫，只要研究者兼採質性與量化的途徑或方法來蒐集與分析資料、整合其研究發現、並進行推論者，均屬質量並用法。此一定義的關鍵概念，就在整合。

依照這個定義，質與量的方法可以在研究的某個階段並用，也可以在每一個階段整合並用，端視研究設計而定 (詳見「四、質量並用法的研究設計」)。

質量並用法之所以會在近二十餘年間崛起，影響力自其發源之教育學

逐漸擴散至其他領域，究其原因，不外乎務實與折衷。Teddlie 與 Tashakkori (2010:16-17) 綜合質量並用方法論，認為有兩大原則。

1. 方法論上採折衷觀點 (methodological eclecticism)，堅拒非此即彼的「質量二元論」

　　質量並用法在「方法以致用」的實用原則下，只要有助於解答問題、增進理解，就不惜跨越各門派方法論的傳統邊界，交相為用、截長補短。縱使純質性或純量化學派者拒不相認，質量並用法學者也不以為忤。因此，「質量並用」並不是當鄉愿，磕頭作揖、盡說好話；也無意獨樹一幟、唯我獨尊，將質性與量化各打五十大板發配邊疆；而是要化解兩者勢不兩立的隔閡，並用兩者之長。此一折衷觀賦予研究者極大的揮灑空間，可達成幾個單一方法無法做到的目標：

(1) 相輔相成。如前所述，質性與量化方法各有擅長，可對同一現象或關係提供不同的關照，故能避免瞎子摸象，幫助我們窺其全貌。
(2) 循序漸進。在依序進行的質量並用法 (sequential mixed methods) 中，前一階段的發現可以做為後一階段的基礎，借力使力。例如，前一階段質性方法的發現，可以提供後一階段量化研究的待驗假設。
(3) 相互印證。質性與量化方法針對同一現象得到的結論，可以相互比較，結果或相互一致而使推論之可信度提高；或兩者不符而刺激進一步深入探討，追究原因，改正錯誤。

2. 研究步驟上採反覆循環的途徑 (iterative, cyclical approach)

　　質量並用法不希冀一步到位的捷徑，而是充分體認兩種方法之間的對話與整合需要比較繁複的過程，必要時研究流程往往會週而復始、反覆循環，以求對研究議題有更深入而紮實的理解，或對問題提出對策與建議 (Tashakkori & Teddlie, 2010:275-276)。

四、質量並用法的研究設計

(一) 符　號

質量並用法不僅涉及質性與量化兩大成份，而且兩者間有多樣的交相為用方式，為了表達與溝通的方便與清晰，在文獻中普遍使用 Morse (1991, 2003) 所發展的一套符號系統 (Creswell & Plano Clark, 2011:108-110)，相當精簡易懂：

1. 簡寫：採英文的頭四個字母，qual 代表「質性」、quan 代表「量化」。
2. 主輔：以英文大小寫代表兩者在一項研究中的「比重」，字母大寫表示份量較重、小寫表示份量較輕。
3. 時程：以加號＋或箭頭 → 代表執行之時序；＋表示質與量方法齊頭並進 (concurrent)，而 → 則表示有執行的先後之分。
4. 目的：在等號＝之後標示質量並用的研究目的 (purpose) 為交叉比對、描述、解釋或因果推論等。

例如：「QUAL＋QUAN＝比對」表示「質量並重、齊頭並進、用以比對結果之研究設計」；而「QUAN → qual＝解釋」則表示「量化為主、質性為輔，先量後質，用以解釋現象之研究設計」；依此類推。

(二) 研究設計的分類

由於研究者可以依照研究的目的、研究問題的性質等考量，在內部邏輯一貫的原則下彈性運用，因此質量並用法的研究設計類型頗為多樣，難以逐一羅列窮盡 (讀者可參考 Tashakkori & Teddlie, 2003:Chapter 26; Creswell, 2009; Creswell & Plano Clark, 2011:Chapter 4 等)。為了便於讀者提綱挈領，以最少的考量因素掌握最多的設計類型，本文以 Leech 與 Onwuegbuzie (2009:267-273) 綜合各家之言後提出的三面向分類方式來說明：

1. 融合程度：質與量方法是完全融合，還是局部融合？如果在研究目標、資料類型、分析方式、推論方法四者中，至少有一個階段是質性與量化並用與互動，就屬於完全的融合；如果四者都僅是質或量各自為政，則僅能視為局部的融合。
2. 時程先後：質與量方法是同時並進，還是一先一後？若質與量方法大致同時進行，就屬於並進式；若一前一後，後者又以前者的發現為基礎接手進行，便屬於先後式。
3. 比重大小：質與量方法是等量齊觀，還是一主一輔？如果質與量方法在強調的重點上大致旗鼓相當，就享有同等地位；若其中之一相對重要，該方法在設計上就享有優先地位。

按照這三個面向各兩種情況的組合，共得出八大類研究設計，每大類中又分為二至四個細類，如圖 13-2 所示。這個分類雖未窮盡，但已涵蓋多數重要的質量並用設計。

　　茲將八大類研究設計中幾個比較典型的細類說明如下，其他類型自可舉一反三。

1. 質量完全融合、同時並進，且兩者並重之研究設計 (即圖 13-2 最右欄位的第四大類：QUAN＋QUAL 或 QUAL＋QUAN)。此類研究設計無疑是在這八大類研究設計中整合得最縝密的理想型，無怪乎 Tashakkori 與 Teddlie (2003:689-690, 2009:156-158) 稱之為「完全整合的質量並用模型設計」，其詳細之流程以圖 13-3 表示之。圖 13-3 左邊欄位的方框代表量化研究、右邊欄位的橢圓代表質性研究，實線代表研究進程，虛線代表互動或回饋。在每個研究的階段，不但橫向之間質性與量化有密切的互動，而且在縱向動態上，前一階段的成果也會互相修正或形塑下個階段的執行，直到最後兩者的成果充分完成整合推論 (meta-inference) 為止。以此理想型為參照，其餘的各類型均可視為該理想型不同程度的簡化版。

第 13 章　質量並用法

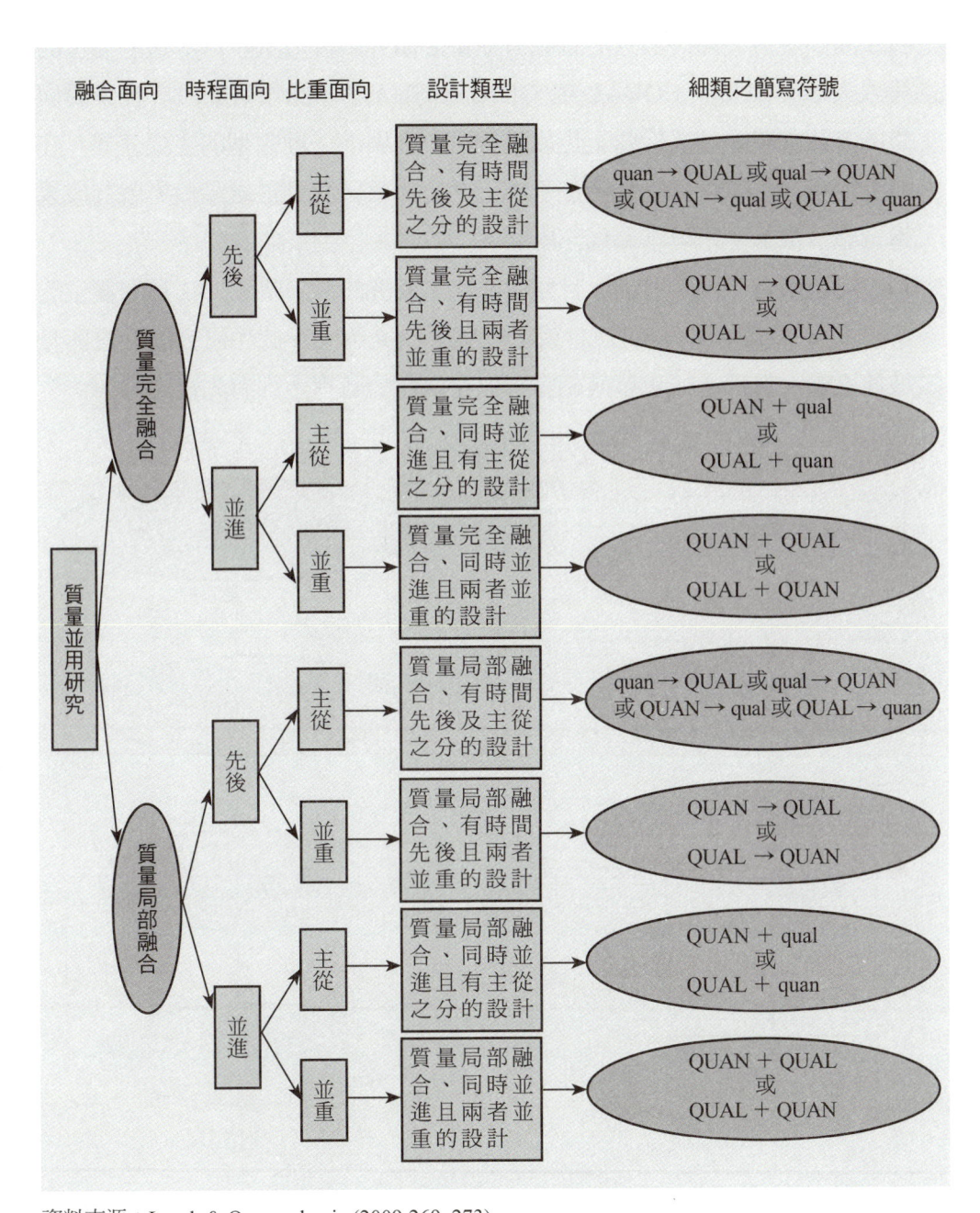

融合面向	時程面向	比重面向	設計類型	細類之簡寫符號
質量完全融合	先後	主從	質量完全融合、有時間先後及主從之分的設計	quan → QUAL 或 qual → QUAN 或 QUAN → qual 或 QUAL → quan
質量完全融合	先後	並重	質量完全融合、有時間先後且兩者並重的設計	QUAN → QUAL 或 QUAL → QUAN
質量完全融合	並進	主從	質量完全融合、同時並進且有主從之分的設計	QUAN + qual 或 QUAL + quan
質量完全融合	並進	並重	質量完全融合、同時並進且兩者並重的設計	QUAN + QUAL 或 QUAL + QUAN
質量局部融合	先後	主從	質量局部融合、有時間先後及主從之分的設計	quan → QUAL 或 qual → QUAN 或 QUAN → qual 或 QUAL → quan
質量局部融合	先後	並重	質量局部融合、有時間先後且兩者並重的設計	QUAN → QUAL 或 QUAL → QUAN
質量局部融合	並進	主從	質量局部融合、同時並進且有主從之分的設計	QUAN + qual 或 QUAL + quan
質量局部融合	並進	並重	質量局部融合、同時並進且兩者並重的設計	QUAN + QUAL 或 QUAL + QUAN

資料來源：Leech & Onwuegbuzie (2009:269, 273)。

圖 13-2　質量並用法之研究設計類型

2. 質量局部融合、同時並進，且兩者並重之研究設計 (即圖 13-2 最右欄位的第八大類：QUAN＋QUAL 或 QUAL＋QUAN)。此類研究設計也是質與量的方法兩路並進，份量上也旗鼓相當，但與前一理想型的主要差異，在研究流程之中質性與量化方法基本上各自為政，直到最後階段方就其成果進行整合推論，所以稱為局部融合。
3. 質量完全融合、同時並進，且兩者並重之研究設計 (即圖 13-2 最右欄位的第二大類：QUAN → QUAL 或 QUAL → QUAN)。此類研究設計質與量彼此互動、份量上雖也旗鼓相當，但在執行的時程上則有先後之分。

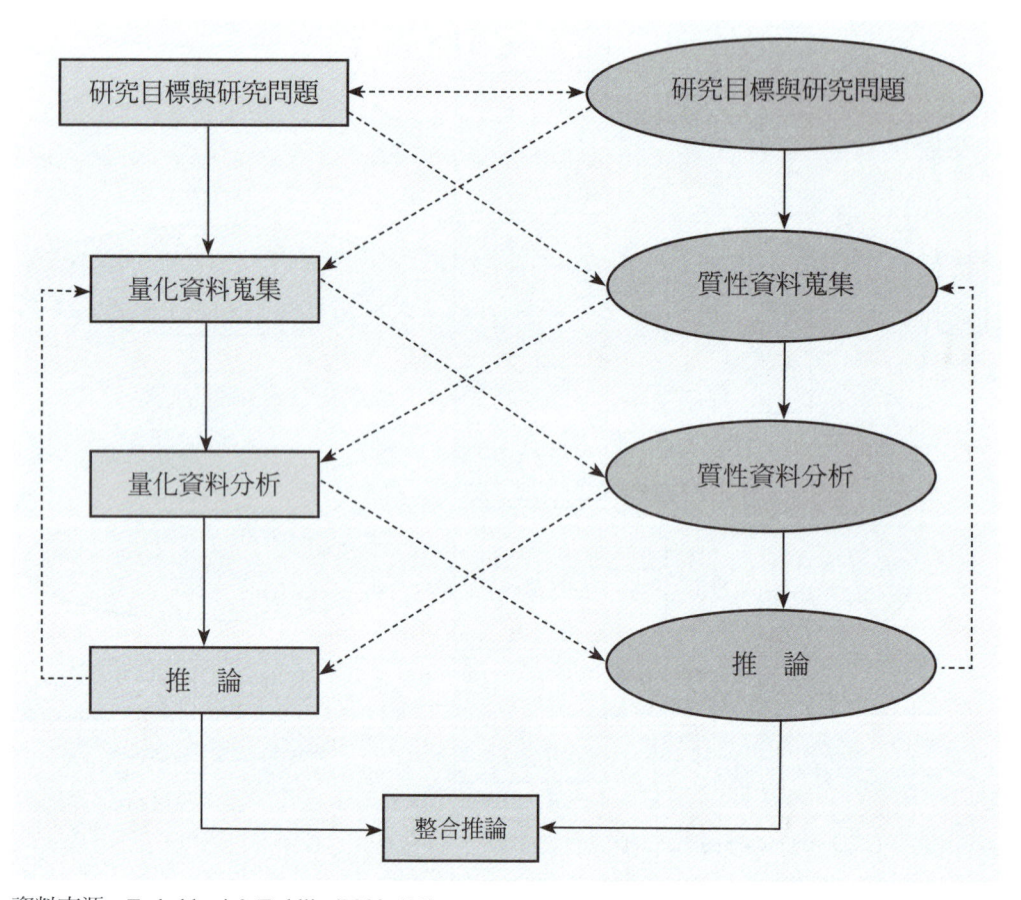

資料來源：Tashakkori & Teddlie (2003:690)。

圖 13-3　質量完全融合、同時並進，且兩者並重之研究設計

4. 質量局部融合、先量後質，且兩者並重之研究設計 (即圖 13-2 最右欄位的第六大類：QUAN → QUAL 或 QUAL → QUAN)。此類研究設計，質與量的方法在執行流程上各自為政，雖在份量上也旗鼓相當，但在執行的時程上則有先後之分，若是先量後質，則為 QUAN → QUAL；實際上當然也可以先質後量 QUAL → QUAN，端視研究主題之需要而定。
5. 質量完全融合、同時並進，且量為主、質為輔之研究設計 (即圖 13-2 最右欄位的第三大類中之 QUAN＋qual)。此類研究設計，質與量的方法兩路並進，且有互動，但在比重上則有主從之分：以量為主、質為輔。實際上當然也可以視研究主題之需要，設計成質為主、量為輔 (QUAL＋quan)。
6. 質量局部融合、同時並進，且量為主、質為輔之研究設計 (即圖 13-2 最右欄位的第七大類中之 QUAN＋qual)。此類研究設計，質與量的方法兩路並進，兩者各自為政，且在比重上量為主、質為輔。實際上當然也可以視研究主題之需要，設計成質為主、量為輔 (QUAL＋quan)。
7. 質量完全融合、先量後質，且量為主、質為輔之研究設計 (即圖 13-2 最右欄位的第一大類中之 QUAN → qual)。此類研究設計，質與量的方法彼此互動，但在份量上有主從之分，而且在執行的時程上也有先後之分。實際上當然也可以應研究主題需要設計為先質後量、質為主量為輔 (QUAL → quan)。
8. 質量局部融合、先量後質，且量為主、質為輔之研究設計 (即圖 13-2 最右欄位的第五大類中之 QUAN → qual)。此類研究設計，質與量的方法各自為政，不但在份量上有主從之分，而且在執行的時程上也有先後之分，可以是先量後質、量主質輔 (QUAN → qual)；當然也可以應研究主題需要設計為先質後量、質為主量為輔 (QUAL → quan)。

五、質量並用法的抽樣

抽樣的目的在於從分析單位中選出一部分來進行研究。量化研究特別強調機率抽樣，使樣本能充分代表母體，以符合統計推論的不偏或一致的標

準。機率抽樣的設計與方法，已另有專章討論，不再贅述。

　　至於質性研究，則往往依研究主題的需要選擇一個或少數案例 (George & Bennett, 2005; Gerring, 2007; Yin, 2009 等)，必要時採立意抽樣，目的在深入探討。比較常見的案例選擇有：

1. 典型案例。
2. 極端案例。
3. 比較案例，包括：
　(1) 最似案例；
　(2) 最異案例。

　　這幾種抽樣方法的特徵都是針對研究者感興趣的現象也就是依變項作為選擇的標準。從量化的角度來看，質性研究除了案例太少不足以代表母體之外，按照依變數抽樣更是嚴重違反機率抽樣的原則，造成選擇偏誤，因此開的「處方」不外乎增加案例，並且只按照自變數的值來抽樣 (King, Keohane, & Verba, 1994)。但是質性研究學者並不領情，不僅對個案或少數案例研究的深度頗感自豪，而且認為先對案例的結果 (outcome) 感到好奇，然後像偵探般的爬梳線索、追根究底，也符合溯因法 (abduction) 的精神，因此純案例內的分析並無所謂選擇偏誤的問題 (Collier, Mahoney, & Seawright, 2004)。

　　誠如第二節所述，質量並用法充分理解選擇研究取向時所面臨的幾個抵換關係，因此無意把抽樣孤立出來品頭論足，而是務實地把抽樣方法鑲嵌在「質量並用研究設計」的脈絡之中，依照研究目的與設計類型，選擇最能幫研究者充分回答研究問題的抽樣法，必要時可以發揮創意，將機率抽樣與立意抽樣交互為用，也就是以機率抽樣抽取較多的案例以顧及廣度，但也依照研究需要從機率樣本中刻意挑選若干案例進行更深入探討，讓兼具廣度與深度的量化與質性敘事資料兩者互補、相輔相成 (Teddlie & Tashakkori, 2009:180-181)。必須強調的是，所謂「創意」絕非任意隨性，而是「因主題而制宜」發揮案例研究之所長：以案例內研究來追究因果過程，將來龍去脈

環環相扣，並搭配案例之間相互比較尋求規律的優勢，相得益彰。

質量並用法的抽樣，基本上也可依照前一節研究設計的時程面向分為兩種：

1. 機率與立意抽樣同時並行：此一抽樣設計適用於質量齊頭並進之研究設計。
2. 機率與立意抽樣一先一後進行：此一抽樣設計適用於質量執行時程上有先後之分的研究設計，其特色在於前一階段的結果常作為下一階段抽樣的參考依據。

六、質量並用法的應用

(一) 評估研究

方案評估在應用型研究中佔有重要的一席之地，可協助政府或非政府組織評量某方案推動之過程與後果，做為決策之依據。方案評估的方法一如其他領域，也有量化 (如 Mohr, 1988) 與質性 (如 Greene, 1994) 之分。

但是，Trend (1979) 早在三十多年前的評估研究，就已經顯示質量並用的優勢。該計畫評估的標的，是美國聯邦房屋補貼方案在八個地方 (每地補助 900 戶) 的執行過程與結果。Trend 的設計是由兩個團隊分頭進行評估，最後再予以彙整：

1. 負責量化資料的團隊：蒐集客觀指標資料，包括參與方案者的人口特徵、住宅的品質、各地執行方案機構的活動與支出等。
2. 負責質性資料的團隊：建立實地觀察的筆記、訪談記錄、蒐集各地執行機關計畫書與內部文件等。

這種安排顯然屬於第四節中的「質量局部融合、同時並進，且兩者並重之研究設計」(如圖 13-4)。當 Trend 彙整兩種資料準備撰寫一份總評估報告時，卻發現其中一地 (site B) 的量化指標極為正面，而質性資料卻頗為負面，困

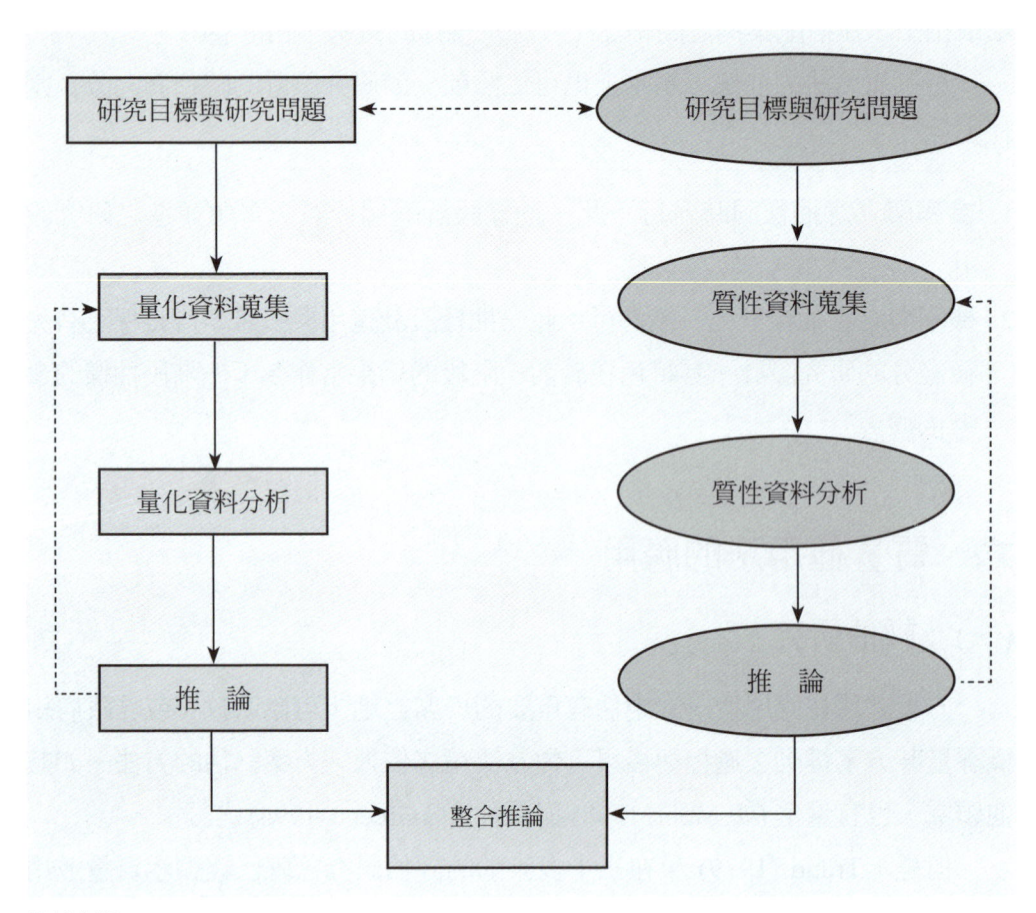

資料來源：Tashakkori & Teddlie (2003:688)。

圖 13-4　質量局部融合、同時並進，且兩者並重之研究設計

擾不已。經反覆比對兩種資料，始發覺該地的郊區與市區在方案執行過程中呈極大的差異：郊區的過程平和、成效良好；市區卻因種族組成比較多樣，在執行過程中因受補助者的種族配額屢生爭議，不但引發居民抗議，亦造成部分執行人員憤而辭職，但這些爭執過程不僅未顯示在量化的後果指標上，甚至因有些職員辭職未補實，反而呈現「撙節開支」的假象。在深入了解此一情況後，總評估報告中加入了地方的環境脈絡，反映方案執行因脈絡不同而產生的差異。

誠然，這個例子顯示：質量並用法在碰到兩種資料不相符時，確實造成研究者的困擾，強迫其回過頭去仔細檢視資料、思考問題來源，並謀解決之道，在在都需投入更多時間與精力，也印證質量並用法在執行時往往是個反覆的過程。但這個實例同時也說明：質量並用法運用得當，比單一方法更可幫助研究者深入了解現象，解答問題。

(二) 比較研究

　　政治學中的比較政治及國際關係次領域因為分析單位多半為國家，常面臨宏觀的實證規律與中觀 (meso) 的組織制度、微觀的個人決定與行動之間連貫不足的問題。因此，近年來這方面的研究，也漸多以質量並用之研究設計搭配質量並用之抽樣方法，亦即以多案例之量化研究顧及廣度、以個案或少數案例關照深度，希望以互補的資料相輔相成，既見林也見樹，使第二節所述之抵換關係達到最適均衡 (參見 Lieberman, 2005)。這類型的研究與前兩節討論的質量並用法，在研究設計的結構與執行的流程、案例的選擇上，頗多不謀而合的地方。

　　例如，Fearson 與 Laitin (2003, 2008) 致力於研究世界各國曾否發生暴亂或內戰？其原因何在？他們的研究設計，屬於「質量局部融合、先量後質、質量並重」(QUAN → QUAL，參見圖 13-5)，其執行之流程可摘述成以下幾個階段：

1. 大規模跨國比較之量化分析：就人口達 50 萬以上的 161 個國家，蒐集自 1945-1999 年間相關變數的量化資料，依照相關學理建立模型，進行勝算對數 (logit) 模型迴歸分析。
2. 隨機選擇國家進行案例內之深入敘事 (random narratives)：將各國依照「區研究目標與研究問題域」及「是否曾發生內戰」分層後，隨機抽取若干國家，進一步蒐集更詳細之史料文獻等質性資料，進行深入之敘事分析。Fearson 與 Laitin 認為之所以採隨機抽樣，是為了避免研究者以先入為主之見刻意挑選符合量化模型的案例，造成系統性的偏誤。

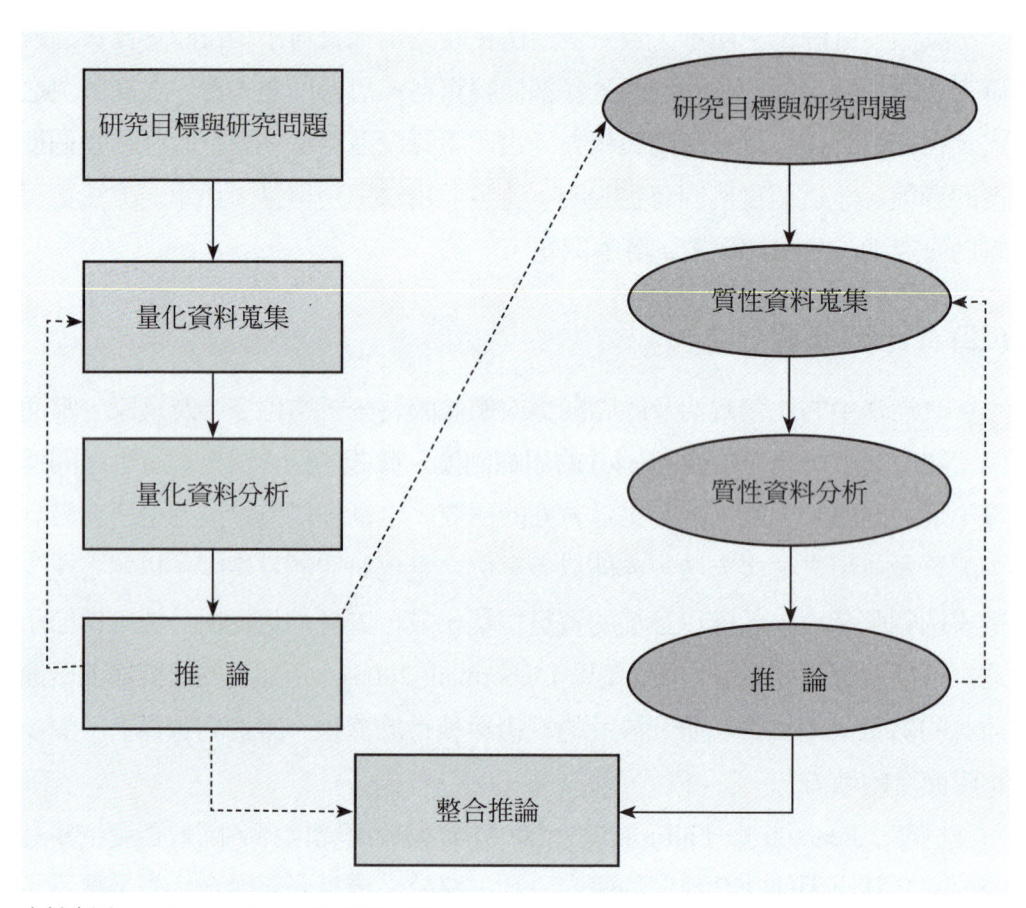

資料來源：Tashakkori & Teddlie (2003:688)。

圖 13-5　質量局部融合、先量後質，且兩者並重之研究設計

3. 以敘事的分析結果補充並修正實證模型。以第一階段的勝算對數模型估算第二階段之中選國家發生暴亂與內戰的機率，並與該案例之質性敘事逐年比對，一方面以案例檢證量化模型歸納的實證規律，另一方面則偵測案例與模型的差異，思考其成因，據以修正與補充模型。例如，Fearson 與 Laitin 在比對阿爾及利亞 (Algeria) 1992 年爆發的內戰史料後，發覺並非宗教分歧導致內戰——因為該國均奉伊斯蘭為國教，而是政府對宗教的獨攬政策導致教內發生激烈抗爭。

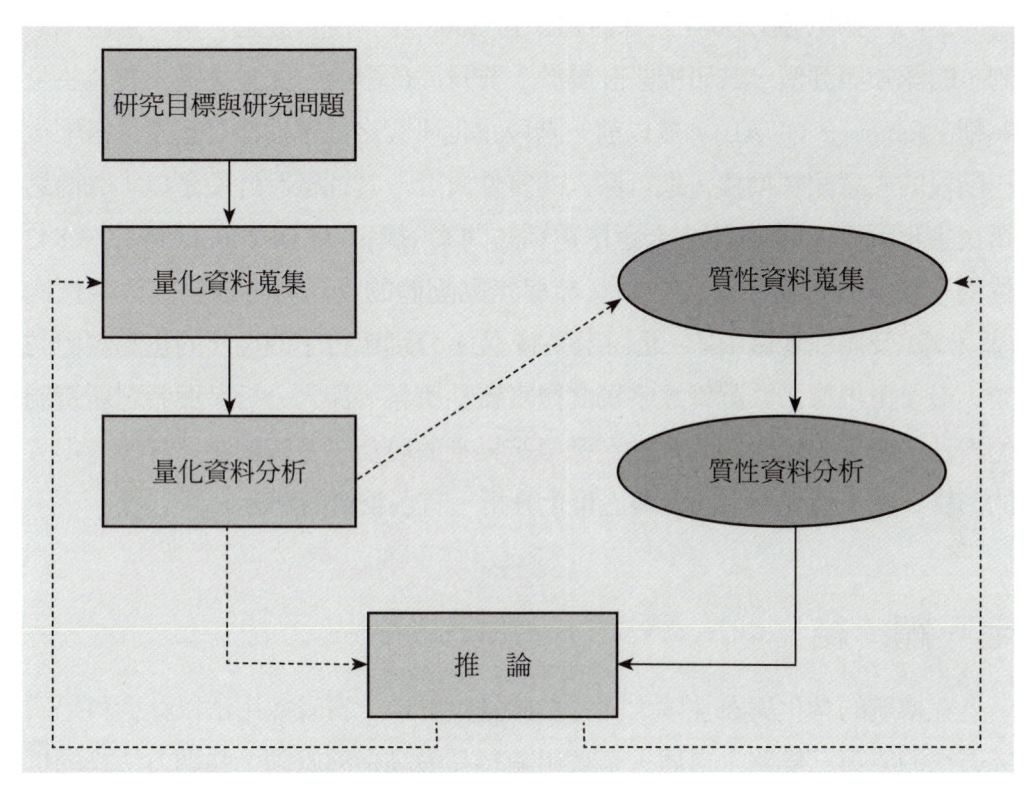

資料來源：Tashakkori & Teddlie (2003:688)。

圖 13-6　質量局部融合、先量後質、量主質輔之研究設計

(三) 民意調查

在應用研究中，有時序先後的研究設計搭配機率與立意抽樣，頗為常見。尤其是民意調查研究，常針對比較新的議題先刻意挑選少數受訪者進行焦點團體訪談 (屬於質性研究)，然後根據訪談內容來擬定封閉型問卷之題組後，進行大型抽樣調查 (QUAL → QUAN)；當然順序也可以倒過來，先以機率抽樣進行民調，然後再從成功樣本且同意繼續受訪者之中，挑選少數人進行深入訪談或焦點訪談 (QUAN → QUAL)。誠然，挑選少數案例進行深入訪談時，也不排除採隨機抽樣，不過實際上常因實務的考量 (如同意參與焦點團體者人數已經有限) 而採立意抽樣 (如分層配額等)。

例如,鄭夙芬 (2008) 為探討選民對 2008 年首度實施之「單一選區兩票制」的認知與評價,其研究設計屬於「質量局部融合、先量後質、質為主量為輔」(quan → QUAL),並以前一階段量化研究之機率抽樣為基礎,搭配後一階段的立意配額抽樣,進行深入的質性研究。其抽樣設計便是以「臺灣選舉民主化調查」2008 年立委選舉電話訪問案 (簡稱 TEDS2008L-T) 之 3,843 位機率樣本為母體,就其中同意參與焦點團體的受訪者,依照其政黨傾向 (藍、綠) 及居住地區 (南、北) 招募 34 位,分別舉行了四場次的焦點團體訪談,最後再根據訪談記錄逐字稿之豐富質性資料,深入分析參與者對新選制的看法,發覺選民認同的政黨在選舉結果上的勝負,對新選制之評價有很大的影響。此一發現對電訪資料之量化分析,有很重要的意涵。

七、總　結

在傳統的量化與質性兩大陣營彼此撻伐聲中,質量並用法以社會科學研究方法的「第三條路」自居,奉實用論為其最高指導原則,強調方法論的折衷觀,抱持開放的胸襟與眼光肯定質性與量化方法各有擅長、不可偏廢,並務實地以「回答研究議題、增進知識與對社會現象的理解」為最終目標。准此,方法論的挑戰,應該是如何因研究問題而制宜,整合質性與量化方法,既取兩者之長又能維持研究設計內部邏輯的一貫性。

本章綜合近二十年來質量並用法的發展,討論此派學者針對質與量融合的程度高低、執行時程的並行或先後、兩者在同一研究中比重的並重或主從,所發展出來的八大類型質量並用研究設計以及如何依照主題性質與研究設計,妥適並用機率抽樣與立意抽樣,充分發揮質性與量化方法之所長,使得研究兼具廣度與深度,不但能找出可推廣的實證規則,亦可洞悉其背後的因果機制與權變,達成社會科學研究的目標。

參考書目

黃紀 (2000)〈實用方法論芻議〉。《政治學報》，31，107-139。

黃紀 (2007)〈政治學門「熱門及前瞻研究議題調查」〉。國科會社科中心兩年期研究計畫 (NSC 93-2419-H-001-001-B9407; NSC 94-2420-H-001-012-B9407) 結案報告。

黃紀 (2008)〈因果推論與觀察研究：「反事實模型」之思考〉。《社會科學論叢》，2(1)，1-21。

黃紀 (2013)〈調查研究設計〉。陳陸輝 (編)《民意調查新論》(頁 29-51)。臺北：五南。

鄭夙芬 (2008)〈選民對新選制的認知與評價：焦點團體研究法的應用〉。黃紀、游清鑫 (編)《如何評估選制變遷：方法論的探討》(頁 91-127)。臺北：五南。

Achen, Christopher H. (2005). Two cheers for Charles Ragin. *Studies in Comparative International Development, 45*(1), 27-32.

Bennett, Andrew, & Elman, Colin (2006). Qualitative research: Recent developments in case study mehtods. *Annual Review of Political Science, 9*, 455-476.

Brady, Henry E. (2004). Data-set observations versus causal-process observations: The 2000 U.S. presidential election. In Henry E. Brady & David Collier (Eds.), *Rethinking social inquiry: Diverse tools, shared standards* (pp. 267-271). Lanham: Rowman & Littlefield.

Brady, Henry E., & Collier, David (Eds.) (2004). *Rethinking social inquiry: Diverse tools, shared standard*. Lanham: Rowman & Littlefield.

Campbell, Donald T., & Fiske, Donald W. (1959). Convergent and discriminant validation by the multitrait-multimethod matrix. *Psychological Bulletin, 56*(2), 81-105.

Caporaso, James A. (2009). Is there a quantitative-qualitative divide in comparative politics? The case of process tracing. In Todd Landman & Neil Robinson (Eds.), *The SAGE handbook of comparative politics* (pp. 67-83). Los Angeles: Sage.

Collier, David, Mahoney, James, & Seawright, Jason (2004). Claiming too much: Warnings about selection bias. In Henry E. Brady & David Collier (Eds.), *Rethinking social inquiry: Diverse tools, shared standards* (pp. 85-102). Lanham: Rowman & Littlefield.

Creswell, John W. (2009). *Research design: Qualitative, quantitative, and mixed methods approaches* (3rd ed.). Los Angeles: Sage.

Creswell, John W., & Plano Clark, Vicki L. (2011). *Designing and conducting mixed methods research* (2nd ed.). Los Angeles: Sage.

Fearson, James D., & Laitin, David D. (2003). Ethnicity, insurgency, and civil war. *American Political Science Review, 97*(1), 75-90.

Fearson, James D., & Laitin, David D. (2008). Integrating qualitative and quantitative methods. In Janet M. Box-Steffensmeier, Henry E. Brady, & David Collier (Eds.), *The Oxford handbook of political methodology* (pp. 756-776). Oxford: Oxford University Press.

Feilzer, Martina Yvonne (2010). Doing mixed methods research pragmatically: Implications for the rediscovery of pragmatism as a research paradigm. *Journal of Mixed Methods Research, 4*(1), 6-16.

George, Alexander L., & Bennett, Andrew (2005). *Case studies and theory development in the social sciences*. Cambridge: MIT Press.

Gerring, John (2007). *Case study research: Principles and practices*. Cambridge: Cambridge University Press.

Goertz, Gary (2006). Introduction to the special issue "causal complexity and qualitative mehtods". *Political Analysis, 14*(3), 223-226.

Goldthorpe, John H. (2001). Causation, statistics, and sociology. *European Sociological Review, 17*(1), 1-20.

Greene, Jennifer C. (1994). Qualitative program evaluation: Practice and promise. In Norman K. Denzin & Yvonna S. Lincoln (Eds.), *Handbook of qualitative research* (pp. 530-544). Thousand Oaks: Sage.

Hedström, Peter (2008). Studying mechanisms to strengthen causal inferences in quantitative research. In Janet M. Box-Steffensmeier, Henry E. Brady, & David Collier (Eds.), *The Oxford handbook of political methodology* (pp. 319-335). Oxford: Oxford University Press.

Hedström, Peter, & Swedberg, Richard (1998). Social mechanisms: An introductory essay. In Peter Hedström & Richard Swedberg (Eds.), *Social mechanisms: An analytical approach to social theory* (pp. 1-31). Cambridge: Cambridge University Press.

Ivankova, Nataliya, & Kawamura, Yoko (2010). Emerging trends in the utilization of integrated designs in the social, behavioral, and health sciences. In Abbas Tashakkori & Charles Teddlie (Eds.), *SAGE handbook of mixed methods in social & behavioral research* (2nd ed.) (pp. 581-611). Los Angeles: Sage.

King, Gary, Keohane, Robert O., & Verba, Sidney (1994). *Designing social inquiry:*

Scientific inference in qualitative research. Princeton: Princeton University Press.

Klein, Julie Thompson (2007). Interdisciplinary approaches in social science research. In William Outhwaite & Stephen P. Turner (Eds.), *The SAGE handbok of social science methodology*. Los Angeles: Sage.

Leech, Nancy L., & Onwuegbuzie, Anthony J. (2009). A typology of mixed methods research designs. *Quality and Quantity, 43*(2), 265-275.

Lieberman, Evan S. (2005). Nested analysis as a mixed-method strategy for comparative research. *American Political Science Review, 99*(3), 435-452.

Mahoney, James (2007). Qualitative methodology and comparative politics. *Comparative Political Studies, 40*(2), 122-144.

Mahoney, James, & Goertz, Gary (2006). A tale of two cultures: Contrasting quantitative and qualitative research. *Political Analysis, 14*(3), 227-249.

Mohr, Lawrence B. (1988). *Impact analysis for program evaluation*. Chicago: The Dorsey Press.

Morgan, David L. (2007). Paradigms lost and pragmatism regained: Methodological implications of combining qualitative and quantivative methods. *Journal of Mixed Methods Research, 1*(1), 48-76.

Morgan, Stephen L., & Winship, Christopher (2007). *Counterfactuals and causal inference: Methods and principles for social research*. Cambridge: Cambridge University Press.

Morse, Janice M. (1991). Approaches to qualitative-quantitative methodological triangulation. *Nursing Research, 40*(2), 120-123.

Morse, Janice M. (2003). Principles of mixed methods and multimethod research design. In Abbas Tashakkori & Charles Teddlie (Eds.), *Handbook of mixed methods in social & behavioral research* (pp. 189-208). Thousand Oaks: Sage.

Ragin, Charles C. (1987). *The comparative method: Moving beyond qualitative and quantitative strategies*. Berkeley: University of California Press.

Ragin, Charles C. (2000). *Fuzzy-set social science*. Chicago: University of Chicago Press.

Ragin, Charles C. (2008). *Redesigning social inquiry: Fuzzy sets and beyond*. Chicago: University of Chicago Press.

Rihoux, Benoît, & Grimm, Heike (2006). Introduction. Beyond the "qualitative-quantitative" divide: Innovative comparative methods for policy analysis. In Benoît Rihoux & Heike Grimm (Eds.), *Innovative comparative methods for policy analysis: Beyond the "qualitative-quantitative" divide* (pp. 1-9). New York: Springer.

Rihoux, Benoît, & Lobe, Bojana (2010). The case for qualitative comparative analysis (QCA): Adding leverage for thick cross-case comparison. In David Byrnes & Charles C. Ragin (Eds.), *The SAGE handbook of case-based methods* (pp. 222-242). Los Angeles: Sage.

Robinson, William S. (1950). Ecological correlations and the behavior of individuals. *American Sociological Review, 15*(3), 351-357.

Seawright, Jason (2005). Qualitative comparative analysis vis-à-vis regression. *Studies in Comparative International Development, 45*(1), 3-26.

Tashakkori, Abbas, & Creswell, John W. (2007). The new era of mixed methods. *Journal of Mixed Methods Research, 1*(1), 3-7.

Tashakkori, Abbas, & Teddlie, Charles B. (1998). *Mixed methodology: Combining qualitative and quantitative approaches.* Thousand Oaks: Sage.

Tashakkori, Abbas, & Teddlie, Charles B. (2003). The past and future of mixed methods research: From data triangulation to mixed model designs. In Abbas Tashakkori & Charles Teddlie (Eds.), *Handbook of mixed methods in social & be- havioral research* (pp. 671-701). Thousand Oaks: Sage.

Tashakkori, Abbas, & Teddlie, Charles B. (2010). Putting the human back in "human research methodology": The researcher in mixed methods research. *Journal of Mixed Methods Research, 4*(4), 271-277.

Teddlie, Charles B., & Tashakkori, Abbas (2009). *Foundations of mixed methods research: Integrating quantitative and qualitative approaches in the social and behavioral sciences.* Los Angeles: Sage.

Teddlie, Charles B., & Tashakkori, Abbas (2010). Overview of contemporary issues in mixed mehtods research. In Abbas Tashakkori & Charles B. Teddlie (Eds.), *SAGE handbook of mixed methods in social & behavioral research* (2nd ed.) (pp. 1-41). Los Angeles: Sage.

Teddlie, Charles B., Tashakkori, Abbas, & Johnson, Burke (2008). Emergent techniques in the gathering and analysis of mixed methods data. In Sharlene Nagy Hesse-Biber & Patricia Leavy (Eds.), *Handbook of emergent methods* (pp. 389-413). New York: Guilford Press.

Trend, Maurice G. (1979). On the reconciliation of qualitative and quantitative analyses: A case study. In Thomas D. Cook & C. S. Riechardt (Eds.), *Qualitative and quantitative methods in program evaluation* (pp. 68-85). Thousand Oaks: Sage.

Yin, Robert K. (2009). *Case study research: Design and methods* (4th ed.). Los Angeles: Sage.

延伸閱讀

1. Bergman, Manfred Max (Ed.) (2008). *Advances in mixed methods research: Theories and applications*. Los Angeles: Sage.

    本書對質量並用法採「建設性批判」的觀點，故適合在讀過質量並用法的基礎課本 (如 Creswell, 2009; Teddlie & Tashakkori, 2009 等) 之後的第二階段閱讀。全書除導論外，共分為兩篇 11 章。第一篇收錄的 5 章針對「質量並用法研究設計」各層面的問題進行批判與建議；第二篇則有 6 章討論「質量並用研究設計」在實際應用時的推論問題與例證。

2. Box-Steffensmeier, Janet M., Brady, Henry E., & Collier, David (Eds.) (2008). *The Oxford handbook of political methodology.* Oxford: Oxford University Press.

    這本全書九篇共 37 章的《政治學方法論手冊》從頭到尾未曾提到 mixed methods 一詞，將其推薦為進階閱讀之一，乍看之下很突兀，其實這只是反映政治學界對源自教育學、健康醫療學的「質量並用法」相關文獻及詞彙還很陌生，不過近年政治學整合質性與量化方法的努力也方興未艾，在本書中稱之為「多方法研究」(multimethod research)，與質量並用法在目標與研究設計結構上頗多互通之處，尤其本書第 27-34 章討論質性方法與多方法研究，值得關心質量整合者一讀。

3. Tashakkori, Abbas, & Teddlie, Charles B. (Eds.) (2010). *SAGE handbook of mixed methods in social & behavioral research* (2nd ed.). Los Angeles: Sage.

    如果把這本書的前身 (2003 年第一版) 比喻成質量並用法的「獨立宣言」，那麼這本全書三篇共 31 章、厚達近 900 頁的第二版《質量並用法手冊》，就好像一個新興國家的基本法與組織法方案，必須直接面對治理的挑戰，因此除了將質量並用法最近幾年的新發展與新爭議納入之外，也像聯合內閣一般納入許多新學科的盟友，朝氣蓬勃但也略顯眾聲喧嘩；此外，第二版的嶄新課題則為質量並用法的課程與教學 (pedagogy)。建議初讀者先瀏覽第 1 章及第 31 章，了解全貌後再依照讀者的興趣選擇篇章閱讀。

索　引

n-團體　*n*-clique　420, 422

一　劃

一致性係數　C; consistency index　336, 337, 340, 342
一般家戶調查　General Household Survey　257

二　劃

二元試題　dichotomous item　349, 350, 354, 358, 359, 362, 366, 367
入選機率值　propensity score　217, 218

三　劃

三角關係　triad　393, 421
口述調查　oral survey　308
小世界的研究　small-world study　396, 404
工作記憶廣度　working memory span　173
干擾變項　confounding variables　66, 67, 69, 81, 82, 83, 90

四　劃

不可共量　incommensurable　441
不限名額提名　free choice　402
中介機制　intervening mechanism　75, 76
中間機制　mediating mechanism　75, 76
內度　in-degree　410
內涵信度　intrinsic reliability　329, 336
分層法　strata method　88
反事實因果推論　counterfactuals and causal inference　84, 88, 89, 90, 102, 103
反覆循環的途徑　iterative, cyclical approach　446
心理計量標準　psychometric dimension　320

五　劃

世代　cohort　71, 180, 185, 186, 187
世界觀　worldview　70, 95, 96, 97, 98, 100
充分統計量　sufficient statistic　366, 367
包容性　inclusiveness　308
另類民族誌　ethnographic alternatives　5, 15
史處普干擾效應　stroop interference effect　159
外系統　exosystem　178
外擾變項　extraneous variables　139, 141, 145, 147, 148, 151, 152, 154, 157, 165, 168, 169
巨系統　macrosystems　178
本質等 τ 性　essentially τ equivalent　330
正向選擇假說　positive selection hypothesis　90
母群體　universe　210, 212, 320, 321, 333, 338
母體推估　population estimation　212
生成變化　transformational change　174
田野研究　field research　42, 50, 58, 60, 70, 89, 91, 92, 94
田野實驗法　field experiment　97

六　劃

交叉比對　triangulation　98, 445, 447
交互平衡法　counterbalancing　158, 165
任意提名　free recall　402
先導研究　pilot study　80, 95
共同變因機制　common cause mechanism　75, 76
共變項　covariates　84, 85, 86, 87, 88, 90, 91, 103
合法性　legitimation　5, 131, 223

同型同位　automorphic equivalence　424
同屬性　congeneric　328, 329, 330, 331, 332, 333, 334, 335, 338, 341
回答偏誤　response bias　225
回答模式　response style　225, 226
因果鏈　causal chain　75
地方知識　local knowledge　114
地位　prominence　406, 408, 412
多分題　polytomous item　349, 354, 355, 362, 363, 384
多向度標示　multidimensional scaling　427, 428
多因子設計　factorial design　163, 358
多因子實驗　factorial experiments　140, 141, 159, 160, 161, 162, 163, 165
多相模式　facets model　357, 358, 359, 363, 367
多重研究法　multimethod　286
多特質－多方法矩陣　multitrait-multimethod matrix　445
多種方法設計　multiple method design　96
曲解機制　distorter mechanism　75, 77
自助重抽法　bootstrap method　333
自然主義　naturalism　70, 89, 91, 92, 93
自然觀察法　natural observation　179
行動研究　action research　70, 89, 91, 94

七　劃

位置或身份　positional strategies　397
完全排序　complete rankings　402
完全隨機化設計　completely randomized design　154, 156, 157, 159, 163, 164, 165
抑制機制　suppressor mechanism　75, 77
李克特態度量表　Likert-type attitude scale　11

八　劃

固定名額提名　fixed choice　402, 420
固定因子　fixed factors　142
固定樣本調查　panel study　29
定名法　name generator　397, 400
定名問項　identity question　400
定位法　position generator　400, 401, 402, 406
居中程度　centrality　408, 413, 416
居間度　betweenness　410, 412, 419
抽樣底冊　sampling frame　210, 238
抽樣調查　sampling survey　3, 4, 8, 10, 11, 17, 21, 26, 29, 209, 210, 212, 214, 230, 234, 237, 402, 457
波比模式　probit model　86, 87
知情同意　informed consent　39, 46, 48, 49, 50
社會基本調查　General Social Survey　397
社會結構　social structure　389, 390, 391, 392, 394, 396, 397, 399, 405, 406, 417, 418, 422, 425, 429, 430
社會結構認知　cognitive social structure　396
社會關係學　sociometry　393
長表法　Long-Table approach　307, 310
長期研究　longitudinal study　71

九　劃

俗民方法論　ethnomethodology　70, 89, 91, 93, 96
信度指標　index of reliability　318, 321, 327, 330, 338, 339
相依樣本　dependent or correlated samples　142, 157, 158, 165, 333
相容性　compatibility　291, 395
相通性　reachability　416, 419
研究分析單位　unit of study　67, 72, 101
研究倫理議題　ethical issues　42, 79
研究處理　treatment　73, 90
負向選擇假說　negativeselection hypothesis　90
面訪　interviews　209, 211, 216, 217, 219,

220, 223, 230, 231, 232, 233, 238, 399, 400, 402, 403

十　劃

個別性發展　idiographic development　174
個案取向　idiographic individual-oriented approach　190
個體內差異　intraindividual difference　180
弱連帶優勢　strength of weak tie　422
弱勢假設　weak assumption　320, 324
效標參照　criterion referenced　317, 374
案例內　within-case　440, 452, 455
真分數　true score　12, 318, 319, 320, 321, 322, 323, 324, 325, 326, 327, 328, 329, 330, 333, 334, 338, 341, 342
衰減校正　correction for attenuation　318, 322
追問　probe　195, 239, 303
追蹤研究　panel study　71
配對法　matching method　82, 83, 85

十一　劃

動態網絡　network dynamics　394
區段　block　155, 157, 158, 160, 165
區段因子　blocking factors　157, 158, 159, 165
參考架構　frame of reference　100, 425
參與觀察法　participant observation　96, 179
參數分離　parameter separation　353, 361
唯名論　nominalist approach　396
唯實論取向　realistic approach　396
國際社會調查研究計畫　International Social Survey Program, ISSP　254, 267
國際總體資料檔　International Aggregate (macro) Datasets　256
控制無關的變項　control of extraneous variables　80
控制變異數　control variance　66, 67, 78, 80, 83, 101

敏感度分析　sensitivity analysis　91, 427
敘事結構　narrative structure　95
族群類聚　ethnic homophily　417
梯難度　step difficulty　354
淨關係　partial correlation　74
深描　thick description　113
混合性結構團體　moderately structured group　291
混合模型研究　mixed model research　96
混淆變項　confounding variables　145, 147
理論建構　theory construction or theory building　73, 103
理論驗證　theory verification or theory testing　69, 73, 99
符合預期事件　expected event　195
紮根理論　grounded theory　5, 14, 65, 70, 89, 91, 93, 94
組內相關　intraclass correlation　319, 335, 338, 340, 341, 342
統計控制　statistical control　67, 73, 74, 81, 148
統計檢定力　statistical power　157
連結關係　the frequency of ties　124, 130, 392, 408, 412, 413, 419, 420
部分得分模式　partial credit model　354, 356, 358, 363

十二　劃

勝算比迴歸模式　logit regression　86, 87
單因子實驗　single-factor experiments　140, 141, 153, 154, 160, 161, 163
單調遞增　monotonically increasing　353
描述性研究　descriptive research　67
最有效率設計　most efficient design　185
最佳化　optimization　179
測量誤差　errors of measurement/measurement error　83
測量標準誤　standard error of measurement　320, 324, 325, 326

測驗分數　test score　182, 348, 349, 373
測驗依賴　test dependent　348
無他因　no alternative causes　144
無回應反應　item nonresponse　225
焦點變項　focus variables　66, 67, 75, 80, 81, 82, 83, 84, 85, 86, 87, 88, 102, 103
程序或結構　procedures or structures　65, 66
等化　equating　316, 380
結果變項　outcome variable　66
結構性團體　structured group　291
結構洞　structural hole　422
結構構型　configuration　408
結構變數　structural variables　397, 408
評等量尺模式　rating scale model　355, 356, 358, 363, 381
階層線性模式　hierarchical linear model　90
集群分析　cluster analysis　426
項目分析　item analysis　348

十三　劃

傾向分配　propensity distribution　320, 321, 324, 327, 328, 330
傾向機率值　estimated propensity score　86, 87, 88, 90, 91
微系統　microsystems　178
微基因法　microgenetic method　187
極限性　limitation　103
概化理論　generalizability theory　338
概似比率檢定　likelihood ratio test　365
溯因法　abduction　452
解釋性研究　explanatory research　67, 68, 69, 73, 75
試題反應理論　item response theory　27, 29, 316, 317, 318, 319, 324, 347, 349, 361, 362, 367, 371, 372, 376, 377, 378, 379, 380, 384, 385
試題作答反應　item response　348, 349, 350, 357, 384
試題特徵曲線　item characteristic curve

353, 355, 356, 373
違反預期事件　unexpected event　195
飽和　saturation　290, 293

十四　劃

實驗情境　experimental conditions　140, 141, 142, 144, 146, 149, 150, 151, 153, 154, 155, 157, 158, 159, 160, 161, 162, 163, 165, 168
實驗控制　experimental control　25, 67, 81
實驗處理　experimental treatments　82, 140, 141, 154, 158, 163, 165
實驗需求特性　demand characteristics　151
實驗觀察法　experimental observation　179
實體距離　physical proximity　409
對話分析　conversational analysis　53
慣化法　habituation paradigm　193, 194, 195
滾雪球抽樣　snowball sampling　299, 397
滿足強平行　strictly parallel　328
網絡包容度　inclusiveness　416
網絡涵蓋度　range　411
網絡異質性　diversity　411
網絡結構　network structure　390, 395, 396, 398, 404, 406
網絡關係　networks of relations among actors　130, 394, 395, 396, 399, 400, 405, 406, 407, 425, 430

十五　劃

模擬　simulation　42
樣本依賴　sample dependent　348, 352
樣本獨立　sample free　352, 353, 361, 373
歐氏距離　Euclidean distance　423, 424, 426, 428
潛在特質　latent trait　317, 319, 340, 342
編碼　coding　92, 259, 307, 308
論述分析　discursive analysis　2, 3, 27, 30, 52
質量並用法　mixed method　4, 66, 108, 132,

441, 446
鄰近居中/距離居中　closeness centrality　413, 414
鄰近性　adjacency　410, 419
鄰近度　closeness　410, 411

十六　劃

整合分析　meta-analysis　27, 29, 111, 168
橫斷面研究　cross-sectional study　71
諧和係數　A; agreement index　336, 337, 338, 342
隨機分派　random assignment　73, 81, 82, 84, 86, 90, 141, 148, 149, 154, 156, 157, 165, 168, 417
隨機化　randomization　73, 81
隨機因子　random factors　142
隨機抽樣　sampling　141
隨機過程　stochastic process　430
隨機變動　random fluctuations　83
霍桑效應　Hawthorn effect　151
默許　acquiescence　225, 226, 228

十七　劃

聯合最大概似估計　joint maximum likelihood estimation　365
隱藏研究方法　covert methods　50, 58

十八　劃

題庫　item bank　376, 378, 379, 380

十九　劃

關心中系統　mesosystem　178
關係的多面性　multiplexity　408
關係的強度　strength of ties　409
關係的類型　type of relationship　408
關係衰減函數　decay function　411
關係資料　choice data　398, 407
關係模式結構同位　structure equivalence　418
關係輪廓　relational profile　424, 426, 428
關係屬性問項　name interpretor　400
類別團體　nominal group　390
類聚　homophily　417, 418, 421

二十　劃以後

屬性　attributes　389, 390, 391, 392, 398, 407, 408, 410

人名索引

A

Abbott, Andrew　431
Achen, Christopher H.　440, 459
Adcock, R.　317, 343
Ahmed, Ayesha　198, 203
Aitken, Murray　365, 385
Alastalo, Marja　4, 6, 30, 33
Alesina, Alberto　118, 133
Alexander, Michael C.　399, 431
Algina, J.　344
Ali, Suki　43, 62
Allen, M. J.　343, 344
Andersen, Erling B.　366, 385
Andrich, David　355, 356, 385
Ansell, Christopher K.　395, 435

B

Babbie, Earl R.　12, 33, 65, 92, 104, 262, 279
Baillargeon, Renée　195, 197, 204
Baker, Frank B.　366, 385
Baltes, Paul B.　179, 204
Barbour, Rosaline S.　283, 284, 307, 311
Barley, Nigel　58
Baron, Robert　165, 167, 170
Bassett, Susan S.　346
Batagelj, Vladimir　435
Bavelas, Alex　431
Becker, Stan　227, 241
Beery, Annaliese K.　48, 64
Benner, Aprile D.　70, 105
Bennett, Andrew　440, 443, 452, 459
Berg, Bruce L.　49, 51, 60, 62
Berkowitz, Stephen D.　389, 431
Bernard, H. Russell　404, 405, 431

Berry, Chareles C.　215, 241
Bethlehem, Jelke G.　216, 241
Bhattacharjee, Sanjoy　223, 243
Birnbaum, Allen　359, 361, 385
Black, Thomas R.　79, 104
Blalock, Hubert M.　13, 33
Blass, Thomas　44, 62
Blau, Peter M.　390, 394, 417, 418, 431
Blohm, Michael　222, 241
Bloom, B. S.　316, 343, 344, 346
Bloor, Michael　282, 300, 306, 309, 311
Blumer, Herbert　13, 33
Bock, R. Darell　365, 385
Boorman, Scott A.　394, 436
Booth, Charles　6, 7, 8, 9, 12, 34
Borg, Marian J.　242
Borgatti, Stephen P.　424, 430, 431, 432
Bosquer, Michelle　198, 206
Bossarte, Robert M.　223, 243
Bott, Elizabeth　391, 394, 431, 432
Bourdieu, Pierre　272, 277, 279, 280, 394, 432
Bourgois, Philippe　403, 432
Bradburn, Norman M.　232, 241
Brady, Henry E.　440, 459, 460, 463
Brand, Jennie E.　90, 91, 104
Breakwell, Glynis M.　405, 432
Breiger, Ronald L.　394, 436
Brekhus, Wayne H.　46, 62
Brennan, R. L.　338, 343, 380, 386
Brown, W.　318, 343
Bryman, Alan　1, 4, 15, 30, 34, 43, 62, 69, 104
Burke, Mary Anne　47, 62
Burt, Ronald S.　392, 394, 395, 398, 399, 412, 413, 418, 422, 423, 425, 432, 434

Byers, Peggy Yuhas　284, 286, 311

C

Caffo, B. S.　346
Campbell, Bruce A.　228, 241
Campbell, Donald T.　149, 170, 171, 445, 459
Campbell, E. Q.　343
Cannell, Charks F.　12, 34, 224, 227, 241
Caporaso, James A.　442, 459
Caracelli, Valerie J.　98, 104
Carless, Sue　183, 206
Carlson, Elizabeth A.　206
Carver, R. P.　320. 343
Casey, Mary Anne　281, 282, 283, 284, 288, 293, 294, 304, 305, 307, 310, 312
Chaudhuri, Jana　179, 205
Chen, Cheng-te　367, 386
Chen, Ming-jer　398, 405, 406, 432, 436
Chen, Pin-hao　265, 279
Chien, Nina　70, 105
Chiu, D.　345
Chiu, Hei-yuan　279
Christophe, Anne　194, 195, 204, 205
Chung, Chi-nien　432
Clark, Vicki L. Plano　115, 133
Cohen, J.　339, 340, 343
Coleman, J. S.　320, 343, 394, 413, 419, 432
Collier, David　317, 343, 440, 452, 459, 460, 463
Collins, Linda M.　175, 204
Collins, W. Andrew　206
Conger, A. J.　339, 343
Converse, Jean　10, 11, 13, 34
Coulson, D. B.　344
Couper, Mick P.　219, 242
Creswell, John W.　70, 79, 95, 100, 101, 104, 441, 445, 447, 459, 460, 462, 463
Crewe, Ivor　249, 279
Cristinzio, C.　346

Cronbach, L. J.　318, 343
Crowley, Kevin　189, 206
Curtin, Richard　223, 241
Cutler, Lloyd　118, 133

D

Daniel, J. Brass　432
Danowski, James A.　399, 431
De Boeck, Paul　376, 387
DeCasper, Anthony J.　193, 197, 204
Dehaene-Lambertz, Ghislaine　194, 205
Denzin, Norman K.　4, 5, 6, 14, 15, 30, 32, 34
DeVault, Marjorie L.　53, 62
DeVos, Julie　195, 197, 204
Dickson, William　393, 435
Dittmer, Clarence G.　13, 34
Djerassi, Carl　58, 62
Dorans, Neil J.　387
Doreian, Patrick　430, 432
Dowling, Elizabeth　179, 205
Dumin, Mary　401, 434
Durkheim, Émile　393, 433

E

Edin, Kathryn　70, 104
Edmunds, Holly　286, 311
Egeland, Byron　206
Eichler, Margrit　47, 62
Eignor, Donald　387
Elman, Colin　440, 459
Elmer, Manuel C.　13, 34
Embretson, Susan E.　349, 358, 365, 385
Emerson, Richard M.　415, 432
Emirbayer, Mustafa　430, 433
England, Paula　70, 104
Everett, Martin G.　424, 431

F

Fan, Xitao　212, 243

Fantz, Robert L.　195, 204
Faust, Katherine　392, 396, 413, 416, 419, 420, 436
Fearson, James D.　441, 455, 456, 460
Feilzer, Martina Yvonne　441, 460
Feldt, L. S.　333, 343, 344
Fendrich, Michael　228, 242
Fern, Edward F.　282, 286, 293, 311
Feyisetan, Kale　241
Fifer, William P.　193, 197, 204
Finch, Janet　53, 54, 62
Finkel, Steven E.　228, 242
Fischer, Cluade S　394, 395, 433
Fischer, Gerhard H.　349, 358, 385, 386
Fiske, Donald W.　445, 459
Fiske, Marjorie　312
Flaugher, Ronald　387
Fleeson, June　206
Fleiss, J. L.　339, 340, 343
Flores-Cervantes, Ismael　216, 242
Fogel, Alan　189, 190, 205
Foster, Brian L.　420, 435
Fowler, Jr. Floyd J.　231, 232, 242
Frank, Ove　430, 433
Frankland, Jane　306, 309, 311
Freeman, Linton C.　393, 405, 416, 433
Freeman, Sue C.　433
Friedkin, N. E.　412, 413, 419, 433
Fu, Yang-chih　401, 405, 433
Fueser, J. Josephine　198, 206

G

Gabrenya, William　188, 204
Galliher, John F.　46, 62
Gates, Hill　279
Geertz, Clifford　113, 114, 133
Gemmill, Alan W.　177, 205
George, Alexander L.　443, 452, 460
George, Thomas P.　181, 205

Gerring, John　452, 460
Glaser, Barney G.　16, 34
Glesne, Corrine　50, 53, 62
Goertz, Gary　440, 460, 461
Goldacre, Ben　59, 62
Goldthorpe, John H.　443, 460
Goodman, Allegra　58, 62
Goodwin, Jeff　430, 433
Gordon, Scott　2, 34
Goren, Carolyn C.　175, 182, 192, 204
Gottman, John M.　175, 204
Goyder, John　223, 242
Graham, Wendy F.　98, 104
Granovetter, Mark S.　391, 394, 403, 422, 433
Graves, A.　345
Green, Bert, Mislevy　387
Green, S. B.　335, 346
Greenbaum, Thomas L.　282, 304, 311, 313
Greene, Jennifer C.　98, 104, 453, 460
Grichting, Wolfgang L.　253, 279
Griffin, Mark　165, 167, 170
Grimm, Heike　440, 461
Groenke, Susan L.　60, 61, 63
Groves, Robert M.　219, 221, 242, 243
Guba, Egon G.　2, 3, 35
Guilarte, Miguel　432
Guilford, Joy Paul　12, 34
Gulliksen, H.　318, 343
Gur, Ruben C.　165, 167, 170
Gurevitch, Michael　405, 433
Guterbock, Thomas J.　242
Guttman, Louis　11, 12, 34, 318, 321, 344

H

Hakstian, A. R.　333, 344
Halley, Fred　262, 279
Hambleton, R. K.　320, 344
Harding, David J.　104
Harris, Margaret　192, 204, 207

Hart, Chris   109, 110, 120, 125, 126, 133
Hartmann, Donald P.   181, 205
Hartmann, Petra   230, 242
Hasegawa, K.   345
Hay, Iain   39, 49, 62
Hedström, Peter   443, 460
Heerwegh, Dirk   223, 242
Hesketh, Sarah   194, 205
Hobson, C. F.   343
Holland, Paul W.   365, 377, 386
Holland, Rob. W.   163, 170
Homma, A.   345
Hox, Joop   222, 241
Hoyt, C.   336, 344
Hsieh, Ching-ling   386
Hsu, Hui-chin   189, 190, 205
Hsueh, I-ping   386
Hsung, Ray-may   401, 434
Hubbell, Charles H.   412, 434
Huddy, Leonie   228, 242
Hue, Chih-wei   188, 204
Huisman, Mark   395, 434
Humphreys, Laud   43, 44, 45, 46, 62
Hyman, Herbert Hiram   12, 34

I

Imai, Y.   345
Israel, Mark   39, 49, 62
Ivankova, Nataliya   441, 460

J

Jackson, Matthew O.   430, 434, 437
Jensen, A. R.   344
Johnson, Burke   462
Johnson, Timothy P.   220, 242
Jöreskog, K. G.   335, 344

K

Kagan, Jerome   176, 205

Kahn, Robert L.   12, 34
Kalton, Graham   216, 242
Kao, Chien-hui   188, 204
Kasse, Max   249, 279
Kasser, Tim   156, 170
Kawakami, Kerry   163, 170
Kawamura, Yoko   441, 460
Keeter, Scott   220, 242
Keller, Wouter J.   216, 241
Kelley, T. L.   318, 322, 344
Kelly, Moira   43, 62
Kendall, Patricia L.   312
Keohane, Robert O.   439, 452, 460
Kerlinger, Fred N.   65, 66, 80, 104
Keys, David P.   46, 62
Killworth, Peter D.   401, 431, 434
Kim, S.   333, 344
Kim, Seock-ho   366, 385
Kimhi, A.   104
Kimmel, Allan J.   41, 43, 52, 58, 63
King, Gary   439, 452, 460
Kirk, Roger E.   160, 170, 171
Kish, Leslie   12, 35
Kitzinger, Jenny   283, 284, 307, 311
Klein, Julie Thompson   441, 461
Klinesmith, Jennifer   156, 170
Knoke, David   411, 412, 418, 434, 436, 437
Koch, Achim   241
Koch, G. G.   340, 341, 344
Kodish, Eric   205, 207
Kolen, Michael J.   380, 386
Krackhardt, David   396, 406, 434
Krathwohl, D. R.   316, 344
Kronenfeld, David   431
Krueger, Richard A.   281, 282, 283, 284, 288, 293, 294, 295, 297, 303, 304, 305, 307, 310, 312
Kuder, G. F.   318, 344
Kulka, Richard A.   219, 220, 242, 244

Kusevic, I. 346
Kveder, Andrej 219, 242

L

Labianca, Giuseppe 432
Laitin, David D. 455, 456, 460
Lamont, Michèle 264, 279
Landis, J. R. 340, 341, 344
Larson, E. 345
Lavelli, Manuela 189, 190, 205
Lazarsfeld, Paul 8, 9, 13, 35
Leavitt, Harold J. 413, 434
Lee, Howard B. 65, 66, 80, 104
Lee, Sailer 431
Lee, Sunghee 218, 243
Leech, Nancy L. 447, 449, 461
Leenders, Roger 430, 434
Lerner, Richard M. 179, 205
Liao, Pei-shan 244
Lichtman, Marilyn 50, 63
Lieberman, Evan S. 441, 455, 461
Liebow, Elliot 403, 434
Lin, Hung-yu 188, 205
Lin, K. N. 332, 345, 406, 434
Lin, Wen-ying 188, 204, 205
Linacre, John M. 357, 386
Lincoln, Yvonna S. 2, 3, 4, 5, 6, 14, 15, 30, 32, 34, 35
Liou, H. C. 332, 345
Liou, M. 331, 344
Liu, Chih-yu 363, 387
Liu, Jin-tan 265, 280
Liu, Ya-ling 119, 133
Lobe, Bojana 462
Lokshin, Michael 104
Londregen, John 118, 133
Lord, F. M. 331, 344, 349, 359, 360, 361, 386
Lowe, Edward D. 70, 105
Lucke, J. F. 335, 344

M

Macinnes, Maryhelen D. 70, 104
Mahoney, James 440, 452, 459, 461
Makinwa-Adebusoye, Paulina 241
Malinowski, Bronislaw 393, 434
Mangione, Thomans W. 231, 232, 242
Marijtje A. J. 434
Marsden, Peter V. 396, 397, 399, 434, 435
Marshall, Catherine 110, 134
Martin, John L. 429, 435
Marton, John 194, 195, 204
Marvasti, Amir B. 70, 105
Masia, B. B. 316, 344
Masters, Geoff N. 349, 354, 386, 387
McAndrew, Francis T. 156, 170
McDonald, R. P. 319, 334, 344
McGraw, K. O. 336, 345
McNamee, Mike J. 51, 63
McPartland, J. 343
Mehra, Ajay 432
Merton, Robert K. 281, 282, 293, 312
Messick, S. 317, 345, 346
Messinger, Daniel 189, 190, 205
Michaelson, Alaina G. 433
Milgram, Jeannette 177, 205
Milgram, Stanley 41, 43, 44, 63, 404, 436
Miller, Peter V. 224, 227, 241
Miller, Scott A. 181, 205
Miller, Warren E. 249, 279
Mills, C. Wright 13, 35
Mistry, Rashmita S. 70, 105
Mohamed, M. 346
Mohr, Lawrence B. 453, 461
Molenaar, Ivo W. 349, 385, 386
Mood, A. M. 343
Moody, James 429, 435
Moore, Paul R. 222, 244
Moreno, Jacob L. 393, 406, 412, 435
Moreno, Jonathan D. 202, 205

Morgan, David L.   282, 283, 284, 285, 286, 288, 290, 293, 294, 297, 299, 300, 301, 302, 303, 430, 436, 441, 461
Morgan, Stephen L.   84, 105, 461
Morse, Janice M.   447, 461
Morton-Williams, Jean   219, 243
Mouw, Ted   395, 435
Mrvar, Andrej   435
Mulholland, Roger R.   433
Muraki, Eijid   363, 386

N

Nachmias, Chava Frankfort   114, 134
Nachmias, David   114, 134
Nadel, Siegfried F.   422, 435
Na-er, A.   188, 204
Nakao, Keiko   430, 435
Nan Lin.   394, 434, 436
Nathan, Rebekah   58, 63
Nespor, Jan   60, 61, 63
Nesselroade, John R.   179, 204
Neuman, William Lawrence   2, 3, 35, 43, 63, 69, 105, 110, 134
Nooy, Wouter de   395, 435
Novick, Melvin R.   331, 344, 386

O

Oishi, Sabine M.   232, 243
Oksenberg, Lois   241
Olivier, Stephen   51, 63
Onwuegbuzie, Anthony J.   447, 449, 461
Oppenheim, Abraham N.   11, 35
Overton, Willis F.   174, 205

P

Padgett, John F.   395, 435
Pantoja, Andréa P. E.   189, 190, 205
Parzer, Peter   358, 386
Patton, Michael Quinn   113, 134

Payne, Stanley Le Baron   35
Peirce, John P.   241
Peshkin, Alan   37, 63
Petrolia, Daniel R.   223, 243
Piaget, Jean   197, 198, 199, 205
Piazza, Thomas   220, 243
Pinkham, Amy E.   165, 167, 170
Plano Clark, Vicki L.   441, 447, 460
Pononcy, Ivo   359, 386
Presser, Stanley   241
Punch, Keith F.   114, 134
Putnam, Robert D.   269, 279, 280

R

Rae, G.   341, 345
Ragin, Charles C.   440, 459, 461
Raider, Holly J.   432
Rasch, George   349, 350, 353, 359, 361, 362, 386, 387
Rasinski, Kenneth A.   224, 244, 345, 346
Ray, John J.   225, 243
Raykov, T.   335, 345
Rayner, Rosalie   200, 206, 207
Reese, Hayne W.   179, 204
Reinecke, Jost   227, 243
Reis, Harry T.   435
Reise, Steven P.   349, 358, 365, 385
Resnik, David B.   206
Reznick, J. Steven   198, 206
Richardson, M. W.   318, 344
Rick B.   163, 170
Rihoux, Benoît   440, 461, 462
Rips, Lance J.   224, 244, 346
Robbins, Gary   430, 436
Robert J.   386
Robinson, William S.   462
Robson, Kate   311
Rockwell, Richard C.   248, 249, 279
Roeder, Douglas   433

Roethlisberger, Fritz 393, 435
Romney, Kimball A. 430, 435
Rosenbaum, Paul R. 85, 88, 105, 243
Rosenberg, Morris 78
Rosenthal, Howard 118, 133
Rosenthal, Robert 151, 170
Rossman, Gretchen B. 110, 134
Rovee-Collier, C. 197, 206
Rubin, Donald B. 85, 88, 105, 151, 170
Ruffman, T. 198, 203

S

Sajaia, Zurab 104
Sarty, Merrill 175, 182, 192, 204
Sasaki, H. 345
Sasson, Noah J. 165, 167, 170
Savage, Robert 183, 206
Saxenian, Anna Lee 403, 435
Sayer, Aline G. 175, 204
Schaie, K. Warner 184, 185, 206
Schneider, Barbara 70, 105
Schuman, Howard 12, 35
Schumm, Jeanne Shay 312
Schuster, C. 341, 345
Seawright, Jason 440, 452, 459, 462
Seidman, Stephen B. 420, 435
Sgakugran, Chitra 242
Shamdasani, Prem N. 282, 286, 288, 312
Shauman, Kimberlee A. 280
Sheu, Ching-fan 367, 386
Shih, Tse-hua 212, 243
Shirley Flatt, W. 241
Shrout, P. E. 335, 345
Shyi, G. C. W. 197, 206
Siegler, Robert S. 189, 206
Sijtsma, Klass 375, 387
Silverman, David 70, 105
Simmel, Georg 393, 417, 435
Sinagub, Jane 312

Singer, Eleanor 222, 223, 241, 243
Slater, Lauren 44, 63
Smith, D. A. 341, 345
Smith, Tom W. 219, 230, 243
Snijders, Tom A. B. 430, 436
Sörbom, D. 335, 344
Spearman, C. 318, 319, 321, 322, 334, 345
Srinath, Pavan K. 213, 244
Sroufe, L. Alan 206
Stanley, Julian C. 149, 170, 171
Steinberg, Lynne 386
Stevens, Stanley S. 349, 387
Steward, David W. 248, 272, 279
Stewart, Charles III 118, 134
Stewart, David W. 282, 286, 288, 312
Stone, Mark H. 349, 387, 388
Strauss, Anselm L. 16, 34
Stroop, J. Ridley 159, 170
Strother, Charles R. 184, 185, 206
Su, Kuo-hsien 398, 405, 406, 432, 436
Su, Ya-hui 367, 386
Subkoviak, M. J. 320, 345
Sudman, Seymour 232, 241
Sugimoto, K. 345
Suitor, Jill J. 430, 436
Swaminathan, H. 344
Swedberg, Richard 443, 460

T

Tashakkori, Abbas 97, 101, 105, 441, 442, 445, 446, 447, 448, 450, 452, 454, 456, 467, 460, 462, 463
Teddlie, Charles B. 97, 101, 105, 441, 442, 446, 447, 448, 450, 452, 454, 456, 457, 461, 462, 463
Teng, E. L. 331, 345
Teti, Douglas M. 206, 207
Thissen, David 386
Thomas, Michelle 311

Thomas, William I.　9, 35
Thurstone, L. L.　318, 345
Tourangeau, R.　219, 224, 226, 244, 345, 346
Travers, Jeffrey　404, 436
Trend, Maurice G.　453, 460, 462
Tsai, R. C.　332, 345
Tsai, Shu-ling　266, 268, 279
Tsai, Wenpin　398, 406, 432, 436
Tsao, F. M.　188, 205
Tsay, Ray-ming　266, 279
Tsou, Meng-wen　265, 280
Tu, Su-hao　220, 228, 244
Tuerlinckx, Francis　376, 387

V

Valliant, Richard　218, 243
van Baaren　163, 170
van Duijn　395, 434
van Knippenberg, Ad.　163, 170
Vaughn, Sharon　283, 284, 312
Vehovar, Vasja　219, 242
Venkatesh, Sudhir　58, 63
Verba, Sidney　439, 452, 460
Vincent, Norah　58, 63

W

Wainer, Howard　376, 377, 379, 386, 387
Wainwright, Paul　51, 63
Waite, Linda J.　70, 105
Wang, H. J.　332, 345
Wang, Jenn-wu　188, 205
Wang, Wen-chung　363, 367, 378, 386, 387
Wasserman, Stanley　413, 416, 419, 420, 430, 433, 434, 435, 436, 437
Watson, John B.　200, 206, 207
Watts, Duncan J.　394, 404, 436
Weatherford, M. Stephen　118, 134
Weber, Max　8, 35
Webster, Cynthia　228, 244

Weeks, Michael F.　219, 220, 222, 242, 244
Weinfeld, F. D.　343
Wellman, Barry　390, 392, 430, 436
Westley, Doreen T.　177, 205
Whalen, T. E.　333, 344
Wheeler, Lad　435
White, Harrison C.　394, 422, 429, 436
White, L. R.　345
Whyte, William Foote　42, 45, 58, 63, 403, 436
Wilcox, James R.　284, 286, 311
Willis, Jerry W.　70, 105
Willis, Sherry L.　185, 206
Wilson, Mark　362, 387
Winship, Christopher　84, 105, 461
Wislar, Joseph S.　242
Wolff, Kurt H.　435
Wong, S. P.　336, 345
Wood, Peter　405, 432
Wreswell, John W.　110, 114, 115, 116, 120, 121, 123, 125, 127, 130, 133
Wright, Benjamin D.　349, 356, 381, 387, 388
Wu, Paul Y. K.　175, 182, 192, 204

X

Xie, Yu　90, 91, 104, 270, 276, 277, 280

Y

Yamaguchi, T.　345
Yang, Song　411, 436, 437
Yang, Y.　335, 346
Yassa, M. A.　346
Yasuda, Yuki　432
Yen, W. M.　343, 344
Yin, Robert K.　452, 462
York, R. L.　343
Yousem, D. M.　317, 346
Yu, Wei-hsin　266, 267, 274, 280

人名索引

Z

Zaino, Jeanne 279
Zanutto, Elaine L. 218, 244
Zimbardo, Philip G. 43, 63
Znaniecki, Florian 9, 35
Zucker, Irving 48, 64

三劃

三宅一郎 258
川野重任 120

四劃

文崇一 26
王文中 372, 380, 385
王甫昌 265, 278
王震武 196, 203
王寶墡 349, 385

五劃

田芳華 228, 229, 240
矢內原忠雄 120

六劃

米爾格蘭 62

七劃

何穎怡 61
余民寧 349, 385, 388
余英時 1, 2, 33
吳介民 127, 133
吳孟祐 317, 342
吳重禮 118, 133
吳齊殷 398, 431
呂玉瑕 265, 278
李丁讚 127, 133
李文傑 431
李宗榮 398, 430
李隆安 210, 220, 240
杜素豪 227, 229, 232, 240

八劃

周平 14
林文瑛 196, 203
林亦之 405, 431
林秀芬 49, 61
林南 401, 403, 406, 430
林烘煜 196, 203
林國明 14

九劃

柯志明 120, 133
洪永泰 213, 216, 217, 219, 240
胡幼慧 134
胡克威 248, 250, 271, 278, 280

十劃

郝大海 35

十一劃

張至璋 63
張君玫 35
張苙雲 265, 278
曹峰銘 196, 203
畢恆達 58, 61, 109, 110, 122, 123, 125, 133
盛治仁 225, 226, 240
章英華 250, 257, 266, 268, 278, 280, 431
許擇基 349, 385
陳正昌 263, 278
陳光輝 216, 241
陳向明 113, 133
陳志柔 403, 430
陳怡蒨 266, 268, 278

陳東升　417, 431
陳恆安　40, 61
陳婉琪　266, 268, 278
陳陸輝　211, 219, 221, 226, 241
陳新豐　278
陳義彥　20, 33
陳端容　399, 417, 431

十二　劃

傅仰止　401, 405, 431
程炳林　278
黃凡　58, 61
黃紀　439, 443, 444, 459
黃朗文　240
黃崇憲　129, 133
黃登月　380, 385
黃毅志　220, 222, 241, 266, 278
黃澤洋　62

十三　劃

楊國樞　265, 278
楊潔　62
董旭英　279
鄒孟文　265

十四　劃

熊瑞梅　266, 278
翟若適　58
趙鼎新　130, 131, 133

十五　劃

劉子鍵　278
劉長萱　349, 385
劉從葦　216, 241
劉義周　229, 231, 241

潘忠鵬　240
蔡元培　3, 33
蔡淑鈴　266, 268, 278
鄭夙芬　211, 219, 221, 226, 241, 284, 311, 458, 459
鄭雅方　63

十六　劃

賴威岑　266, 278
賴盈滿　63
錢恩平　62

十七　劃

薛承泰　268
謝世忠　48, 61
謝宇　19, 31, 33
謝雨生　266, 268, 278, 398, 431
謝國雄　117, 128, 133
鍾年　398
韓成業　240

十八　劃

瞿海源　33, 209, 241, 244, 265, 278

十九　劃

羅婉云　217, 240
邊燕杰　405, 431

二十　劃

嚴祥鸞　59, 61
蘇國賢　398, 399, 406, 431

二十一　劃

顧浩定　253